Das Diskriminierungsverbot des Gemeinschaftsrechts als Grundsatznorm und Gleichheitsrecht

Europäische Hochschulschriften
Publications Universitaires Européennes
European University Studies

Reihe II
Rechtswissenschaft

Série II Series II
Droit
Law

Bd./Vol. 3461

PETER LANG
Frankfurt am Main · Berlin · Bern · Bruxelles · New York · Oxford · Wien

Michael Meyer

Das Diskriminierungsverbot des Gemeinschaftsrechts als Grundsatznorm und Gleichheitsrecht

PETER LANG
Europäischer Verlag der Wissenschaften

Die Deutsche Bibliothek - CIP-Einheitsaufnahme

Meyer, Michael:

Das Diskriminierungsverbot des Gemeinschaftsrechts als Grundsatznorm und Gleichheitsrecht / Michael Meyer. - Frankfurt am Main ; Berlin ; Bern ; Bruxelles ; New York ; Oxford ; Wien : Lang, 2002
(Europäische Hochschulschriften : Reihe 2, Rechtswissenschaft ; Bd. 3461)
Zugl.: München, Univ., Diss., 2001
ISBN 3-631-39642-2

D 19
ISSN 0531-7312
ISBN 3-631-39642-2

www.peterlang.de

Meinen lieben Eltern

Helga Meyer und Dr. Manfred Meyer

Nicht Staaten vereinigen wir, sondern Menschen.

Jean Monnet

Vorwort

Die vorliegende Dissertation entstand im Sommersemester 2000 und im Wintersemester 2000/2001 an der Friedrich-Alexander-Universität zu Erlangen. Sie wurde von der Juristischen Fakultät der Ludwig-Maximilians-Universität zu München im Dezember 2001 angenommen. Sie ist auf dem Stand Dezember 2001.

Die Arbeit beschäftigt sich nicht zufällig mit dem Europarecht. Das Zusammenwachsen der Völker in Europa zu einem wie auch immer gearteten Staatsgebilde ist eine Idee, die mich fasziniert und herausfordert. Die Faszination geht von der stetigen Entwicklung eines völlig neuen Gemeinwesens aus, die Herausforderung basiert auf der Möglichkeit der aktiven Teilnahme hieran.

Es ist wichtig, den Zweiflern an dieser Idee die Friedenssicherung in Europa als den ursprünglichen Gedanken des europäischen Einigungsprozesses vor Augen zu halten: Gerade meine Generation - eine Generation, die in Frieden und Wohlstand aufgewachsen ist – neigt dazu, den mittlerweile über fünfzigjährigen Frieden als Selbstverständlichkeit anzusehen. Wie die Ereignisse im ehemaligen Jugoslawien zeigen, ist das ein Trugschluss. Bei aller mitunter berechtigten Kritik an den intransparenten Entscheidungsabläufen innerhalb der Europäischen Union und an ihren demokratischen Defiziten darf das eigentliche Ziel nicht verloren gehen:

Frieden und Wohlstand für Europa.

Ich hoffe, dass diese Arbeit einen kleinen Beitrag hierzu liefern möge.

Besonderer Dank gilt meinem Doktorvater Prof. Dr. Peter Badura von der Ludwig-Maximilians-Universität in München, der mir nicht nur die Bearbeitung des vorliegenden Themas angetragen, sondern hierbei auch große wissenschaftliche Freiheit gelassen hat. Seine unkomplizierte und qualifizierte Betreuung haben mir sehr geholfen. Zudem bin ich dem Zweitberichterstatter Prof. Dr. Rupert Scholz für seine schnelle Berichterstattung zu Dank verpflichtet.

Sicherlich nicht zuletzt, sondern eigentlich an allererster Stelle möchte ich mich aus tiefstem Herzen bei meinen Eltern Dr. Manfred und Helga Meyer bedanken. Ohne ihre Liebe und dauerhafte Unterstützung in jeglicher Hinsicht wäre nicht nur diese Arbeit, sondern mein ganzer bisheriger Lebensweg unmöglich gewesen. Meinem Bruder Dr. Matthias Meyer danke ich schlicht wegen seiner Existenz und wegen seines Vertrauens in mich.

Ohne den Beistand, die unendliche Geduld und das unermüdliche Korrekturlesen meiner Lebensgefährtin Frau Verena Billmann hätte die vorliegende Arbeit in ihrer jetzigen Fassung nicht vorliegen können. Ich bin ihr deshalb zutiefst dankbar.

Nürnberg, im April 2002

Einleitung

Die Europäische Union und ihre Mitgliedstaaten sind der freiheitlich-demokratischen Grundordnung verpflichtet. Diese verfassungspolitische Grundausrichtung ergibt sich einerseits schon aus Abs. 3 der Präambel zum EU-Vertrag[1], andererseits aus Art. 6 Abs. 1 EU. Danach beruht die Union auf den allen Mitgliedstaaten gemeinsamen Grundsätzen der Freiheit, der Demokratie, der Achtung der Menschenrechte, der Grundfreiheiten sowie der Rechtsstaatlichkeit. Damit wird ein Gesellschaftsmodell entworfen, das feste Grundlage der europäischen Integration und dessen Achtung nach Art. 49 Abs. 1 S. 1 EU unabdingbare Beitrittsvoraussetzung zur Union ist. Seine Verwirklichung kann insbesondere an der tatsächlichen praktischen Anerkennung der Menschenrechte und Grundfreiheiten in der Europäischen Union gemessen werden. Allerdings enthalten die Gemeinschaftsverträge hierfür keine ausreichende Grundlage. Denn weder der Vertrag zur Gründung der Europäischen (Wirtschafts-) Gemeinschaft, noch die Verträge zur Gründung der Europäischen Gemeinschaft für Kohle und Stahl oder der Europäischen Atomgemeinschaft weisen einen geschriebenen Grundrechtskatalog auf. Erst mit dem Urteil in der Rs. Stauder aus dem Jahre 1969[2] legte der EuGH gleichsam als „zweitbeste Lösung"[3] im Rahmen der richterlichen Rechtsfortbildung den Grundstein für die Anerkennung einer Reihe unionseigener Grundrechte. Heute bestimmt Art. 6 Abs. 2 EU, dass die Union die Grundrechte achtet, wie sie sich aus den gemeinsamen Verfassungsüberlieferungen der Mitgliedstaaten als allgemeine Grundsätze des Gemeinschaftsrechts ergeben. Er übernimmt damit beinahe wortgleich und sachlich übereinstimmend die Bezugsformel des EuGH zur Begründung gemeinschaftsrechtlicher Grundrechte. Der Grundrechtsschutz wird damit zum tragenden Element der Gemeinschaftsverfassung. Wichtiger Bestandteil der Grundrechte ist auch der allgemeine Gleichheitssatz, dessen Existenz der EuGH auf dem Gebiet des Gemeinschaftsrechts grundlegend in der Entscheidung Ruckdeschel[4] anerkannt hat.

Eine Darstellung des allgemeinen gemeinschaftsrechtlichen Gleichheitsgrundsatzes ist jedoch nicht Ziel der Untersuchung[5]. Auch wenn dieser als Ausgangspunkt der zu behan-

---

[1] Es wird die seit dem 1. Mai 1999 vom EuGH eingeführte Zitierweise für die Vorschriften der Europäischen Verträge verwendet: EU für den Vertrag über die Europäische Union, EG für den Vertrag zur Gründung der Europäischen Gemeinschaft. Sollten Bestimmungen in der vor dem Vertrag von Amsterdam gültigen Zählweise aufgeführt werden, bleibt es bei den bisher üblichen Abkürzungen EUV und EGV.

[2] EuGH Rs. 29/69, Slg. 1969, S. 419ff., S. 425

[3] Lenz, Grundrechtskatalog für die EG?, in NJW 1997, S. 3289ff

[4] EuGH Verb. Rs. 117/76 u. 16/77, Slg. 1977, S. 1753ff.

[5] Insofern sei auf die Abhandlung von Mohn, Gleichheitssatz, verwiesen.

delnden Problematik dient, stehen im Mittelpunkt der Arbeit vielmehr die speziellen Diskriminierungsverbote des Europarechts. Dabei nehmen der am 1. Januar 1999 in der Bundesrepublik Deutschland in Kraft getretene Vertrag von Amsterdam[6] und vor allem die Neuerungen der Art. 3 Abs. 2, 13, 141 Abs. 3 und 4 EG eine zentrale Position ein. Unzulässig sind demnach neben der schon früher in Art. 119 EGV a.F. erwähnten Unterscheidung aufgrund des Geschlechts nun auch Differenzierungen aus Gründen der Rasse, der ethnischen Herkunft, der Religion oder der Weltanschauung, der Behinderung, des Alters und der sexuellen Ausrichtung. Inwieweit mit dieser Ausweitung der Verträge im Vergleich zur Rechtslage vor dem Amsterdamer Vertrag dem gemeinschaftsrechtlichen Diskriminierungsverbot der Charakter einer unionsweiten Grundsatznorm und eines umfassenden Gleichheitsrechts zukommt, ist zentrales Anliegen der Bearbeitung. Dagegen bleibt das für das Europarecht schon immer spezifische Differenzierungskriterium der Staatsangehörigkeit[7] weit gehend außer Betracht. In seiner allgemeinsten Form ist ein diesbezügliches Diskriminierungsverbot in Art. 12 EG festgelegt. Auch das Diskriminierungsverbot zwischen Verbrauchern und Erzeugern im Bereich der Landwirtschaft (Art. 34 Abs. 2 UAbs. 2 EG, Art. 40 Abs. 3 UAbs. 2 a.F. EGV), dessen sich der EuGH zur Ableitung des gemeinschaftsrechtlichen allgemeinen Gleichheitssatzes grundlegend bedient hat[8], kann ebenso wie die im EGKSV enthaltenen speziellen Diskriminierungsverbote[9] und das Diskriminierungsverbot im Bereich der innerstaatlichen Abgaben (Art. 90 EG) allenfalls am Rande Berücksichtigung finden.

Die Dringlichkeit eines Handlungsbedarfs zur Bekämpfung von Diskriminierungen wird deutlich, wenn man sich folgende Zahlen vor Augen führt: In einer Meinungsumfrage in 15 Mitgliedstaaten aus dem Jahre 1997 bezeichneten sich 33 % der Befragten offen als „ziemlich rassistisch" oder „sehr rassistisch"[10]. Dabei gehören wenigstens 20 % der Bevölkerung in europäischen Großstädten einer Minderheit an oder sind Migranten. Beispielsweise lassen sich 25 % der SchülerInnen in Kopenhagen einer Minderheiten zuordnen. Innerhalb von zehn Jahren wird ein Viertel der Londoner Arbeitskräfte einer ethnischen Minderheit entstammen. In oder in der Nähe von Paris leben 70 % der französischen Einwanderer[11]. Gerade anhand der europäischen Metropolen ist ersichtlich, dass die Integration fremdländischer

---

6 ABl. 1997 C 340

7 Bergmann verwendet für Art. 12 EG den Begriff „Ur- oder Mutterunionsbürgerrecht", in Bergmann/Lenz, Amsterdamer Vertrag.

8 Vgl. zuerst verb. Rs. 117/76 und 16/77, a.a.O., S. 1770.

9 Art. 3 lit. b EGKSV bzgl. des freien Zugangs zu der Produktion für Verbraucher, Art. 4 lit. b EGKSV hinsichtlich von Preis- und Lieferungsbedingungen und Beförderungstarifen, Art. 60 EGKSV bzgl. diskriminierender Praktiken auf dem Gebiet der Preise.

10 Mitteilung der Kommission vom 25. 3. 1998, Ein Aktionsplan gegen Rassismus, KOM (1998) 183 endg., S. 6

Menschen keine Selbstverständlichkeit darstellt, sondern auf eine aktive Antidiskriminierungspolitik angewiesen ist. Schon jetzt ist vor allem in den Vorstädten eine Gruppenbildung nach ethnischer Herkunft erkennbar. Bleiben Minderheiten aber unter sich, ist der Weg zu einer gesellschaftlichen Integration erschwert. Aber auch in anderen Bereichen der Sozialpolitik erscheint ein aktives Einschreiten auf europäischer Ebene nötig: 15 bis 20 % der Gesamtbevölkerung der Europäischen Union sind behindert[12]. Das Durchschnittsalter in unserer Gesellschaft steigt seit Jahren. Aufgrund der höheren Lebenserwartung gibt es mehr ältere Frauen als Männer. Typischerweise verfügen Frauen im Alter aber über ein niedrigeres Einkommen[13]. Insgesamt liegt die Beschäftigungsquote[14] bei Frauen mit 51 % in der Europäischen Union um etwa 20 % unter der bei den Männern. Das entspricht umgerechnet einer Zahl von etwa 24 Millionen Arbeitnehmerinnen. Auch in der Berufsgruppe der Führungskräfte sind 10 % der Männer im Gegensatz zu nur 6 % der Frauen beschäftigt[15].

Die Europäische Union wird sich diesen sozialen Problemen in ihrer Gesellschaft stellen müssen. Dass die Gemeinschaft nicht auf eine reine Wirtschaftsunion beschränkt ist, sondern auch sozialen Zwecken dient, hat der Gerichtshof unlängst festgestellt[16]. Die Gemeinschaft kann daher auch als Sozialgemeinschaft bezeichnet werden. Diskriminierungsverbote wiederum nehmen im Gemeinschaftsrecht deshalb einen so hohen Stellenwert ein, weil die Entwicklung eines Gemeinsamen Marktes untrennbar mit der Gewährleistung von Chancengleichheit für alle Marktteilnehmer verbunden ist und die angestrebte europäische Integration ohne sie keinen Bestand haben kann. Die Förderung der Gleichberechtigung und die Bekämpfung von Diskriminierungen sind aber nicht lediglich Fragen der sozialen Gerechtigkeit. Es gibt zudem vernünftige wirtschaftliche Gründe, die Chancengleichheit voranzutreiben. Um die volle Wachstumskapazität realisieren, und um ein Höchstmaß an Wohlstand erreichen zu können, muss jedes Mitglied einer Gesellschaft daran teilnehmen und dazu beitragen. Wenn das gesamte Arbeitspotential einer Gesellschaft ausgeschöpft werden soll, müssen Minderheiten miteinbezogen werden. Angesichts der Auswirkungen der bevölkerungspolitischen Entwicklungen und der sich daraus ergebenden Notwendigkeit, die Erwerbsquoten zu erhöhen, erscheint dies nur umso wichtiger. Wenn nämlich die Funktionsfähigkeit des Generatio-

---

11 Shaw, Gleichgewicht zwischen Rechtsnormen und freiwilliger Aktion in Bekämpfung der Diskriminierungen, S. 98ff, S. 98

12 Niven, Bekämpfung der Diskriminierungen in Bekämpfung der Diskriminierungen, S. 91ff, S. 93

13 Vgl. das Weißbuch der Kommission vom 27. 7. 1994, Europäische Sozialpolitik, Ein zukunftsweisender Weg für die Union, S. 55f.

14 Diese definiert sich als Gesamtzahl der gegen Entlohnung Erwerbstätigen bezogen auf die Bevölkerung im erwerbstätigen Alter von 15 - 64 Jahren (aus: Beschäftigung für Europa 1998, Luxemburg Amt für amtliche Veröffentlichungen der Europäischen Gemeinschaft 1999, S. 28)

15 Beschäftigung für Europa, a.a.O., S. 21

16 EuGH Rs. 43/75 , Slg. 1976, S. 455ff, S. 473, Defrenne II

nenvertrages dadurch in Gefahr gerät, dass immer weniger junge Menschen immer mehr alte zu versorgen haben, muss eine möglichst hohe Beschäftigungsrate bei ersteren oberstes Gebot zur Sicherung der sozialen Grundlagen in der Gemeinschaft sein. Die europäische Bevölkerung selbst ist sich der Bedeutung der Chancengleichheit jedenfalls zwischen den Geschlechtern durchaus bewusst: Etwa 83 % sehen darin eine Stärkung der Demokratie[17].

Die Maßnahmen der Europäischen Union auf dem Gebiet des Sekundärrechts werden zeigen, ob die neu geschaffenen Diskriminierungsverbote des Vertrags von Amsterdam „das Europa der Bürger ebenso beflügeln, wie es in der Vergangenheit bei der Bekämpfung von Diskriminierungen aufgrund des Geschlechts der Fall war“[18]. Kann der „schlafende Riese“[19] Art. 13 EG die in ihn gesetzten Erwartungen erfüllen? Eine Selbstverständlichkeit jedenfalls scheint dies nicht zu sein. Obwohl die Vorschrift des Art. 13 EG als lang ersehnt begrüßt wird, kommt Lisa Waddington zu dem Schluss: „there remains a great deal of uncertainity and confusion concerning its scope and the nature of the instruments which can be adopted on the basis of the Article“[20]. Anderenorts wird neben einer grundsätzlich positiven Bewertung zu Bedenken gegeben, dass durch Art. 13 EG mehr Fragen aufgeworfen als beantwortet wurden[21]. Die Mitgliedstaaten jedenfalls haben mit den neuen Ermächtigungen zum Erlass von Antidiskriminierungsmaßnahmen den ersten Schritt zur Realisierung der freiheitlich-demokratischen Grundordnung auf dem Gebiet gemeinschaftsweiter Diskriminierungen getan. Nun ist es Aufgabe der Europäischen Union, ihrer Verpflichtung zur freiheitlich-demokratischen Grundordnung mit der Ausgestaltung gemeinschaftsrechtlicher Diskriminierungsverbote im Einzelfall nachzukommen.

---

17 Eurobarometer 44.3 - Ergebnisse einer Meinungsumfrage, Luxemburg: Amt für amtliche Veröffentlichungen der EG, 1998, S. 69

18 Cirkel, Gleichheitsrechte im Gemeinschaftsrecht, NJW 1998, S. 3332ff., S. 3333

19 Koukoulis-Spiliotopoulos, Materieller Geltungsbereich von Artikel 13, S. 108ff, S. 113

20 Waddington, Throwing Some Light, MJ 1999, S. 1ff., S. 4

21 Bell, The New Article 13 EC Treaty, in MJ 1999, S. 5ff., S.22 : "more questions have been raised than answered".

A. Diskriminierungsverbote und Gleichbehandlungsgebote im Gemeinschaftsrecht

I. Gleichheitsnormen des Gemeinschaftsrechts

Diskriminierungsverbote und Gleichheitsrechte treten im Gemeinschaftsrecht in vielfältiger Weise auf. Auf der Ebene des Primärrechts ist in erster Linie eine Unterscheidung zwischen vertraglich geregelten, speziellen Diskriminierungsverboten (Art. 12, 13, 141, 3 Abs. 2, 34 Abs. 2 UAbs. 2 EG) und dem richterrechtlich entwickelten, grundrechtlich verbürgten, ungeschriebenen allgemeinen Gleichheitssatz zu treffen. Erstere sind speziell, da das Gebot der Gleichbehandlung an bestimmte Kriterien anknüpft (Staatsangehörigkeit, Geschlecht, Rasse usw.), während es im Bereich der ungeschriebenen Gemeinschaftsgrundrechte spezielle Diskriminierungsverbote so nicht gibt. Dieses kennt ausschließlich einen allgemeinen Gleichheitssatz. Soweit im Folgenden dennoch von speziellen Diskriminierungsverboten der Gemeinschaftsgrundrechte die Rede ist, soll dies dem Umstand Rechnung tragen, dass auch innerhalb des allgemeinen Gleichheitssatzes nicht stets die gleichen Anforderungen gestellt werden müssen. Vielmehr liegt es nahe, Ungleichbehandlungen, die an Kriterien anknüpfen, die nach dem erkennbaren Willen der Vertragsstaaten eine besondere Bedeutung zukommen soll, ohne sie gleich in den Rang eines Grundrechts erheben zu wollen, einer strengeren Prüfung zu unterziehen[22]. So sieht auch die Grundrechte-Charta für die Europäische Union[23] neben einem allgemeinen Gleichheitsgebot in Art. 20 in Art. 21 ff spezielle Diskriminierungsverbote vor, die die in Art. 12, 13 EG genannten Kriterien grundrechtlich absichern. Neben den Merkmalen des Geschlechts, der Rasse, der ethnischen Herkunft, der Religion oder der Weltanschauung, der Behinderung, des Alters, der sexuellen Orientierung und der Staatsangehörigkeit werden danach Ungleichbehandlungen auf Grund der Hautfarbe, der sozialen Herkunft, der genetischen Merkmale, der Sprache, der politischen oder sonstigen Anschauung, der Zugehörigkeit zu einer nationalen Minderheit, des Vermögens und der Geburt auf Grundrechtsebene untersagt. Vor In-Kraft-Treten der Grundrechte-Charta bleibt es allerdings ausschließlich beim allgemeinen Gleichheitssatz, in dessen Anwendungsbereich aber auch Diskriminierungen aus den genannten Kriterien fallen können.

1. Art. 12 EG

Unter den Diskriminierungsverboten nimmt die Vorschrift des Art. 12 EG eine zentrale Position ein. Die Differenzierung nach der (EU-) Staatsangehörigkeit steht von jeher den Zielen

---

[22] Siehe hierzu sogleich.

[23] Entwurf vom 11.10.2000, abgedruckt in Sonderbeilage zu NJW, JuS, EuZW und NVwZ 2000, S. 7ff

der Gemeinschaft entgegen, da die Gleichbehandlung aller EU-Bürger unabhängig von ihrer Staatsangehörigkeit für die Verwirklichung des Gemeinsamen Marktes unabdingbar ist. Der Grundsatz der Nichtdiskriminierung auf Grund der Staatsangehörigkeit wird demnach auch als Leitmotiv des Vertrages bezeichnet[24]. Der EuGH sieht in den Vorschriften über die Marktfreiheiten (Art. 39, 43, 49 EG) spezielle Konkretisierungen dieses allgemeinen Grundsatzes, in deren Rahmen Art. 12 EG wiederum als Auslegungshilfe herangezogen wird[25]. Über das eng definierte Kriterium der Staatsangehörigkeit hinaus können aber weder Art. 12 EG, noch seine speziellen Ausformungen, Wirkung entfalten. Auch der Grundsatz der Lohngleichheit aus Art. 141 Abs. 1 EG beschränkt sich auf gleiches Entgelt und gewährt keinen Schutz vor anderweitigen Diskriminierungen[26].

Art. 12 EG ist unmittelbar wirksam[27] und verpflichtet die Mitgliedstaaten und die Gemeinschaftsorgane nicht nur objektiv zur Gleichbehandlung, sondern verleiht dem Einzelnen zugleich subjektive Rechte auf Durchsetzung dieser Verpflichtung. „Dieses Recht kann daher vor dem nationalen Gericht geltend gemacht werden, um von diesem zu verlangen, die diskriminierenden Vorschriften eines nationalen Gesetzes, die den Angehörigen der anderen Mitgliedstaaten den Schutz versagen, den sie den Inländern gewähren, unangewendet zu lassen"[28].

Nach überwiegender Auffassung ist diese starke Rechtsposition nur EU-Bürgern vorbehalten. Angehörige von Drittstaaten und Staatenlose können sich nicht auf Art. 12 EG berufen, sondern sind auf sekundärrechtliche Vorschriften nach Art. 12 Abs. 2 EG oder besondere vertragliche Bestimmungen wie Art. 56, 49 Abs. 2 EG angewiesen[29].

Auf rein innerstaatliche Sachverhalte findet Art. 12 EG keine Anwendung[30]. Entscheidendes Kriterium des EuGH für die Anwendbarkeit des Art. 12 EG ist das des grenzüberschreitenden Charakters eines Sachverhalts. Die Mitgliedstaaten sind gemeinschaftsrechtlich nicht gehindert, für ihre eigenen Staatsangehörigen stärker einschränkende Regeln zu erlassen als für Unionsbürger aus anderen Mitgliedstaaten[31]. Sie unterliegen insoweit nur ihren eigenen verfassungsrechtlichen Grenzen.

---

24 Von Bogdandy in G/H, Kommentar, Art. 6 EGV, R. 1

25 Vgl. zu Art. 39 EG nur Rs. 8/77, Slg. 1977, S. 1495ff, S. 1506f, Sagulo; Rs. 175/78, Slg. 1979, S. 1129ff, S. 1134f, Saunders; zu Art. 43 EG Rs. 136/78, Slg. 1979, S. 437ff, S. 448, Auer

26 EuGH Rs. 149/77, Slg. 1978, S. 1365ff, S. 1378, Defrenne III

27 Holoubek in Schwarze, Kommentar, Art. 12 EG, R. 38; Epiney in C/R, Kommentar, Art. 12, R. 2

28 EuGH verb. Rs. C-92/92 und C-326/92, Slg. 1993, I-S.5145ff, R. 34

29 Holoubek in Schwarze, Kommentar, Art. 12 EG, R. 19; von Bogdandy in G/H, Kommentar, Art. 6 EGV, R. 34; Bleckmann, Europarecht, R. 1733; Zuleeg in GTE, Kommentar, Art. 6 EGV, R. 16; vgl. auch Langenfeld, Gleichbehandlung, S. 43ff.

30 Vgl. nur EuGH Rs. C-29/94, Slg. 1995, I-S. 301ff, R. 9, Strafverfahren gegen Aubertin

2. Art. 3 Abs. 2 EG

Mit dem Amsterdamer Vertrag neu aufgenommen wurde die Vorschrift des Art. 3 Abs. 2 EG. Die Gemeinschaft wirkt danach „[b]ei allen in diesem Artikel genannten Tätigkeiten [...] darauf hin, Ungleichheiten zu beseitigen und die Gleichstellung von Männern und Frauen zu fördern". Wie noch zu sehen sein wird, richtet sich die Vorschrift trotz des nicht klaren deutschen Wortlauts nicht auf die Beseitigung jeglicher Ungleichheiten, sondern erschöpft sich in der Realisierung der Gleichheit der Geschlechter.

Art. 3 Abs. 2 EG stellt eine Querschnittsaufgabe dar[32]. Dadurch wird ein allgemeiner Handlungsauftrag hinsichtlich der Gleichstellung der Geschlechter für alle Gemeinschaftsorgane in allen Politikbereichen und auf allen Ebenen des Gemeinschaftsrechts konstituiert[33].

Solche Querschnittsklauseln sind echte gemeinschaftsrechtliche Spezifika und finden sich im EG-Vertrag an mehreren Stellen[34]. Dabei dürfte vor allem der seit der Einheitlichen Europäischen Alte existierenden Querschnittsklausel des Art. 6 EG hinsichtlich des Umweltschutzes, die der Amsterdamer Vertrag in die Grundsätze der Gemeinschaft einreihte, ähnliche Bedeutung zukommen wie Art. 3 Abs. 2 EG. In einem direkten Vergleich begründet Art. 3 Abs. 2 EG jedoch strengere Pflichten als Art. 6 EG[35]. Dies ergibt sich zum einen schon aus der Einbeziehung der Gleichstellung von Mann und Frau in den Tätigkeitsbereich der Gemeinschaft aus Art. 3 EG. Art. 3 Abs. 2 EG avanciert damit zu einer allen Gemeinschaftspolitiken von vornherein inhärenten Querschnitts*aufgabe*, während Belange des Umweltschutzes als eigenständiger Grundsatz des Gemeinschaftsrechts von außen auf die Politiken einwirken (Querschnitts*klausel*). Zum anderen legt der jeweilige Wortlaut ein solches Ergebnis nahe: Art. 6 EG sieht (lediglich) eine Einbeziehungspflicht umweltschützender Aspekte im Sine eines Berücksichtigungsgebotes vor. Die Formulierung „wirkt darauf hin" in Art. 3 Abs. 2 EG stellt dagegen klar, dass es sich bei der Frage der Gleichstellung der Geschlechter um ein fixes Ergebnis jeglicher gemeinschaftsrechtlicher Tätigkeit handelt, das einer Abwägung grundsätzlich entzogen ist und generell nicht durch entgegenstehende Belange überwunden werden kann.

Aus dem Wortlaut („Gleich*stellung*") kann man zugleich schließen, dass das Gemeinschaftsrecht mit dem Amsterdamer Vertrag von einer Politik der bloßen Geschlechtergleichbehandlung und Gleichberechtigung zu einer aktiven Förderungspolitik übergegangen ist.

---

[32] Hatje in Schwarze, Kommentar, Art. 3 EG, R. 18; Ukrow in C/R, Kommentar, Art. 3 EG, R. 25

[33] Ukrow, a.a.O., Art. 3 EG, R. 24

[34] Z.B. Art. 151 Abs. 4, 153 Abs. 2, 157 Abs. 3, 178; vgl. auch die Übersicht bei Stein, Querschnittsklauseln, S. 1439ff, S. 1441ff

[35] A.A. ohne Begründung Jahns-Böhm in Schwarze, Kommentar, Art. 6 EG, R. 8

Art. 3 Abs. 2 EG spricht sich insofern klar zugunsten des Konzepts der Ergebnisgleichheit zu Lasten des Konzepts der bloßen Chancengleichheit aus[36]. Bestätigt wird diese Auffassung durch die Aufnahme des Ziels der Geschlechtergleichstellung in die Aufgaben der Gemeinschaft nach Art. 2 EG.

Rechtspolitischer Hintergrund von Querschnittsklauseln ist der Gedanke des Mainstreaming. Diesem liegt die Erkenntnis zu Grunde, dass das Recht eines Teilbereichs alleine kein ausreichendes Mittel zur praktischen Verwirklichung eines bestimmten Ziels ist. Vielmehr kann beispielsweise völlige Gleichstellung nur im Wege der Berücksichtigung des Gleichheitssatzes in allen anderen Politiken erreicht werden. Es muss nämlich dafür Sorge getragen werden, dass bei deren Umsetzung spezifisches Antidiskriminierungsrecht nicht unterlaufen wird[37]. Nach den Vorstellungen der Kommission erfordert Mainstreaming darüber hinaus die Berücksichtigung und die Herausstellung eines bestimmten Ziels bereits in der Konzeptionsphase[38]. Damit soll möglichst früh eine Sensibilisierung öffentlicher Stellen für die zu behandelnde Problematik erreicht werden. Eine effektive Bekämpfung von Diskriminierungen in diesem Sinne würde eine verstärkten Datenaustausch zwischen allen lokalen, nationalen und internationalen Behörden voraussetzen. Notwendiger Inhalt einer Umsetzungsstrategie unter Berücksichtigung des Mainstreaming-Ansatzes und sogar deren möglicher Schwerpunkt ist die Erregung und die Stärkung des Bewusstseins in der Bevölkerung vom Mehrwert einer diskriminierungsfreien Gesellschaft, insbesondere in den Bereichen Beschäftigung, Bildung, Kultur und Medien[39].

In rechtlicher Hinsicht wurde der Gedanke des Mainstreaming in Art. 3 Abs. 2 EG normiert[40]. Die Vorschrift muss folglich nach ihrem Sinn und Zweck im Lichte dieses Gedankens ausgelegt werden. Die Umsetzung der Querschnittsaufgabe kann sich dann in zweierlei Hinsicht – prozedural und materiell – vollziehen[41]: Eine verfahrensmäßige Verwirklichung erfordert in erster Linie interne Anweisungen, beispielsweise der Kommission an ihre Dienststellen, bei der Ausarbeitung von Konzepten frühzeitig Aspekte der Geschlechtergleichbehandlung zu berücksichtigen. Dies erfordert seinerseits die Einbeziehung aller betroffenen Parteien in die strategische Planung, Durchführung und Überwachung gemeinschaftsrechtlicher

---

36 A.A. v. Bogdandy in G/H, Kommentar, Stand Januar 2000, Art. 3 EG, R. 21: Art. 3 Abs. 2 EG selbst sei indifferent, in obiger Weise aber durch die Rechtsprechung zu Art. 141 EG konkretisiert.

37 Bell, Mainstreaming, EL Rev. 2001, S. 20ff, S. 21

38 Bericht der Kommisssionsdienststellen zur Durchführung des Aktionsplans gegen Rassismus, S. 3

39 Bericht der Kommisssionsdienststellen, a.a.O., passim.

40 Bieback in Fuchs, Kommentar, 2. Auflage, Art. 141 EG, R. 9; mit der ausdrücklichen Festlegung des Mainstreaming-Ansatzes in Art. 3 Abs. 2 EG ist aber dessen Anwendbarkeit außerhalb der Gleichstellung der Geschlechter nicht ausgeschlossen.

41 Bell, a.a.O., S. 21f; Callies in C/R, Kommentar, Art. 6 EG, R. 4ff

Aktionen. Die Einbeziehung kann angesichts des stringenten Auftrags in Art. 3 Abs. 2 EG sich nicht in einem bloßen Anhörungsrecht erschöpfen, sondern verlangt eine echte Mitwirkung[42]. Ebenfalls als prozedurale Verwirklichung des Mainstreaming-Ansatzes kann die Selbstverpflichtung der Kommission angesehen werden, mittelfristig eine 40 %-ige Beteiligung von Frauen in allen Dienststellen und Expertengruppen zu erreichen[43].

In materieller Hinsicht ist zu beachten, dass Art. 3 Abs. 2 EG eine lediglich objektive Rechtsregel aufstellt, die mangels hinreichender inhaltlicher Konkretheit nicht unmittelbar anwendbar ist. Denn die Vorschrift legt nur fest, *dass* die Gemeinschaftsorgane bei all ihren Tätigkeiten der Gleichstellung der Geschlechter Rechnung tragen müssen. Durch welche konkreten Maßnahmen dies zu erfolgen hat, lässt sich ihrer weiten Fassung aber nicht entnehmen. Insoweit wird der Gemeinschaft hinsichtlich des „wie" ein relativ weiter Beurteilungsspielraum eingeräumt[44], während die Frage des „ob" der Gleichstellung der Geschlechter durch Art. 3 Abs. 2 EG verbindlich vorgegeben wird. Ein subjektiver Anspruch des Einzelnen lässt sich daher aus Art. 3 Abs. 2 EG nicht ableiten[45].

Mit dem Entzug eines diesbezüglichen Entschließungsermessens aus der Dispositionsbefugnis der Gemeinschaftsorgane korrespondiert eine Verpflichtung zum Tätigwerden. Art. 3 Abs. 2 EG konstituiert damit wegen seiner nicht disponiblen Grundentscheidung eine Schutzpflicht der Europäischen Union. Dies folgt weniger aus dem Wortlaut der Vorschrift („wirkt *bei*"), als aus deren Sinn und Zweck, sowie der exponierten Bedeutung des Grundsatzes der Geschlechtergleichstellung im Gemeinschaftsrecht. Denn eine effektive Gleichstellung kann nur erreicht werden, wenn ein Hoheitsträger bei jeder drohenden Gefahr einer diskriminierenden Ungleichbehandlung zu Schutzmaßnahmen verbindlich verpflichtet ist. Die Gemeinschaftsorgane verhalten sich also rechtswidrig, wenn sie im Rahmen der ihnen zugewiesenen Kompetenzen[46] Diskriminierungen aus Gründen des Geschlechts hinnehmen. Sie sind bereits deshalb gemeinschaftsrechtlich auch ohne Erlass von Rechtsakten im Sinne des Art. 249 EG angehalten, Vorfeldmaßnahmen zur Aufdeckung derartiger Diskriminierungen zu ergreifen. Der Wortlaut des Art. 3 Abs. 2 EG steht dem nicht entgegen, spricht er doch allgemein von „Tätigkeiten" und erstreckt sich demnach auf jegliche denkbare Form von Gemeinschaftshandlungen. Inhaltlich erfasst wird auch ein Verschlechterungsverbot

---

[42] Vgl. Konferenz „Bekämpfung von Rassismus auf europäischer Ebene", Bericht vom 24./25. Februar 2000, S. 9

[43] Bell, a.a.O., S. 21

[44] Ukrow, a.a.O., Art. 3 EG, R. 24

[45] V. Bogdandy, a.a.O., Art. 3 EG, R. 24; Ukrow, a.a.O., Art. 3 EG, R. 25

[46] Ihre Grenze findet die Querschnittsaufgabe in Art. 3 Abs. 2 EG im Prinzip der begrenzten Einzelermächtigung. Soweit allgemein auf die Gefahr hingewiesen wird, dass Querschnittsklauseln die geltende Kompetenzverteilung wegen ihrer Reichweite unterlaufen können (vgl. Stein, a.a.O., S. 1440f: „gleichsam im Bauch eines trojanischen Pferdes"), ist für Art. 3 Abs. 2 EG die Rückkopplung der Vorschrift an die Tätigkeitsbereich in Art. 3 Abs. 1 EG zu beachten.

hinsichtlich bereits bestehender Ungleichheiten. Ein klagbarer individueller Anspruch wird dadurch allerdings nicht begründet.

Hinsichtlich der Reichweite des Art. 3 Abs. 2 EG folgt bereits aus dem Wortlaut der Vorschrift, dass das Gebot der Gleichbehandlung der Geschlechter in allen Politikbereichen zu beachten ist. Damit wird zumindest dieser in Art. 141 EG angelegte Grundsatz gestärkt. Nach der deutschen Fassung ist aber nicht klar, ob die Beseitigung von Ungleichheiten im Sinne des Art. 3 Abs. 2 EG allein solche zwischen Männern und Frauen meint oder ob ein allgemeines Gleichheitsgebot statuiert wird. Aus der englischen[47] und der französischen[48] Fassung lässt sich jedoch entnehmen, dass Art. 3 Abs. 2 EG nur auf die Gleichbehandlung der Geschlechter Bezug nimmt[49]. Demnach ist es gerade kein Ziel der Gemeinschaft, eine allumfassende Gleichstellungspolitik zu betreiben. Die Gleichbehandlung der Geschlechter ist die einzige grundrechtliche Aufgabe unter dem EG-Vertrag[50]. Nicht von der Querschnittsklausel des Art. 3 Abs. 2 EG erfasst werden somit die in Art. 13 EG aufgeführten Diskriminierungen. Zwar sind die Gemeinschaftsorgane nicht gehindert, im Rahmen ihrer Kompetenzen Diskriminierungen aus Gründen der Rasse oder der sexuellen Ausrichtung bei ihren Tätigkeiten zu berücksichtigen. Ein allgemein verbindlicher Handlungsauftrag im Sinne des Art. 3 Abs. 2 EG besteht aber gerade nicht.

So steht es der Gemeinschaft frei, den hinter Art. 3 Abs. 2 EG stehenden Gedanken des Mainstreaming bei allen in Art. 13 EG genannten Diskriminierungen zu berücksichtigen. Ein solches Vorgehen entspricht sogar der Praxis des Gemeinschaftsrechts, wie vor allem die Bemühungen um ein gemeinsames Vorgehen gegen Rassendiskriminierung zeigen[51]. Allen damit verbundenen Bekenntnissen zum Mainstreaming-Gedanken kommt im Gegensatz zu Art. 3 Abs. 2 EG allerdings lediglich der Charakter einer nach Außen unverbindlichen Selbstverpflichtung zu.

---

[47] "In all the activities referred to this article, the Community shall aim to eliminate inequalities, and to promote equality, between men and women".

[48] „Pour toutes les actions visées au présent article, la Communauté cherche à éliminer les inégalités, et à promouvoir l'égalité, entre les hommes et les femmes".

[49] Zitiert nach v. Bogdandy in G/H, Kommentar, Stand Januar 2000, Art. 3 EG, R. 19; ebenso Flynn, Implications in CML Rev. 1999, S. 11227ff, S. 1136

[50] V. Bogdandy in G/H, Kommentar, Stand Januar 2000, Art. 2 EG, R. 26

[51] Vgl. den Bericht der Kommissionsdienststellen zur Durchführung des Aktionsplans gegen Rassismus, passim.

3. Das Verhältnis der Gleichheitsnormen des Gemeinschaftsrechts zueinander

Im Verhältnis der einzelnen Gleichheitsnormen zueinander bestehen insoweit keine Probleme, als die auf Grund primärrechtlicher Handlungskompetenzen der Art. 12 Abs. 2, 13, 141 Abs. 3 EG zu schaffenden sekundärrechtlichen Diskriminierungsverbote normenhierarchisch unter den primärrechtlich wirkenden Art. 12 Abs. 1, 141 Abs. 1, 34 Abs. 2 UAbs. 2 EG und dem allgemeinen Gleichheitssatz stehen. Der Grund für die Höherrangigkeit des Primärrechts ist in dem unmittelbar möglichen Rückschluss auf den Willen der Vertragsstaaten zu sehen.

Die Rechtsprechung des EuGH hat aber innerhalb des Primärrechts noch nicht hinreichend das Verhältnis der vertraglichen und grundrechtlichen Gleichheitsnormen zu klären vermocht. Als jeweils primärrechtliche Normenkomplexe stehen sie normenhierarchisch grundsätzlich in einem Verhältnis der Gleichordnung. Anders als bei den übrigen Grundrechten stellt der Gerichtshof zur Begründung des allgemeinen Gleichheitssatzes nicht entscheidend auf die in Art. 6 Abs. 2 EU genannten Rechtserkenntnisquellen der Verfassungsüberlieferungen der Mitgliedstaaten oder die EMRK ab, sondern entwickelt ihn aus den speziellen vertraglichen Diskriminierungsverboten[52]. Insbesondere im Zusammenhang mit dem Diskriminierungsverbot zwischen Verbrauchern und Erzeugern aus Art. 34 Abs. 2 UAbs. 2 EG stellte der EuGH häufig fest, dass das in dieser Vorschrift „ausgesprochene Diskriminierungsverbot nur der spezifische Ausdruck des allgemeinen Gleichheitssatzes [sei], der zu den Grundprinzipien des Gemeinschaftsrechts gehört"[53]. Im Rahmen der Subsumtion wird zumeist nicht klar, ob der allgemeine Gleichheitssatz oder ein spezielles Diskriminierungsverbot als Prüfungsmaßstab herangezogen werden. Lediglich bei gelegentlichen Bezugnahmen auf frühere Urteile legt sich der Gerichtshof ausdrücklich auf einen Verstoß gegen eine bestimmte Rechtsgewährleistung fest, was allerdings trotz identischen Urteilsaufbaus nicht immer zu gleichen Ergebnissen führt[54]. Die Rechtsprechung erweckt dadurch den Eindruck, dass die speziellen Diskriminierungsverbote parallel zum allgemeinen Gleichheitssatz wir-

---

[52] Kingreen in C/R, Kommentar, Art. 6 EU, R. 175; vgl. die Nachweise bei Kischel, Gleichheitssatz in EuGRZ 1997, S. 1ff, S. 3f; a.A. Schilling, Allgemeine Rechtsgrundsätze in EuGRZ 2000, S. 1ff, S. 15.

[53] EuGH Rs. 254/81, Slg. 1982, S. 2745ff, S. 2754, Edeka; vgl. auch EuGH verb. Rs. 117/76 und 16/77, Slg. 1977, S. 1753ff, S. 1770, Ruckdeschel; verb. Rs. 124/76 und 20/77, Slg. 1977, S. 1795ff, S. 1812, Moulins Pont-à-Mousson; EuGH verb. Rs. 103 und 145/77, Slg. 1978, S. 2037ff, S. 2074f, Royal Scholten-Honig; EuGH Rs. 125/77, Slg. 1978, S. 1991ff, S. 2003f, Koninklijke Scholten-Honig.

[54] Kischel, a.a.O., S. 3: einerseits ergibt die Interpretation in EuGH Rs. 138/79, Slg. 1980, S. 3333ff. S. 3358, Roquette Frères die Anwendung des allgemeinen Gleichheitssatzes, andererseits die verb. Rs. 201 und 202/85, Slg. 1986, S. 3477ff, S. 3507f, Klensch eine Überprüfung von Art. 40 Abs. 3 UAbs. 3 EGV a.F.

ken, im Vergleich zu diesem aber keinerlei inhaltliche Änderungen hinsichtlich der Prüfung bringen[55].

Eine derartige Vorgehensweise des EuGH kann rechtsdogmatisch auf keine Zustimmung stoßen, nimmt sie den speziellen Diskriminierungsverboten jede normative Funktion, so dass sie letztlich ihre rechtliche Daseinsberechtigung verlieren und überflüssig werden. Normenhierarchisch stehen die Gemeinschaftsgrundrechte und damit der allgemeine Gleichheitssatz als allgemeine Rechtsgrundsätze mit den speziellen primärrechtlichen Diskriminierungsverboten der Verträge auf gleicher Ebene[56]. Sie stehen zueinander in einem wechselseitigen Verhältnis, da einerseits geschriebenes Gemeinschaftsrecht nicht einem allgemeinen Rechtsgrundsatz widersprechen darf und folglich in dessen Lichte auszulegen ist[57], es andererseits aber auch Auslegungshilfen bei der inhaltlichen Konkretisierung ungeschriebener allgemeiner Rechtsgrundsätze geben kann. Im Rahmen ihrer jeweiligen Anwendungsbereiche ergänzen sich vertragliche und grundrechtliche Gleichbehandlungsregeln. Besondere Diskriminierungsverbote gewinnen jedoch nach allgemeiner juristischer Systematik materiell durch ihren prinzipiellen Vorrang gegenüber dem allgemeinen Gleichheitssatz an eigenständiger Bedeutung[58]. Da die lex-specialis-Regel auch im Gemeinschaftsrecht Anwendung findet[59], tritt der allgemeine Gleichheitssatz als lex generalis zurück, soweit spezielle Gleichheitssätze eingreifen[60]. Inhaltlich zielen der allgemeine Gleichheitssatz des Gemeinschaftsrechts ebenso wie die einzelnen speziellen Diskriminierungsverbote auf die Realisierung der Gleichheit hin. Während letztere sich auf das Verbot der Ungleichbehandlung auf Grund eines bestimmten Differenzierungskriteriums[61] beschränken, bewirkt ersterer umfassend einen Schutz aller denkbaren Bereiche des Lebens gegen jede mögliche ungerechtfertigte Differenzierung. Das explizite Herausgreifen einzelner Bereiche erlaubt es, die sachlichen Anforderungen an Ungleichbehandlungen im Rahmen besonderer Diskriminierungsverbote im Vergleich zu denen des allgemeinen Gleichheitssatzes zu erhöhen[62].

---

[55] So auch Kingreen/Störmer, Subjektiv-öffentliche Rechte in EuR 1998, S. 263ff, S. 284

[56] Statt aller Streinz, Europarecht, R. 347ff.

[57] EuGH verb. Rs. 97-99/87, Slg. 1989, S. 3137ff, S. 3156, Dow Benelux; Gould, European Social Charter in EL Rev. 1989, S. 223ff, S. 225; Bleckmann, Europarecht, R. 554.

[58] Für Art. 12 EG Feige, Gleichheitssatz, S. 30ff; für Art. 3 GG Starck in v. Mangoldt/Klein/Starck, Bonner Grundgesetz, Bd.1, Art. 3 Abs. 2 GG, R. 279; Sachs in Handbuch des Staatsrechts, Bd. V, § 126, R. 18

[59] Bleckmann, a.a.O., R. 526

[60] So für das Gemeinschaftsrecht bereits Feige, a.a.O., S. 195

[61] Eine Ausnahme hiervon bildet Art. 34 Abs. 2 UAbs. 2 EG, der nicht deshalb ein spezielles Diskriminierungsverbot statuiert, weil er ein bestimmtes Differenzierungskriterium verbietet, sondern weil er auf die Ungleichbehandlung innerhalb bestimmter Vergleichsgruppen abstellt.

[62] Vgl. nur Sachs, a.a.O., Bd. V, § 126, R. 16; Kingreen/Störmer, a.a.O., S. 285

Unter Berücksichtigung dieser Grundsätze ergibt sich eine mehrfach abgestufte Wertigkeit der primärrechtlichen Diskriminierungsverbote aus dem Gemeinschaftsrecht selbst. Insbesondere die Neuerungen des Amsterdamer Vertrags weisen auf eine solche Deutung hin. So erfordern allgemein diejenigen Gleichbehandlungsgebote eine strengere Handhabung, die eine detaillierte Regelung erfahren haben, da in diesem Fall der Wille der Mitgliedstaaten sich offenbart, derartige Ungleichbehandlungen weniger dulden zu wollen.

Je nach Regelungsdichte vollzieht sich demnach eine Abstufung der Diskriminierungsverbote. So verbürgt das neben Art. 12 EG und den Grundfreiheiten einzige unmittelbar (vertikal und horizontal) anwendbare Diskriminierungsverbot in geschriebenen Primärrecht aus Art. 141 Abs. 1 EG den größten Schutz[63]. Auf der nächsten Stufe folgt das Verbot der Ungleichbehandlung der Geschlechter in der Sozialpolitik, das seinen speziellen Ausdruck in Art. 141 Abs. 3 und Abs. 4 EG gefunden hat, aber nicht explizit normiert wurde; dieses erlaubt allerdings keine unmittelbare Berufung des Einzelnen auf einen allgemeinen Grundsatz der Geschlechtergleichheit in diesem Bereich und gewährt damit kein subjektives Recht. Mangels eigenständiger spezieller Regelung damit nicht als gleichrangig anzusehen schließt sich das Gebot der (allgemeinen) Geschlechtergleichstellung in allen Gemeinschaftsaufgaben an, vgl. Art. 2 EG, Art. 3 Abs. 2 EG[64]. Erst danach folgt der allgemeine Gleichheitssatz der Grundrechte. Ihm gehen die sekundärrechtlichen Diskriminierungsverbote auf Grund der Kriterien des Art. 13 EG nach[65].

Im Einzelnen konkretisiert sich diese Wertigkeit der Diskriminierungsverbote in der Prüfung einer möglichen Rechtfertigung. So sind entsprechend obiger Reihenfolge an Rechtfertigungen bei Verstößen gegen Art. 12 Abs. 1, 141 Abs. 1 EG die strengsten, an Verletzungen der Diskriminierungsverbote auf Grund des Art. 13 EG die geringsten Anforderungen zu stellen. Im Kern geht es um die Frage, wie viel Ermessensspielraum einem in ein Diskriminierungsverbot Eingreifenden zugestanden wird.

Dabei erfolgt auch im Europarecht erfolgt die Prüfung, ob ein tatbestandlicher Verstoß gegen ein Diskriminierungsverbot gerechtfertigt ist, anhand der Vorgaben des Verhältnismäßigkeitsgrundsatzes. Dieser ist durch den EuGH als allgemeines Rechtsprinzip der Gemein-

---

63 Eine unmittelbare Drittwirkung ist nur bis hierher möglich.

64 Nach richtiger Auffassung beschränkt sich die Querschnittsklausel des Art. 3 Abs. 2 EG trotz seines unklaren Wortlauts auf die Gleichstellung der Geschlechter; bis hierhin können Schutzpflichten begründet werden.

65 In dieser Richtung auch Craig und de Búrca in EU Law , S. 365: "However, the ECJ itself has not declared that the elimination of all forms of arbitrary discrimination constitutes a 'fundamental principle' of Community law, as it has said of sex discrimination".

schaft anerkannt[66] und entspricht im Wesentlichen den Anforderungen, die das deutsche Recht an den Verhältnismäßigkeitsgrundsatz stellt. Der Gerichtshof überprüft die zu rechtfertigende Maßnahme dahingehend, ob sie ein legitimes Ziel verfolgt und ein zur Erreichung dieses Ziels geeignetes und erforderliches Mittel darstellt. Die dritte Stufe der Prüfung, die Verhältnismäßigkeit im engeren Sinne (Angemessenheit, Übermaßverbot), findet keine ausdrückliche Erwähnung. In der Sache zieht bisweilen aber auch der Gerichtshof diesen Aspekt heran[67].

In der Rechtsprechung des EuGH ist ein Ansatz, der die unterschiedliche Wertigkeit der Diskriminierungsverbote im Rahmen der Prüfung der Rechtfertigung berücksichtigt, nicht erkennbar. Auch wenn der Gerichtshof im Rahmen der einzelnen Diskriminierungsverbote einmal auf „Willkür"[68], einmal auf das Erfordernis einer objektiven Rechtfertigung[69] oder sogar innerhalb des Art. 141 Abs. 1 EG[70] auf unterschiedliche Begrifflichkeiten bei der Prüfung der Rechtfertigung abstellt, ist damit inhaltlich keine Differenzierung hinsichtlich des anzulegenden Maßstabs verbunden[71].

In der Literatur vertritt Kischel in Anlehnung an die Rechtsprechung des Bundesverfassungsgerichts eine mehrfach abgestufte Bindung an gemeinschaftsrechtliche Diskriminierungsverbote. Danach hängt der an Gleichheitsverstöße anzulegende Maßstab davon ab, wie weit ein Differenzierungskriterium den Menschen in seinen vorgegebenen, unbeeinflussbaren Merkmalen betrifft und deshalb den geschützten Kern seiner Individualität erfasst[72]. Bei rein verhaltensbezogenen Merkmalen sind auch an den Verhältnismäßigkeitsgrundsatz am wenigsten strenge Anforderungen zu stellen, während bei einer ansteigenden Prüfungsdichte nicht beeinflussbare und personenbezogene Merkmale folgen. Der geringste Ermessensspielraum wird bei den in Art. 3 Abs. 3 GG genannten Kriterien zugestanden. Da sich ein solcher Gedankengang nicht aus spezifisch (deutsch-) verfassungsrechtlicher Sicht, sondern aus einer generalisierten Betrachtung der Gleichheit ergibt, ist er auch auf das Europarecht zu übertragen. Im Ergebnis kommt es damit lediglich auf die Art des Differenzierungskriteriums an, so dass nicht nur das Diskriminierungsverbot aus Art. 141 Abs. 1 EG strengsten Anforderungen des Verhältnismäßigkeitprinzips unterliegt, da es an das Geschlecht als

---

66 Vgl. nur EuGH verb. Rs. 41, 121 und 796/79, Slg. 1980, S. 1979ff, S. 1997, Testa; auch Kutscher, Grundsatz", S. 85ff und Mohn, Gleichheitssatz, S. 112ff, insbesondere S. 115 zum Verhältnis zwischen Verhältnismäßigkeitsprinzip und Gleichbehandlungsgrundsatz.

67 Vgl. Bieback, in Fuchs, Nomos-Kommentar, Art. 119 EGV, R. 580 mit Rechtsprechungsnachweisen; beachte aber, dass Fälle einer ausdrücklichen Abwägung eher die Ausnahme bleiben, Bieback, a.a.O., R. 57

68 EuGH Rs. 139/77, Slg. 1978, S. 1317ff, S. 1333, Denkavit

69 EuGH verb. Rs. 117/76 und 15/77, Slg. 1977, S. 1753ff, S. 1770, Ruckdeschel zum allgemeinen Gleichheitssatz

70 Vgl. die Nachweise in Fn. 181 und 182

71 So Kischel, Gleichheitssatz, EuGRZ 1997, S.1 ff, S. 5 und Bieback, a.a.O., R. 54

besonders individualbezogenes und unbeeinflussbares Kriterium anknüpft. Dieses Ergebnis ist zudem auf alle Ungleichbehandlungen auf Grund des Geschlechts zu übertragen, da insofern das gleiche (personenbezogene) Differenzierungskriterium betroffen ist[73].

Dem Ansatz Kischels ist im Grunde beizupflichten. Der Versuch, dem Stellenwert der speziellen Diskriminierungsverbote im Verhältnis zum allgemeinen Gleichheitssatz und untereinander auf der Ebene der Rechtfertigung durch das Anlegen eines abgestuften Prüfungsmaßstabs Ausdruck zu verleihen, entspricht der in diesem Bereich zwingend notwendigen Flexibilität, um den unterschiedlichen Bedeutungen der Diskriminierungsverbote gerecht zu werden. Gerade diesen Ausgangspunkt lässt Kischel letztendlich aber außer Acht, wenn er die im deutschen Verfassungsrecht gefundenen Ergebnisse inhaltsgleich für das Gemeinschaftsrecht übernimmt. Denn allein die Art des Differenzierungsmerkmals kann hier kaum über den Stellenwert der einzelnen Diskriminierungsverbote entscheiden. Das Gemeinschaftsrecht unterliegt dem Prinzip der begrenzten Einzelermächtigung und damit einer bestimmten Zuständigkeitsregelung in viel engerem Maße als das jeweilige Verfassungsrecht der Mitgliedstaaten. An diesen Vorgaben hat sich auch die Bestimmung der Reichweite der Diskriminierungsverbote zu orientieren. Die durch die Zuständigkeitsvorschriften erfolgte Konkretisierung und Begrenzung des Wirkbereichs des Gemeinschaftsrechts muss sich auch auf die Prüfung der jeweils verbliebenen Spielräume der Adressaten eines Diskriminierungsverbots auswirken. „Eine Differenzierung kann nur dann verhältnismäßig sein, wenn das eingeräumte Ermessen entsprechend den konkreten vertraglichen oder sekundärrechtlichen Vorschriften ausgeübt worden ist"[74].

Die Anforderungen an den Verhältnismäßigkeitsgrundsatz hängen also nicht von der Einordnung der einzelnen Differenzierungskriterien als verhaltens- oder personenbezogen ab, sondern werden durch die Vorgaben des Gemeinschaftsrechts selbst bestimmt. Folglich können auch nicht mit Kischel alle Diskriminierungen auf Grund des Geschlechts gleich behandelt werden. Dies widerspräche der primärrechtlichen Regelung des Art. 141 Abs. 1 EG, aus der gerade hervorgeht, dass gemeinschaftsrechtlich eine Lohndiskriminierung rigoroser verboten sein soll als alle anderen Ungleichbehandlungen zwischen den Geschlechtern. Also sind auch die Prüfungen der Rechtfertigung und der Verhältnismäßigkeit in diesem Bereich unter die strengsten Vorgaben zu stellen[75].

---

72 Kischel, a.a.O., S. 5f

73 Kischel, a.a.O., S. 6

74 So zu Recht Mohn, Gleichheitssatz, S. 113

75 Zumindest ähnliches dürfte für das Diskriminierungsverbot auf Grund der Staatsangehörigkeit nach Art. 12 EG gelten. Wegen dessen grundlegender Bedeutung für den Binnenmarkt wird dort allerdings ein absolutes Diskriminierungsverbot noch stärker vertreten als bei Art. 141 Abs. 1 EG. Will man diesen Aspekt unter Ablehnung eines absoluten Verbots im Rahmen der Rechtfertigung heran ziehen, wären bei Art. 12 EG unter Umständen noch strengere Anforderungen zu stellen.

Nach diesem Verständnis sind sekundärrechtliche Diskriminierungsverbote (Art. 141 Abs. 3 und Art. 13 EG) leichter zu rechtfertigen[76]. Um ihnen dennoch eigenständige Bedeutung zu verschaffen, muss der Verhältnismäßigkeitsgrundsatz aber strenger gehandhabt werden als im Rahmen des allgemeinen Gleichheitssatzes. Ob man unter Rückgriff auf die Argumentation Kischels eine weitere Differenzierung unter den Kriterien des Art. 13 EG vornehmen und so die Religion und die Weltanschauung als beeinflussbare Merkmale weniger dem Schutz des Diskriminierungsverbots als die anderen Kriterien unterstellen will, ist fraglich; schließlich betont ja gerade die Kommission die Gleichwertigkeit aller Merkmale. Deshalb spricht einiges dafür, die Unterscheidung zwischen verhaltens- und personenbedingten Differenzierungskriterien allenfalls im Rahmen des allgemeinen Gleichheitssatzes, also in den Fällen, die nicht bereits einem speziellen gemeinschaftsrechtlichen Diskriminierungsverbot zuzuordnen sind, heranzuziehen.

[76] In diesem Bereich stellt sich die Frage, ob eine weitere Abstufung hinsichtlich der Diskriminierungen auf Grund des Geschlechts vorzunehmen ist, je nach dem, ob eine Diskriminierung auf Grund des Geschlechts unter Art. 13 EG oder Art. 141 Abs. 3 EG fällt, weil letzterer keine Einstimmigkeit im Rat voraussetzt. Dafür spricht, dass auch dadurch ein verstärkter Wille der Mitgliedstaaten zur Bekämpfung von Diskriminierungen in Arbeits- und Beschäftigungsfragen zum Ausdruck kommt.

II. Begriffsbestimmung: Diskriminierung

„Nach ständiger Rechsprechung liegt eine Diskriminierung vor, wenn unterschiedliche Vorschriften auf gleiche Sachverhalte angewandt werden oder wenn dieselbe Vorschrift auf ungleiche Sachverhalte angewandt wird“[77]. Der EuGH wiederholt diese oder fast identische[78] Definitionen regelmäßig und ergänzt sie häufig um das Merkmal einer willkürlichen Behandlung[79].

Für die in Art. 13 EG genannten Differenzierungskriterien muss diese Definition des Gerichtshofs eingeschränkt werden. Die dort aufgeführten Unterscheidungsverbote untersagen lediglich die Ungleichbehandlung von Gleichem. Eine Umkehrung auf das Verbot der Gleichbehandlung ungleicher Sachverhalte fügt sich dagegen nicht in die Systematik des Art. 13 EG ein. Wegen der durch die Nennung spezieller Diskriminierungskriterien vorgegebenen Gleichstellung bestimmter Personengruppen kann es im Anwendungsbereich des Art. 13 EG keine ungleichen Sachverhalte mehr geben. Entweder eine Personengruppe passt unter ein in Art. 13 EG aufgeführtes Kriterium und unterliegt damit einem Verbot der Ungleichbehandlung oder sie lässt sich nicht unter die Vorschrift subsumieren. Der Schluss, dass eine Gruppe in diesem Fall ungleich behandelt werden muss, verbietet sich. Das Diskriminierungsverbot ist tatbestandlich schon gar nicht einschlägig und kann demzufolge auch keine Aussage treffen, auf welche Weise Personengruppen, die nicht unter die Vorschrift fallen, im Verhältnis zu denjenigen Gruppen behandelt werden müssen, denen der Schutz des Art. 13 EG zuteil wird. Demzufolge gilt für die Diskriminierungskriterien des Art. 13 EG nur ein eindimensionaler Diskriminierungsbegriff[80].

Generell gilt, dass die Begrifflichkeiten „Diskriminierungsverbot“ und „Gleichbehandlungsgebot“ der Sache nach lediglich zwei Seiten derselben Medaille umschreiben. Beide Formulierungen stehen grundsätzlich für den gleichen materiellen Grundsatz, wonach vergleichbare Sachverhalte nicht unterschiedlich behandelt werden dürfen. Der Tatbestand der „Diskriminierung“ drückt nur negativ die Verletzung einer positiven Gleichbehandlungspflicht aus[81].

---

77 EuGH Rs. C-411/96, Slg. 1998, I-S. 6401ff, S. 6455, Boyle

78 EuGH Rs. C-279/93, Slg. 1995, I-S. 225ff, S. 259, Schumacker; EuGH Rs. 8/82, Slg. 1983, S. 371ff, S. 387f, Wagner; Rs. 13/63, Slg. 1963, S. 357ff, S. 374, Italien/Kommission; verb. Rs. 117/76 und 16/77, Slg. 1977, S. 1753ff, S. 1770, Ruckdeschel

79 Vgl. nur EuGH Rs. 43/72, Slg. 1973, S. 1055ff, S. 1074, Merkur; EuGH Rs. 147/79, Slg. 1980, S. 3005ff, S. 3019, Hochstrass

80 Implizit ergibt sich diese Einschränkung auch aus der auf Art. 13 EG gestützten Richtlinie 2000/43/EG. Soweit dort in Art. 2 von einer „weniger günstige[n] Behandlung“ oder von Benachteiligung die Rede ist, setzt dies eine *Un*gleichbehandlung voraus.

81 Kewenig, „Grundsatz der Nichtdiskriminierung“, S. 51; Schwarze, Europäisches Verwaltungsrecht, Bd. 1, S. 550; der EuGH sieht ausdrücklich in einer „Diskriminierung vor allem eine Ungleichbehand-

Im Einzelnen ist der Terminus „Diskriminierung" vielschichtig. In der Literatur sind zahlreiche unterschiedliche Begrifflichkeiten im Gespräch; so ist die Rede von Diskriminierungen, die jeweils in gegensätzlichen Begriffspaaren auftauchen und als unmittelbar - mittelbar, formell - materiell, formell - substantiell, direkt - indirekt, offen - verdeckt, offen - versteckt bezeichnet werden[82]. Ohne detaillierte Differenzierungen zu treffen, soll hier vereinfachend davon ausgegangen werden, dass diese Begriffspaare an die jeweils gleiche Unterscheidung anknüpfen. Diese liegt darin, dass einmal ausdrücklich auf ein bestimmtes verbotenes Differenzierungskriterium Bezug genommen wird (unmittelbar, formell, direkt) und einmal dasselbe Ergebnis der Ungleichbehandlung durch die Verwendung eines anderen Kriteriums erreicht wird (mittelbar, materiell, substantiell, indirekt, versteckt)[83]. Nicht in dieses von Gegensätzlichkeiten geprägtes Schema ohne weiteres einordnen lassen sich nur offene und verdeckte Diskriminierungen. Anders als alle anderen Kriterien, bei denen objektive Merkmale im Vordergrund stehen, knüpft die verdeckte Diskriminierung entscheidend an die Absicht an, diskriminieren zu wollen[84]. Dieser Fall wird mit einer unmittelbaren Diskriminierung gleichgestellt, so dass im Ergebnis eine unmittelbare Diskriminierung keineswegs offen sein muss[85]. Im Gegenzug kommt es keinesfalls auf das Vorliegen einer Diskriminierungsabsicht an[86].

Während unmittelbare Diskriminierungen in der Regel leicht festzustellen sind[87], bereitet das Aufspüren mittelbarer Diskriminierungen rechtlich mehr Probleme. Der Begriff der mittelbaren Diskriminierung hat inzwischen in Art. 2 Abs. 2 der Richtlinie 97/80/EG in Bezug auf das Gleichbehandlungsgebot zwischen den Geschlechtern eine Legaldefinition erfahren, die sich auf alle anderen Differenzierungskriterien übertragen lässt. In Übereinstimmung mit der

---

lung vergleichbarer Sachverhalte", vgl. EuGH Rs. 79/77, Slg. 1978, S. 611ff, S. 620, Kühlhaus Zentrum; vgl. in diesem Zusammenhang auch Art. 2 Abs. 1 der Richtlinie 97/80/EG: „Im Sinne dieser Richtlinie bedeutet der Ausdruck 'Gleichbehandlungsgrundsatz', dass keine unmittelbare oder mittelbare Diskriminierung auf Grund des Geschlechts erfolgen darf".

82 Die ausführlichste Besprechung der Begriffe findet sich bei Kyriazis, „Sozialpolitik", S. 73ff; daneben sei hingewiesen auf P. M. Meyer, Auswirkungen, S. 248ff; Langenfeld, Gleichbehandlung, S. 211ff.; vgl. zum Begriff der Diskriminierung insgesamt auch Schwarze, Europäisches Verwaltungsrecht, Bd. I, S. 544ff.

83 Vgl. die jeweiligen Definitionen bei Epiney in C/R, Kommentar, Art. 12 EG, R. 13; dies., Umgekehrte Diskriminierungen, S. 55, 103; Kyriazis, a.a.O., S. 75f, S. 77ff.; im Folgenden soll nur noch von unmittelbaren und mittelbaren Diskriminierungen gesprochen werden; der EuGH selbst bevorzugt mittlerweile die Ausdrücke unmittelbare/offene, mittelbare/versteckte Diskriminierung, vgl. nur EuGH Rs. C-237/94, Slg. 1996, I-S. 2617ff, S. 2637f, O'Flynn.

84 Wisskirchen, Mittelbare Diskriminierung, S. 72

85 P. M. Meyer, Auswirkungen, S. 253 m.w.N.; Kyriazis, a.a.O., S. 80ff.

86 Langenfeld, a.a.O., S. 214

87 Eine auf Diskriminierungen aus Gründen der Rasse beschränkte Definition findet sich in Art. 2 Abs. 2 lit. a der Richtlinie 2000/43/EG: „wenn eine Person auf Grund ihrer Rasse oder ethnischen Herkunft in einer vergleichbaren Situation eine weniger begünstigende Behandlung erfährt".

Rechtsprechung des EuGH[88] liegt danach „eine mittelbare Diskriminierung vor, wenn dem Anschein nach neutrale Vorschriften, Kriterien oder Verfahren einen wesentlich höheren Anteil an Angehörigen eines Geschlechts benachteiligen, es sei denn, die betreffenden Kriterien, Vorschriften oder Verfahren sind angemessen und notwendig und sind durch nicht auf das Geschlecht bezogene Gründe sachlich gerechtfertigt"[89]. Da in diesen Fällen nicht explizit an ein Differenzierungskriterium angeknüpft wird, muss eine Benachteiligung durch bestimmte faktische Gegebenheiten nachgewiesen werden. Dabei obliegt es dem nationalen Richter, die statistischen Erhebungen auszuwerten. Diese müssen im Ergebnis verlässslich und nicht Ausdruck rein zufälliger oder vorübergehender Phänomene sein[90]. Nach den Vorgaben des EuGH genügt es, dass sich Maßnahmen ihrem Wesen nach eher auf eine durch ein Diskriminierungsverbot geschützte Gruppe als auf eine andere auswirken können, und folglich die Gefahr der Benachteiligung besteht[91].

An dieser Definition der mittelbaren Diskriminierung fällt auf, dass im Gegensatz zur unmittelbaren Diskriminierung die Abwesenheit einer Rechtfertigungsmöglichkeit negatives Tatbestandsmerkmal[92] ist. Der Generalanwalt Jacobs bestätigt diese Auffassung, wenn er feststellt, dass im Falle des Vorliegens einer solchen Rechtfertigung keine *Diskriminierung* vorliegt und kein Anlass für eine weitergehende Prüfung besteht[93]. Zwar wäre es dogmatisch klarer, strikt zwischen Tatbestand und Rechtfertigung zu trennen. Eine genaue Einordnung ist von bloßem rechtstheoretischen Interesse[94] und spielt in der Praxis keine Rolle. So kann auch der vom Gemeinschaftsrecht eingeschlagene Weg im Ergebnis kaum beanstandet werden.

Die geschilderte Vorgehensweise des EuGH zeigt sich deutlich in der Rs. Gruber[95], die der mittelbaren Diskriminierung zugleich klare Grenzen setzt[96]. In diesem Fall ging es um eine österreichische Regelung, die für Arbeitnehmer, die ihren Vertrag kündigen, um für ihre Kinder zu sorgen, eine Abfindung lediglich in der Hälfte der Höhe des Betrages vorsieht, der für Kündigungen aus „schwerwiegenden Gründen" vorgeschrieben ist. Tatbestandlich stellt eine solche Regelung zweifellos eine Diskriminierung von Frauen dar, da diese typischer-

---

88 Vgl. Bieback, Diskriminierungs- und Behinderungsverbote in Eichenhofer/Zuleeg, Rechtsprechung des EuGH, S. 103ff, S. 113f m.w.N.

89 Vgl. auch die ähnliche Definition in Art. 2 Abs. 2 lit. b der Richtlinien 2000/43/EG und 2000/78/EG.

90 Puissochet, Rechtsprechung, in Liber amicorum Thomas Oppermsann, S. 243ff, S. 250 unter Hinweis auf EuGH Rs. C-127/92, Slg. 1993, I-S. 5535ff, Enderby

91 EuGH Rs. C-237/94, Slg. 1996, I-S. 2617ff, S. 2638f, O'Flynn

92 Vgl. Classen, Wege, JZ 1996, S. 921ff, S. 922ff

93 In den Schlussanträgen vom 6. Juli 2000 zur Rs. C-79/99, R. 35, Schnorbus; abrufbar unter: http://europa.eu.int/cj/de/index.htm.

94 Vgl. auch Schlachter, Probleme, NZA 1995, S. 393ff, S. 398; „der konstruktive Vorteil [...] scheint gering".

95 Rs. C-249/97, Slg. 1999, I-S. 5295ff, S. 5323ff

weise in höherer Zahl als Männer ihren Beruf zu Erziehungszwecken aufgeben. Der EuGH dagegen verneinte (insgesamt) das Vorliegen einer mittelbaren Diskriminierung[97] mit dem an sich nur rechtfertigenden Argument, dass die getroffene Regelung an einen sachlichen Grund anknüpfe: allen Kündigungen aus „schwerwiegenden Gründen" sei nämlich gemein, dass jegliche Fortsetzung der Arbeit unmöglich wäre, weswegen in solchen Fällen vom Arbeitnehmer anders als bei Kündigung zu Erziehungszwecken nicht erwartet werden könne, die normale Kündigungsfrist einzuhalten.

[96] Vgl. auch Puissochet, a.a.O., S. 255f

[97] EuGH, a.a.O., S. 5326, R. 34

III. Rechtsfolgen eines Verstoßes gegen ein Diskriminierungsverbot

Während bei Eingriffen in ein Freiheitsrecht der Bürger nur dann wieder in den Genuss seiner Freiheit kommen kann, wenn der Angriff abgestellt wird, können Gleichheitsverstöße auf unterschiedliche Weise beseitigt werden. Dem liegt die Erkenntnis zu Grunde, dass im Anwendungsbereich eines Diskriminierungsverbots lediglich Ungleichbehandlungen wegen dieses einen speziellen Differenzierungskriteriums unterlassen werden müssen, im Unterschied zu einem freiheitsrechtlichen Abwehranspruch ein Tätigwerden aber durchaus in Frage kommt, solange dies nur hinsichtlich des jeweiligen Differenzierungskriteriums neutral erfolgt[98]. Insgesamt bieten sich drei Lösungswege an: Eine Vergleichsgruppe kann wie eine andere, die andere Vergleichsgruppe wie die eine oder beide Vergleichsgruppen auf neue Weise gleich behandelt werden.

Weiter hängt die Rechtsfolge eines Gleichheitsverstoßes davon ab, ob eine Regelung ungleich belastet oder begünstigt. Im ersten Fall ist die Lösung relativ einfach. Es ist völlig ausreichend, den belastenden Rechtssatz nicht mehr heranzuziehen. Bei einem mitgliedstaatlichen Verstoß gegen ein gemeinschaftsrechtliches Diskriminierungsverbot muss wegen des Anwendungsvorrangs des Gemeinschaftsrechts in europarechtlichen Fallkonstellationen die diskriminierende innerstaatliche Vorschrift unangewendet bleiben, ohne dass es ihrer Aufhebung bedarf. Der Ansicht Kischels, wonach Gleichheitsverstöße im Gemeinschaftsrecht allgemein zur Nichtigkeit der belastenden Regelungen führen[99], kann nicht gefolgt werden. Dem EuGH fehlt insofern die Verwerfungskompetenz für nationales Recht; eine solche kommt ihm lediglich bei Verstößen von sekundärrechtlichen Maßnahmen gegen Diskriminierungsverbote des primären Gemeinschaftsrechts zu[100]. Verstößt ein Gemeinschaftsorgan gegen den primärrechtlichen allgemeinen Gleichheitsgrundsatz in entsprechender Weise, ergibt sich aus der Normenhierarchie des Gemeinschaftsrechts nicht nur die Unanwendbarkeit, sondern die Ungültigkeit der sekundärrechtlichen Vorschrift, die wiederum allein der EuGH feststellen kann. Bis dahin kommt es zu einer primärrechtskonformen Auslegung des Sekundärrechts[101].

Die Rechtslage bei diskriminierenden Begünstigungen ist komplexer, weil die bloße Nichtanwendung einer drittbegünstigenden Vorschrift nicht unbedingt den Zielen des Klägers entspricht. Der Gerichtshof akzeptiert dabei, dass die Zuteilungen hoheitlicher Vergünstigungen dem Prinzip der Gewaltenteilung entsprechend grundsätzlich die Aufgabe des Gesetz-

---

98 Vgl. Sachs, Grenzen, S. 27f.

99 Kischel, Gleichheitssatz, EuGRZ 1997, S. 1ff, S. 9; wie hier Störmer, Gemeinschaftsrechtliche Diskriminierungsverbote in AöR 123 (1998), S. 541ff, S. 549f, Fn. 41

100 Vgl. EuGH Rs. 314/85, Slg.1987, S. 4199ff, S. 4231, Foto-Frost

gebers ist. Hinsichtlich eines Verstoßes von Sekundärrecht gegen das primärrechtliche Gleichbehandlungsgebot zwischen Verbrauchern und Erzeugern nach Art. 34 Abs. 2 UAbs. 2 EG stellte der Gerichtshof einen Gleichheitsverstoß fest, überließ es aber grundsätzlich „dem Gemeinschaftsgesetzgeber, aus dem vorliegenden Urteil die Schlussfolgerungen zu ziehen, indem er geeignete Maßnahmen ergreift, um bei der umstrittenen Befreiungsregelung die Gleichheit zwischen den Wirtschaftsteilnehmern herzustellen“[102]. Lediglich in Ausnahmefällen könne die an sich für unwirksam erklärte, ungleich begünstigende Gemeinschaftsrechtsnorm bis zum Zeitpunkt einer Neuregelung durch die zuständigen Behörden auf die diskriminierten Gruppen ausgedehnt werden[103].

Dabei muss auch hier unterschieden werden, ob EU-Sekundärrecht oder nationales Recht gegen ein Diskriminierungsverbot verstößt[104]. In Übereinstimmung mit obigem Grundsatz verhilft im ersten Fall eine erfolgreiche auf eine Ungleichbehandlung gestützte Klage vor dem EuGH dem Kläger in aller Regel nicht sogleich zur Gewährung einer bestimmten Rechtsfolge. Vielmehr ergibt sich aus dem Urteil nur, dass eine bisherige Rechtslage oder Rechtsanwendung auf Grund eines Verstoßes gegen ein Gleichheitsrecht so nicht fortbestehen kann. Der Gleichheitssatz kann insoweit als unmittelbare Rechtsgrundlage für einen bestimmten Anspruch nicht herangezogen werden[105]. In diesem Sinne stellt auch der EuGH in der Rs. Ruckdeschel[106] fest: „Diese Rechtswidrigkeit kann indessen nicht bereits dadurch beseitigt werden, dass der Gerichtshof [...] die streitige Vorschrift insgesamt oder teilweise für ungültig erklärt. Vielmehr ist festzustellen, dass die Rechtslage [...] mit dem Gleichheitssatz unvereinbar ist und dass es Sache der zuständigen Organe der Gemeinschaft ist, die zur Beseitigung dieser Unvereinbarkeit erforderlichen Maßnahmen zu treffen“[107]. Dem zuständigen rechtsetzenden Gemeinschaftsorgan bleibt also ein gewisser Ermessensspielraum zur Beseitigung der von ihm geschaffenen Ungleichbehandlung erhalten.

Bei einem Verstoß von nationalem Recht gegen ein gemeinschaftsrechtliches Diskriminierungsverbot gestaltet sich die Lage noch schwieriger, da dem EuGH bezüglich des Rechts der Mitgliedstaaten kein Verwerfungsmonopol zukommt. Im Unterschied zu einer gleichheitswidrigen Regelung des Gemeinschaftsrechts diskriminiert eine solche Vorschrift eines

---

101 Vgl. G. Schmidt in GTE, Kommentar, Art. 189 EGV, R. 22

102 EuGH Rs. 300/86, Slg. 1988, S. 3443ff, S. 3463, van Landschoot; vgl. auch verb. Rs. 124/76 und 20/77, Slg. 1977, S. 1753ff, S. 1795, S. 1813, Moulins Pont-à-Mousson ; für mitgliedstaatliche Verstöße EuGH Rs. C-33/89; Slg. 1990, I-S. 2587ff, S. 2613, Kowalska.

103 EuGH Rs. 300/86, a.a.O., S. 2464; diese Rechtslage ähnelt der im deutschen Verfassungsrecht, vgl. BVerfGE 22, S. 349ff, S. 360f.

104 Diese Differenzierung unterlässt Kischel, a.a.O., S. 9

105 So auch Nicolaysen, Notiz zu verb. Rs. 177/76 und 16/77, Ruckdeschel, in EuR 1978, S. 48ff., S. 51

106 EuGH verb. Rs. 177/76 und 16/77, Slg. 1977, S. 1753ff, S. 1771

107 Ebenso EuGH Rs. 124/76 und 20/77, Slg. 1977, S. 1753ff, S. 1813, Moulins Ponts-à-Mousson

Mitgliedstaates eine bestimmte Gruppe nicht nur im Verhältnis zu anderen Gruppen, sondern zusätzlich zu entsprechenden Gruppen in anderen Mitgliedstaaten.

Die Herausarbeitung einer einheitlichen Lösung für alle gemeinschaftsrechtlichen Diskriminierungsverbote bereitet wegen ihres unterschiedlichen normenhierarchischen Rangs Schwierigkeiten. So wird vertreten, dass im Rahmen des primärrechtlichen Art. 141 Abs. 1 EG der Grundsatz der Lohngleichheit nur durch die Anhebung der niedrigeren Löhne auf das höhere Vergleichsniveau verwirklicht werden könne. Dies ergebe sich aus einer Passage im Urteil Defrenne II, wonach die in Art. 117 Abs. 1 EGV a.F. anerkannte Notwendigkeit der Lebens- und Arbeitsbedingungen ausschließlich im Wege des Fortschritts durchgesetzt werden könne. Eine andere Lösung als eine Erweiterung des Kreises der Begünstigten durch den Gerichtshof sei ausgeschlossen[108].

Ausdrücklich anders entschieden hat der EuGH bei mitgliedstaatlichen Regelungen, die gegen sekundärrechtliche Diskriminierungsverbote wegen des Geschlechts verstoßen: Von Vergünstigungen ausgeschlossene Frauen werden nur solange in ein bestehendes Leistungssystem mit einbezogen, als keine mit dem Gemeinschaftsrecht übereinstimmende Regelung besteht. Bis zu diesem Zeitpunkt haben diskriminierte Frauen einen direkten Anspruch auf die gleiche Behandlung und Anwendung der gleichen Regelung wie Männer, da „diese Regelung, solange die Richtlinie nicht durchgeführt ist, das einzige gültige Bezugssystem bleibt"[109]. Gemeinschaftsrechtlich muss es bis zur Herstellung einer mit dem Gemeinschaftsrecht konformen Lösung also zu einer Anhebung des Leistungsniveaus kommen, da gar kein anderer Vergleichsmaßstab existiert. Für die Zeit danach allerdings gäben die Richtlinienbestimmungen lediglich die Beseitigung der Diskriminierung vor, so dass es dem nationalen Gesetzgeber in der Sache wieder frei steht, sich für eine Angleichung nach oben oder nach unten oder zur Einführung einer neuen Lösung zu entscheiden, solange keine Diskriminierung stattfindet. Ausdrücklich hat der Gerichtshof eine nach unten harmonisierende Neuregelung in der Rs. Roks gebilligt. Das Gemeinschaftsrecht steht danach Maßnahmen der Mitgliedstaaten nicht entgegen, „die bewirken, dass bestimmten Personengruppen Leistungen der sozialen Sicherheit entzogen werden, sofern bei diesen Maßnahmen der Grundsatz der Gleichbehandlung von Männern und Frauen im Sinne des Artikels 4 Absatz 1 der Richtlinie 79/7 beachtet wird"[110].

---

108 EuGH Rs. 43/75, Slg. 1976, S. 455ff, S. 473; vgl. Kischel, a.a.O., S.9; Zuleeg, Schutz sozialer Rechte in EuGRZ 1992, S. 329ff, S. 334

109 EuGH Rs. 71/85, Slg. 1986, S. 3855ff, S. 3876, Niederlande/Federatie Nederlandse Vakbeweging; EuGH Rs. 286/85, Slg. 1987, S. 1453ff, S. 1468, McDermott und Cotter; EuGH Rs. 384/85, Slg. 1987, S. 2865ff, S. 2881, Borrie Clarke; EuGH Rs. C-377/89, Slg. 1991, I-S. 1155, S. 1185, Cotter und McDermott II

110 EuGH Rs. C-343/92, Slg. 1994, I-S. 571ff, S. 599, Roks

Der EuGH verfolgt diesen Ansatz auch im Bereich des primärrechtlichen Art. 12 EG bei Diskriminierungen auf Grund der Staatsangehörigkeit[111] und stellt fest, dass der Anspruch auf eine begünstigende Gleichbehandlung unmittelbar aus dem Gemeinschaftsrecht fließt[112]. Infolgedessen fällt es schwer, sich obiger Auffassung anzuschließen, die für Art. 141 Abs. 1 EG durchweg eine Anpassung nach oben fordert. Ein qualitativer Unterschied zwischen den primärrechtlichen Diskriminierungsverboten der Art. 12 EG und Art. 141 Abs. 1 EG ist kaum auszumachen, so dass auch hinsichtlich der Rechtsfolgen mit beiden gleich verfahren werden muss. Eine entsprechende Ansicht hat sich in der Rechtsprechung[113] und Literatur[114] zu Recht durchgesetzt. Denn Art. 141 EG untersagt ausschließlich eine Ungleichbehandlung. Es gibt keine überzeugenden Anhaltspunkte, dass ein Harmonisierung nach oben gemeinschaftsrechtlich nur nach dieser Vorschrift geboten ist. Insbesondere ist es fraglich, aus Art. 117 EGV a.F. eine Sperrwirkung gegenüber der Verschlechterung des Leistungsniveaus abzuleiten. Denn der Vorschrift kommt nach dem EuGH[115] und dem ganz überwiegenden Teil in der Literatur[116] nur programmatischer Charakter zu und kann deshalb kaum zur Begründung von Individualrechten herangezogen werden. Dies hat erst recht angesichts der horizontalen Wirkung des Art. 141 Abs. 1 EG[117] zu gelten, würde die zwangsweise Anhebung des Lohnniveaus doch erheblich in die Vertragsfreiheit von Arbeitgeber und Arbeitnehmer eingreifen. Nur nach der hier vertretenen Ansicht kann für alle gemeinschaftsrechtlichen Diskriminierungsverbote eine einheitliche Lösung erreicht werden.
Aus diesem Grund spricht auch nichts dagegen, diese Rechtsprechung auch auf sekundärrechtliche Diskriminierungsverbote auf Grund von Art. 13 EG zu übertragen. Insbesondere ist kein Grund ersichtlich, weshalb eine unterschiedliche Lösung im Vergleich zu den Gleichbehandlungsrichtlinien auf Grund des Geschlechts gefunden werden müsste. Allein der hier vorgeschlagene Ansatz, der zwischen den Zeiträumen vor und nach der Schaffung einer nicht diskriminierenden mitgliedstaatlichen Regelung unterscheidet, vermag es zudem, den Konflikt zwischen der praktischen Wirksamkeit des Gemeinschaftsrechts und der Zuständigkeit der nationalen Gesetzgeber nicht einseitig zu lösen. So wird gemeinschaftsrechtliche

---

111 EuGH Rs. 186/87, Slg. 1989, S. 195ff, S. 219f, Cowan/Trésor Public; wie hier Zuleeg in GTE, Kommentar, Art. 6 EGV, R. 8

112 EuGH Rs. 186/87, a.a.O., S. 220

113 EuGH Rs. C-33/89, Slg. 1990, I-S. 2587ff, S. 2613, Kowalska; diese Entscheidung übersieht Störmer, Gemeinschaftsrechtliche Diskriminierungsverbote in AöR 123 (1998), S. 541ff, S. 550, Fn. 43, wenn er feststellt, dass der EuGH keine Aussage dazu gemacht hat, wie nationales Recht bei einem Verstoß gegen ein Diskriminierungsverbot des EG-Vertrags zu behandeln ist.

114 Bieback, Diskriminierungs- und Behinderungsverbote in Eichenhofer/Zuleeg, Rechtsprechung des Europäischen Gerichtshofs, S. 103ff, S. 127; Curall in GTE, Kommentar, Art. 119 EGV, R. 80ff; Krebber in C/R, Kommentar, Art. 141 EG, R. 70

115 EuGH Rs. 149/77, Slg. 1978, S. 135ff, S. 1378, Defrenne III

116 Vgl. die Nachweise bei Krebber,a.a.O., Art. 136 EG, R. 28, Fn. 46.

117 EuGH Rs. 43/75, Slg. 1976, S. 455ff, S. 476, Defrenne II

Druck hinsichtlich einer Neuregelung ausgeübt, zugleich aber auch die Regelungsbefugnis der Mitgliedstaaten ausreichend berücksichtigt, ohne aber eine Regelungslücke entstehen zu lassen. Langwierige nationale Änderungsmaßnahmen könnten ansonsten der Wirksamkeit der Diskriminierungsverbote entgegenstehen. Im Ergebnis räumt der EuGH den Mitgliedstaaten einen Ermessensspielraum bei der Beseitigung von gemeinschaftsrechtswidrigen Ungleichheiten ein, es bleibt diesen überlassen, durch welche Maßnahmen eine Diskriminierung beseitigt wird. Bis zur Abschaffung der Ungleichbehandlung durch die Mitgliedstaaten steht dem Einzelnen aber unmittelbar aus dem Gemeinschaftsrecht ein Anspruch auf die Begünstigung zu, die den ungleich Bessergestellten bereits gewährt wird.

IV. Das allgemeine Diskriminierungsverbot des Art. 13 EG

Allgemeine Diskriminierungsverbote untersagen die Ungleichbehandlungen in allen Bereichen des Gemeinschaftsrechts. In diesem Sinne nicht allgemein ist Art. 141 Abs. 1 EG, der Diskriminierungen nur im Arbeitsrechts verbietet. Art. 13 EG sowie der allgemeine Gleichheitssatz knüpfen dagegen nicht an solche speziellen Situationen an.

Der Amsterdamer Vertrag hat in Art. 13 EG den im Ersten Teil des Vertrags aufgeführten Grundsätzen der Gemeinschaft einen neuen Antidiskriminierungsartikel hinzugefügt[118]. Im Gegensatz zu den bis dahin im EG-Vertrag vorhandenen Antidiskriminierungsvorschriften wie Art. 12, 141, 39, 43, 49, 34 Abs. 2 UAbs. 2 EG beschränkt sich Art. 13 EG nicht auf ein bestimmtes Differenzierungskriterium (Geschlecht und Staatsangehörigkeit) oder auf eine bestimmte Vergleichsgruppe, sondern verbietet Diskriminierungen aus acht unterschiedlichen Gründen. In concreto finden Unterscheidungen auf Grund des Geschlechts, der Rasse, der ethnischen Herkunft, der Religion oder der Weltanschauung, einer Behinderung, des Alters oder der sexuellen Orientierung Erwähnung. Der Kampf gegen Diskriminierungen kann mit Art. 13 EG gemeinschaftsrechtlich auf breiter Basis erfolgen. Fraglich ist allerdings, ob „Diskriminierungen aus anderen Gründen [...] weit gehend realitätsfremd [erscheinen]", und ob „mit Art. 13 EG [...] betont wird, dass im Rahmen der Gemeinschaft grundsätzlich jede Diskriminierung bzw. Benachteiligung verpönt ist [...]"[119]. Ob damit das Diskriminierungsverbot faktisch nahe an ein allgemeines Gleichheitsgrundrecht heranrückt[120], nach dem Gleiches nicht willkürlich ungleich und Ungleiches nicht willkürlich gleich behandelt werden darf, und ob Art. 13 EG in die Richtung eines kodifizierten allgemeinen Gleichheitssatzes bewegt und neben Art. 141 Abs. 1, 12 EG zu einem Vertragsgrundrecht avanciert, soll im Folgenden geklärt werden.

---

118 Die englisch- und französischsprachigen Fassungen von Art. 13 EG lauten:
"*Without prejudice to the other provisions of this treaty and within the limits of the powers conferred by it upon the Community, the Council, acting unanimously on a proposal from the Commission and after consulting the European Parliament, may take appropriate action to combat discrimination based on sex, racial or ethnic origin, religion or belief, disability, age or sexual orientation.*"
«*Sans préjudice des autres distributions du présent Traité et dans les limites des compétences que celui-ci confère à la Communauté, le Conseil, statuant à l'unanimité sur proposition de la Commission et après consultation du Parlement européen, peut prendre les mesures nécessaires en vue de combattre toute discrimination fondée sur le sexe, la race ou l'origine ethnique, la religion ou les convictions, un handicap, l'âge ou l'orientation sexuelle.* »

119 Bergmann in Bergmann/Lenz, Amsterdamer Vertrag, S. 37, der Art. 13 EG zudem in einem engen sachlichen Zusammenhang mit Art. 14 EMRK sieht.

120 So Bergmann, a.a.O., S. 37

1. Entstehungsgeschichte und Hintergrund

Infolge der Wahlerfolge rechtsextremer Parteien in ganz Europa schärfte sich seit den achtziger Jahren das Bewusstsein einer gemeineuropäischen Notwendigkeit zur Bekämpfung von Rassismus und Fremdenfeindlichkeit[121]. Mangels Rechtsgrundlage[122] musste sich die Politik der Gemeinschaft auf unverbindliche Stellungnahmen und Empfehlungen beschränken. Den Anfang machte eine gemeinsame Erklärung des Europäischen Parlaments, des Rates und der Kommission gegen Fremdenfeindlichkeit und Rassismus vom 25. Juni 1986[123]. Dieser folgten mehrere Entschließungen des Rates und des Europäischen Parlaments in den Jahren 1990[124], 1993[125], 1994[126] und 1995[127], die sich inhaltlich zumeist mit Aufforderungen an die Mitgliedstaaten beschäftigen, wonach diese beispielsweise Maßnahmen ergreifen sollen zur „Ratifikation der die Bekämpfung jeder Form von Rassendiskriminierung betreffenden internationalen Rechtsakte ..." und zur „Förderung des Respekts vor der Verschiedenartigkeit und der Gleichheit der Menschen sowie der Toleranz"[128]. Eine erste verbindliche Regelung im Bereich einzelner Diskriminierungskriterien des Art. 13 EG findet sich in Art. 8 Abs. 1 der sich auf die Rechtsgrundlage Art. 100 a EGV a.F. stützenden Richtlinie 95/46/EG zum Schutz natürlicher Personen bei der Verarbeitung personenbezogener Daten und zum freien Datenverkehr[129]: „Die Mitgliedstaaten untersagen die Verarbeitung personenbezogener Daten, aus denen die rassische oder ethnische Herkunft, politische Meinungen, religiöse oder philosophische Überzeugungen oder die Gewerkschaftszugehörigkeit hervorgehen, sowie von Daten über Gesundheit und Sexualleben". Schließlich wurde 1997 zum Europäischen Jahr gegen Rassismus erklärt und mit der VO 1035/97 die Einrichtung einer Europäischen Stelle zur Beobachtung von Rassismus und Fremdenfeindlichkeit beschlossen, deren Hauptziel nach Art. 2 Abs. 1 ist, „objektive, zuver-

---

121 Vgl. allgemein zur Rassendiskriminierung aus politischer Sicht den Aktionsplan gegen Rassismus der Kommission, KOM (1998) 183 endg. und den Bericht der Kommissionsdienststellen zu dessen Durchführung (Rassismus als Querschnittsaufgabe)

122 Insbesondere unterliegt das Gemeinschaftsrecht auch nicht unmittelbar dem Diskriminierungen auf Grund der Rasse erfassenden Art. 14 EMRK, siehe später dazu ausführlich.

123 ABl. 1986 C 158/1ff

124 Erklärung des Rates in ABl. 1990 C 157/1ff

125 Erklärung des Europäischen Parlaments zu Rassismus und Fremdenfeindlichkeit in ABl. 1993 C 342/19ff

126 Entschließung des Europäischen Parlaments zu Rassismus, Ausländerfeindlichkeit und Antisemitismus in ABl. 1994 C 323/154ff

127 Erklärungen des Rates zum Kampf gegen Rassismus und Fremdenfeindlichkeit in den Bereichen Beschäftigung und Soziales in ABl. 1995, C 296/13f und im Erziehungswesen in ABl. 1995 C 312/1ff; Entschließung des Europäischen Parlaments in ABl. 1995 C 126/75ff

128 ABl. 1995 C 296/13f, 14

129 ABl. 1995 L 281/31ff, 40

lässige und vergleichbare Informationen über rassistische, fremdenfeindliche und antisemitische Phänomene auf europäischer Ebene" bereit zu stellen.

All diese Maßnahmen reichten aber in bürger- und menschenrechtlicher Sicht nicht aus, um mit der Entwicklung der Union mitzuhalten. Die Situation des Einzelnen wurde im Jahre 1993 durch den Maastrichter Vertrag mit der Aufnahme der Art. 17ff EG über die Unionsbürgerschaft, sowie der Art. 18 EG (Freizügigkeit), Art. 19 EG (Kommunalwahlrecht), Art. 20 EG (diplomatischer Schutz) und Art. 21 EG (Petitionsrecht beim Europäischen Parlament) gestärkt. Wenn durch den Bürgerstatus aber auch der Charakter der Gemeinschaft als Solidargemeinschaft symbolisiert werden soll[130], bedarf es einer substantiellen inhaltlichen Aufwertung der Unionsbürgerschaft durch die Ausgestaltung einer sozialen Komponente. Grundlegend für diese soziale Dimension der Unionsbürgerschaft ist die Schaffung einer Antidiskriminierungsvorschrift[131]. Nicht nur ein Diskriminierungsverbot auf Grund der Staatsangehörigkeit trägt zur Realisierung der Gemeinschaftsziele bei. Vielmehr kann jegliche Diskriminierung in einem Mitgliedstaat die Bereitschaft der Unionsbürger schmälern, sich innerhalb der Gemeinschaft zu bewegen. Diesen Gedanken bringt die Kommission in ihrem Weißbuch zur Sozialpolitik aus dem Jahre 1994 zum Ausdruck[132]: „Daher muss die Union etwas tun, um allen Bürgern die Gewissheit zu geben, dass keine Gefahr der Diskriminierung besteht, wenn die Freizügigkeit innerhalb des Binnenmarktes zur Realität werden soll". Weiterhin stellt der elfte Erwägungsgrund der Richtlinie 2000/78/EG für die Verwirklichung der Gleichbehandlung in Beschäftigung und Beruf fest, dass Diskriminierungen aus den in Art. 13 EG genannten Gründen „der Verwirklichung der im Vertrag über die Europäische Union festgelegten Ziele unterminieren [können], insbesondere die Erreichung eines hohen Beschäftigungsniveaus und eines hohen Maßes an sozialem Schutz, die Hebung der Lebenshaltung und der Lebensqualität, den wirtschaftlichen und sozialen Zusammenhalt und die Solidarität sowie die Förderung des freien Personenverkehrs". Den immer weiter reichenden Kompetenzzuweisungen für die Europäische Union muss ein systematischer und wirksamer Menschenrechtsschutz entsprechen.

Bei Einführung des Art. 13 EG konnte man sich jedoch nicht auf ein generelles Diskriminierungsverbot nach Vorbild des achten Erwägungsgrundsatzes der Gemeinschaftscharta der Sozialen Grundrechte der Arbeitnehmer von 1989[133] einigen, wonach „zur Wahrung der Gleichbehandlung [...] gegen Diskriminierungen jeder Art, insbesondere auf Grund von Geschlecht, Hautfarbe, Rasse, Meinung oder Glaube, vorzugehen" ist. Man beschränkte sich

---

130 So Kluth in C/R, Kommentar, Art. 17 EG, R. 3

131 Barnard, 'Social Chapter' and the Amsterdam Treaty in 25 ILJ (1997), S. 275ff, S. 280

132 Europäische Sozialpolitik - ein zukunftsorientierter Weg für die Union, KOM (94) 333 vom 27. Juli 1994, endg., Kapitel VI, R.27

auf einen Katalog von Differenzierungskriterien, wobei um die Aufnahme einzelner Punkte zum Teil heftig gerungen wurde. Der Schaffung einer gemeinschaftsweiten Antidiskriminierungsvorschrift über die vor Amsterdam bestehenden Garantien hinaus widersetzte sich anfangs Großbritannien. Nach dessen Vorstellungen garantiere das britische Rechtssystem bereits einen ausgesprochen hohen Standard gegen Diskriminierungen. Zudem müssten in diesem Bereich Lösungen besser den Umständen und Traditionen in jedem Mitgliedsstaat angepasst werden[134]. Auch die niederländische Regierung vertrat vorübergehend die Ansicht, dass Diskriminierungsverbote besser in den Kontext bereits bestehender Gemeinschaftspolitiken aufgenommen werden sollten anstatt hierfür eigens eine neue Vorschrift zu schaffen[135]. Im Gegensatz zu früheren Vorschlägen findet sich in Art. 13 EG nicht mehr das Kriterium der „sozialen Herkunft". Weiter wurde der Begriff „religiöse Weltanschauung" durch „Religion oder Weltanschauung" ersetzt. In der Tat könnte dies auch eine inhaltliche Änderung bedeuten. Denn anders als in der ursprünglichen Fassung werden nicht-religiöse Weltanschauungen nicht mehr ausdrücklich ausgeschlossen. Zudem kommt es nach der jetzigen Fassung wie im Rahmen des Art. 4 Abs. 1 S. 2 GG nicht mehr auf den Unterschied zwischen Religion und Weltanschauung an. Darüber hinaus standen die Kriterien „Behinderung", „sexuelle Orientierung" und „Alter" in der Diskussion, ohne dass letztlich auf sie verzichtet wurde.

2. Regelungsgehalt

Die Vertragsstaaten haben mit Art. 13 EG keine Rechtsgewährleistung, sondern eine Handlungsermächtigung geschaffen. Diese ist nicht auf bestimmte Arten von Diskriminierungen beschränkt. Anhand von Art. 13 EG ist es deshalb grundsätzlich möglich, gegen alle Formen von Diskriminierungen vorzugehen. Die Vorschrift stellt eine Rechtsgrundlage für den Erlass von Antidiskriminierungsmaßnahmen dar, garantiert allerdings selbst kein subjektives Recht auf Schutz vor Ungleichbehandlungen. Sein Regelungsgehalt bleibt mangels unmittelbarer Anwendbarkeit hinter dem des Art. 12 EG zurück. Eine andere Ansicht vertritt lediglich Cirkel[136]. Auch Szczekalla scheint eine unmittelbare Wirksamkeit von Art. 13 EG zumindest nicht ausschließen zu wollen[137]. Als Begründung wird die „weltweite menschen-

---

133 Text: KOM (89), 248 endg.; als „Feierliche Erklärung", die Großbritannien nicht mit verabschiedet hat, entfaltet diese Grundrechtscharta allerdings keine rechtlich verbindlichen Wirkungen, sondern begründet lediglich soziale Zielvorstellungen, vgl. dazu Oppermann, Europarecht, R. 1633

134 Vgl. zu alledem Flynn, Implications, S. 1129f

135 Vgl. Bell, The New Article 13, MJ 1999, S. 5ff, S. 7

136 Gleichheitsrechte im Gemeinschaftsrecht, NJW 1998, S. 3332f, S. 3333

137 Anmerkung zu EuGH Rs. C-249/98, Grant, in: EuZW 1998, S. 215f, S. 216

rechtliche Entwicklung"[138] angeführt oder darauf verwiesen, dass, wie bei anderen grundrechtlichen Gewährleistungen des Gemeinschaftsrechts, Art. 13 EG eine „unmittelbare Anwendbarkeit, d.h. eine einklagbare Rechtspflicht zu Gunsten der Benachteiligten zuerkannt werden"[139] müsse.

Dieser Meinung kann aus mehreren Gründen nicht zugestimmt werden. Wenn Cirkel von einer weiteren „grundrechtlichen Rechtsgewährung" spricht, setzt dies bereits die unmittelbare Anwendbarkeit der Vorschrift voraus. Grundrechte als Abwehrrechte zeichnen sich nämlich durch ihren subjektiv-rechtlichen Charakter aus. Cirkel unterliegt damit einem Zirkelschluss, falls er den Grundrechtscharakter von Art. 13 EG als Begründung für die unmittelbare Anwendbarkeit dieser Vorschrift heranzieht. Ob Art. 13 EG zudem zu einem weiteren Vertragsgrundrecht neben Art. 12, 141 Abs. 1 EG ausgebaut werden sollte, ist fraglich. Durch den Amsterdamer Vertrag sollten keine Grundrechte in das Gemeinschaftsrecht eingeführt werden[140]. Bei der Schaffung der Vorschrift waren sich die Vertragsstaaten der Problematik durchaus bewusst[141], konnten sich aber nicht auf eine derartig weitreichende Regelung einigen.

Auch eine Subsumtion unter die von EuGH zur unmittelbaren Anwendbarkeit einer Vorschrift des Vertragsrechts vorgegebenen Kriterien führt zu keinem anderen Ergebnis[142]. Eine Vorschrift des Primärrechts muss, um unmittelbare Wirkungen zu Gunsten des Einzelnen entfalten zu können, unbedingt und hinreichend genau sein, d.h. sie muss eine unbedingte Handlungs- oder Verpflichtungsermächtigung enthalten, die den Mitgliedstaaten keinerlei Ermessensspielraum belässt und ohne jede weitere Konkretisierung anwendbar ist. Art. 13 EG erfüllt diese Voraussetzungen nicht. Er ist im Gegensatz zu Art. 12 EG nicht als Verbot formuliert und räumt den Mitgliedstaaten bei seiner Verwirklichung einen weiten Ermessensspielraum ein. Während es dort heißt: „ ist [...] jede Diskriminierung aus Gründen der Staatsangehörigkeit verboten", werden Diskriminierungen aus den Art. 13 EG genannten Gründen nicht ausdrücklich untersagt, sondern als Anlass genommen, um sie mittels noch zu erlassender Maßnahmen zu bekämpfen. Insoweit konstituiert Art. 13 EG keine Verpflichtung; es handelt sich um eine „kann"-Bestimmung[143]. Soweit Holoubek dennoch vertritt, dass das Ermessen des Rates nur weiter reichende Maßnahmen , nicht aber das Diskriminierungsverbot selbst umfasst, und eine unmittelbare Anwendbarkeit des Art. 13 EG vor dem Erlass ein-

---

138 Szczekalla in einer Anmerkung zur Rs. C-249/96, Grant in EuZW 1998, S. 215f, S. 216

139 Cirkel, Gleichheitsrechte, S. 3333

140 Langer in Bergmann/Lenz, Amsterdamer Vertrag, Kapitel 4, R. 5

141 Vgl. Flynn, a.a.O., S. 1132

142 Erstmals EuGH Rs. 26/62, Slg. 1963, S. 1ff, S. 24ff, Van Gend & Loos; Ahlt, Europarecht, S. 16.

143 Thun-Hohenstein, Vertrag von Amsterdam, S. 26

schlägiger Diskriminierungsverbote deshalb durchaus möglich sei[144], setzt er sich nicht nur über die allgemeinen Kriterien der unmittelbaren Anwendbarkeit hinweg, sondern verkennt auch, dass für eine solche Konstruktion keinerlei Bedürfnis besteht, kann diese doch auch durch grundrechtliche Diskriminierungsverbote abgedeckt werden.

Verfahrenstechnisch steht der Rat bei der Schaffung von Antidiskriminierungsmaßnahmen nach Art. 13 EG im Mittelpunkt. Er kann „auf Vorschlag der Kommission und nach Anhörung des Europäischen Parlaments einstimmig geeignete Vorkehrungen treffen". Nach Art. 208 EG steht es dem Rat zu, die Kommission aufzufordern, ihm entsprechende Vorschläge zu unterbreiten. Diese Aufforderung ist für die Kommission verbindlich, da anderenfalls die Bestimmung überflüssig wäre[145]. Die Letztentscheidungsbefugnis über die Verabschiedung einzelner Maßnahmen besitzt ausschließlich der Rat, der auch von den Initiativvorschlägen der Kommission abweichen kann. Insofern bedarf es keiner Übereinstimmung zwischen den Exekutiven der Gemeinschaft und der der Mitgliedstaaten[146]. Das Einstimmigkeitserfordernis im Rat wird der Möglichkeit weit reichender Antidiskriminierungsmaßnahmen zum Teil entgegenstehen und die praktischen Auswirkungen des Art. 13 EG beschränken[147]. Durch die Einführung dieses Prinzips ist die Rechtssetzung gegen Diskriminierungen nicht erleichtert worden. Im Vergleich zu Art. 308 EG, auf den vor Einführung des Amsterdamer Vertrages zur Vertragslückenschließung mögliche Antidiskriminierungsmaßnahmen gestützt werden konnten[148], ist keine Verbesserung eingetreten. Es bedarf der Zustimmung eines jeden Mitgliedstaates, alle Ratsmitglieder sind mit einem Vetorecht ausgestattet.

Man mag dies als vertane Chance bedauern, muss das Einstimmigkeitsprinzip aber in Verbindung mit dem materiellen Gehalt des Art. 13 EG und seiner Reichweite sehen. Entsprechend den ursprünglich von britischer Seite vorgetragenen Bedenken sahen die Mitgliedstaaten in der Antidiskriminierungspolitik nach Art. 13 EG keinen Kernbereich der gemeinschaftsrechtlichen Kompetenzen, so dass ihre Rolle bei diesen komplexen und vielfältigen Fragen betont werden sollte[149]. Soweit allerdings Diskriminierungen aus Gründen des Geschlechts und der Rasse betroffen sind, verliert eine solche Argumentation an Überzeugungskraft. Denn der Grundsatz der Gleichbehandlung von Mann und Frau stellt wegen der ergangenen Rechtsprechung zu Art. 141 Abs. 1 EG und den einschlägigen Gleichbehandlungsrichtlinien einen gefestigten Grundsatz des Gemeinschaftsrechts dar, der sich im Ver-

---

144 Holoubek in Schwarze, Kommentar, Art. 13 EG, R. 9

145 So auch Wichard in C/R, Kommentar, Art. 298 EG, R. 3; a.A. Schweitzer in G/H, Kommentar, Art. 152 EGV, R. 3 m.w.N.

146 So aber Lenz in Lenz, Kommentar, Art. 13 EG, R. 23

147 Ellis, Recent Developments , CML Rev. 1998, S. 379ff, S. 381

148 Vergleiche zu dieser umstrittenen, mittlerweile obsoleten Frage Craig, de Bárca: EU-law, S. 366

149 Epiney in C/R, Kommentar, Art. 13 EG, R. 3

gleich zum Recht der Mitgliedstaaten verselbständigt und sich zu einer Art „Gleichberechtigungsmotor" entwickelt hat. Auch zur Bekämpfung von Rassendiskriminierungen dürfte sich angesichts der zahlreichen Erklärungen des Rates und der anderen Organe der Gemeinschaft mittlerweile ein breiter gemeinschaftsweiter Konsens entwickelt haben. Dennoch sprechen auch in diesen Bereichen gute Gründe für das Erfordernis der Einstimmigkeit aus Sicht der Mitgliedstaaten. Denn bei Art. 13 EG handelt es sich insgesamt um eine sensible Materie. Das gilt nicht allein für bestimmte, in den einzelnen Mitliedstaaten umstrittene Kriterien wie beispielsweise die sexuelle Ausrichtung. Vielmehr birgt Art. 13 EG wegen seiner weiten Fassung ein ausgedehntes Spektrum an möglichen Antidiskriminierungsmaßnahmen, von denen einige hochsensible Bereiche berühren. So muss bedacht werden, dass allgemein gehaltene Handlungsermächtigungen der Gemeinschaft („geeignete Vorkehrungen") auf Grund ihrer nicht übersehbaren Folgen stets mit dem Erfordernis der Einstimmigkeit verknüpft sind[150]. Weiter mag vor allem die Frage der Zulässigkeit positiv diskriminierender Maßnahmen oder die Gewährung immateriellen Schadensersatzes bei Verletzung eines Diskriminierungsverbots in den einzelnen Mitgliedstaaten verfassungsrechtlich unterschiedlich beurteilt werden.

Soweit sich aus diesen Gründen das Einstimmigkeitserfordernis im Rat erklären lässt, um so weniger verständlich erscheint die Rolle des Europäischen Parlaments in Art. 13 EG. Ihm wurden mit der Gewährung eines (obligatorischen) Anhörungsrechts lediglich die geringst möglichen Befugnisse zugestanden. Seine Stellungnahmen entfalten im Rahmen des Anhörungsrechts im Gegensatz zu den Verfahren der Mitentscheidung und Zusammenarbeit nach Art. 251, 252 EG keinerlei inhaltliche Bindungswirkung[151]. Die Bedeutung des Europäischen Parlaments im Gesetzgebungsverfahren beruht auf seiner unmittelbaren demokratischen Legitimation. Als einziges Gemeinschaftsorgan wird es direkt von den Unionsbürgern gewählt und müsste nach klassischem Demokratieverständnis die Rolle der Legislative übernehmen. Wenn nach dem EG-Vertrag der Rat in diese schlüpft, sollten dem Parlament wegen seiner Rückkopplung zu den Unionsbürgern möglichst weit reichend Mitgestaltungsbefugnisse eingeräumt werden. Eine Beteiligung des Parlaments ist insbesondere dann geboten, wenn individualfreiheitliche Positionen in grundrechtsintensiven Bereichen betroffen sind[152]. Die Antidiskriminierungsvorschrift des Art. 13 EG berührt grund- und menschenrechtliche Aspekte. Sie ist eine der zentralen Regelungen zur Verwirklichung nicht nur eines Europas der Wirtschaft, sondern auch eines Europas der Menschen. Es ist deshalb keinesfalls einzusehen, warum dem Europäischen Parlament ein bloßes Anhörungsrecht eingeräumt

---

150 Seidel, Einstimmigkeit im EU-Rat, EuZW 2000, S. 65

151 Kluth in C/R, Kommentar, Art. 192 EG, R. 8

152 So auch Saalfrank, „Funktionen und Befugnisse", S. 192

wurde[153]. Man wird an dieser Stelle ein Demokratiedefizit der Gemeinschaft beklagen müssen. Einzige Möglichkeit des Parlaments außerhalb des gewöhnlichen Rechtsetzungsverfahrens tätig zu werden, ist die Verabschiedung rechtlich unverbindlicher Entschließungen mit Vorbildfunktion. Wenn es sich auf diese Weise mit Antidiskriminierungsvorschlägen vor der Kommission und dem Rat befasst, kommt dem Parlament eine Art faktisches Initiativrecht zu. Das Parlament könnte durch ein solches Verhalten dem Willensbildungsverfahren innerhalb der Gemeinschaft eine intensivere demokratische Ausprägung verleihen, ohne dass es einer Vertragsänderung bedürfte.

Insgesamt stellt die verfahrenstechnische Ausgestaltung hohe Anforderungen an das Zustandekommen von Antidiskriminierungsmaßnahmen, wodurch dem Grundsatznormcharakter der gemeinschaftsrechtlichen Diskriminierungsverbote nicht Vorschub geleistet wurde. Eine unterschiedlich schnelle Entwicklung gemeinschaftsrechtlicher Diskriminierungsverbote ist darum bereits jetzt vorgezeichnet. Gerade in sensiblen Bereichen wie der Diskriminierung aus Gründen der sexuellen Orientierung sind weniger eingreifende Neuerungen zu erwarten als in anderen Bereichen wie der Diskriminierung auf Grund der Rasse und des Geschlechts. Bei Letzteren ist wegen eines zu erwartenden breiten Konsenses in den Mitgliedstaaten dagegen eher die Hoffnung auf umfassende Antidiskriminierungsmaßnahmen begründet. In diesem Zusammenhang stimmt optimistisch, dass alle bisherigen Gleichberechtigungsrichtlinien trotz des Einstimmigkeitsprinzips der Art. 94, 308 EG zustande kamen.

3. Anwendungsbereich

a. Abschließende Aufzählung

Diskriminierungsverbote nach Art. 13 EG können nicht aus beliebigen Gründen ergehen. Das dargestellte Ringen um die Aufnahme einzelner Differenzierungskriterien legt den Schluss nahe, dass die dortige Aufzählung erschöpfend ist. Auch in Zusammenschau mit Art. 12, 141 Abs. 1 EG erfasst das Gemeinschaftsrecht damit nicht alle denkbaren Diskriminierungen. Dafür spricht auch, dass die Vorschrift keinen Vorbehalt wie „insbesondere" oder „unter anderem" enthält. Dass auch das Europäische Gemeinschaftsrecht solche Formulierungen kennt, ergibt sich beispielsweise aus der bereits angeführten Gemeinschaftscharta der Sozialen Grundrechte der Arbeitnehmer von 1989. Unter diesen Voraussetzungen lässt sich die oben genannte Ansicht Bergmanns schwerlich aufrecht erhalten, wonach wegen Art. 13 EG „im Rahmen der Gemeinschaft grundsätzlich jede Diskriminierung bzw. Benachteili-

---

153 Ebenso Zuleeg, Inhalt des Art. 13 EGV in Bekämpfung der Diskriminierungen, S. 104ff, S. 105

gung verpönt ist". Art. 13 EG stellt für sich keinen allgemeinen Grundsatz der Gleichheit oder der Nichtdiskriminierung dar[154].

Auch wenn die Aufzählung in Art. 13 EG abschließend ist, muss das nicht bedeuten, dass alle anderen Diskriminierungskriterien wie sie beispielsweise in Art. 14 EMRK oder in Art. 21 der Grundrechte-Charta garantiert sind, nicht von Art. 13 EG erfasst sein können. Um einen entsprechend weiten Schutz realisieren zu können, drängt sich eine weite Auslegung der verbotenen Differenzierungskriterien durch den EuGH auf[155]. Zwar zeigt die Diskussion um den Maximal-, Minimal- oder Idealstandard der Gemeinschaftsgrundrechte[156], dass nicht automatisch von einem möglichst breiten Schutzbereich ausgegangen werden kann. Dennoch dürfte im Anwendungsbereich des Art. 13 EG nach dem Grundsatz in dubio pro libertate eine weite Auslegung der Differenzierungskriterien dem grundsätzlichen Normsinn entsprechen. Dies lässt sich in erster Linie mit obiger Erkenntnis begründen, dass jegliche Form von Diskriminierung der Verwirklichung des Binnenmarktes im Wege steht. Art. 2 EG bezeichnet ein hohes Maß an sozialem Schutz als Gemeinschaftsaufgabe. Antidiskriminierungspolitik ist aber zunächst Sozialpolitik. Diskriminierungsverboten kommen damit bei der Verwirklichung der Ziele der Gemeinschaft eine besondere Bedeutung zu[157]. So hat sich auch der Gerichtshof hat in der Rs. C-13/94[158] zur Gleichbehandlungsrichtlinie tendenziell für eine weite Auslegung zumindest des Begriffs des „Geschlechts" ausgesprochen und entschieden, dass auch eine Diskriminierung von Transsexuellen eine Diskriminierung wegen des Geschlechts darstellt. „[D]er Anwendungsbereich der Richtlinie [kann] nicht auf die Diskriminierungen beschränkt werden, die sich aus der Zugehörigkeit zu dem einen oder anderen Geschlecht ergeben", sondern hat sich auch auf Diskriminierungen zu erstrecken, „die ihre Ursache [...] in der Geschlechtsumwandlung des Betroffenen haben".

Unter dieser Prämisse können Diskriminierungen aus Gründen der Hautfarbe und wegen der nationalen oder ethnischen Herkunft (Art. 14 EMRK, Art. 21 des Entwurfs der Grundrechte-Charta) durch die Figur der mittelbaren Diskriminierung auf Grund der Rasse oder der Staatsangehörigkeit erfasst werden. So werden diese Bereiche auch im Rahmen der EMRK

---

154 So auch Koukoulis-Spiliotopoulos, Materieller Geltungsbereich von Artikel 13 in Bekämpfung der Diskriminierungen, S. 108ff, S. 109; vgl. auch a.a.O., S. 110: „Anders als die Aufzählung in Art. 14 EMRK ist diese Aufzählung [des Art. 13] erschöpfend"; ebenso Holoubek in Schwarze, Kommentar, Art. 13 EG, R. 13.

155 Vgl. Waddington, Throwing Some Light, MJ 1999, S. 1ff, S. 3: "The suggestion is that the Commission [...] is adopting a fairly broad interpretation of the scope of article 13".

156 Dazu Rengeling, Grundrechtschutz, S. 210ff m.w.N.

157 In dieser Richtung wohl auch Koukoulis-Spiliotopoulos a.a.O., S. 113.

158 Slg. 1996, I-S. 2143ff, S. 2165, P./S.

als Bestandteile derselben Problematik, nämlich der Rassendiskriminierung gesehen[159]. Eine zusätzliche Aufnahme dieser Kriterien ist also nicht unerlässlich, um die dahinter stehenden Personengruppen gemeinschaftsrechtlich zu schützen. Nicht anders verhält es sich mit dem Merkmal der Sprache. Eine derartige Diskriminierung kann vom Gemeinschaftsrecht als indirekte Diskriminierung wegen der Staatsangehörigkeit, oder im Falle mehrsprachiger Staaten auf Grund der ethnischen Zugehörigkeit angesehen werden. Politische Anschauungen wiederum lassen sich bei entsprechend weiter Auslegung als Weltanschauungen auffassen. Dies gilt vor allem dann, wenn sie nicht nur vorübergehender Natur, sondern Ausdruck einer umfassenden Vorstellungswelt sind.

Anders ist die Lage bei den nicht in Art. 13 EG genannten Diskriminierungen aus Gründen der Geburt[160], des Vermögens und der sozialen Herkunft. Zwar können diese Bereiche zukünftig über Art. 21 der Grundrechte-Charta geschützt sein; eine Handlungskompetenz lässt sich daraus aber nicht ableiten. Durch die Erweiterung der Europäischen Union von einer reinen Wirtschaftsunion hin zu einer Sozialunion werden aber auch wirtschaftsrechtlich weniger relevante Diskriminierungen wie solche auf Grund der Geburt gemeinschaftsrechtlich relevant, falls sie einen ausreichenden sozialen Bezug aufweisen, der sich im Gemeinschaftsrecht widerspiegelt. Insofern ist der Verzicht auf deren Aufnahme in Art. 13 EG unverständlich. Gleiches gilt für die sich ähnelnden Kriterien der sozialen Herkunft und des Vermögens. Wenn nämlich der Zugang zu staatlichen Einrichtungen hinsichtlich der Gebühren nach Vermögensverhältnissen gestaffelt ist[161], besteht damit durchaus die Gefahr, dass sich Unionsbürger beispielsweise von Studiengängen in anderen Mitgliedstaaten fern halten. Die Aufnahme der Kriterien der sozialen Herkunft oder des Vermögens in Art. 13 EG hätte durchaus der Verwirklichung des Binnenmarktes dienen können.

b. Angehörige von Drittstaaten

Der personelle Geltungsbereich des Art. 13 EG erschöpft sich nicht im Schutz von EU-Bürgern. Hat die Gemeinschaft die Kompetenz nach Art. 13 EG, so kann sie im Rahmen dieser Zuständigkeit auch Angehörige von Drittstaaten schützen. Für eine solche Auslegung spricht die eng mit der Bekämpfung von Rassismus zusammenhängende Entstehungsgeschichte des Art. 13 EG[162], sowie der Normzweck, umfassend Gleichbehandlungen zu beseitigen. Wenn damit der Schutz von Drittstaatenangehörigen generell Art. 13 EG zugewie-

---

159 Frowein/Peukert, EMRK, Art. 14, R. 37; dasselbe dürfte für das Merkmal der nationalen Minderheiten gelten, vgl. Frowein/Peukert, a.a.O., Art. 14, R. 46, insbes. Fn. 130

160 Die Hauptanwendungsfälle stellen hier solche aus dem recht der nichtehelichen Kinder dar, vgl. Frowein/Peukert, a.a.O., Art. 14, R. 48

161 Vgl. Frowein/Peukert, a.a.O., Art. 14, R. 47

sen wird, muss das Sekundärrecht von dieser Möglichkeit nicht zwingend Gebrauch machen. Im Fall der Art. 3 Abs. 2 der Richtlinien 2000/43/EG und 2000/78/EG geht aus dem 13. bzw. 12. Erwägungsgrund in der Einleitung hervor, dass das Diskriminierungsverbot auf Grund der Rasse auch hinsichtlich von Drittstaatenangehörigen angewandt werden sollte, ohne allerdings Ungleichbehandlungen auf Grund der Staatsangehörigkeit zu betreffen. In diesem Fall bleibe es bei den bestehenden Vorschriften über die Einreise und den Aufenthalt von Drittstaatenangehörigen und ihren Zugang zu Beschäftigung und Beruf.

Die Anwendung des Art. 13 EG auf Drittstaatenangehörige darf nicht dazu führen, den Geltungsbereich des EG-Vertrags und der in ihm enthaltenen Rechte in personeller Hinsicht auszudehnen. Denn die allgemeine Gleichstellung von Angehörigen von Drittstaaten mit EU-Bürgern entspricht nicht dem Sinn und Zweck der Union, deren Zielsetzung gerade die Bevorzugung der Mitgliedstaaten und ihrer Staatsangehörigen voraussetzt. Darüber hinaus basiert die Weitergabe von Rechten an Angehörige anderer Staaten auf dem Prinzip der Gegenseitigkeit, so dass Drittstaatenangehörige nicht ohne weiteres wegen Art. 123 EG beispielsweise in den Genuss der Grundfreiheiten des EG-Vertrags kommen können. Insoweit ist das Sekundärrecht nach Art. 13 EG an die primärrechtlichen Vorgaben gebunden. Allenfalls dort, wo der Vertrag wie in Art. 49 Abs. 2 EG spezielle Ermächtigungen bereit stellt, kann auch der Schutz von Drittstaatenangehörigen in diesen Bereich Beachtung finden[163]. Diese werden zusammenfassend also nur dort über Art. 13 EG geschützt, wo es primärrechtlich vorgesehen und sekundärrechtlich vorgesehen ist.

Im Vergleich mit der Rechtslage vor dem Amsterdamer Vertrag ist dadurch eine deutliche Verbesserung der Rechte von Drittstaatenangehörigen eingetreten. Zwar unterfielen diese auch schon früher dem Gemeinschaftsrecht und wurden der Diskriminierung wegen der Staatsangehörigkeit nach Art. 12 EG zugerechnet. Art. 12 EG konnte aber anders als Art. 13 EG nicht regeln, welche konkreten Ungleichbehandlungen (Rasse, Geschlecht usw.) auch gegenüber Drittstaatenangehörigen verboten waren und war dadurch in der Praxis ein eher stumpfes Schwert. Dabei fand nach überwiegender Auffassung nicht der unmittelbar anwendbare Art. 12 Abs. 1, sondern lediglich der Rechtsetzungskompetenz aus Absatz 2 Anwendung[164]. Nach Art. 12 Abs. 2 EG kann der Rat Regelungen für das Verbot „solcher Diskriminierungen" treffen. Soweit lediglich auf den Begriff „Diskriminierung" in Abs. 1 ohne Bezug zum „Anwendungsbereich" des Vertrages abgestellt wird, sollte die Reichweite des

---

[162] So auch Holoubek in Schwarze, Kommentar, Art. 13 EG, R. 7

[163] Holoubek, a.a.O., Art. 13 EG, R. 7

[164] Zuleeg in GTE, Kommentar, Art. 6 EGV, R. 16; Bleckmann, Europarecht, R. 1764ff; von Bogdandy in G/H, Kommentar, Art. 6 EGV, R. 35

Absatz 2 auch Drittstaatler einschließen[165]. Mit Schaffung des Art. 13 EG bedarf es dieses etwas konstruiert wirkenden Rückgriffs auf Art. 12 Abs. 2 EG nicht mehr. Auch wenn Maßnahmen nach Art. 12 Abs. 2 EG bereits mit qualifizierter Mehrheit erlassen werden können, vgl. Art. 251 EG, werden durch Art. 13 EG Drittstaatenangehörige zumindest grundsätzlich weiter in den Schutz des Gemeinschaftsrechts unterstellt als vor dem Amsterdamer Vertrag, da ihre Ungleichbehandlung auf Grund aller in Art. 13 EG genannten Kriterien verboten werden kann.

c. „Unbeschadet der sonstigen Bestimmungen dieses Vertrags"

Die Rechtsetzungskompetenz des Rates im Rahmen des Art. 13 EG besteht „unbeschadet der sonstigen Bestimmungen dieses Vertrages". Diese Formulierung ist keine Ausnahme im EG-Vertrag. Sie findet sich auch in Art. 14 EG (Maßnahmen zur Verwirklichung des Binnenmarktes) und in Art. 280 Abs. 3 EG (Schutz der finanziellen Interessen der Gemeinschaft vor Betrügereien). Ähnliche Formulierungen sind in Art. 22 Abs. 2 EG („unbeschadet der anderen Bestimmungen") und in Art. 179 Abs. 1 EG („unbeschadet der übrigen Bestimmungen") und vor allem in Art. 12 Abs. 1 EG („unbeschadet der besonderen Bestimmungen") enthalten. Durch sie soll verdeutlicht werden, dass die jeweilige Rechtsetzungskompetenz keine generelle Anwendung in allen Rechtsbereichen findet, sondern Auffangcharakter besitzt[166]. Diesen Grundsätzen entspricht es, auch von einer subsidiären Anwendung des Art. 13 EG auszugehen[167]

Ein Vergleich mit Art. 12 EG zeigt, dass der Kreis der vorrangigen Vorschriften bei Art. 13 EG größer ausfällt. Während Art. 12 EG ausschließlich „besondere Bestimmungen" vorgehen[168], lässt die Formulierung des Art. 13 EG („sonstige") eine Beschränkung auf bestimmte vorrangige Vorschriften nicht erkennen. Er kommt nur dann zur Anwendung, wenn sich der Erlass von Antidiskriminierungsmaßnahmen auf keine der übrigen Rechtsgrundlagen im EG-Vertrag stützen lässt und ist daher subsidiärer Natur[169]. Dies gilt allerdings nicht für die „allgemeine subsidiäre Rechtsgrundlage" des Art. 308 EG. Auch wenn der Wortlaut

165 So ist wohl auch Bleckmann, a.a.O., R. 1736 a.E. zu verstehen, wenn er „Korrekturen [...] nicht schon beim Begriff der Staatsangehörigkeit, sondern erst beim Anwendungsbereich " des Art. 12 EG vornehmen will.

166 Vgl. Waldhoff zur wortgleichen Bestimmung des Art. 280 Abs. 3 EG in C/R, Kommentar, Art. 280 EG, R. 14; ansonsten: Schmalenbach, ebd., Art. 179 EG, R. 3; Epiney, ebd., Art. 12, R. 7 EG; Haag in GTE, Kommentar, Art. 8 e EGV, R .4

167 Ebenso Epiney, a.a.O., Art. 13 EG, R. 4; Bell, a.a.O., S. 9.

168 Ausführlich zur Problematik bei Art. 12 EG Reitmaier, Inländerdiskriminierungen, S. 70ff

169 So auch Epiney, a.a.O., R. 4; Bell, The New Article 13, MJ 1999, S.5ff, S. 9

der Klausel der „speziell subsidiären Rechtsgrundlage"[170] des Art. 13 EG die Vertragslückenschließungskompetenz erfasst, kann auf Art. 308 EG im Falle der Einschlägigkeit des Art. 13 EG nicht zurückgegriffen werden. Im Anwendungsbereich des Art. 13 EG besteht nämlich gar keine über Art. 308 EG zu schließende Lücke.

Soweit wegen der unterschiedlichen Wortwahl angenommen wird, dass Art. 13 EG gerade keine subsidiäre Rechtsgrundlage darstellen soll[171], kann dem nicht zugestimmt werden. Es ist nämlich nicht einzusehen, warum dieselbe Formulierung „unbeschadet" im selben Regelungswerk unterschiedlich ausgelegt, ja sogar nur bei Art. 13 EG anders als bei allen anderen Vorschriften interpretiert werden soll[172]. Ein Anhaltspunkt aus dem Vertrag selbst ist dafür jedenfalls nicht ersichtlich. Soweit Holoubek des weiteren wegen systematischer und teleologischer Gründe auf die kumulative Anwendung des Art. 13 EG neben anderen Ermächtigungen verweist, so liegt darin kein Problem der Subsidiarität des Art. 13 EG. Damit ist vielmehr dessen Anwendbarkeit „im Rahmen der [...] übertragenen Zuständigkeiten" angesprochen. Dies ist aber eine andere Frage. Keinesfalls kann die Rede von einer „Isolierung" des Art. 13 EG sein, da dieser immer nur in Verbindung mit anderen Rechtsgrundlagen heranzuziehen ist[173]. Insgesamt bleibt fraglich, ob der Ansatz Holoubeks angesichts des Einstimmigkeitserfordernisses in Art. 13 EG überhaupt weiter führt, kann dieses doch dadurch umgangen werden, dass im Rahmen anderer Vorschriften mit erleichterten Verfahrensvoraussetzungen die Ziele des Art. 13 EG verwirklicht werden.

Im Einzelfall ist fraglich, welche konkreten Vorschriften vorrangig anzuwenden sind. In erster Linie ist dabei an Art. 141 Abs. 3 EG zu denken. Im Bereich der Gleichbehandlung von Männern und Frauen in Arbeits- und Beschäftigungsfragen findet Art. 13 EG keine Anwendung[174]. Doch auch andere Sozialvorschriften des EG-Vertrags könnten den Anwendungsbereich des Art. 13 EG begrenzen. So erscheint es möglich, die berufliche Eingliederung der aus dem Arbeitsmarkt ausgegliederten Personen durch den Erlass von Diskriminierungsverboten zu deren Gunsten durchzusetzen, vgl. Art. 137 Abs. 1 4. Spstr. i.V.m. Abs. 2 EG. Entscheidende Auswirkungen hat die Wahl der richtigen Rechtsgrundlage auf das Normgebungsverfahren. Während Art. 13 EG die Einstimmigkeit im Rat und die geringst möglichen Mitwirkungsbefugnisse des Europäischen Parlaments vorsieht, stärken sowohl Art. 141 Abs. 3 EG, als auch Art. 137 Abs. 2 EG mit dem Mitentscheidungsverfahren nach Art. 251 EG die Rolle des Europäischen Parlaments und verlangen lediglich eine qualifizierte Ratsmehrheit. Eine gewisse Missbrauchsgefahr ist darin zu sehen, dass Vorschriften, deren Hauptanliegen nicht in der Verhinderung von Diskriminierungen liegt, zur Herstellung der Gleichbehandlung

---

170 Zu diesem Begriffspaar Epiney, a.a.O., R. 4

171 Holoubek in Schwarze, Kommentar, Art. 13 EG, R. 3

172 Jedenfalls Art. 280 Abs. 3 EG enthält eine identische Formulierung wie Art. 13 EG.

173 Dazu sogleich.

innerhalb ihres Anwendungsbereichs herangezogen werden. Auf Grund der hohen legislatorischen Anforderungen des Art. 13 EG stellt diese Vorgehensweise für die Mehrheit der Ratsmitglieder im Falle fehlender Einstimmigkeit einen gangbaren Weg dar, um unter Umgehung von Art. 13 EG und unter einer weiten Interpretation von Tatbestandsmerkmalen, Antidiskriminierungsvorschriften über Vertragsnormen einzuführen, deren eigentlicher Zielsetzung dies gar nicht entspricht. Eine solche Gefahr besteht jedoch nur dann, wenn kein breiter politischer Konsens über den Erlass einer Maßnahme nach Art. 13 EG gefunden werden kann. Welchen Weg die Gemeinschaftsorgane wählen, wird die Zukunft zeigen.

d. „im Rahmen der durch den Vertrag auf die Gemeinschaft übertragenen Zuständigkeiten"

Dieses Tatbestandsmerkmal grenzt die sachliche Reichweite potentieller gemeinschaftsrechtlicher Antidiskriminierungsmaßnahmen ein. Die Auslegung der „übertragenen Zuständigkeiten" wird damit zum entscheidenden Element des Art. 13 EG. Nach den bisherigen Ausführungen steht bereits fest, dass Antidiskriminierungsmaßnahmen auf Grund von Art. 13 EG nicht nur zur Erreichung eines wirtschaftlichen Ziels der Gemeinschaft ergehen dürfen. Durch die soziale Zielsetzung der Union tut sich auf den ersten Blick ein großes Spektrum möglicher Regelungern für Art. 13 EG auf.

Zugunsten einer möglichst weiten Auslegung des Anwendungsbereichs des Art. 13 EG könnte zunächst seine systematische Stellung im EG-Vertrag sprechen, befindet er sich doch im mit „Grundsätze" überschriebenen Ersten Teil des Vertrages. Hier sind die Aufgaben und Ziele der Gemeinschaft sowie Grundprinzipien des Gemeinschaftsrechts wie das Subsidiaritätsprinzip in Art. 5 EG und der Grundsatz der Gemeinschaftstreue nach Art. 10 EG geregelt. Durch die Aufnahme der Antidiskriminierungsvorschrift in diesen Teil des Vertrages ist ihre grundsätzliche Bedeutung für das Gemeinschaftsrecht unterstrichen worden. Man könnte deshalb Art. 13 EG als Kompetenznorm zum Erlass von Antidiskriminierungsmaßnahmen über die Grenzen aller speziellen Gemeinschaftspolitiken hinweg ansehen. Auf der anderen Seite steht die Stellung des Art. 13 EG einer weiten Auslegung gerade im Wege. Die Mitgliedstaaten haben nämlich auf eine eigenständige Antidiskriminierungspolitik in den speziellen Bestimmungen des EG-Vertrages verzichtet. Sich auf alle Rechtsgebiete erstrekkende Antidiskriminierungsmaßnahmen sind demnach schwerlich mit dem Willen der Vertragsgeber in Einklang zu bringen. Art. 13 EG kann dann zwar als Grundsatz der Gemeinschaft Anwendung finden, allerdings in eingeschränktem Maße. Die systematische Stellung von Art. 13 EG alleine kann also keinen sicheren Aufschluss über die Reichweite seines Anwendungsbereichs liefern.

---

[174] Ebenso Krebber in C/R, Kommentar, Art. 141 EG, R. 99

Soweit ersichtlich werden bisher drei[175] unterschiedliche Ansätze zur Bestimmung des sachlichen Anwendungsbereichs des Art. 13 EG vertreten. Teilweise geht man von einer äußerst weiten Auslegung aus. Danach könne die Gemeinschaft unabhängig von bestehenden Kompetenzen in allen Bereichen zur Bekämpfung von Diskriminierungen tätig werden. Die Einschränkung des Tatbestandes sei lediglich ein Hinweis auf die institutionelle Kompetenzverteilung[176]. Antidiskriminierungsmaßnahmen auf Grund von Art. 13 EG seien damit in jedem öffentlichen Bereich möglich[177]. Gegen diese Auffassung spricht bereits der oben erwähnte Verzicht auf Schaffung einer eigenständigen Antidiskriminierungspolitik. Hinzu kommt, dass sich diese Auffassung über die vertraglich fixierte Einschränkung „innerhalb der übertragenen Zuständigkeiten" völlig hinweg setzt. Der Wortlaut des Vertrages ist an dieser Stelle eindeutig und lässt keine andere Interpretation zu als die, dass Art. 13 EG einer wie auch immer gearteten Beschränkung unterliegt und nicht umfassend in allen Rechtsbereichen zur Diskriminierungsbekämpfung eingesetzt werden kann[178]. Dass die fragliche Formulierung nur einen Hinweis auf die institutionelle Kompetenzverteilung beinhalten soll, ist ebenfalls nicht nachvollziehbar. Denn soweit ähnliche Formulierungen in den Art. 7 Abs. 1 S. 2, 8, 9 EG enthalten sind[179], wird keine Zuständigkeitsabgrenzung zwischen den Gemeinschaftsorganen vorgenommen. Diese ergibt sich vielmehr aus den speziellen Kompetenznormen[180].

Aus den genannten Gründen sehen die beiden anderen Auffassungen in Art. 13 EG keine umfassende Rechtssetzungsbefugnis, sondern koppeln mögliche Maßnahmen an bereits vom EG-Vertrag erfasste Bereiche. Zum einen wird so die Formulierung des Art. 13 EG als Hinweis auf die Rechtslage nach Art. 12 EG interpretiert und soll parallel zur dortigen Problematik nach dem „Anwendungsbereich des Vertrages" entschieden werden[181]. Der EuGH vertritt im Rahmen des Art. 12 EG zur Bestimmung des „Anwendungsbereichs" eine tendenziell weite Auslegung. Es genügt, dass eine Regelung „nicht außerhalb des Gemeinschafts-

---

175 Jochum, Der neue Art. 13 EGV, ZRP 1999, S. 279ff, S. 280 vermag nur zwei Konzeptionen zu unterscheiden.

176 Vgl. Jochum, a.a.O., S. 280 unter Hinweis auf das Papier der Starting line group: Chopin/ Niessen, Vorschläge für gesetzgebende Maßnahmen zur Bekämpfung von Rassismus und zur Förderung gleicher Rechte in der Europäischen Union, S. 37ff

177 Allen, Art. 13 und die Suche nach Gleichheit in Bekämpfung der Diskriminierungen, S. 77ff, S. 80 unter Hinweis auf Art. 1 des Richtlinienentwurfs der Starting line group, a.a.O., S. 26

178 Im Ergebnis auch Jochum, a.a.O., S. 280, nach dem der Wortlaut so eindeutig ist, dass es keinesfalls weiterer systematischer Erwägungen, wie sie die Gegenmeinung anstellt, bedarf.

179 Dort findet sich abweichend nur der Begriff „Befugnisse" statt „Zuständigkeiten".

180 Calliess in C/R, Kommentar, Art. 7 EG, R. 17; im vorliegenden Fall enthält Art. 13 EG selbst schon die institutionelle Zuständigkeitsverteilung, so dass ein nochmaliger Hinweis nicht nur systemwidrig, sondern auch gänzlich überflüssig wäre.

181 Epiney in C/R, Kommentar, Art. 13 EG, R. 5; Thun-Hohenstein, a.a.O., S. 26, insbes. Fn. 16; Bergmann in Bergmann/Lenz, Der Amsterdamer Verrag, S. 37

rechts"[182] liegt. Heranzuziehen sind jedenfalls die Umstände des Einzelfalls unter Berücksichtigung des gegenwärtigen Stands des Gemeinschaftsrechts; ein statischer Ansatz ist in diesem Bereich nicht möglich. Entscheidend ist, dass der „Anwendungsbereich" des Gemeinschaftsrechts nicht abhängig ist von der Existenz oder gar Einschlägigkeit einer bestimmten Gemeinschaftskompetenz. Auch die Literatur will den „Anwendungsbereich" des Art. 12 EG eher weit auslegen und sieht darin „die Gesamtheit der von den Bestimmungen des Vertrages erfassten Sachverhalte"[183] oder lässt als Anknüpfungspunkt ein Mindestmaß an Verbindung zum Gemeinschaftsrecht genügen[184].

Zum anderen wird ein von Art. 12 EG weitgehend unbeeinflusster Lösungsweg eingeschlagen und die Beschränkung des Art. 13 EG in der Bindung an bestehende Gemeinschaftskompetenzen gesehen. Nach dieser Auffassung gewährt Art. 13 EG der Europäischen Gemeinschaft lediglich in Zusammenhang mit anderen übertragenen Zuständigkeiten die Möglichkeit, mit legislativen Mitteln gegen Diskriminierungen vorzugehen[185].

Gegen die zuletzt genannte Auffassung kann man vorbringen, dass die Vorschrift durch die Abhängigkeit von anderen Zuständigkeitsvorschriften in Gefahr gerät, weitgehend überflüssig zu werden und dadurch entscheidend an Bedeutung verliert. Im Ergebnis sprechen dennoch die besseren Gründe gegen eine parallele Heranziehung der Grundsätze des Art. 12 EG. So ist nicht immer klar, inwieweit andere Vertragsvorschriften zum Erlass von Antidiskriminierungsmaßnahmen ermächtigen[186]. Zudem steht auch die Verwendung unterschiedlicher Formulierungen in Art. 12 und 13 EG einer inhaltsgleiche Auslegung entgegen. Hinzu kommt, dass sich in früheren Vorschlägen zu Art. 13 EG wortgleiche Formulierungen mit Art. 12 EG fanden, letztlich allerdings ein anderer Wortlaut in den Vertrag Eingang gefunden hat[187]. Nimmt man zudem die Ausführungen des EuGH in der Rs. Forcheri ernst, kann kein Zweifel mehr daran bestehen, dass die gemeinschaftsrechtliche Formulierung „der durch den Vertrag auf die Gemeinschaft übertragenen Zuständigkeiten" (Art. 13 EG) nicht identisch mit „Anwendungsbereich" (Art. 12 EG) des EG-Vertrages sein kann: „Daraus folgt, dass zwar die Bildungs- und Ausbildungspolitik als solche nicht zu den Gebieten gehört, die nach dem Vertrag in die Zuständigkeit der Gemeinschaftsorgane fallen, dass aber der Zu-

---

182 EuGH Rs. 293/83, Slg. 1985, S. 593ff, S. 612, Gravier; vgl. insgesamt zum „Anwendungsbereich des Vertrages" des Art. 12 EG Epiney, a.a.O., Art. 12 EG, R. 18ff

183 Von Bogdandy in G/H, Kommentar, Art. 6 EGV, R. 37

184 Zuleeg in GTE, Kommentar, Art. 6 EGV, R. 12, insgesamt aber einschränkender als v. Bogdandy, vgl. R. 13; vgl. auch Holoubek in Schwarze, Kommentar, Art. 12 EG, R. 28ff

185 Flynn, Implications, S. 1133ff; Jochum, a.a.O., S. 280; Langrish, The Treaty of Amsterdam: Selected Highlights, EL Rev. 1998, S. 3ff, S. 15; Whittle, Disability Discrimination, EL Rev. 1998, S. 50ff, S. 53; Allen, Artikel 13 in Bekämpfung der Diskriminierungen, S. 77ff, S. 80; Holoubek, a.a.O., Art. 13 EG, R. 5

186 Holoubek, a.a.O., Art. 13 EG, R. 5

187 Vgl. Flynn, a.a.O., S. 1131 bezüglich der englischen Version: "Within the scope of application of this Treaty" entspricht der Formulierung des Art. 12 EG.

gang zu derartigen Formen der Ausbildung in den Anwendungsbereich des Vertrages fällt"[188]. Mit dieser Aussage steht auch fest, dass der Anwendungsbereich des Art. 13 EG enger sein muss als der des Art. 12 EG[189]. In strikter Anlehnung an seinen Wortlaut setzen Antidiskriminierungsmaßnahmen nach Art. 13 EG daher die Einschlägigkeit einer anderweitigen Kompetenznorm der Gemeinschaft voraus. In den Bereichen, in denen eine solche fehlt, dürfen mangels Rechtsgrundlage keine Diskriminierungsverbote nach Art. 13 EG ergehen; es bleibt bei der Zuständigkeit der Mitgliedstaaten. Wenn man den Anwendungsbereich von Art. 13 EG enger ziehen will als den des Art. 12 EG, kommen als Zuständigkeitsnormen nicht die in Art. 3 Abs. 1 EG genannten Gemeinschaftsziele in Frage[190]. Schon der Wortlaut des Art. 13 EG ist eindeutig: Nicht Gemeinschaftsziele, sondern konkrete Kompetenzen für bestimmte Sachgebiete sind für den Erlass entsprechender Antidiskriminierungsmaßnahmen nötig. Daran ändert sich nichts, auch wenn die Ziele des Art. 3 Abs. 1 EG in Verbindung mit einer speziellen Vorschrift des EG-Vertrages zu einer Kompetenznorm für die jeweiligen Bereiche werden[191]. Man unterläge einem offensichtlichen Fehlschluss, wenn man Art. 3 Abs. 1 EG deshalb als eine Zuständigkeiten begründende und deshalb im Rahmen des Art. 13 EG anwendbare Norm ansehen würde. Denn sie kann nur in Verbindung mit der speziellen Kompetenzvorschrift des Art. 13 EG Kompetenzen begründen, stellt für sich allein aber keine Zuständigkeitsnorm dar.

Wenn man im Ergebnis damit von der Abhängigkeit des Art. 13 EG von anderen Gemeinschaftsbereichen ausgeht, stellen sich neue Probleme. Unter Berücksichtigung, dass auf Grundlage der Art. 94, 308 EG bereits vor Inkrafttreten des Amsterdamer Vertrages der Erlass von Antidiskriminierungsmaßnahmen wenigstens im Bereich der Geschlechtergleichbehandlung möglich war[192], und dass vor allem mit Aufnahme des Art. 3 Abs. 2 EG eine Querschnittsaufgabe zur Beseitigung von Ungleichheiten Bestandteil des EG-Vertrags wurde, wird deutlich, dass Art. 13 EG nicht die einzige mögliche Rechtsgrundlage zum Erlass von Antidiskriminierungsmaßnahmen darstellen könnte. Gerade der in Art. 3 Abs. 2 EG enthaltene Handlungsauftrag könnte in Verbindung mit den jeweiligen Zuständigkeiten der Gemeinschaftsorgane als konkurrierende Rechtsgrundlage in Betracht kommen, da die Förde-

---

188 EuGH Rs. 152/82Slg. 1983, S. 2323ff, S. 2336

189 So auch Allen, a.a.O., S. 80; Bell, Article 13, S. 14.

190 So aber Lenz in Lenz, Kommentar, Art. 13 EG, R. 25; wie hier Zuleeg, Der Inhalt des Artikels 13 EGV in Bekämpfung der Diskriminierungen, S. 104ff, S. 105; zwar spielen die Gemeinschaftsziele nach Art. 3 Abs. 1 EG keine unmittelbare Rolle in der Diskussion um die Reichweite des Art. 12 EG; dennoch wird der „gegenwärtige Entwicklungsstand des Gemeinschaftsrechts", in nicht unerheblichem Maße von ihnen beeinflusst.

191 Ukrow in C/R, Kommentar, Art. 3 EG Abs.1 unter Hinweis auf EuGH Rs. 141/78, Slg. 1979, S. 2939ff, S. 2940, Frankreich/Vereinigtes Königreich

192 Vgl. die Richtlinien 75/117/EWG, 76/207/EWG, 86/378/EWG; zu Möglichkeiten vor Amsterdam im Bereich von Diskriminierungen aus Gründen einer Behinderung vgl. Whittle, Disability Discrimination, EL Rev. 1998, S. 50ff, S. 53, insbes. Fn. 21

rung als Querschnittsaufgabe in alle Tätigkeitsbereiche der Gemeinschaft Eingang findet.

In rein formaler Hinsicht spricht jedenfalls die verfahrenstechnische Ausgestaltung des Art. 13 EG nicht für seine eigenständige Bedeutung neben diesen anderen möglichen Ermächtigungsgrundlagen. Insbesondere Art. 308 EG erfordert Einstimmigkeit im Rat und gewährt vor allem dem Europäischen Parlament ein bloßes Anhörungsrecht, so dass sich der Vorrang der Anwendung des Art. 13 EG nicht allein aus Gründen der stärkeren demokratischen Rückkopplung rechtfertigt.

Fragt man in Anbetracht dessen nach der Existenzberechtigung des Art. 13 EG im Vergleich zu Art. 308, 3 Abs. 2 EG, so muss man zunächst die spezielle Subsidiarität der Vertragslückenschließungskompetenz für diese Betrachtung außer acht lassen. Maßnahmen nach Art. 308 EG können nur zur Verwirklichung der Ziele der Gemeinschaft und im Rahmen des Gemeinsamen Marktes ergehen. Die Grenzen der materiellen Reichweite ergeben sich diesbezüglich aus dem Aufgaben- und Tätigkeitsbereich der Gemeinschaft[193]. Zu diesen Gemeinschaftsaufgaben gehören neben den in Art. 2 EG genannten auch die in Art. 3 Abs. 1 EG aufgeführten Tätigkeiten. Bereits die Ausführung der in Art 3 Abs. 1 EG genannten Tätigkeiten für sich allein stellt ein Ziel der Gemeinschaft dar[194]. In den Zielsetzungen des Art. 3 Abs. 1 EG finden sich jedoch keinerlei Diskriminierungsverbote. Dagegen beinhaltet Art. 3 Abs. 2 EG die Aufforderung, bei allen in Abs. 1 genannten Tätigkeiten auf die Beseitigung von Ungleichbehandlungen hinzuwirken und die Gleichstellung von Männern und Frauen zu fördern, wodurch gleichfalls ein Gemeinschaftsziel begründet wird. Gerade durch die Formulierung in einem eigenen Absatz unter Bezugnahme auf alle in Abs. 1 genannten Tätigkeiten wird die besondere Bedeutung der Herstellung der Gleichheit unterstrichen. Folglich käme Art. 308 EG i.V.m. Art. 3 Abs. 2 i.V.m. Art. 3 Abs. 1 EG als umfassende Ermächtigungsgrundlage für Antidiskriminierungsmaßnahmen in Betracht. Dies gilt in jedem Fall für den Bereich der Gleichbehandlung der Geschlechter, kann aber auch auf alle anderen Differenzierungskriterien des Art. 13 EG erweitert werden, wenn man Art. 3 Abs. 2 EG entgegen der weiter oben vertretenen Auffassung nicht nur auf Diskriminierungen zwischen Frauen und Männern beziehen will. Zwar muss auf der anderen Seite auch eine in Art. 3 Abs. 1 EG formulierte Gemeinschaftstätigkeit einschlägig sein. Diese Vorgabe ist aber weniger streng als die Bindung des Art. 13 EG an bestehende Gemeinschaftskompetenzen[195]. Im Ergebnis

---

193 EuGH Gutachten 2/94, Slg. 1996, S. 1759ff, S. 1788, Beitritt zur EMRK

194 Schwartz in GTE, Kommentar, Art. 235 EGV, R. 76, 4. Auflage; Ukrow in C/R, Kommentar, Art. 3 EG, R. 1

195 Auch die sonstigen Tatbestandsvoraussetzungen von Art. 308 EG stehen seiner Anwendbarkeit als Rechtsgrundlage im Kampf gegen Diskriminierungen insgesamt nicht entscheidend entgegen. So kommen den Gemeinschaftsorganen bei der Einschätzung der „Erforderlichkeit" ihres Tätigwerdens ein sehr weiter Beurteilungsspielraum zu, wodurch dieses Merkmal letztlich kaum eigene Grenzen setzt, vgl. Grabitz in G/H, Kommentar, Art. 235 EGV, R. 64 m.w.N. Auch die Bedeutung der Formulierung „im Rahmen des Gemeinsamen Marktes" tritt hinter der Notwendigkeit der Verwirklichung eines der Gemeinschaftsziele zurück, so überzeugend Rossi in C/R, Kommentar, Art. 308 EG, R. 22ff.

würden sich für Art. 13 EG sogar weniger Anwendungsmöglichkeiten bieten, da die Gemeinschaftstätigkeiten nach Art. 3 EG gerade nicht als Kompetenzgrundlagen ausreichen, an die Antidiskriminierungsmaßnahmen nach Art. 13 EG anknüpfen könnten.

Will man die bisherigen Erkenntnisse zusammenfassen, bleibt nur der unbefriedigende Schluss, dass von den ursprünglich hohen Erwartungen in Art. 13 EG wegen des Verzichts auf die unmittelbare Anwendbarkeit und der engen Bindung an bestehende Gemeinschaftskompetenzen wenig übrig geblieben ist. Unter diesem Gesichtspunkt läge seine Bedeutung eher in einer rechtspolitischen Signalwirkung. Bezüglich der aufgeführten Differenzierungskriterien ist das Bewusstsein innerhalb der Gemeinschaft und ihrer Organe für auf die Notwendigkeit bestimmter Antidiskriminierungsmaßnahmen geschärft worden.

Die rechtliche Existenzberechtigung des Art. 13 EG wird in anderer Hinsicht deutlicher. Zwar soll auf die Notwendigkeit einer speziellen Rechtsetzungsbefugnis nicht verzichtet werden. Dass allerdings die Gemeinschaftsorgane auch tatsächlich von dieser Kompetenzgrundlage bisher (oder zeitgleich) ohne Berücksichtigung etwaiger Diskriminierungsverbote Gebrauch gemacht haben, ist nicht nötig. Dem Wortlaut des Art. 13 EG („im Rahmen der [...] übertragenen Zuständigkeiten") ist ein solches Erfordernis nicht zu entnehmen. Zudem scheint eine derartige Auslegung geradezu geboten, um Art. 13 EG mehr Eigenständigkeit zu verleihen. Andererseits ist die Umsetzung der Gleichstellungsauftrags nach Art. 3 Abs. 2 EG unweigerlich mit der Ausübung eines Gemeinschaftsziels nach Art. 3 Abs. 1 EG verbunden. Antidiskriminierungsmaßnahmen auf Grund Art. 3 Abs. 2 EG i.V.m. einer speziellen Rechtsgrundlage könnten nicht ohne gleichzeitige Regelungen in den jeweiligen Bereichen des Art. 3 Abs. 1 EG ergehen. Dafür spricht vor allem der Wortlaut des Art. 3 Abs. 2 EG. Wenn dieser einen Handlungsauftrag nur „bei allen in diesem Artikel genannten Tätigkeiten vorschreibt", setzt dies den Erlass einer Vorschrift im jeweiligen Tätigkeitsbereich voraus, dem gleichsam als Anhang eine Antidiskriminierungsmaßnahme folgen kann. Art. 3 Abs. 2 EG kommt somit nur begleitende Funktion zu. Nach dem vorgeschlagenen Lösungsweg können die Gemeinschaftsorgane demnach Art. 13 EG zum Erlass von Antidiskriminierungsmaßnahmen in den ihnen übertragenen Zuständigkeitsbereichen auch dann heranziehen, wenn sie es bisher unterlassen haben, die diesbezüglichen Kompetenzen wahrzunehmen[196]; es genügt das abstrakte Vorhandensein einer Ermächtigung. Art. 13 EG geht somit nicht in allgemeinen Rechtsgrundlagen auf.

---

[196] Im Ergebnis ähnlich, allerdings auf Art. 12 EG abstellend Thun-Hohenstein, Vertrag von Amsterdam, S. 26, insbes. Fn. 16; Bergmann in Bergmann/Lenz, Amsterdamer Verrag, S. 37

4. Die einzelnen Differenzierungskriterien

Für den Gemeinsamen Markt ist die Ausgrenzung möglichst weniger Personengruppen eine rein wirtschaftlich vernünftige Überlegung. Dies gilt nicht für alle in Art. 13 EG genannten Differenzierungskriterien mit gleicher Konsequenz. So sind Ausgrenzungen aus Gründen der sexuellen Orientierung ein eher sozialpolitisches als ökonomisches Problem. In diesem Fall liegt der Gedanke nahe, dass solche Diskriminierungen nicht in den Kernbereich der Regelungen einer ursprünglichen Wirtschaftsgemeinschaft fallen. Auch wenn die Europäische Union mittlerweile zur Sozialgemeinschaft aufgestiegen ist, könnten derartige Gesichtspunkte für eine unterschiedlich weite Auslegung der einzelnen Differenzierungskriterien herangezogen werden. Zwar ist der Setzung von Prioritäten zwischen den einzelnen Formen der Diskriminierung und somit zwischen den einzelnen diskriminierten Gruppen widersprochen worden, um die betroffenen Interessengruppen nicht gegeneinander auszuspielen[197], dennoch muss es zwangsläufig zu einer faktischen Hierarchie der Unterscheidungskriterien kommen. Eine solche kann sich aus der zeitlichen Reihenfolge der erlassenen Rechtsakte und damit aus der Dringlichkeit der Bekämpfung bestimmter Diskriminierungen ergeben. Aber auch die Wahl der sekundärrechtlichen Maßnahmen, insbesondere die Schaffung bindender oder nicht verbindlicher Rechtsakte, lässt einen Schluss auf die gemeinschaftsinterne Bedeutung der Differenzierungskriterien untereinander zu.

Im Folgenden sollen die einzelnen Diskriminierungskriterien des Art. 13 EG genauer hinsichtlich ihrer Reichweite untersucht werden. Teilweise wird vorgeschlagen, die zu Art. 14 EMRK ergangene Rechtsprechung bezüglich der gemeinsamen Unterscheidungsverbote als Anhaltspunkte für die Auslegung und Anwendung dieser Begriffe heranzuziehen[198]. Gegenseitige Achtung und Bezugnahmen zwischen dem EuGH und dem EuGMR mögen zur Vereinheitlichung des europäischen Grundrechtsschutzes durchaus angebracht sein. Dennoch darf es zu keiner kritiklosen Übernahme entsprechender Rechtsgewährleistungen kommen. Aus der Sicht des Gemeinschaftsrechts stünde dem die besondere Bedeutung des Gemeinschaftsinteresses in der Judikatur des EuGH im Wege[199], die in der Rechtsprechung des Straßburger Menschengerichtshofs keine Rolle spielt. So empfiehlt sich eine spezifisch gemeinschaftsrechtliche Betrachtung der einzelnen Differenzierungskriterien unter Berücksichtigung der Rechtslage der EMRK.

---

197 Pelinka, Gründe der Diskriminierung in Bekämpfung der Diskriminierungen, S. 114ff, S. 115; auch die Kommission lehnt „irgendeine Gewichtung" der Kriterien ab, was im Falle mehrfacher Diskriminierungen von Bedeutung sei, vgl. den Richtlinienvorschlag zur Verwirklichung der Gleichbehandlung in Beschäftigung und Beruf, a.a.O., S. 5.

198 Lenz in Lenz, Kommentar, Art. 13 EG, R. 16

199 Vgl. in diesem Sinne zuletzt Weber, Die Europäische Grundrechtscharta, NJW 2000, S. 537ff, S. 540.

a. Geschlecht

Die Besonderheit des Diskriminierungskriteriums des Geschlechts besteht darin, dass Frauen in Vergleich mit allen anderen Gruppen, die durch Art. 13 EG geschützt werden sollen, keine Minderheit darstellen. Der Anteil von Frauen in der Bevölkerung der Europäischen Union beträgt knapp 51 %[200].

Durch die Einführung von Art. 141 Abs. 3 und Abs. 4, 137 Abs. 1 5. Spstr. und Art. 3 Abs. 2 uns Art. 2 EG ist die Europäische Union von einer Politik der Gleichberechtigung zwischen den Geschlechtern zu einer Gleichstellungspolitik übergegangen. In Anbetracht der speziellen Rechtsetzungsvorschriften der Art. 141 Abs. 3 und Art. 137 Abs. 1 5. Spstr. EG kann Art. 13 EG nur außerhalb des Sozialbereichs Anwendung finden. Wegen des Einstimmigkeitsprinzips ist hier ein größerer Konsens der Mitgliedstaaten erforderlich. Gerade im Bereich der Gleichbehandlung der Geschlechter ist an einem solchen aber kaum zu zweifeln. Es ist deshalb anzunehmen, dass Diskriminierungsgebote auf diesem Gebiet weiterhin eine Vorreiterrolle spielen werden.

b. Rasse und ethnische Herkunft

Entgegen aller Vorhaben, unter den Differenzierungskriterien des Art. 13 EG keine Prioritäten setzen zu wollen, unterstreicht der frühzeitige Erlass der Richtlinie des Rates 2000/43/EG zur Anwendung des Gleichbehandlungsgrundsatzes ohne Unterschied der Rasse oder der ethnischen Herkunft vor spezifischen Maßnahmen im Bereich der anderen Unterscheidungskriterien die besondere Bedeutung von Diskriminierungsverboten auf diesem Gebiet. An dieser Stelle ist nochmals auf die lange Reihe gemeinschaftsrechtlicher Rechtsakte zur Bekämpfung von Rassismus und Ausländerfeindlichkeit hinzuweisen[201]; auch wenn diese mangels Zuständigkeit der Gemeinschaftsorgane keine verbindliche Wirkung entfalten konnten, verdeutlichen sie den bestehenden unionsweiten Konsens.

Nach Art. 29 EU verfolgt die Union im Rahmen der polizeilichen und justiziellen Zusammenarbeit in Strafsachen das Ziel, den Bürgern in einem Raum der Freiheit, der Sicherheit und des Rechts ein hohes Maß an Sicherheit zu bieten, indem sie Rassismus und Fremdenfeindlichkeit verhütet und bekämpft, ohne dass diese Aufgaben in Art. 30ff EU näher konkretisiert werden. Damit ist vorgesehen, bestimmte Verhaltensweisen unter Strafe zu stellen. Hierunter fallen insbesondere die Aufstachelung zu Diskriminierung, Gewalt oder Rassenhass, die Verteidigung oder Leugnung von Verbrechen gegen die Menschlichkeit, die

---

[200] Koukoulis-Spiliotopoulos, Materieller Geltungsbereich von Artikel 13 in Bekämpfung der Diskriminierungen, S. 108ff, S. 111

[201] S. o.; einen kurzen Überblick gibt auch Flynn, a.a.O., S. 1141f.

Weitergabe und Verbreitung von Schriften mit rassistischen oder fremdenfeindlichen Inhalten, die Beteiligung an Tätigkeiten von Gruppen oder Organisationen, bei denen es zu Diskriminierung, Gewalt oder Rassenhass kommt[202]. Mit Ausnahme von Diskriminierungen aus Gründen des Geschlechts existieren für die anderen Kriterien des Art. 13 EG keine vergleichbaren Vertragsbestimmungen oder Gemeinschaftsrechtsakte. In gesellschaftspolitischer Hinsicht rufen Diskriminierungen aus Gründen der Rasse oder der ethnischen Herkunft einen Kreislauf von Benachteiligungen hervor, der sich häufig in nachfolgenden Generationen fortsetzt. Wenn nämlich Bildungs- und Beschäftigungsmöglichkeiten oder Wohnverhältnisse, um nur einige Bereiche zu nennen, bestimmten gesellschaftlichen Gruppen nicht gleichberechtigt offen stehen, wird die nachrückende Generation mit schlechteren Voraussetzungen ausgestattet sein, um den Schwierigkeiten, denen sie begegnet, entgegentreten zu können, so dass auch sie schlechtere Aussichten auf bessere Beschäftigungen und Wohnungen haben wird.

Diskriminierungen können viele Formen annehmen. Nicht lediglich die Benachteiligung einer bestimmten Person oder ethnischen Minderheit hinsichtlich der Verteilung von Leistungen oder des Zugangs zu Institutionen können eine Beeinträchtigung der Rechte der Betroffenen im beruflichen, wirtschaftlichen oder sozialen Leben bedeuten. Schon bloße sprachliche Äußerungen und Gesten oder die Verbreitung von schriftlichen Äußerungen und Bildern tragen zur Ausgrenzung bei. Dementsprechend stellen nach Art. 2 Abs. 3 der Richtlinie 2000/43/EG bereits Belästigungen einer Person oder einer Personengruppe, mit denen die Schaffung eines durch Einschüchterungen, Anfeindungen, Beleidigungen oder andere Beeinträchtigungen geprägten Umfelds bezweckt oder bewirkt wird, eine verbotene Diskriminierung dar. Auf diese Weise erfasst der Schutz vor Diskriminierungen weite Teile des Lebens und beschränkt sich nicht nur auf Differenzierungen im Zusammenhang mit der konkreten Bevorzugung eines anderen. Ein derartig weit reichendes Verständnis gerade von Rassendiskriminierungen ist zu begrüßen. Denn alltägliche Anfeindungen legen den Grundstein für Rassenhass und müssen unterbunden werden. Ein weites Verständnis von Diskriminierungsmöglichkeiten benötigt ein Korrektiv. So sollten nur erhebliche und schwerwiegende Belästigungen, denen eine Art Außenwirkung zukommt, als verbotene Diskriminierungen angesehen werden.

Entgegen der Rechtslage im Rahmen der EMRK unterscheiden sich gemeinschaftsrechtlich Diskriminierungen aus Gründen der Staatsangehörigkeit von solchen auf Grund der Rasse oder der ethnischen Herkunft. Erstere unterfallen nicht Art. 13 EG, sondern sind dem Grundrecht des Art. 12 EG zuzurechnen[203]. Auch wenn sich Diskriminierungen auf Grund

---

[202] Kommission der Europäischen Gemeinschaften, Bericht der Kommissionsdienstellen zur Durchführung des Aktionsplans gegen Rassismus - Rassismusbekämpfung als Querschnittsaufgabe, S. 10.

[203] Vgl. auch den 13. Erwägungsgrund der Richtlinie 2000/43/EG.

beider Kriterien überschneiden können, müssen allein aus kompetenzrechtlichen Gründen Differenzierungsmerkmale, die sich im Grenzbereich dieser beiden Kriterien befinden, entweder der Staatsangehörigkeit oder der Rasse und der ethnischen Herkunft zugeordnet werden. Schwierigkeiten ergeben sich vor allem bei einer unterschiedlichen Behandlung, die an die Sprache anknüpft. Denn eine solche Regelung trifft typischerweise und überwiegend sowohl Angehörige einer anderen ethnischen Gruppe, als auch solche eines anderen Staates und kann damit eine mittelbare Diskriminierung aus beiden Gründen darstellen[204]. Der EuGH hat bereits mehrfach entschieden, dass Vorschriften, die die Dauer eines Arbeitsverhältnisses zwischen Universitäten und Fremdsprachenlektoren begrenzen, während eine solche zeitliche Einschränkung für die übrigen Arbeitnehmer nicht besteht, gegen die Freizügigkeitsvorschriften und damit gegen ein Verbot der Diskriminierung aus Gründen der Staatsangehörigkeit verstoßen[205]. Für Unterscheidungen auf Grund der Sprache kann Art. 13 EG keine Rechtsgrundlage zum Erlass von Antidiskriminierungsmaßnahmen bilden. Unter Berücksichtigung der früheren Rechtslage vor Einführung des Art. 13 EG in den EG-Vertrag war dies nur konsequent und diente dem effet utile des Gemeinschaftsrechts, da derartige Differenzierungen nur als Diskriminierungen aus Gründen der Staatsangehörigkeit bewertet werden konnten. Auch wenn sich die Ausgangslage mit Schaffung des Art. 13 EG geändert hat und eine genauere Zuteilung von Diskriminierungen, die an die Sprache anknüpfen, nötig ist, sollte an dem bisherigen Ergebnis nichts geändert werden. Dass eine Diskriminierung zusätzlich unter ein weiteres verbotenes Merkmal, nämlich das der Rasse oder der ethnischen Zugehörigkeit, fällt, kann nicht dazu führen, diese Diskriminierung aus dem Anwendungsbereich des unmittelbare Rechte zu Gunsten des Einzelnen begründenden Art. 12 EG zu entlassen und der weniger weit reichenden Vorschrift des Art. 13 EG zuzuordnen. Zur Begründung kann wiederum die praktische Durchsetzbarkeit des Gemeinschaftsrechts herangezogen werden.

Ein anderes Ergebnis dürfte sich bei möglichen Diskriminierungen aus Gründen der kulturellen Identität ergeben. Denn wie die Probleme in Vielvölkerstaaten immer wieder aufgezeigt haben, sind kulturelle Bräuche in viel stärkerem Maße mit der Zugehörigkeit zu einer Volksgruppe verbunden als mit der Staatsangehörigkeit. Deshalb sollten kulturelle Diskriminierungen von Minderheiten dem Differenzierungskriterium der ethnischen Herkunft und damit dem Art. 13 EG unterfallen. Die grundsätzliche Einbeziehung kultureller Diskriminierungen in den Kreis der gemeinschaftsrechtlich zu unterbindenden Unterscheidungen rechtfertigt sich aus Art. 151 EG. Wenn die Gemeinschaft nach dessen Abs. 2 nämlich durch ihre

---

204 Anders ist dies nur in Fällen, in denen an die Sprache anknüpfende Diskriminierungen nur Angehörige des eigenen Staates betreffen können. Wenn beispielsweise spanische Regelungen die baskische Sprache benachteiligen, kann dies nur dem Diskriminierungsverbot auf Grund der ethnischen Zugehörigkeit zugeordnet werden. In diesem Fall erübrigt sich folgende Darstellung.

Tätigkeit die Mitgliedstaaten bei der Erhaltung und beim Schutz des kulturellen Erbes von europäischer Bedeutung unterstützen soll, kann sie dies in erster Linie durch eine weit gehende Gleichbehandlungspolitik erreichen. Der Schutz der kulturellen Identität macht nicht an den Grenzen der Europäischen Union halt. Denn auch das Kulturerbe außerhalb der Gemeinschaft ist „von europäischer Bedeutung".

Soweit Diskriminierungen auf Grund der Hautfarbe in der Europäischen Union überhaupt relevant werden, sollten Antidiskriminierungsmaßnahmen in diesem Bereich auf Art. 13 EG gestützt werden. Denn angesichts des relativ hohen Anteils an dunkelhäutigen Mitbürgern in den ehemaligen Kolonialstaaten liegt es eher fern, eine diesbezügliche Diskriminierung als eine aus Gründen der Staatsangehörigkeit anzusehen.

c. Religion oder Weltanschauung

Religiöse und rassische Diskriminierungen stehen in enger Verbindung und treffen häufig die gleichen Minderheitengruppen. Die Notwendigkeit einer Einbeziehung von Religion und Weltanschauung in Art. 13 EG rechtfertigt sich aus ähnlichen Gründen wie bei den Kriterien der Rasse und ethnischen Herkunft. Ein entscheidender Unterschied zwischen beiden Diskriminierungsformen liegt darin, dass erstere an eine freie Entscheidung des Einzelnen anknüpft, während die ethnische Herkunft eine unabänderliche Eigenschaft darstellt. Bereits hieraus eine unterschiedlich strenge Handhabung entsprechender Diskriminierungsverbote abzuleiten, wäre verfehlt, da die freie Willensentscheidung für eine freiheitliche Grundordnung konstituierend ist und aus ihr keinerlei Nachteile gezogen werden dürfen.

Den momentanen Mitgliedstaaten der Europäischen Union ist eine christliche Tradition und Werteordnung gemeinsam. Die Religionsfreiheit wird in allen Mitgliedstaaten grundrechtlich verbürgt[206]. Es ergeben jedoch sich staatskirchenrechtliche Besonderheiten, deren Spektrum vom strengen Trennungsprinzip in Frankreich bis hin zu einer verfassungsmäßigen Verankerung einer Staatskirche in Großbritannien und Dänemark reicht. Die Herausarbeitung eines gemeinschaftseigenen Schutzes der religiösen Überzeugungen kann demnach nur losgelöst von den jeweiligen religionsrechtlichen Besonderheiten in den Mitgliedstaaten erfolgen.

Der EuGH hat sich in der Rs. Prais[207] bereits mit einem Fall der Diskriminierung aus religiösen Gründen befasst[208]; im konkreten Fall könne eine englischen Staatsbürgerin jüdi-

---

205 EuGH Rs C-272/92, Slg. 1993, S. 5185ff, S. 5207, Spotti; EuGH RS. 33/88, Slg. 1989, S. 1591ff, S. 1610f, Allué u.a., Epiney in C/R, Kommentar, Art. 12 EG, R. 13 a.E.

206 Rengeling, Grundrechtsschutz, S. 126ff

207 Rs. 130/75, Slg. 1976, S. 1589ff; Besprechungen bei Pernice, Religionsrechtliche Aspekte, JZ 1977, S. 777ff und Rengeling, Urteilsanmerkung, DÖV 1977, S. 409f

schen Glaubens diskriminiert sein, wenn Aufnahmeprüfungen für den Beamtendienst in der Gemeinschaft an Tagen stattfinden, an denen Juden jegliche Tätigkeit untersagt ist. Eine Rechtfertigung sei allerdings dann möglich, wenn alle Prüfungen zeitgleich abgelegt werden müssten und die Anstellungsbehörde nicht rechtzeitig von den religiösen Hindernissen in Kenntnis gesetzt wurde[209]. Diskriminierungen aus religiösen Gründen wären darüber hinaus insbesondere am Arbeitsplatz oder im Unterricht, aber auch hinsichtlich einer wettbewerbsrechtlichen Gleichbehandlung bei wirtschaftlichen Aktivitäten von Religionsgemeinschaften oder bei der Zusammensetzung pluralistischer Gremien in den Institutionen der Europäischen Union denkbar[210]. Insgesamt werden Diskriminierungen, die an die Religion anknüpfen, im Gemeinschaftsrecht nicht an der Tagesordnung sein.

Die Verknüpfung von Religion und Weltanschauung in Art. 13 EG spiegelt Art. 9 EMRK wider. Weder der EuGH, noch der EuGMR haben bisher die Begriffe definiert. Nach deutschem Verständnis wird der Begriff der Weltanschauung einerseits als Oberbegriff verstanden, der die Religion mit einschließt[211], andererseits soll die Weltanschauung als „nichtreligiöse Sinndeutung der Welt im Ganzen"[212] der Religion als glaubensgeleitete Vorstellungswelt gegenüber gestellt werden. Eine genaue Abgrenzung ist jedoch nicht erforderlich, da durch die gewählte Formulierung religiöse und nicht-religiöse Vorstellungsbilder in beiden Fällen erfasst werden. So hat auch bereits der EuGMR entschieden, dass nicht-religiös geprägte Weltanschauungen dem Schutz des Art. 9 EMRK unterfallen[213]. Die Gemeinsamkeit von Religion und Weltanschauung liegt unabhängig von obigen Definitionen darin, dass beide eine Gesamtansicht der Welt darstellen und deshalb keine einzelnen Meinungen und Ansichten erfassen, die nicht auf einem die Welt als Ganzes umfassenden Gedankensystem beruhen. Unter Zugrundelegung eines solchen Verständnisses ist es trotz der anfänglich dargestellten Verbindung zu den Diskriminierungsverboten aus Gründen der Rasse schwierig, das gemeinschaftsrechtliche Diskriminierungsverbot hinsichtlich Religion und der Welt-

---

208 Das Urteil wird häufig zum Nachweis der Religions*freiheit* als Gemeinschaftsgrundrecht zitiert, vgl. nur Chwolik-Lanfermann, Grundrechtschutz in der Europäischen Union, S. 69 und Beutler in GTE, Kommentar, Art. F EUV, R. 61; richtigerweise prüft der EuGH allerdings religionsrechtliche Aspekte nur im Rahmen des Gleichbehandlungsgrundsatzes, vgl. zum Verhältnis von Freiheits- und Gleichheitsrecht die Religion betreffend Kingreen, Verfassungsrechtliche Stellung der nichtehelichen Lebensgemeinschaft, S. 210ff. Darüber hinaus hat sich der Gerichtshof, soweit ersichtlich, nicht zur Existenz eines Gemeinschaftsgrundrechts der Religionsfreiheit geäußert.

209 EuGH, a.a.O., S. 1599

210 Vgl. Pernice, a.a.O., S. 780

211 So Starck in v. Mangoldt/Klein/Starck, Bonner Grundgesetz, Art. 4 GG, R. 10

212 Von Münch in von Münch/Kunig, Grundgesetzkommentar, Art. 4 GG, R. 35; ähnlich auch Badura, Staatsrecht, C, R. 59

213 Frowein/Peukert, EMRK, Art. 9, R. 9

anschauung ebenso weit auszulegen. Insbesondere werden wohl politische Ansichten grundsätzlich nicht als Weltanschauungen geschützt werden können[214].

d. Behinderung

Gut 17 % der Erwerbsbevölkerung in der EU ist in irgendeiner Weise von einer Behinderung betroffen; mehr als 50 % der Menschen mit Behinderungen gehören nicht zur Erwerbsbevölkerung, verglichen mit 25 % der übrigen Bevölkerung; bei den zur Erwerbsbevölkerung gehörenden Personen ist die Wahrscheinlichkeit bei Behinderten 50 % höher, arbeitslos zu sein und dies für einen längeren Zeitraum zu bleiben, als bei der Erwerbsbevölkerung insgesamt[215]. Die unterschiedslose Einbeziehung Behinderter in alle Bereiche des gesellschaftlichen Lebens spielt also eine besondere Rolle, zumal ohnehin häufig diskriminierte Gruppen wie ethnische Minderheiten und ältere Menschen überproportional betroffen sind. Über die Notwendigkeit gegen Diskriminierungen zu Lasten Behinderter vorzugehen, besteht deshalb ein breiter Konsens in den Mitgliedstaaten[216]. Im Beschäftigungsbereich werden Behinderte hauptsächlich durch eine unzureichende Anpassung von Arbeitsstätten und Arbeitsplätzen oder durch eine fehlende Abstimmung der Arbeitsorganisation an die Bedürfnisse Behinderter (mittelbar) diskriminiert. Hauptaufgabe der Mitgliedstaaten bei der Umsetzung von Richtlinien wird daher die Ermittlung derartiger Diskriminierungen sein, um eine angemessene behindertengerechte Arbeitsplatzgestaltung erreichen zu können, die Behinderte in die Lage versetzt, alle grundlegenden Funktionen einer bestimmten Tätigkeit auszuführen. Derartige Änderungen des Arbeitsumfelds und des Arbeitsablaufs sind mit die Produktivität hemmenden Kosten für öffentliche und private Arbeitgeber verbunden. Dieser Konflikt sollte durch Einführung einer Klausel wie die der „unbilligen Härte“ einzelfallgerecht gelöst werden.

Vor Geltung des Amsterdamer Vertrages finden sich nur wenige Fallgestaltungen in der Rechtsprechung des EuGH, die sich mit Behinderten oder deren Diskriminierung beschäftigen. In der Rs. Bettray / Staatssecretaris van Justitie versagte der EuGH einer großen Anzahl Behinderter zumindest potentiell die Berufung auf die Arbeitnehmerfreizügigkeit[217]. Mangels notwendigen Bezugs zum Wirtschaftsleben könnten trotz Arbeitsvertrags Menschen in Rehabilitationsprogrammen nicht als Arbeitnehmer im Sinne dieser Vorschriften gelten, „die infolge von Umständen, die in ihrer Person begründet liegen, nicht in der Lage sind, ei-

---

214 Natürlich ist der Einzelne in solchen Fällen nicht schutzlos. Ihm bleibt der primärrechtliche Grundrechtschutz der Meinungsfreiheit, vgl. zu letzterer Kingreen in C/R, Kommentar, Art. 6 EU, R. 151ff

215 So die Zahlen vom Kommissionsmitglied Diamantopoulou, abrufbar unter: http://www.europa.eu.int/comm/employment_social/soc-prot/disable/n.../disability_de.htm

216 Vgl. Leo Flynn, Implications, S. 1145; ab S. 1143 auch zur Gemeinschaftsaktivitäten vor Einführung des Vertrags von Amsterdam.

217 Rs. 344/87, Slg. 1989, S. 1621ff

ner Beschäftigung unter normalen Bedingungen nachzugehen ", wenn die ausgeübten Tätigkeiten „nicht als tatsächliche und wirtschaftliche Tätigkeit angesehen werden können, da sie nur ein Mittel [...] der Wiedereingliederung der Arbeitnehmer in das Arbeitsleben darstellen und die entgeltliche Arbeit, die auf die körperlichen und geistigen Möglichkeiten des Einzelnen zugeschnitten ist, den Betroffenen [...] in die Lage versetzen soll, einer gewöhnlichen Beschäftigung nachzugehen oder eine Lebensweise zu finden, die so normal wie möglich ist"[218]. Die Einbettung des Falles in ein Diskriminierungsverbot aus Gründen der Staatsangehörigkeit zeigt, dass sich vor Schaffung des Art. 13 EG der Schutz behinderter Menschen gemeinschaftsrechtlich in der gleichen Behandlung wie Behinderte des jeweiligen Aufenthaltsstaat erschöpften und macht dadurch die Notwendigkeit einer eigenständigen Behindertenpolitik in der Gemeinschaft deutlich[219].

In Ergänzung zu Art. 13 EG sieht die Erklärung Nr. 22 der Schlussakte zum Amsterdamer Vertrag Folgendes vor: „Die Konferenz kommt überein, dass die Organe der Gemeinschaft bei der Ausarbeitung von Maßnahmen nach Art. 100 a [Art. 95 EG] des Vertrags zur Gründung der Europäischen Gemeinschaften den Bedürfnissen von Personen mit einer Behinderung Rechnung tragen". Diese Erklärung ist zwar kein Bestandteil des Gemeinschaftsrechts[220] und entfaltet keine Bindungswirkung[221]. Sie kann aber zur Auslegung sonstigen Gemeinschaftsrechts herangezogen werden. Wenn die Kommission im Rahmen der Rechtsangleichung innerhalb des Binnenmarktes insbesondere nach Art. 95 Abs. 3 EG von einem hohen Schutzniveau im Bereich der Gesundheit ausgeht, kann dies in Verbindung mit der Erklärung Nr. 22 so gedeutet werden, dass ein solch hohes gesundheitliches Schutzniveau nur durch behindertengerechte Produkte erreicht wird. Auf diese Weise ergänzt sich Art. 13 EG mit den in der Erklärung Nr. 22 formulierten Zielen und kann auch als Interpretationshilfe[222] zur Bestimmung der Reichweite des gemeinschaftsrechtlichen Begriffs der „Behinderung" verwendet werden. Denn ein hohes gesundheitliches Schutzniveau erfordert auch ein weites Verständnis von Behinderungen. Hinzu kommt, dass die Sicherstellung eines hohen Gesundheitsniveaus das Ziel der Gesundheitspolitik der Gemeinschaft in Art. 152 EG ist. Soweit dies auch die Bekämpfung der weit verbreiteten schweren Krankheiten umfasst, sollten Krankheiten wie AIDS zu Behinderungen zu zählen sein und unter den Schutz des

---

218 EuGH a.a.O., S. 1646; der Fall betraf einen deutschen ehemaligen Drogenabhängigen, der in den Niederlanden an einem entsprechenden Rehabilitationsprogramm zur Förderung und Wiederherstellung der Arbeitsfähigkeit von prinzipiell erwerbsfähigen Personen, die vorübergehend nicht unter normalen Bedingungen arbeiten können, teilnehmen wollte, vgl. R. 10f der Schlussanträge des Generalanwalts Jacobs.

219 Auch die Rs. 76/72. Slg. 1973, S. 457ff, S. 464, Michel S. , Rs. 187/73, Slg. 1974, S. 553ff, S. 561ff, Callemeyn, Rs. 63/76, Slg. 1976, S. 2057ff, S. 2067f, Inzirillo beschäftigen sich mit behinderten Mensachen nur im Rahmen des Diskriminierungsverbots auf Grund der Staatsangehörigkeit.

220 Zuleeg, Der Inhalt des Art. 13 EGV in Bekämpfung der Diskriminierungen, S. 104ff, S. 106

221 Vgl. nur Whittle, Disability Discrimination, EL Rev. 1998, S. 50ff, S. 54

222 Vgl. Whittle, a.a.O., S. 54

Art. 13 EG fallen. Natürlich können nur besonders intensive Krankheiten als Behinderungen gelten.

Probleme tun sich dann bei der Einbeziehung solcher Krankheiten in der Abgrenzung zu Krankheitsbildern auf, die nicht erfasst werden können oder sollen. Besondere Schwierigkeiten könnten sich beispielsweise in der Behandlung Suchtkranker ergeben. Da auch Suchtkrankheiten ein selbstbestimmtes Leben ausschließen, stellt sich die Frage, ob das Vorliegen einer Behinderung von einem Verschuldensmoment abhängig ist. Insoweit ist ein gemeinschaftsweit einheitlicher Behinderungsbegriff schon unter Berücksichtigung der Rechtssicherheit wünschenswert. Aus der EMRK kann ein solcher nicht abgeleitet werden, da das Diskriminierungsverbot des Art. 14 EMRK Unterscheidungen auf Grund einer Behinderung nicht ausdrücklich verbietet. Die Gemeinschaftsorgane und dabei in erster Linie der Gerichtshof haben sich konkret zum Begriff der Behinderung in Art. 13 EG noch nicht geäußert. Die im Rahmen des HELIOS II - Programms im Jahre 1996 gegebene Definition schließt schwere Krankheiten als Unterfall einer Behinderung nicht kategorisch aus: „Der Begriff 'behinderte Menschen' bezieht sich auf Menschen mit ernsthaften Schädigungen, Beeinträchtigungen oder Behinderungen, die aus körperlichen, einschließlich sensorischen, geistigen oder psychologischen Schädigungen resultieren und die Ausführung einer Aktivität oder Funktion, die für einen anderen Menschen als normal gilt, einschränken oder unmöglich machen"[223]. Die Definition der WHO stützt sich auf die drei Elemente Schaden, funktionelle Einschränkung und (soziale) Behinderung. Nach dem Bundesverfassungsgericht ist Behinderung „die Auswirkung einer nicht nur vorübergehenden Funktionsbeeinträchtigung, die auf einen regelwidrigen körperlichen, geistigen oder seelischen Zustand beruht"[224].

Aus diesen unterschiedlichen Erklärungen und aus dem nicht zwischen den verschiedenen Formen von Diskriminierungen differenzierenden Art. 13 EG kann zumindest auf die Einbeziehung körperlicher und geistiger Behinderungen geschlossen werden[225]. Tendenziell wird man sich weiter für eine weite Auslegung von Art. 13 EG unter Einbeziehung von Suchtkranken entscheiden können, da der Grund einer Behinderung kein Bestandteil ihrer Definition ist. Ebenso wird aber aus obigen Umschreibungen klar, dass es eines Regulativs im Sinne einer Intensitätsschwelle bedarf[226]. Nicht jede unterdurchschnittliche Fähigkeit kann eine Behinderung darstellen. Der entscheidende Unterschied liegt in den sozialen Folgen einer mangelhaften Fähigkeit. So führen in modernen Gesellschaften Lern- und Schreib-

---

223 Europäische Kommission, HELIOS II - Europäischer Leitfaden für empfehlenswerte Praktiken - Auf dem Weg zur Chancengleichheit für behinderte Menschen, S. 11f

224 BVerfG EuGRZ 1997, S. 586ff, S. 590

225 Vgl. zur Lage im deutschen Verfassungsrecht, in dem Art. 3 Abs. 3 S. 2 GG auch nicht ausdrücklich beide Formen der Behinderungen aufführt Starck in von Mangoldt/Klein/Starck, Bonner Grundgesetz, Art. 3 GG, R. 384

226 Vgl. auch allgemein zu Art. 3 Abs. 3 S. 2 GG Caspar, Das Diskriminierungsverbot behinderter Personen in EuGRZ 2000, S. 135ff, S. 136

schwächen zu einer Behinderung, während in agrarisch strukturierten Ländern solche Mängel keine Rolle spielen. Gerade dem Begriff der Behinderung können aber je nach Verständnis sehr unterschiedliche Sachverhalte zugeordnet werden. Daher bleibt aus Gründen der Rechtssicherheit zu hoffen, dass entgegen dem bisherigen Kommissionsvorschlag eine Definition von Behinderungen Bestandteil einer Antidiskriminierungsrichtlinie wird.

e. Alter

Diskriminierungen aus Gründen des Alters sind gemeinschaftsrechtlich bisher kaum in Erscheinung getreten. Nennenswerte Tätigkeiten der Gemeinschaftsorgane beschränkten sich bisher auf eine unverbindliche Empfehlung der Kommission zur Einführung eines europäischen Seniorenausweises für Personen über 60 Jahren[227] und auf einen Vorschlag für einen Beschluss des Rates über gemeinschaftliche Aktionen zugunsten älterer Menschen[228]. Wegen kompetenzrechtlicher Bedenken gerade aus deutscher Sicht noch nicht angenommen ist der Vorschlag der Kommission für eine Ratsentscheidung über gemeinschaftliche Unterstützung für Aktionen zu Gunsten älterer Menschen[229].

Angesichts der demographische Entwicklungen in den Mitgliedstaaten ist mit einer zunehmenden Bedeutung von Diskriminierungen älterer Menschen im Arbeitsleben zu rechnen. Dieser Aspekt darf nicht unterschätzt werden. Der Generationenvertrag und die Funktionsfähigkeit grundsätzlicher sozialer Versicherungssysteme in den Mitgliedstaaten der Gemeinschaft stehen auf dem Spiel, wenn sich das Verhältnis der Erwerbstätigen zu denjenigen, die auf Grund ihres Alters keine Anstellung mehr finden, immer weiter verkleinert. Diskriminierungen älterer Menschen in Beschäftigungsfragen beruhen vor allem auf fünf Gründen beruhen: Arbeitsplatzverlust, Diskriminierung bei der Einstellung, Ausschluss von bestimmten Maßnahmen für Arbeitslose, Ausschluss von der Teilnahme an Aus- und Weiterbildungsmaßnahmen und Diskriminierung bei der Pensionierung[230]. Diskriminierungsverbote auf Grund des Art. 13 EG müssen demnach die Festsetzung eines Höchstalters für die Einstellung oder Schulungsbeschränkungen für ältere Arbeitnehmer oder deren Entlassung im Rahmen von Umstrukturierungsmaßnahmen untersagen.

Ausgehend von einer weiten Auslegung der Tatbestandsmerkmale des Art. 13 EG könnte man auch Diskriminierungen von Kindern unter solche wegen des Alters fassen. Zwar richtet sich der Zweck des Art. 13 EG in erster Linie gegen die Ungleichbehandlung älterer Menschen. Allerdings ist der Begriff „Alter" für sich gesehen neutral. Auch ein jüngerer

227 ABl. 1989 L 144/59
228 KOM (1990) 80, S. 21ff endg.
229 ABl. 1995 C 115/14ff; vgl. hierzu insgesamt Leo Flynn, a.a.O., S. 1146
230 Vgl. auch Art. 6 Abs. 1 der Richtlinie 2000/78/EG.

Mensch verfügt über ein Alter[231]. Die Gemeinschaftsorgane äußern sich nicht zu diesem Problem. Ein solches Verständnis erscheint durchaus wünschenswert, könnte man dadurch doch Diskriminierungen von Kindern im Bereich von Unterricht und Ausbildung oder im Gesundheitswesen begegnen und wird nun auch durch Art. 24 des Entwurfs der Grundrechte-Charta unterstützt.

f. Sexuelle Ausrichtung

Der EuGH hat in der Rs. Grant vor Inkrafttreten des Vertrags von Amsterdam entschieden, dass „das Gemeinschaftsrecht bei seinem gegenwärtigen Stand eine Diskriminierung wegen der sexuellen Orientierung [...] nicht erfasst"[232]. Insbesondere seien sie nicht dem Diskriminierungsverbot auf Grund des Geschlechts zuzuordnen[233]. Der Gerichtshof verweist selbst auf den zum Zeitpunkt der Entscheidung noch nicht in Kraft getretenen Art. 13 EG, der diese Lücke zum Schutze homosexueller Menschen schließen soll. Homosexualität als sexuelle Ausrichtung fällt danach nicht unter Diskriminierungen auf Grund des Geschlecht, sondern auf Grund der sexuellen Ausrichtung[234]. Ob der Gerichtshof ebenso entschieden hätte, falls Art. 13 EG nicht in absehbarer Zeit geltendes Gemeinschaftsrecht geworden wäre, kann bezweifelt werden, betont er doch selbst im Ausgangspunkt die Notwendigkeit einer weiten Auslegung des „Geschlechts"[235]. Es liegt der Schluss nahe, dass der EuGH den Willen der Mitgliedstaaten voraussetzt, mit Schaffung des Art. 13 EG die ausschließliche Zuständigkeit für den Schutz Homosexueller auf den Gemeinschaftsgesetzgeber übertragen zu wollen. Der Gerichtshof legt sich damit einer Selbstbeschränkung auf, indem er eine gesellschaftspolitisch so heikle Frage wie die der Rechte Homosexueller nicht an sich zieht, sondern der Legislative der Gemeinschaft überlässt. Augenscheinlich wünscht der Gerichtshof durch diese Zurückhaltung den allgemeinen Unmut gegen eine zu starke Einmischung gemeinschaftsrechtlicher Institutionen zu besänftigen. Angesichts der erwähnten Unterschiede in den einzelnen Mitgliedstaaten tut er gut daran. Hätte der Gerichtshof Diskriminierungen aus Gründen der Geschlechtlichkeit solchen auf Grund des Geschlechts gleichgestellt, hätte die unmittelbare Anwendbarkeit gemeinschaftsrechtlicher Normen (Art. 141 Abs. 1 EG und

---

231 H.J. Bauer, Diskriminierungsrichtlinien, NJW 01, S. 2672ff, S. 2673

232 EuGH Rs. 249/96. Slg. 1998. S. 621ff, S. 651; zur Lage im deutschen Recht Schimmel, Eheschließungen gleichgeschlechtlicher Paare?, S. 174f

233 Hierzu und allgemein zur Rechtslage im Gemeinschaftsrecht vor dem Urteil Grant Harrison, Using EC Law in Hervey/ O'Keeffe (Hrsg.), Sex Equality Law in the European Union, S. 267ff

234 Die Begrifflichkeiten der „sexuellen Ausrichtung" und der „sexuellen Orientierung" sind gleich zu setzen, vgl. auch die englisch- und französischsprachige Version von Art. 13 EG; von beiden zu unterscheiden ist aber die „sexuelle Identität", die einen Oberbegriff darstellt und zusätzlich die Transsexualität erfasst.

235 R. 41 der Rs. Grant

die einschlägigen Richtlinienbestimmungen) die Unanwendbarkeit zahlreicher nationaler Vorschriften zur Folge nicht nur im Bereich des gleichen Entgelts und damit eine weit reichende Einmischung zur Folge gehabt. Mit Verlagerung der Problematik auf den Einstimmigkeit im Rat erfordernden Art. 13 EG entzieht sich der EuGH größerer Kritik seitens der Mitgliedstaaten und stärkt die Position der Legislative der Gemeinschaft.

Mangels unmittelbarer Anwendbarkeit des Art. 13 EG bleibt der Schutz von Menschen, die wegen ihrer sexuellen Ausrichtung ungleich behandelt werden, allerdings auf gemeinschaftliches Sekundärrecht angewiesen. Da das Schutzniveau in den einzelnen Mitgliedstaaten gerade in diesem sensiblen und von religiösen Traditionen stark geprägten Bereich sehr unterschiedlich ausfällt, werden auch auf Grund des Einstimmigkeitserfordernisses einschneidende Maßnahmen mit Bindungswirkung nur schwer zu treffen sein. Während beispielsweise in Deutschland und Großbritannien die Rechte homosexueller Paare nur sehr zögerlich anerkannt werden, finden sich in Dänemark, Frankreich, Irland, den Niederlanden und Schweden bereits gesetzliche Verbote von Diskriminierungen auf Grund der sexuellen Orientierung; bisweilen wurde sogar eine an die Ehe angenäherte registrierte Partnerschaft für Personen gleichen Geschlechts eingeführt[236].

Die Kommission begründete die Notwendigkeit der Aufnahme eines Diskriminierungsverbots auf Grund der sexuellen Orientierung damit, dass nach landesweit durchgeführten Umfragen im Vereinigten Königreich und in Schweden 27 % bzw. 48 % der Befragten bereits einmal wegen ihrer sexuellen Orientierung am Arbeitsplatz belästigt wurden[237]. Nach ihren Vorstellungen soll durch die Schaffung eines Diskriminierungsverbots aus Gründen der sexuellen Orientierung der Status von Eheleuten nicht berührt und daher deren Anspruch auf bestimmte Leistungen nicht beschnitten werden[238]. Bestehende Diskriminierungen sollen also nicht durch eine benachteiligende Anpassung der bevorzugten Gruppe der heterosexuellen Paare ausgeglichen, sondern die Gleichheit soll nur durch Anhebung des Leistungsniveaus der Benachteiligten hergestellt werden. Eine solche Rechtsfolgenregelung weicht von den oben dargestellten allgemeinen Grundsätzen ab, wonach es den Mitgliedstaaten freisteht, auch eine negative Anpassung vorzunehmen, solange diese diskriminierungsfrei erfolgt. Dies soll aber für Eheleute ausgeschlossen werden. Deren Rechte dürfen zum Ausgleich von bestehenden Diskriminierungen nicht nach unten angeglichen werden. Die Kommission trägt damit der in vielen Verfassungen der Mitgliedstaaten verankerten Verpflichtung des Staates zum besonderen Schutz der Ehe und der Familie als Basis der Gesellschaft Rechnung. Allerdings ist darauf hinzuweisen, dass das Verschlechterungsverbot nur für Ehepaare, nicht aber für unverheiratete heterosexuelle Paare gilt. Folglich stünde dem

---

236 Vgl. m.w.N. Giegerich in JZ 1998, S. 724ff, S. 727

237 Vorschlag zur Richtlinie 2000/78/EG, DOK 599PC0565, S. 3

238 Vorschlag zur Richtlinie 2000/78/EG, DOK 599PC0565, S. 6

Kommissionsvorschlag eine nach unten anpassende Angleichung der Vergünstigungen für heterosexuelle unverheiratete Paare nicht entgegen.

Nach den Angaben der Kommission soll das „sexuelle Verhalten" in klarer Unterscheidung zur „sexuellen Ausrichtung" nicht von dem Richtlinienvorschlag erfasst werden[239], ohne dass allerdings der Unterschied verdeutlicht wird. Man könnte das „sexuelle Verhalten" als (vorübergehende) Sexualpraktik oder -erfahrung von der „sexuellen Ausrichtung" unterscheiden, die auf eine dauerhafte Neigung abstellt, über die sich die sexuelle Identität definiert. Nach der Kommission würde dann beispielsweise eine Kündigung, die allein wegen einer einmaligen homosexuellen Erfahrung ausgesprochen wird, und damit eher auf ein sexuelles Verhalten zurückzuführen ist, nicht gegen ein auf Art. 13 EG gestütztes Diskriminierungsverbot verstoßen[240]. Dieses Ergebnis entspricht einer strengen Wortlautinterpretation des Art. 13 EG, ist in der Sache aber nicht völlig unbedenklich. Denn sowohl im einen, als auch im anderen Fall liegt eine Diskriminierung mit dem Hintergrund der Ausgrenzung der Homosexualität vor. Dass es sich einmal um eine prinzipielle sexuelle Neigung, einmal um ein bloße Erfahrung handelt, macht insofern keinen Unterschied, wenn die konkreten homosexuellen Vorfälle Anlass einer Ungleichbehandlung sind. Es erscheint folglich sinnvoller, nicht mit der Kommission zwischen „sexueller Ausrichtung" und „sexuellem Verhalten" zu differenzieren. Der Beweis, ob von einer dauerhaften oder vorübergehenden homosexuellen Beziehung gesprochen werden kann, ist schwerlich durchzuführen und per se bereits diskriminierend. Zudem ist nicht einzusehen, warum gerade eine weniger stark ausgeprägte homosexuelle Neigung nicht geschützt werden sollte. Hier bietet sich vielmehr ein Erst-recht-Schluss an. Abschließend sei noch angemerkt, dass nicht nur homosexuelle, sondern auch bisexuelle Menschen in den Schutzbereich des Art. 13 EG fallen. Der Wortlaut „sexuelle Ausrichtung" lässt dies zu. Denn entweder man erkennt die Bisexualität als eine sexuelle Ausrichtung an oder man ordnet sie der Homosexualität zu.

239 Vorschlag zur Richtlinie 2000/78/EG, DOK 599PC0565, S. 6

240 Erfolgt die Kündigung alleine wegen eines sexuellen Vorfalls, unabhängig von dessen homo- oder heterosexuellem Hintergrund, scheidet ein Verstoß gegen Diskriminierungsverbote im Sinne des Art. 13 EG von vornherein aus.

V. Der allgemeine Gleichheitssatz als Gemeinschaftsgrundrecht

Neben vertraglich fixierten Diskriminierungsverboten verbürgt das Gemeinschaftsrecht einen allgemeinen Gleichheitssatz im Rang eines (ungeschriebenen) Grundrechts, den der EuGH richterrechtlich entwickelt und als Grundprinzip der Gemeinschaft bezeichnet hat[241]. Inhalt des allgemeinen Gleichheitssatzes ist das Verbot, vergleichbare Sachverhalte ungleich und nicht vergleichbare Sachverhalte gleich zu behandeln. In Fortführung dieser Rechtsprechung enthält auch Art. 20 der Grundrechte-Charta ein allgemeines Gleichheitsrecht, das die Gleichheit aller Personen vor dem Gesetz garantiert.

Zur materiellen Konkretisierung des allgemeinen Gleichheitssatzes hat der EuGH im Rahmen seiner Grundrechtsrechtsprechung darauf verzichtet, auf Art. 14 EMRK zurückzugreifen, um spezielle ungeschriebene Diskriminierungsverbote im Gemeinschaftsrecht zu entwickeln. In der Tat stehen einem solchen unmittelbaren Rückgriff auf die speziellen Differenzierungskriterien des Art. 14 EMRK durch den EuGH verschiedene Bedenken gegenüber. Zum einen ergibt sich bereits aus dem Wortlaut der Vorschrift[242], dass das Diskriminierungsverbot des Art. 14 EMRK selbst keine unabhängige Rechtsgewährleistung beinhaltet, sondern nur von begleitender Natur ist. Eine Verletzung des Gleichheitssatzes in diesem Sinne kommt ausschließlich im Anwendungsbereich einer anderen Norm der EMRK in Frage[243]. Art. 14 EMRK statuiert also lediglich eine Ergänzung der übrigen materiellen Konventionsnormen[244] und büßt damit an eigenständiger Bedeutung ein. Wenn Art. 14 EMRK auf die Durchsetzung anderer Rechte ausgerichtet ist, kann er für die Gemeinschaft schwerlich einen allgemeinen Gleichheitssatz oder spezielle Diskriminierungsverbote begründen[245]. Zum anderen betrachtet der EuGH die EMRK nicht als Rechtsquelle, sondern als Rechtserkenntnisquelle. Dieser Begriff findet sich mittlerweile auch in Art. 6 Abs. 2 EU. Mit ihm steht fest, dass der Gerichtshof keiner unmittelbaren Bindung an die EMRK unterliegt. Die wortgetreue Übernahme der Rechte der EMRK in das Gemeinschaftsrecht hätte nämlich „eine Änderung des Systems des Schutzes der Menschenrechte in der Gemeinschaft“[246] zur Folge und würde dazu führen, „dass der Anwendungsbereich der Bestimmungen des Vertrages über die

---

241 EuGH Rs. 283/83, Slg. 1984, S. 3791ff, Racke

242 „Der Genuss der in der vorliegenden Konvention festgelegten Rechte und Freiheiten ist ohne Benachteiligung zu gewährleisten“.

243 Frowein/Peukert, EMRK, Art. 14, R. 2ff; Urteil des EGMR vom 23. Juli 1968, EuGRZ 1975, S. 298ff, S. 301, Belgischer Sprachenstreit und Urteil des EGMR vom 23. November 1983, EuGRZ 1985, S. 477ff, S. 483f, Mussele, wo allerdings auch klargestellt wird, dass die *Verletzung* einer anderen Konventionsvorschrift nicht Voraussetzung für eine Gleichheitsverstoß im Sinne des Art. 14 EMRK ist.

244 Frowein/Peukert, a.a.O., Art. 14, R. 8

245 So auch Zuleeg, Betrachtungen zum Gleichheitssatz, in Festschrift Börner, S. 476; vgl. neuerdings allgemein zum Verhältnis von Art. 14 EMRK zum Gemeinschaftsrecht: O'Hare, Equality Rights, MJ 01, S. 133ff..

Zuständigkeiten der Gemeinschaft hinaus erweitert wird"[247]. Einer direkten Übernahme der Kriterien des Art. 14 EMRK in das Gemeinschaftsrecht steht auch dessen besondere Struktur entgegen. Die materiellen Rechte der EMRK müssen generell an die Zielsetzungen der Gemeinschaft angepasst werden[248].

In Abgrenzung zu Art. 12, 13, 141 Abs. 1 EG stellt sich die Frage nach dem Anwendungsbereich des allgemeinen Gleichheitssatzes. Während die vertraglichen Diskriminierungsverbote in erster Linie die Mitgliedstaaten verpflichten, aus dem Subordinationsverhältnis zwischen dem Einzelnen und der Europäischen Union ergibt sich jedenfalls die Stellung des Unionsbürgers als Träger und die der Organe der Gemeinschaft als Verpflichtete der Gemeinschaftsgrundrechte. Die folgende Darstellung wird zeigen, dass es bei dieser relativ eindeutigen Zuweisung nicht bleibt.

1. Berechtigte der Diskriminierungsverbote

Eine Differenzierung ist schon insoweit möglich, als nicht nur natürliche Personen, sondern auch die juristischen Personen des Privatrechts sich zulässigerweise auf Diskriminierungsverbote berufen können. Voraussetzung ist nur, dass diese der Sache nach auf sie anwendbar sind[249]. Der Einbeziehung juristischer Personen des Privatrechts in den allgemeinen Gleichheitssatz des Gemeinschaftsrechts steht dies nicht entgegen. Gleichheitssätzen liegt stets nur die Vergleichbarkeit von bestimmten Sachverhalten zu Grunde. Zumindest der allgemeine Gleichheitssatz der Gemeinschaftsgrundrechte ist „der Sache nach" auch auf juristische Personen des Privatrechts anwendbar. Dies gilt allerdings nicht für spezielle Diskriminierungsverbote, soweit sie auf die in Art. 13 EG genannten Kriterien abstellen. Diese sind ausschließlich auf natürliche Personen zugeschnitten.

Der Gerichtshof selbst hat zur Grundrechtsfähigkeit juristischer Personen nie ausdrücklich Stellung bezogen, sondern den Schutz der Grundrechte ohne weitere Ausführungen wie selbstverständlich auch auf juristische Personen des Privatrechts erstreckt[250]. Auf Grund der ursprünglich rein wirtschaftlichen Ausrichtung der Europäischen Gemeinschaft sind diese in besonderem Maße den regulierenden Eingriffen der Gemeinschaftsorgane ausgesetzt[251]. Insoweit begegnen der grundsätzlichen Einbeziehung der juristischen Personen des Privat-

---

246 EuGH Gutachten 2/94, Slg. 1996 I, S. 1759ff, S. 1789, Beitritt der Gemeinschaft zur EMRK

247 EuGH Rs. 249/96, Slg. 1998 I, S. 621ff, S. 650f, Grant

248 Vgl. auch Hilf in G/H, Kommentar, Art. F EUV, R.27

249 Rengeling, Grundrechtsschutz, S. 102; Bleckmann, Europarecht, S. 62

250 Vgl. für den allgemeinen Gleichheitssatz nur verb. Rs. 117/76 und 16/77, Slg. 1977, S. 1753ff, Ruckdeschel

251 Nach Mohn, Gleichheitssatz, S. 35, betreffen sogar die Überzahl aller Streitigkeiten im Bereich des allgemeinen Gleichheitssatzes juristische Personen des Privatrechts.

rechts in den Anwendungsbereich des allgemeinen Gleichheitssatzes keine Bedenken, zumal mit der Niederlassungsfreiheit auch eine Grundfreiheit nach Art. 48 EG natürliche und juristische Personen gleichermaßen schützt.

Die besondere Situation der Mitgliedstaaten im Gemeinschaftsrecht hat zur Folge, dass diese nicht nur Träger nationaler Hoheitsgewalt, sondern zugleich auch der Hoheitsgewalt der Union ausgesetzt sind. Mit Abtretung von hoheitlichen Befugnissen seitens der Staaten an die Europäische Union entsteht zugleich ein Subordinationsverhältnis, in dem der einzelne Staat ähnlich einem Individuum dem Handeln der Gemeinschaft unterliegt. Zwar nimmt jeder Mitgliedstaat an der Rechtsetzung in der Gemeinschaft teil. Wegen der (zunehmenden) Anzahl von Mehrheitsentscheidungen kann jedoch der Vertreter jeder Regierung überstimmt werden. In dieser Situation bedürfen auch die Mitgliedstaaten eines Schutzes vor ungerechtfertigten Differenzierungen.

Die Rechtsprechung des EuGH stellt zumeist nicht auf die Mitgliedstaaten, sondern auf die Marktbürger ab, da letztlich diese betroffen sind, wenn ein Staat ungleich behandelt wird: „Wenn in der angefochtenen Verordnung auch nichts darauf hindeutet, dass eine Diskriminierung der Republik Griechenland beabsichtigt gewesen wäre, so hat gleichwohl die Anwendung [...] eine objektive Ungleichbehandlung zumindest bestimmter Erzeuger dieses Staates bewirkt“[252]. In der Sache führt die Ungleichbehandlung eines Staates damit zu einer Diskriminierung seiner Bürger im Verhältnis zu den übrigen Unionsbürgern. Diese Situation wiederum unterscheidet sich kaum von der „normalen“ Konstellation, in der die Marktbürger von einer Maßnahme der EU-Organe direkt betroffen sind. Sie werden nur durch ihren Staat mediatisiert. Die Gemeinschaftsorgane sind folglich auch hier angehalten, das Gemeinschaftsrecht gegenüber allen Mitgliedstaaten gleich anzuwenden. Dagegen bleibt es problematisch, einen Hoheitsgewalt ausübenden Staat realiter zum Grundrechtsträger werden zu lassen, da dessen Schutzwürdigkeit nicht mit der eines Bürgers vergleichbar ist. Die Mediatisierung der Marktbürger vermag darüber ebenso wenig hinwegzuhelfen wie die Tatsache, dass ein Mitgliedstaat einer anderen Hoheitsgewalt unterliegt als er selbst ausübt. Andererseits darf nicht übersehen werden, dass der einzelne Staat in diesen Fällen nur als Sachwalter seiner Bürger auftritt[253]. Letztlich erscheint es insoweit sinnvoll, den Gleichheitssatz zwischen der supranationalen Hoheitsgewalt der EU und den Mitgliedstaaten lediglich als Ausdruck eines objektiven Prinzips anzusehen, ohne ihnen die Funktion eines Grundrechtsträgers zuzugestehen. Materielle Auswirkungen sind damit nicht verbunden.

---

[252] EuGH Rs. 192/83, Slg. 1983, S. 2791ff, S. 2812, Griechenland/Kommission

[253] Zu alledem Mohn, a.a.O., S. 35ff

Schwieriger gestaltet sich die Frage, ob auch Angehörige von Nicht-EU-Staaten dem Schutz der Gemeinschaftsgrundrechte unterstehen und sich auf Diskriminierungsverbote berufen können. Das deutsche Verfassungsrecht unterscheidet im GG zwischen Deutschen- und Jedermannsgrundrechten[254]. Dort wird überwiegend vertreten, dass sich Ausländer lediglich mit Hilfe der allgemeinen Handlungsfreiheit (Art. 2 Abs. 1 GG) gegen vermeintliche Benachteilungen wehren können[255]. Mangels geschriebenen Grundrechtskatalogs steht dem Gemeinschaftsrecht eine solche Differenzierung nach der Unionsbürgerschaft nicht zur Verfügung. Ein Vergleich mit dem persönlichen Geltungsbereich der Personen dienenden Grundfreiheiten des EG-Vertrags ergibt, dass sich die Freizügigkeitsregelungen grundsätzlich auf EU-Bürger beschränken und nicht auf Angehörige von Drittstaaten anzuwenden sind. Insbesondere ist nicht das der Warenverkehrsfreiheit zu Grunde liegende Modell übertragen worden, wonach sich für einen Drittstaatenangehörigen nach einmaliger Zulassung in einem Mitgliedstaat die Möglichkeit eröffnen würde, unter Ausnutzung der EU-Freizügigkeitsregelungen seine Tätigkeit in einen anderen Mitgliedstaat zu verlegen[256]. Lediglich dem Sekundärrecht sind Regelungen zu entnehmen, die beispielsweise Familienangehörigen eines Wanderarbeitnehmers, die nicht Unionsbürger sind, ein Einreise- und Aufenthaltsrecht gewähren[257].

Die grundsätzliche Beschränkung des persönlichen Geltungsbereichs der Grundfreiheiten auf Unionsbürger ist letztlich nicht auf Grundrechte übertragbar. Denn hier zeigt sich gerade der strukturelle Unterschied zwischen beiden Rechtsgewährleistungen[258]: Die Grundfreiheiten basieren auf dem Gemeinsamen Markt und entfalten ihre Wirkung typischerweise ausschließlich für die Bürger der Europäischen Union[259]. Anderenfalls wäre der wirtschaftliche Zweck einer EU-Mitgliedschaft in Frage gestellt. Ein entsprechender Gedankengang liegt den Grundrechten zumindest nicht prinzipiell zu Grunde. Zumindest seit Schaffung der Unionsbürgerschaft ist zwar nicht ausgeschlossen, dass die Gemeinschaftsgrundrechte nicht nur als Menschenrechte, sondern wie die personenbezogenen Marktfreiheiten als Bürgerrechte konzipiert sind. Allerdings gebietet das Interesse an einem möglichst umfassenden Grundrechtsschutz, Staatsangehörige aus Drittstaaten im Hoheitsgebiet der Union dann den gleichen Schutz zu gewährleisten, wenn sie durch das Gemeinschaftsrecht in gleicher Weise

---

254 V. Münch, GG-Kommentar, Vorb. Art. 1-19 GG, R. 9; im Hinblick auf Art. 12 EG dürfen Unionsbürger Deutschen gegenüber nicht benachteiligt werden. Demnach genießen diese inhaltlich die gleichen (Grund-) Rechte wie Deutsche (zur Frage, ob Unionsbürger damit auch zu Berechtigten der Deutschengrundrechte werden oder ob lediglich eine inhaltliche Anpassung im Rahmen des Art. 2 Abs.1 GG stattfindet, Mannsen in v. Mangoldt/Klein/Starck, Bonner Grundgesetz Bd. I, Art. 12 GG, R. 260).

255 Statt aller Hesse, Grundzüge, R. 284

256 Oppermann, Europarecht, R. 1512

257 Art. 2 Abs. 1, Art. 4 Abs. 1 und Abs. 3 der Richtlinie 68/360/EWG.

258 Zu Gemeinsamkeiten und Unterschieden beider Rechtsgewährleistungen ausführlich später.

betroffen werden wie EU-Bürger[260]. Denn die Schaffung einer neuen Hoheitsgewalt wie der EU darf nicht ohne parallele Erweiterung der Abwehrmöglichkeiten gegen deren Maßnahmen geschehen. Wenn Nicht-EU-Ausländer vor Gründung der EU sich auf nationale Grundrechte gegen einzelstaatliche Maßnahmen berufen konnten, muss dies nach erfolgter Kompetenzübertragung auch auf der Ebene des Gemeinschaftsrechts gelten. Die Integration darf nicht zu einem EU-freien Raum führen. Faktisch können Drittstaatenangehörige durch Gemeinschaftsmaßnahmen in gleicher Weise wie Unionsbürger betroffen sein. Das gilt insbesondere auch für den Fall von Diskriminierungen.

Allerdings ergibt sich aus der Rückkopplung der Gemeinschaftsgrundrechte an die gemeinsamen Verfassungsüberlieferungen der Mitgliedstaaten in Art. 6 EU eine mögliche Beschränkung des Grundrechtsschutzes für Nicht-EU-Ausländer. Würde nämlich ein Verfassungsvergleich in den Mitgliedstaaten ergeben, dass ein Grundrecht überwiegend nicht jedermann, sondern nur den jeweiligen Staatsangehörigen zusteht[261], könnte dies auch im Anwendungsbereich des Gemeinschaftsrechts mit der Folge zu berücksichtigen sein, dass dieses bestimmte Grundrecht nur EU-Bürgern zugute kommt[262]. Für den Gleichheitssatz sehen in der Tat einige mitgliedstaatliche Verfassungen solche Einschränkungen vor[263]. Gegen eine derart begründete Ausgrenzung von Drittstaatlern spricht auch nicht, dass der EuGH zusätzlich auf die EMRK als Erkenntnisquelle zurückgreift. Dieser ist zwar eine Unterscheidung zwischen Menschen- und Bürgerrechten fremd und kennt nur Menschenrechte[264]. Das Gemeinschaftsrecht kennt aber eine Unionsbürgerschaft und hat damit zumindest den Grundstein hinsichtlich einer Anerkennung von Grundrechten (lediglich) im Sinn von Bürgerrechten gelegt. Unabhängig davon steht jedoch fest, dass das Diskriminierungsverbot aus Art. 14 EMRK eine Unterscheidung aus Gründen der nationalen Herkunft untersagt. So kommt auch Kingreen für den allgemeinen Gleichheitssatz im Ergebnis zu dem Schluss, dass dieser als klassisches Menschenrecht auch Angehörigen von Drittstaaten zustehen müsse[265].

Im Ergebnis kann allein dieser Auffassung zugestimmt werden. Im Gemeinschaftsrecht regelt bereits Art. 12 EG ein Diskriminierungsverbot auf Grund der Staatsangehörigkeit. Wie noch zu sehen sein wird, sprechen gute Gründe dafür, dieses nur auf EU-Bürger zu erstrek-

---

259 Rengeling, Grundrechtsschutz, S. 202

260 Beutler in GTE, Kommentar, Art. F Abs. 2 EUV, R. 79; Rengeling, a.a.O., S. 202; Borchardt in Lenz, Kommentar, Art. 164 EG, R. 31

261 Wie in Deutschland beispielsweise die Berufsfreiheit aus Art. 12 Abs. 1 GG

262 So Kingreen/ Störmer, Subjektiv-öffentliche Rechte, EuR 1998, S. 263ff, S. 276

263 Vgl. die Übersicht bei Rengeling, Grundrechtsschutz, S.137; so gilt die Gleichheit vor dem Gesetz beispielsweise in Belgien, Luxemburg, Griechenland und Spanien nach dem Verfassungswortlaut nur für deren jeweiligen Staatsbürger.

264 Kingreen/Störmer, a.a.O., S. 276

265 In C/R, Kommentar, Art. 6 EU, R. 52

ken. Daraus kann aber nicht geschlossen werden, dass Drittstaatenangehörige gleichheitsrechtlich nicht unter den Schutz des Gemeinschaftsrechts fallen. Dies eröffnete nicht nur einen unter rechtsstaatlichen Gesichtspunkten nicht hinnehmbaren rechtsfreien Raum, sondern stünde in fundamentalen Widerspruch zu Art. 14 EMRK. Zwar ist die Gemeinschaft selbst nicht unmittelbar an diesen Gleichheitssatz gebunden. Allerdings sind alle Mitgliedstaaten der EMRK beigetreten. So gebietet auch ein Interesse an einem europaweit einheitlichen Grundrechtsschutz die Einbeziehung von Drittstaatenangehörigen in den Schutzbereich der grundrechtlichen Diskriminierungsverbote im Gemeinschaftsrecht. Dieser Ansicht scheint auch die Grundrechtecharta zu folgen, die in ihrem Abschnitt über die Gleichheit nicht nur die Unionsbürger als Berechtigte nennt, sondern Ungleichbehandlungen insgesamt untersagt.

2. Adressaten der Diskriminierungsverbote

Die Organe der Europäischen Union sind unzweifelhaft Adressaten der Grundrechte der Gemeinschaft einschließlich des Gleichheitssatzes und damit auch an diese gebunden. Insbesondere der Rat, die Kommission und der Gerichtshof üben hoheitliche Befugnisse aus, so dass sich Grundrechtsverbürgungen primär gegen sie richten. In der Praxis ist es aber mangels einer umfassenden eigenen Verwaltungsstruktur der Union „Sache der Mitgliedstaaten, in ihrem Hoheitsgebiet für die Durchführung der Gemeinschaftsregelungen [...] zu sorgen“[266]. Daher werden in Anwendung und Vollzug des Gemeinschaftsrechts überwiegend die Mitgliedstaaten tätig. Für die Frage, inwieweit den gemeinschaftsrechtlichen Diskriminierungsverboten Grundsatznormcharakter zukommt, ist deren Bindung an diese von eminenter Bedeutung.

Die Rechtsprechung des Gerichtshofs zeigt sich an dieser Stelle uneinheitlich und hat sich nach anfänglicher Zurückhaltung gewandelt. So ging er zunächst nicht auf die Ausführungen des Generalanwalts Trabucchi ein, wonach der „Schutz der Menschenrechte [...] gemeinschaftsrechtlich auch im Verhältnis zu den Staaten von Bedeutung [ist], soweit das geltend gemachte Grundrecht mit einem Rechtsverhältnis oder einer Rechtslage verknüpft ist, deren Regelung den spezifischen Gegenstand des Vertrages ausmacht“[267]. Der Gerichtshof entschied vielmehr, dass er ein nationales Gesetz nicht auf seine Vereinbarkeit mit der EMRK hin überprüfen könne. Heute vertritt der EuGH eine andere Ansicht. Die Bindungswirkung des allgemeinen Gleichheitssatzes hat der Gerichtshof erstmals in der Entscheidung

---

[266] EuGH verb. Rs. 205 und 215/82, Slg. 1983, S. 2633ff, S. 2665, Milchkontor

[267] EuGH Rs. 118/75, Slg. 1976, S. 1185ff, S. 1207, Watson/Belman

Klensch auch auf die Mitgliedstaaten erstreckt[268]: „Gemäß Artikel 40 Absatz 3 EWG-Vertrag hat die [...] gemeinsame Organisation der Agrarmärkte 'jede Diskriminierung zwischen Erzeugern oder Verbrauchern innerhalb der Gemeinschaft auszuschließen'. Diese Bestimmung [...] ist [...] auch für Mitgliedstaaten verbindlich, wenn diese die Marktorganisation durchführen". Seitdem hat der Gerichtshof seine Rechtsprechung mehrfach auch im Hinblick auf andere Grundrechte bestätigt[269]. Allerdings bejaht er eine Bindung der Mitgliedstaaten nur im Anwendungsbereich des Gemeinschaftsrechts. Außerhalb dieses Rahmens sei eine nationale Regelung durch den EuGH nicht auf ihre Vereinbarkeit mit der EMRK überprüfbar[270]. Entscheidende Bedeutung erlangt somit für die Frage der Grundrechtsbindung die Festlegung des Anwendungsbereichs des Gemeinschaftsrechts. Zu unterscheiden sind nach der Rechtsprechung des EuGH dabei insbesondere zwei Fallkonstellationen, in denen die Mitgliedstaaten gemeinschaftsrechtlich tätig werden: Einerseits bei Umsetzung und Vollzug des Gemeinschaftsrechts durch Erlass von Rechtsnormen und durch Einzelfallanwendung[271], andererseits bei der Einschränkung der Grundfreiheiten durch Berufung auf deren tatbestandliche Ausnahmen oder Rechtfertigungsgründe[272]. Mitgliedstaatliches Recht muss sich demnach nur über die Vermittlung anderweitigen Gemeinschaftsrechts an den Gemeinschaftsgrundrechten messen lassen.

Andererseits wird auch heute noch eine andere Ansicht vertreten, die eine Bindung der Mitgliedstaaten an die Gemeinschaftsgrundrechte strikt verneint. Insoweit wird vorgetragen, dass der Gerichtshof in unzulässigerweise seine Kompetenzen ausweite, da ihm die Befugnis zur Durchsetzung der Grundrechte der Gemeinschaft in den Mitgliedstaaten fehle. Der Gerichtshof missbrauche den Unionsbürger, um im Interesse der ökonomischen Integration seine Rechtsprechungsgewalt auszudehnen[273]. Dem ist aber neben der unverzichtbaren Notwendigkeit eines einheitlichen europäischen Grundrechtsstandards beim Vollzug von Gemeinschaftsrecht entgegenzuhalten, dass der Gerichtshof gerade nur mitgliedstaatliche Regelungen überprüft, die der Ausführung von Regelungen dienen, für die die Mitgliedstaaten der Union die Kompetenz übertragen haben, und die somit in den bereits vorhandenen

---

268 EuGH verb. Rs. 201 und 202/85, Slg. 1986, S. 3477ff, S. 3507

269 Vgl. nur bzgl. des Eigentums EuGH Rs. 5/88, Slg. 1989, S. 2609ff, S. 2639f , Wachauf; vgl. auch Ruffert, „Subjektive Rechte", S. 65 m.w.N.

270 EuGH Rs. C-368/95 in EuGRZ 1997, S.335ff. S.345, Familiapress; EuGH Rs. C-260/89, Slg. 1991 I-S. 2925ff, S. 2964 ERT

271 So Pernice, Gemeinschaftsverfassung in NJW 1990, S. 2409ff, S. 2417; Streinz, Europarecht, R. 368; Rengeling, Grundrechtsschutz, S. 44, Ahlt, Europarecht, S. 36

272 EuGH Rs. C-260/89; Slg. 1991, I-S. 2925ff, S. 2964, ERT; EuGH Rs. C-159/90, Slg. 1991, I-S. 4685ff, S. 4741, Society for the Protection of Unborn Children Ireland; Gersdorf, Funktionen in AöR 119 (1994), S. 400ff, S. 409; Rengeling, a.a.O., S. 191f;

273 Vgl. Coppel/ O'Neill, The European Court of Justice in CML Rev. 1992, S. 669ff, S. 673ff, S. 692, wo von einem „offensive use of human rights" die Rede ist.

Anwendungsbereich des Gemeinschaftsrechts fallen. Insoweit ist fraglich, ob es für den Grundrechtsschutz überhaupt einer ausdrücklichen Kompetenzübertragung bedarf. Die Gewährleistung eines Grundrechtsstandards ist nämlich weniger eine Kompetenzfrage, sondern geht gleichsam als Korrelat mit der Ausübung von Hoheitsgewalt einher. Wurde hierfür eine Kompetenzgrundlage geschaffen, muss dem auch eine Grundrechtskompetenz zur Kontrolle folgen[274].

Neuerdings wird gerade für Diskriminierungsverbote auf Grund des Geschlechts die Ansicht vertreten, dass das ungeschriebene Grundrecht auf Gleichbehandlung ausschließlich den EU-Organen gegenüber zum Tragen kommt, während die Mitgliedstaaten an ein „zum Grundrecht überhöhten, gleichwohl aber in Tatbestand und Rechtsfolgen auf das im geschriebenen Recht Gewährte beschränktes Individualrecht auf Beachtung der Gleichbehandlungsrichtlinie bzw. des Art. 141 [...] Abs. 1 EG[V]" gebunden seien[275]. Diese Ansicht stützt sich vor allem darauf, dass der Gerichtshof in der Rs. Grant[276], nachdem er es abgelehnt hatte, Diskriminierungen wegen sexueller Orientierung unter das Diskriminierungsverbot des Art. 119 EGV a.F. zu fassen, nicht zu einer Prüfung des allgemeinen Gleichheitssatzes übergegangen war. Eine derartige Sichtweise übersieht allerdings zum einen, dass sich die Vorlagefrage auf die Auslegung des Art. 119 EGV a.F. beschränkte und eine Interpretation der Gemeinschaftsgrundrechte durch den EuGH gar nicht vorsah. Zum anderen unterliegen die Mitgliedstaaten nach dem EuGH den Grundrechten des Gemeinschaftsrechts nicht bei all ihren Handlungen, sondern nur in bestimmten Fallgruppen. Eine solche[277] war hier aber nicht einschlägig, so dass eine Überprüfung des grundrechtlichen Gleichheitssatzes gar nicht in Frage kam. Ein Rückschluss auf eine generelle Nichtbindung der Mitgliedstaaten an diesen ist nach der Rs. Grant keinesfalls möglich.

Im Folgenden werden die vom EuGH vorgegebenen Fallgruppen, die eine Bindung der Mitgliedstaaten an die Gemeinschaftsgrundrechte begründen, näher untersucht.

a. Mitgliedstaatlicher Vollzug des Gemeinschaftsrechts

Für die Bindung der Mitgliedstaaten an die Gemeinschaftsgrundrechte bei Vollzug des Gemeinschaftsrechts sprechen gute Gründe: Zum einen sind nach Ansicht des EuGH die Normen des Sekundärrechts einer Überprüfung anhand nationaler Grundrechte auf Grund des Vorrangs des Gemeinschaftsrechts entzogen[278] und unterliegen normenhierarchisch nur

---

274 Ebenso Ruffert, Mitgliedstaaten der Europäischen Gemeinschaften, EuGRZ 1995, S. 518ff, S. 525

275 Schilling, Allgemeine Rechtsgrundsätze in EuGRZ 2000, S. 1ff, S. 15

276 Rs. C-249/96, Slg. 1998, S. 621ff

277 Siehe soeben.

278 EuGH Rs. 44/79, Slg. 1979, S. 3727ff, S. 3744, Hauer

gemeinschaftlichem Primärrecht und insbesondere den Gemeinschaftsgrundrechten. Dann muss dasselbe auch für die vollziehenden Maßnahmen der Mitgliedstaaten gelten, da diese gleichsam als verlängerter Arm der Gemeinschaft tätig werden[279]. Dieses Argument gewinnt noch mehr an Gewicht, wenn man bedenkt, dass primär die Mitgliedstaaten Gemeinschaftsrecht vollziehen. Anderenfalls bestünde nämlich eine bedenkliche Rechtsschutzlücke[280]. Hinzu kommt die Notwendigkeit einer einheitlichen Anwendung des Gemeinschaftsrechts in der ganzen Union[281], die nur durch eine einheitliche Rechtsprechung des Gerichtshofs gewährleistet werden kann. Schließlich wird noch auf die nationale Verfassungstradition als Ursprung der Grundrechte verwiesen, mit der Konsequenz, dass die Mitgliedstaaten ohnehin an die ihren eigenen Verfassungen entspringenden Grundrechtsstandards über den Umweg der Gemeinschaftsgrundrechte gebunden seien[282].

Aus der prinzipiellen Anerkennung einer zweiten parallel zur Bindung an nationale Grundrechte verlaufenden Grundrechtsebene ergeben sich in dieser Fallgruppe allerdings einige Besonderheiten, auf die der Gerichtshof, so weit ersichtlich, nicht eingegangen ist. Eine pauschalisierende Aussage zu Gunsten einer generellen Grundrechtsbindung der Mitgliedstaaten beim Vollzug von Gemeinschaftsrecht kann nämlich nicht getroffen werden, da sie in diesem Fall nicht automatisch gemeinschaftsrechtliche Hoheitsgewalt ausüben. Eine Differenzierung ist insoweit erforderlich, als zwischen Sachverhalten unterschieden werden muss, in denen die Mitgliedstaaten Gemeinschaftsrecht ohne eigene Entscheidungsbefugnis vollziehen und solchen, in denen ihnen ein eigener Gestaltungsspielraum verbleibt. Lediglich in der ersten Konstellation ist es auch gerechtfertigt, die Mitgliedstaaten uneingeschränkt den Gemeinschaftsgrundrechten zu unterstellen. Konkret ergibt sich diese Situation im Falle des Vollzugs von Verordnungen und unmittelbar anwendbaren Richtlinienbestimmungen anhand nationaler Verwaltungsakte. In dieser Konstellation werden lediglich die Vorgaben des sekundären Gemeinschaftsrechts konkretisiert. Diese unterliegen nach der Rechtsprechung des EuGH immer, nach der des Bundesverfassungsgerichts grundsätzlich[283] den Gemeinschaftsgrundrechten. Da die Mitgliedstaaten in dieser Fallgruppe im Grunde keine eigenständige Hoheitsgewalt ausüben, sondern dem Gemeinschaftsrecht als „Erfüllungsgehilfen" dienen, gibt es keinen Grund, nationale Grundrechte als Prüfungsmaßstab heranzuziehen, so dass schließlich auch die ausführenden nationalen Verwaltungsakte an den Grundrechten

279 Kingreen/ Störmer, Subjektiv-öffentliche Rechte, EuR 1998, S. 263ff, S. 280

280 Vgl. Ruffert, Mitgliedstaaten der Europäischen Gemeinschaft, EuGRZ 1995, S. 523

281 Ruffert, Subjektive Rechte, S .64

282 Vgl. Ruffert, Mitgliedstaaten der Europäischen Gemeinschaft in EuGRZ 1995, S. 523f, der aber dieses Argument zu Recht in Zweifel zieht, da es von der falschen Voraussetzung ausgeht, dass der „kleinste gemeinsame Nenner" der Verfassungen der Mitgliedstaaten den europäischen Grundrechtsstandard bestimmt.

des Gemeinschaftsrechts zu messen sind[284]. Dem kann auch für den Bereich der Bundesrepublik Deutschland nicht die Grundrechtsbindung nach Art. 1 Abs. 3 GG entgegengehalten werden[285]. Ebenso wenig ist es nötig, diesen auf Grund des Anwendungsvorrangs des Gemeinschaftsrechts gemeinschaftskonform zu reduzieren[286]. Art. 1 Abs. 3 GG ist schlichtweg nicht anwendbar. Das ist die gerade zwangsläufige Folge aus der Maastricht-Entscheidung des Bundesverfassungsgerichts. Wird danach sekundäres Gemeinschaftsrecht grundsätzlich nicht an den Grundrechten des Grundgesetzes überprüft, wäre es widersprüchlich, auf der Geltung des Art. 1 Abs. 3 GG zu insistieren. Wie die Grundrechte selbst wird dieser durch die Gemeinschaftsgrundrechte verdrängt.

Ist eine Richtlinienbestimmung nicht unmittelbar anwendbar und bedarf es ihrer Transformation ins nationale Recht, steht den Mitgliedstaaten grundsätzlich ein Ermessensspielraum zu, der es auch im Anwendungsbereich des Gemeinschaftsrechts gestattet, den Umsetzungsakt als Ausübung nationaler Hoheitsgewalt zu begreifen. Dann ist es auch angebracht, die nationale Regelung primär an den nationalen Grundrechten zu messen. Der Gerichtshof sollte die Überprüfung der Einhaltung der Gemeinschaftsgrundrechte auf diejenigen Fälle beschränken, in denen der nationale Grundrechtsschutz nicht seinen Anforderungen genügt[287]. Diese Auffassung führt zu einem zur Maastricht-Rechtsprechung des Bundesverfassungsgerichts spiegelbildlichen Verständnis des Grundrechtsschutzes beim mitgliedstaatlichen Vollzug von Gemeinschaftsrecht. Im Einzelfall wachen nationale Gerichte über die Einhaltung nationaler Grundrechte, während sich der EuGH auf die Gewährleistung eines unabdingbaren Minimalstandards beschränkt[288]. Für diese subsidiäre Geltung der Grundrechte der Europäischen Union spricht, dass dadurch wirksam der Gefahr einer kompetenzwidrigen Ausdehnung der Kontrollmöglichkeiten des EuGH gegenüber mitgliedstaatlichen Rechtsakten begegnet werden kann[289]. Zudem lässt sich für dieses Verständnis eines „gestuften" Grundrechtsschutzes der dem Subsidiaritätsprinzip des Art. 5 EG zu Grunde liegende Gedanke anführen, dass das Gemeinschaftsrecht erst eingreifen soll, wenn dies nötig ist.

Eine Ausnahme von diesem Verständnis ist für die Fälle determinierter Richtlinien zu machen. Den Mitgliedstaaten wird in diesen Fällen auf Grund der inhaltlichen Vorgaben der

---

283 BVerfGE 89, S. 155ff, S. 175

284 Kingreen/Störmer, a.a.O., EuR 1998, S. 263ff, S. 280f; Rengeling, a.a.O., S. 190

285 So aber Ruffert, „Subjektive Rechte", S. 66f für den Fall der ausschließlichen Bindung an die Gemeinschaftsgrundrechte

286 Ebenso Kingreen/Störmer, a.a.O., S. 281; in diesem Sinne auch Chwolik-Lanfermann, Grundrechtsschutz, S. 189

287 Ähnlich, insgesamt aber weit gehender Ruffert, Mitgliedstaaten der Europäischen Gemeinschaft in EuGRZ 1995, S. 518ff, S. 528

288 Ein solcher wird ausdrücklich abgelehnt bei Szczekalla, Handbuch des Umweltrechts, Bd. I § 12, R. 31, Fn. 141.

289 Vgl. Ruffert, Subjektive Rechte, S. 66

Richtlinien kein Beurteilungsspielraum eingeräumt. Können sie in Ausführung der Richtlinie keine eigenständige inhaltliche Entscheidung treffen, ist die Situation eher mit derjenigen bei unmittelbar anwendbarer Richtlinien vergleichbar. Bestehende Zweifel an der Grundrechtskonformität des Umsetzungsaktes ergeben sich im Grunde schon aus der Richtlinie und nicht erst aus dem nationalen Umsetzungsakt. In Anlehnung an obige Feststellungen sind folglich nationale Bestimmungen, die determinierende Richtlinien ausführen, ausschließlich an den Gemeinschaftsgrundrechten zu messen.

Zusammenfassend lässt sich für die Fallgruppe des Vollzugs von sekundärem Gemeinschaftsrecht fest halten, dass die Mitgliedstaaten weitgehend zur Einhaltung der Gemeinschaftsgrundrechte verpflichtet sind. Verfügen sie dabei aber über eine eigenständige Entscheidungsmacht, unterliegen sie primär nationalen Grundrechten.

b. Ausnahmeregelungen zu Grundfreiheiten

Die Herausbildung der zweiten Fallgruppe durch den EuGH und durch die ihm folgende herrschende Meinung[290], wonach die Mitgliedstaaten an die Gemeinschaftsgrundrechte bei der Schaffung von Ausnahmeregelungen zu den Grundfreiheiten gebunden sein sollen, lässt sich argumentativ auf ein Bedürfnis nach effektivem Rechtsschutz und auf die Notwendigkeit einer einheitlichen Anwendung des Gemeinschaftsrechts stützen[291]. Eine einheitliche Anwendung der Grundfreiheiten kann nur gewährleistet werden, wenn die Mitgliedstaaten auch im Falle von Ausnahmeregelungen den gleichen Beschränkungen unterliegen.

Diese Auffassung des EuGH sieht sich Kritik ausgesetzt. Insbesondere Kingreen vertritt die Ansicht, dass die Mitgliedstaaten in diesen Fällen keinerlei Bindung an die Gemeinschaftsgrundrechte unterliegen[292]. Er stützt sich darauf, dass die Gemeinschaftsgrundrechte als Schranken-Schranken fungieren, wenn sich die Mitgliedstaaten auf die im EG-Vertrag vorgesehenen Vorbehalte als Schranken berufen, um Einschränkungen der Grundfreiheiten zu rechtfertigen. Dies würde aber voraussetzen, dass die Gemeinschaftsgrundrechte gegenüber den Ausnahmetatbeständen höherrangig seien. In der Normenhierarchie des Gemeinschaftsrechts sind beide Regelungsbereiche aber auf der Stufe des Primärrechts einzuordnen, so dass die Gemeinschaftsgrundrechte kein Kontrollmaßstab für die Ausnahmetatbestände sein könnten[293].

---

[290] Nur Jürgensen/Schlünder, Grundrechtsschutz, AöR 121 (1996), S. 200ff, S. 213ff

[291] Vgl. Ruffert, Mitgliedstaaten der Europäischen Gemeinschaft, EuGRZ 1995, S. 518ff, S. 523

[292] Kingreen/Störmer, a.a.O., S. 281ff; Kingreen in C/R, Kommentar, Art. 6 EU, R. 60ff

[293] Die Grundrechte seien nach dieser Auffassung vielmehr im Rahmen der systematischen Auslegung der Ausnahmetatbestände heranzuziehen und dienten so der Bestimmung von legitimen Zielen, die die Mitgliedstaaten bei der Einschränkung der Grundfreiheiten verfolgen dürften, Kingreen/Störmer, a.a.O., S. 283f.

Dieser Argumentation kann nicht gefolgt werden. Wenn der EuGH nämlich die Grundrechte als Schranken-Schranken heranzieht, um mitgliedstaatliche Regelungen zu überprüfen, die die Grundfreiheiten einschränken, setzt dies keineswegs die Höherrangigkeit der Grundrechte gegenüber den vertraglichen Ausnahmetatbeständen voraus. Letztere stehen zwar durchaus den Grundrechten normenhierarchisch gleich, dienen aber lediglich als Öffnungsklauseln für Alleingänge der Mitgliedstaaten. Anhand der Grundrechte überprüft werden nicht die Ausnahmeklauseln, sondern letztlich nur die nationale Regelungen, für die die Öffnungsklauseln zusätzlich zu den Grundrechten inhaltliche Vorgaben machen. Es kommt also nicht auf die Höherrangigkeit der Gemeinschaftsgrundrechte zu den Ausnahmetatbeständen, sondern zu den mitgliedstaatlichen Regelungen an. Diesen gehen die Grundrechte aber zweifelsfrei vor. In diesem Sinne ist wohl auch der EuGH zu verstehen, wonach die Ausnahmeklauseln der Grundfreiheiten „im Lichte der allgemeinen Rechtsgrundsätze und insbesondere der Grundrechte auszulegen" seien[294]. Übertragen auf das deutsche Verfassungsrecht würde die Ansicht Kingreens bedeuten, dass ein Gesetz, das auf Grund eines grundrechtlichen Schrankenvorbehalts ergangen ist, nicht z.B. anhand des Rechtsstaatsprinzips als Schranken-Schranke überprüft werden dürfte, da dieses mit dem den Schrankenvorbehalt gewährenden Grundrecht verfassungsrechtlich auf gleicher Stufe steht.

Allerdings ist der Einwand Kingreens durchaus beachtlich, dass der Vertrag den Mitgliedstaaten durch die Schrankenklauseln die Möglichkeit einräumt, zu ihren Gunsten den weit gezogenen Anwendungsbereich der Grundfreiheiten durch die Wahrnehmung berechtigter nationaler Interessen wieder einschränken zu können[295]. Hier gibt die Gemeinschaft die ihr übertragenen Kompetenzen an die Mitgliedstaaten zurück, wobei diesen in bestimmten Grenzen ein Ermessensspielraum zugestanden wird. Im Anwendungsbereich der Schrankenklauseln treffen die Mitgliedstaaten also wieder eigenverantwortliche Entscheidungen und üben ihrerseits (alleinige) nationale Hoheitsgewalt aus. Diese Konstellation ist vergleichbar mit der bei nicht determinierten Richtlinien, wo den Staaten ebenfalls ein Gestaltungsspielraum verbleibt. Aus diesem Grunde bietet sich eine parallele Lösung der beiden Problematiken an. Insofern ist es auch nur sinnvoll, unter Annahme eines umgekehrten Kooperationsverhältnisses mitgliedstaatliche Regelungen in erster Linie anhand nationaler Grundrechte zu überprüfen[296]. Die Gemeinschaftsgrundrechte werden auch hier nur dann als Prüfungsmaß-

---

294 Vgl. Kingreen in C/R, a.a.O., R. 61

295 Kingreen in C/R, a.a.O., R. 62

296 Ähnlich wohl Ruffert, Mitgliedstaaten der Europäischen Gemeinschaft, EuGRZ 1995, S. 518ff, S. 529; lediglich im Ergebnis anders, aber konsequent, da auch bei nicht determinierten Richtlinien alleine nationale Grundrechte heranziehend Kingreen, a.a.O., R. 59, 62, der allerdings davon ausgeht, dass sich in diesem Falle eine Vereinheitlichung über die Anwendung der Gemeinschaftsgrundrechte verbiete, da die Mitgliedstaaten „aus dem Anwendungsbereich des Vertrages entlassen" würden. Das ist aber nicht der Fall. Den Mitgliedstaaten wird vielmehr innerhalb des Anwendungsbereichs eine Teilkompetenz zurückübertragen. Bewegen sie sich aber weiterhin im Anwendungsbereich des Gemeinschaftsrechts, können dessen Grundrechtsgewährleistungen nicht ausgeblendet werden..

stab verwendet, wenn die nationalen Grundrechtsstandards generell hinter den gemeinschaftsrechtlich verbürgten zurückbleiben. Dies ist angesichts der „Motorfunktion" des Gemeinschaftsrechts gerade im Bereich der Geschlechterdiskriminierung nicht ausgeschlossen. Die Grenze ist fließend und wird durch die notwendige einheitliche Anwendung der Grundfreiheiten in allen Mitgliedstaaten bestimmt. Allein diese Ansicht berücksichtigt in ausreichendem Maße die Vorgaben des Subsidiaritätsprinzips des Art. 5 EG und grenzt den Einfluss des Gemeinschaftsrechts auf das nationale Recht in verhältnismäßiger Weise ein.

Im Ergebnis unterliegen die Mitgliedstaaten bei der Wahrnehmung der Ausnahmeklauseln zu den Grundfreiheiten also primär den eigenen nationalen Grundrechten und sind lediglich subsidiär den Vorgaben der Gemeinschaftsgrundrechte verpflichtet.

c. Generelle mitgliedstaatliche Bindung an die Gemeinschaftsgrundrechte

Weitergehend als die Aussagen des Gerichtshofs befürworten einige Stimmen eine unbeschränkte Bindung der Mitgliedstaaten an die Gemeinschaftsgrundrechte. Die in den Art. 17ff EG festgelegte Unionsbürgerschaft schaffe einen „civis europaeus", der sich, „wohin er sich in der Gemeinschaft [...] auch begibt, stets im Einklang mit einer gemeinsamen Ordnung von Grundwerten behandelt wird, insbesondere denen, die der Europäischen Menschenrechtskonvention niedergelegt sind. Mit anderen Worten, [...] er ist berechtigt, sich jeder Verletzung seiner Grundrechte zu widersetzen"[297]. Szczekalla wiederum sieht ein ungelöstes Problem gemeineuropäischer Grundrechtsdogmatik darin, „warum die Grundrechtsbindung der Mitgliedstaaten [...] überhaupt Begrenzungen unterliegen soll"[298]. Es sei konsequent, in jeder mitgliedstaatlichen Vorenthaltung eines Grundrechts auch die Beschränkung einer Grundfreiheit zu sehen, so dass in jedem Fall der Anwendungsbereich des Gemeinschaftsrechts eröffnet sei[299].

Diese an sich wünschenswerte, da bürgerfreundliche und integrationsfördernde Position kann aber de lege lata nicht aufrechterhalten werden. Es hilft in der Sache nämlich nicht weiter, in jeder staatlichen Maßnahme einen auch noch so weit entfernten Zusammenhang mit dem Europarecht und damit einen Anwendungsfall desselben zu sehen[300]. Sonst würde kritiklos das gesamte nationale Recht unter der Kontrolle des EuGH unterstellt und damit der prinzipielle Dualismus der beiden Rechtsordnungen aufgegeben. Gemeinschaftsrecht und nationales Recht müssen unterschiedliche Rechtsordnungen bleiben, ansonsten wäre jede Kompetenzabgrenzung zwischen EuGH und BVerfG hinfällig. Auch wenn der Unionsbürger unter Umständen Gewinner einer anderweitigen Entwicklung wäre, darf nicht verkannt werden, dass es im Kern um die Frage der Beschränkung von staatlichen Hoheitsrechten geht. Ein Staat muss diese Hoheitsrechte erst auf eine supranationale Organisation wie die EU übertragen, bevor diese im Rahmen der ihr übertragenen Befugnisse tätig werden darf. Insofern ist es falsch, nach einer Begründung für die Nichtbindung der Mitgliedstaaten an die Gemeinschaftsgrundrechte zu fragen, da dies den völkerrechtlichen Regelfall darstellt und

---

297 Generalanwalt Jacobs in EuGH Rs. C-168/91, Slg. 1993, I-S. 1191ff, S. 1211, Konstandinidis; der Gerichtshof setzte sich hier mit keinem Wort mit dem Vortrag des Generalanwalts auseinander.

298 In Handbuch Umweltrecht, Bd. I, § 12, R. 31

299 Szczekalla, a.a.O., nennt unter Hinweis auf die Rs. C-299/95 in EuGRZ 1995, S. 570ff und in EuGRZ 1997, S. 249ff, Kremzow, als Beispiel die Verhängung und Vollstreckung einer lebenslangen Freiheitsstrafe, die dem Betroffenen zugleich sein Recht auf Freizügigkeit innerhalb der Gemeinschaft nimmt.

300 An dieser Stelle ließe sich eine Vielzahl absurder Fälle schildern, beispielsweise fiele auch die Versagung einer Baugenehmigung in den Anwendungsbereich des Gemeinschaftsrechts, da es dem Bauherrn dadurch verwehrt würde, die Warenverkehrsfreiheit bei der Beschaffung von Baumaterial zu

somit prinzipiell keiner Erklärung bedarf. Eine solche ist vielmehr für den Ausnahmefall nötig, nämlich, dass ein Staat seine Rechtsnormen auch vor einer internationalen Organisation zu verantworten hat. Eine derartige Begründung in Form einer Kompetenzübertragung hat aber nicht stattgefunden. De lege ferenda ist hier insbesondere an die Schaffung eines gemeinsamen Grundrechtskatalogs in der EU zu denken. Bis dahin kann aber nicht von einer grundsätzlichen Bindung der Mitgliedstaaten an Gemeinschaftsgrundrechte ausgegangen werden. Im gleichen Sinne ist auch die Feststellung Rufferts[301] zu verstehen, dass es eines rechtsdogmatischen Ansatzpunktes bedürfe, um die Mitgliedstaaten hinsichtlich ihrer eigenen Handlungen in die Grundrechtsgemeinschaft miteinzubeziehen. Jedenfalls sei dieser nicht ohne weiteres in der Verpflichtung des Gerichtshofs zur „Wahrung des Rechts" aus Art. 220 EG und der Idee einer civitas europea zu sehen, da es die teilweise doch erheblichen Unterschiede in den Grundrechtsgewährleistungen[302] nicht erlauben, einen lediglich auf Richterrecht basierenden Kanon europäischer Bürgerrechte zu entwerfen und aus den Gewährleistungen der Unionsbürgerschaft einen civis europaeus zu formen. Ein gemeinschaftsweit homogener Grundrechtsschutz ist mangels Kompetenzübertragung nur im Anwendungsbereich des Gemeinschaftsrechts, (noch) nicht aber darüber hinaus möglich.

d. Mitgliedstaatliche Bindung bei ungenutzten Gemeinschaftskompetenzen

Ein besondere Problematik ergibt sich im Bereich bisher ungenutzter Gemeinschaftskompetenzen. Hierbei steht die Frage im Mittelpunkt, ob die Mitgliedstaaten schon dann einer Bindung an die Gemeinschaftsgrundrechte unterliegen, wenn sie der Europäischen Union zwar die Zuständigkeiten für die Wahrnehmung bestimmter Politiken übertragen haben, diese bisher aber untätig geblieben ist. Gerade im Bereich des Diskriminierungsverbots aus Gründen der Staatsangehörigkeit aus Art. 12 EG findet eine streitige Diskussion statt[303]. Sie stellt sich aber in gleicher Weise für den grundrechtlichen allgemeinen Gleichheitssatz und die speziellen Diskriminierungsverbote. Entscheidend ist in diesem Bereich die Erkenntnis, dass eine wie auch immer geartete mitgliedstaatliche Bindung an gemeinschaftsrechtliche Grundrechte in erster Linie darauf beruht, dass sich die Gemeinschaft ihrer eigenen Bindung nicht dadurch entziehen kann, dass die Mitgliedstaaten Gemeinschaftsrecht ausführen. Wenn die Gemeinschaft aber nicht von ihren Kompetenzen Gebrauch gemacht hat, ist sie noch gar nicht in eine Bindung an Gemeinschaftsgrundrechte hineingewachsen. Insofern kann sie sich auch keiner Bindung entziehen. Eine Umgehung der Gemeinschaftsgrund-

---

301 In EuGRZ 1995, S. 525

302 Unter Hinweis auf die jedem Abschnitt vorangestellten rechtsvergleichenden Übersichten bei Rengeling, Grundrechtsschutz

rechte kommt damit gar nicht in Frage. Folglich sind die Mitgliedstaaten im Bereich nicht ausgeübter Gemeinschaftskompetenzen nicht an die Gemeinschaftsgrundrechte gebunden und unterliegen ausschließlich den nationalen Grundrechten.

Im Ergebnis werden die Grundrechte des Einzelnen nach der hier vertretenen Auffassung bei der Vollziehung von Gemeinschaftsrecht durch die Mitgliedstaaten durch ein „umgekehrtes Kooperationsverhältnis" zwischen EuGH und BVerfG geschützt, wodurch in größerem Umfang als nach der Rechtsprechung des Gerichtshofs die nationalen Verfassungsbereiche respektiert werden.

---

[303] Vgl. einerseits von Bogdandy in G/H, Kommentar, Art. 6 EGV, R. 38; andererseits Zuleeg in GTE, Kommentar, Art. 7 EGV, R. 12

VI. Die Gleichberechtigung von Mann und Frau und die Gleichstellung der Geschlechter

1. Die Sozialvorschrift des Art. 141 EG

Die in der Praxis bedeutsamste primärrechtliche Regelung des Diskriminierungsverbots zwischen den Geschlechtern findet sich in Art. 141 EG. Durch die Änderungen, die diese Vorschrift durch den Amsterdamer Vertrag in Form der Schaffung der Absätze 3 und 4 erfahren hat, ist sie zu einem Leitprinzip der Gemeinschaft geworden. Die alte Vorschrift des Art. 119 EGV a.F.[304] hat durch den Amsterdamer Vertrag erhebliche Änderungen und Erweiterungen erfahren. Wie auch an anderen Stellen wurde die Bezugnahme auf die Übergangszeit in Abs. 1 gestrichen, ohne dass damit inhaltlich eine Änderung der Rechtslage verbunden wäre. Im Übrigen entspricht die in Art. 141 Abs. 1, 2 EG normierte Verpflichtung der Mitgliedstaaten, den Grundsatz des gleichen Entgelts für Männer und Frauen anzuwenden, im Wesentlichen dem früheren Art. 119 EGV a.F. Änderungen sind insoweit eingetreten, als der Grundsatz der Entgeltgleichheit zusätzlich auf gleichwertige Arbeit erstreckt wurde, um das Primärrecht der Rechtsprechung des Gerichtshofs anzugleichen, wonach Art. 119 Abs. 1 EGV a.F. entgegen seinem Wortlaut in Gleichklang mit Art. 1 Abs. 1 der Richtlinie 75/117/EWG auch gleichwertige Arbeit erfasste[305]. Völlig neu in den Vertrag aufgenommen wurde in Absatz 3 eine Ermächtigungsgrundlage für Maßnahmen zur Gewährleistung der Anwendung des Grundsatzes der Chancengleichheit und der Gleichstellung von Männern und Frauen, sowie in Absatz 4 eine im Wesentlichen dem Art. 6 Abs. 3 des Sozialabkommens[306] entsprechende Öffnungsklausel zu Gunsten der Mitgliedstaaten, die es ihnen gestattet, in Abweichung vom Grundsatz der Gleichbehandlung positiv diskriminierende Vorschriften zu erlassen.

Der neue Art. 141 EG erfährt durch die genannten Änderungen einen entscheidenden Bedeutungswandel. Seinen einzelnen Absätzen ist nicht mehr das Prinzip der Lohngleichheit, sondern in viel umfangreicherem Maße die Gleichbehandlung der Geschlechter im Arbeitsrecht[307] gemeinsam, womit er in bedeutender Weise zur Entwicklung einer Sozialunion

---

304 Zum historischen Hintergrund des Art. 119 EGV a.F. ausführlich Langenfeld, Gleichbehandlung, S.30ff und P. K. Meyer, Auswirkungen, S. 66ff

305 Vgl. zum Verhältnis zwischen der Richtlinie und Art. 119 EGV a.F. nur EuGH Rs. 96/80, Slg. 1981, S. 911ff, S. 925ff, Jenkins/Kingsgate; mit dieser Neuerung dürften sich die berechtigten dogmatischen Bedenken (vgl. Curall in GTE, Kommentar, Art. 119 EGV, R. 11f) dahin gehend, dass der primärrechtliche Art. 119 EGV durch eine sekundärrechtliche Richtlinie erweiternd interpretiert wird, erledigt haben, dazu auch später.

306 Das Sozialabkommen ist dem Protokoll Nr. 14 zum EU-Vertrag beigefügt.

307 Europäisches Arbeits- und Sozialrecht lassen sich nicht trennen. Insoweit sind stets die Regelungen der Art. 136ff EG betroffen.

beiträgt. Mit Einfügung des Art. 13 in den EG-Vertrag wurde ein neues Diskriminierungsverbot zwischen den Geschlechtern geschaffen, ohne dass dies mit einer Einschränkung der grundsätzlichen Bedeutung des Art. 141 Abs. 1 EG für das Gemeinschaftsrecht verbunden wäre. Art. 13 EG kommt im Gegensatz zum Gebot der Entgeltgleichheit keine unmittelbare Wirkung zu.

a. Das Diskriminierungsverbot des Art. 141 Abs. 1 EG

Die Verpflichtung der Mitgliedstaaten aus Art. 141 Abs. 1 EG zur Gewährleistung der Entgeltgleichheit im Hinblick auf das Geschlecht nimmt unter den Sozialvorschriften des Vertrages eine zentrale Rolle ein und war häufig Gegenstand von Verfahren vor dem Gerichtshof. Der EuGH bezeichnet den Grundsatz der Gleichbehandlung der Geschlechter insgesamt als Grundrecht[308] und tritt für eine prinzipiell weite Auslegung des Entgeltbegriffs ein, um den Zielen und der Stellung des Art. 141 Abs. 1 EG im Vertragskontext gerecht zu werden[309]. Dies bedeutet jedoch nicht, dass die in Art. 141 Abs. 1 EG verliehenen Rechte den Regeln der ungeschriebenen Gemeinschaftsgrundrechte unterliegen. Folglich ist mit dieser Aussage selbst nichts gewonnen.

Der Gerichtshof legt die einzelnen Tatbestandsmerkmale des Art. 141 Abs. 1 EG weit aus. Diese in der Literatur einhellig befürwortete Rechtsprechung basiert auf den Feststellungen des Gerichtshofs in seiner Grundsatzentscheidung zu Art. 119 EGV a.F. in der Rs. Defrenne II, wonach die Vorschrift „den sozialen Zielen der Gemeinschaft [dient], die sich ja nicht nur auf eine Wirtschaftsunion beschränkt, sondern [...] zugleich durch gemeinsames Vorgehen den sozialen Fortschritt sichern und die ständige Besserung der Lebens- und Beschäftigungsbedingungen der europäischen Völker anstreben soll"[310]. Art. 141 Abs. 1 EG verfolgt also wirtschaftliche und soziale Ziele, wobei diejenigen Fälle in der Rechtsprechung des EuGH deutlich überwiegen, in deren Mittelpunkt die soziale Dimension des Gebots der Entgeltgleichheit stehen.

Die Feststellung einer Diskriminierung nach Art. 141 Abs. 1 EG erfolgt grundsätzlich durch einen Vergleich des betroffenen Geschlechts mit dem jeweils anderen[311]. Auf diese Weise können die meisten Diskriminierungen nachgewiesen werden. Probleme ergeben sich bei diesem Ansatz aber regelmäßig dann, wenn eine vermeintliche Diskriminierung auf Krite-

---

308 Verb. Rs. 75 und 117/82, Slg. 1984, S. 1509ff, S. 1530, Razzouk und Beydoun

309 Vgl. Rs. 43/75, Slg. 1976, S. 455ff, S. 473ff, Defrenne II; vgl. auch Krebber in C/R, Kommentar, Art. 141 EG, R. 23

310 Rs. 43/75, a.a.O., S. 473

311 So ausdrücklich EuGH Rs. C-400/93, Slg. 1995, I-S. 1275ff, S. 1310, Royal Copenhagen.

rien beruht, die zwar nicht direkt geschlechtsbezogen sind, jedoch ausschließlich bei einem Geschlecht zutreffen und allein diesem Nachteile bringen können. Solche Fälle sind sowohl in tatsächlicher Hinsicht (Schwangerschaft[312], Mutterschaftsurlaub), als auch in rechtlicher Hinsicht denkbar (Wehrdienst[313]). Da sie ausschließlich bei einem bestimmten Geschlecht in Betracht kommen, müssen sie zu den unmittelbaren Diskriminierungen gezählt werden[314]. Ein Vergleich mit einer männlichen Person braucht dann nicht durchgeführt zu werden, ist also keine Notwendigkeit[315].

Ohne dass sich der EuGH ausdrücklich äußert, deuten seine Ausführungen auf ein solches Ergebnis hin. So stellt er fest, „dass sich Frauen während eines [...] Mutterschaftsurlaubs in einer besonderen Situation befinden, die verlangt, dass ihnen ein besonderer Schutz gewährt wird, die jedoch nicht mit der Situation eines Mannes oder mit der einer Frau, die tatsächlich an ihrem Arbeitsplatz arbeitet, gleichgesetzt werden kann"[316]. Ein Vergleich könne zudem nicht zwischen der Situation einer Schwangeren und der eines Mannes angestellt werden, der aus medizinischen oder anderen Gründen arbeitsunfähig ist[317]. Anderenfalls müsse die Schwangerschaft mit Krankheit gleichgesetzt werden. Taugliche Vergleichsgrundlage für Frauen im Mutterschaftsurlaub können also weder Männer im Mutterschaftsurlaub, noch erwerbstätige Frauen, noch kranke Männer sein.

b. Rechtfertigung

Geschlechtsbedingte Diskriminierungen hinsichtlich des Entgelts können gerechtfertigt sein. Eine dogmatisch richtige strikte Trennung zwischen Tatbestand und Rechtfertigung wird dabei im Gemeinschaftsrecht nicht eingehalten. So setzt nach dem Wortlaut von Art. 2 Abs. 2 der Richtlinie über die Beweislast bei Diskriminierungen auf Grund des Geschlechts (97/80/EG) schon der Tatbestand der mittelbaren Diskriminierung das Fehlen eines Recht-

---

312 Beachte hierzu die Ausnahmeregelung des Art. 2 Abs. 3 der Richtlinie 76/207/EWG und auch das Kündigungsverbot vom Beginn der Schwangerschaft an bis zum Ende des Mutterschaftsurlaubs in Art. 10 der Richtlinie 92/85/EG.

313 A.A. Generalanwalt Jacobs in seinen Schlussanträgen zur Rs. C-79/99 von 6. Juli 2000, R. 37ff, abrufbar unter http://europa.eu.int/cj/de/index.htm

314 EuGH Rs. C-421/92, Slg. 1994, I-S. 1657ff, S. 1675, Habermann-Beltermann; EuGH Rs. C-32/93, Slg. 1994, I-S. 3567ff, S. 3585, Webb

315 Lenz/Coen, Kommentar, Art. 141 EG, R. 16; Langenfeld/Jansen in G/H, Kommentar, Art. 119 EGV, R. 12; anderer Ansicht ist Ellis, Definition, EL Rev. 1995, S. 563ff, S. 571. Nach ihr kann auf einen Vergleich als objektives Element nicht verzichtet werden. Ansonsten wäre lediglich "nasty treatment" auf Grund des Geschlechts verboten, was die Reichweite des Diskriminierungsverbot wiederum stark von der Auslegung der immer noch überwiegend männlichen Gerichte der Mitgliedstaaten abhängig mache. Allerdings kann auch sie keine konkrete Vergleichsgruppe benennen („a member of the opposite sex, placed in broadly the same circumstances").

316 EuGH Rs. C-342/93, Slg. 1996, I-S.475ff, Gillespie = EuGRZ 1996, S. 85ff, S. 86, R. 17

fertigungsgrundes voraus[318]. Eine genaue Abgrenzung ist schwierig, ausdrückliche Stellungnahmen des EuGH fehlen. Man kann davon ausgehen, dass es in der Rechtsprechungspraxis keiner genauen Einordnung bedarf. Ansonsten ist darauf zu verweisen, dass, wie bereits im Rahmen der allgemeinen Grundsätze erwähnt, eine genaue Einordnung keine Rolle spielt und der vom Gemeinschaftsrecht eingeschlagene Weg nicht beanstandet werden kann.

Soweit sich der Gerichtshof bisher zur Rechtfertigung einer Diskriminierung im Anwendungsbereich des Art. 141 Abs. 1 EG äußern musste, waren ausschließlich Fälle der mittelbaren Diskriminierung betroffen, während explizite Stellungnahmen zu Konstellationen unmittelbarer Diskriminierungen fehlen[319]. Auch in den Fällen, in denen der Gerichtshof zu Gunsten des vermeintlich diskriminierenden Arbeitgebers entschied, lehnte er bereits die tatbestandliche Erfüllung einer unmittelbaren Diskriminierung ab und konnte folglich das Problem der Rechtfertigung umgehen[320]. Die erhöhte Bedeutung der Rechtfertigung im Rahmen mittelbarer Diskriminierungen lässt sich damit erklären, dass mit deren Einbeziehung in das Entgeltgleichheitsgebot durch die Rechtsprechung des Gerichtshofs dessen Anwendungsbereich erheblich vergrößert wurde, wozu es eines Gegengewichts bedurfte. Die Notwendigkeit einer objektiven Rechtfertigung stellt somit das erforderliche Gegenstück zur Erweiterung des Art. 119 EGV a.F. auf mittelbare Diskriminierungen dar[321].

Sind mittelbare Diskriminierungen unstreitig einer Rechtfertigung zugänglich, herrscht im Falle unmittelbarer Diskriminierungen keine Einigkeit. In erster Linie Stimmen aus der englischsprachigen Literatur lehnen im Falle unmittelbarer Diskriminierungen nach Art. 141 Abs. 1 EG jegliche Rechtfertigungsmöglichkeit ab[322]. Im Gegensatz zur mittelbaren Diskriminierung sei klar, dass die benachteiligende Behandlung kausal auf dem Geschlecht beruhte. In diesem Fall sei aber die Möglichkeit einer Rechtfertigung logisch ausgeschlossen; anderenfalls würde man diskriminierenden Arbeitgebern entgegen den in Art. 141 Abs. 1 EG zum Ausdruck gekommenen Willen der Mitgliedstaaten weite Verteidigungsmöglichkeiten einräumen[323].

---

317 EuGH Rs. C-32/93, Slg. 1994, I-S. 3567ff, S. 3586f, Webb

318 So sieht dann auch Classen, „Wege" in JZ 1996, S. 921ff, S. 922ff sieht in der Abwesenheit eines Rechtfertigungsgrundes eine Art negatives Tatbestandsmerkmal bei der mittelbaren Diskriminierung.

319 Vgl. Generalanwalt Elmer in den Schlussanträgen zur Rs. C-132/92, Slg. 1993, I-S. 5579ff, S. 5597, R. 12, Birds Eye Walls.

320 Curall, GTE, Kommentar, Art. 119 EGVa.a.O., R. 68

321 So Curall, a.a.O., R. 66

322 Ellis, „Definition " in EL Rev. 1994, S. 563ff, S. 569; dieselbe, Recent Developments, CML Rev. 1998, S.379ff, S.393; Curtin, Scalping the Community Legislator, CML Rev. 1990, S. 475ff, S. 497; Nielsen in CML Rev. 1992, S. 152ff, S. 165

323 Ellis „Recent Developments" in CML Rev. 1998, S. 379ff, S. 393

Hinter dieser Ansicht steht die für alle speziellen Diskriminierungsverbote geltende Überlegung, welche eigenständige Bedeutung diesen in Anbetracht der Existenz des Rechtfertigungen unstreitig zulassenden allgemeinen Gleichheitssatzes ansonsten zukäme[324]. Durch die Schaffung eines speziellen Diskriminierungsverbots hätten die Mitgliedstaaten ihre Wertung zum Ausdruck bringen wollen, dass eine Differenzierung im jeweiligen Anwendungsbereich nicht möglich sei[325]. Dafür spricht auch, dass Art. 141 Abs. 1 EG ausdrücklich nur Fälle der unmittelbaren Diskriminierung erfasst und mittelbare Diskriminierungen als Produkt richterlicher Rechtsfortbildung weniger streng behandelt werden können

Dieser Meinung muss insofern zugestimmt werden, als die speziellen Diskriminierungsverbote in der Tat nicht im allgemeinen Gleichheitssatz aufgehen dürfen. Anderenfalls wären sie unter Missachtung des Willens der Vertragsstaaten sämtlich überflüssig. Vor diesem Hintergrund ist insbesondere auch das von der Gegenansicht vorgebrachte Argument nicht schlüssig, wonach man sich mit der Ablehnung einer Rechtfertigungsmöglichkeit für unmittelbare Diskriminierungen im Rahmen des Art. 141 Abs. 1 EG in einen Widerspruch zur Rechtsprechung zu anderen in den Richtlinien geregelten Fällen der Geschlechtsdiskriminierung setzten würde, die eine Rechtfertigung auch bei unmittelbaren Ungleichbehandlungen anerkennt[326]. Denn Art. 141 Abs. 1 EG verbietet eben nicht jede Diskriminierung auf Grund des Geschlechts, sondern bringt ausschließlich die Notwendigkeit der Geschlechtergleichbehandlung im Lohnsektor zum Ausdruck. Dieser Grundsatz ist gemeinschaftsrechtlich höherrangig als die in den Richtlinien festgehaltenen Gleichbehandlungsprinzipien und muss folglich auch strikter gehandhabt werden.

Es ist aber nicht zwingend, daraus den Schluss zu ziehen, dass Art. 141 Abs. 1 EG bei unmittelbaren Diskriminierungen ein absolutes Benachteiligungsverbot aufstellt. Der im Vergleich zum allgemeinen Gleichheitssatz erhöhten gemeinschaftsrechtlichen Bedeutung des Entgeltgleichheitsgebots kann man auch durch einen abstufenden Maßstab bei der Prüfung der Rechtfertigung Rechnung tragen. Eine Differenzierung zwischen unmittelbaren und mittelbaren Diskriminierungen ist an dieser Stelle nicht gerechtfertigt. Beide führen nämlich im Ergebnis zu einer Benachteiligung eines Geschlechts, und unterscheiden sich nur in der Art und Weise, wie diese erreicht wird. Einmal kommt es zu einer ausdrücklichen Differenzierung auf Grund des Geschlechts, einmal zu einer Bezugnahme auf andere Anknüpfungspunkte, die statistisch ein Geschlecht diskriminieren. Wie gerade die Einbeziehung mittelbarer Diskriminierungen zeigt, kommt es dem Diskriminierungsverbot des Art. 141 Abs. 1 EG

---

324 Vgl. zu diesem Gedanken zu Art. 12 EG Zuleeg in GTE, Kommentar, Art. 6 EGV, R. 2; aus diesem Grund wird auch für die speziellen Diskriminierungsverbote des Art. 3 Abs. 2, 3 GG vertreten, dass sie absolute Unterscheidungsverbote enthalten, vgl. Sachs in Handbuch des Staatsrechts, Bd. V, § 126, R. 59ff

325 Reitmaier, Inländerdiskriminierungen, S. 36ff zu Art. 12 EG

326 So beispielsweise Krebber in C/R, Kommentar, Art. 141 EG, R. 61

nur darauf an, das Ergebnis, also die Ungleichbehandlung selbst, zu unterbinden. Auf welche Art und Weise es zu der Benachteiligung kommt, ist hierfür unerheblich[327]. Die Einteilung in mittelbare und unmittelbare Diskriminierungen trifft keine Aussage über die „Schwere des Vorwurfs"[328]. Man kann zusammenfassend festhalten, dass jede nach Art. 141 Abs. 1 EG verbotene mittelbare oder unmittelbare Diskriminierung einer Rechtfertigung zugänglich ist. Ein entsprechendes Ergebnis ergibt sich gleichermaßen für Art. 12 EG.

c. Beweislast

Im Rahmen von Diskriminierungen stellt sich die Beweislastfrage in zweifacher Hinsicht. Zum einen geht es um den Beweis des tatbestandlichen Vorliegens einer Diskriminierung, zum anderen um deren Rechtfertigung. Auch im Gemeinschaftsrecht gilt der Grundsatz, dass derjenige, „der sich zur Stützung eines Anspruchs auf Tatsachen beruft, diese zu beweisen"[329] hat. Danach obliegt es dem vermeintlichen Diskriminierungsopfer, die Diskriminierung nachzuweisen, während die beklagte Partei Tatsachen für eine mögliche Rechtfertigung vortragen muss.

Gerade in Diskriminierungsfällen wird es oftmals schwer fallen, die erforderlichen Beweise für den Tatbestand einer Ungleichbehandlung zu erbringen, da sich die nötigen Informationen häufig außerhalb des Machtbereichs des Diskriminierten beim Beklagten befinden. Dies gilt erst recht für Diskriminierungen im Rahmen des Art. 141 Abs. 1 EG. Der Arbeitnehmer wird nur in den seltensten Fällen Einblick in die Organisationsstruktur des Arbeitgebers haben. Will man dem Kläger entgegenkommen, bieten sich zwei Lösungswege an. Einerseits kann dies durch eine vollständige Beweislastumkehr, andererseits durch die Senkung der Anforderungen an das Beweismaß erfolgen. Der EuGH hat sich für eine Art Mischform entschieden, die auf der ersten Stufe erleichterte Anforderungen an das vermeintliche Diskriminierungsopfer stellt. Auf einer zweiten Stufe kann es dann zu einer Beweislastumkehr kommen[330]. Die aufgestellten Grundsätze der Rechtsprechung wurden in der Richtlinie 97/80/EG des Rates über die Beweislast bei Diskriminierungen auf Grund des Geschlechts zusammengefasst. Schwerpunkt der Vorschrift ist Art. 4 Abs. 1:

> „Die Mitgliedstaaten ergreifen im Einklang mit dem System ihrer nationalen Gerichtsbarkeit die erforderlichen Maßnahmen, nach denen dann, wenn Personen, die sich

327 So Kischel, Gleichheitssatz, EuGRZ 1997, S. 1ff, S. 4f

328 Krebber, a.a.O., Art. 141 EG, R. 61

329 EuGH Rs. C-127/97, Slg.1993, I-S. 5535ff, S. 5571, Enderby

330 EuGH Rs. C-109/88, Slg.1989, I-S. 3199ff, S. 3226, Handels- og Kontorfunktionaerernes Forbund i Danmark; EuGH Rs. C-127/97, Slg. 1993, I-S. 5535ff, S. 5571, Enderby; EuGH Rs. C-400/93, Slg. 1995, I-S. 1275ff, R. 24, Royal Copenhagen

durch die Verletzung des Gleichbehandlungsgrundsatzes für beschwert halten und bei einem Gericht bzw. einer anderen zuständigen Stelle Tatsachen glaubhaft machen, die das Vorliegen einer unmittelbaren oder mittelbaren Diskriminierung vermuten lassen, es dem Beklagten obliegt zu beweisen, dass keine Verletzung des Gleichbehandlungsgrundsatzes vorgelegen hat".

Ziel der Beweiserleichterung ist es, dass gemeinschaftsweit die vermeintlich diskriminierte Partei den Tatbestand einer Ungleichbehandlung nicht voll nachweisen muss, sondern dass die beklagte Partei gezwungen wird, eine bloß glaubhaft gemachte Benachteiligung positiv zu widerlegen. Im Vordergrund der Regelung steht die Rechtsvereinheitlichung der mitgliedstaatlichen Beweislastregelungen, sowie eine inhaltliche Effektuierung der Rechtslage[331]. Ausweislich des 17. Erwägungsgrundes ist eine solche Regelung erforderlich, da ansonsten kein wirksames Mittel zur Verfügung stünde, um die Einhaltung des Gleichbehandlungsgrundsatzes durchzusetzen, wenn nicht bereits der Anschein einer Diskriminierung ausreichend wäre, die Beweislast dem Beklagten aufzuerlegen[332].

Entscheidende Bedeutung erlangt der Begriff des „Glaubhaftmachens". Eine Übernahme der deutschen Rechtslage[333] verbietet sich für das Gemeinschaftsrecht. Vielmehr gilt es, eine dem Gemeinschaftsrecht eigene Interpretation zu finden. Wegen des im 17. Erwägungsgrund verwendeten Begriffs des „Anscheins" wird vorgeschlagen, die Grundsätze des Anscheinsbeweises im deutschen Recht[334] für den Beweis einer Diskriminierung heranzuziehen[335]. Dies würde jedoch dem Sinn und Zweck der Beweislastregelung nicht gerecht. Der Anscheinsbeweis führt nämlich zu keiner Verringerung des Beweismaßes, sondern verlagert die beweispflichtigen Tatsachen auf den Nachweis eines Erfahrungssatzes, dass eine Rechtsverletzung mit an Sicherheit grenzender Wahrscheinlichkeit kausal für eine Rechtsverletzung ist. Zudem werden sich selten Erfahrungssätze zur vollen Überzeugung des Gerichts beweisen lassen, wonach in einer bestimmten Situation Randgruppen typischerweise benachteiligt werden. Geholfen ist einem Diskriminierungsopfer nur, wenn man im Rahmen des Anscheinsbeweises auch das nötige Beweismaß verringert und eine überwiegende Wahrscheinlichkeit für einen solchen Erfahrungssatz ausreichen lässt[336]. So spricht eine gewisse Wahrscheinlichkeit dafür, dass ältere, behinderte oder homosexuelle Menschen bei Einstellungen diskriminiert werden, ohne dass man hieraus einen sicheren Erfahrungssatz ableiten könnte. Berücksichtigt man zusätzlich, dass eine mittelbare Diskriminierung auch bei

---

331 Schlachter, Richtlinie, RdA 1998, S. 321ff, S. 323

332 ABl. 1998, L 14/7

333 Vgl. Thomas/Putzo, ZPO, § 294 ZPO, R. 1ff

334 Vgl. Thomas/Putzo, ZPO, § 286 ZPO, R. 12ff

335 Zwanziger, Neuregelung, DB 1998, S. 1330ff, S. 1333

einer unbeabsichtigten Ungleichbehandlung vorliegen kann, greift das Diskriminierungsverbot im Ergebnis schon bei einer bloß vermuteten Differenzierung. Ob eine solche dann tatsächlich erfolgt ist, ist dann nicht mehr von Bedeutung. Auf Grund der erfolgten Beweislastumkehr obliegt dem Arbeitgeber der Beweis des Gegenteils.

Art. 4 Abs. 2 der Richtlinie 97/80/EG sieht vor[337], dass die Mitgliedstaaten eine für die klagende Partei günstigere Beweislastregelung vorsehen können. In Anlehnung an die Rs. Danfoss ist damit nicht ausgeschlossen, dass in Systemen, denen „jede Durchschaubarkeit fehlt, dem Arbeitgeber der Nachweis obliegt, dass seine Lohnpolitik nicht diskriminierend ist, soweit der weibliche Arbeitnehmer auf der Grundlage einer relativ großen Anzahl von Arbeitnehmern belegt, dass das durchschnittliche Entgelt der weiblichen Arbeitnehmer niedriger ist als das der männlichen Arbeitnehmer"[338]. Die nochmalige Erleichterung dieser Rechtsprechung im Vergleich zu den ersten Absätzen liegt darin, dass dem Kläger nur noch der Nachweis des Vorhandenseins einer nachteiligen Auswirkung des betroffenen Systems obliegt. Gelingt ihm das, kommt es zu einer Beweislastumkehr. Eine solche Regelung ist aber nicht nur den Mitgliedstaaten vorbehalten. Auch das Gemeinschaftsrecht selbst verbürgt weiterhin eine solche Erleichterung. Denn da es Ziel der Richtlinien ist, Diskriminierungsopfer besser zu stellen, hätte es eines ausdrücklichen Hinweises bedurft, wenn durch sie eine Erschwerung in Abweichung von der bisherigen Rechtsprechung gewollt gewesen wäre[339]. Es ist kein Grund ersichtlich, warum die bisherige Rechtsprechung des EuGH aufgegeben werden sollte.

Hinsichtlich der Beweislast für die Rechtfertigung einer Diskriminierung trifft die Richtlinie keine Aussage. Da auch der Rechtsprechung des EuGH keine anderslautenden Entscheidungen zu entnehmen sind, bleibt es bei dem Grundsatz, dass die beklagte Partei alle diesbezüglichen Tatsachen vorzutragen hat.

2. Allgemeiner gemeinschaftsrechtlicher Grundsatz der Geschlechtergleichbehandlung im Arbeitsrecht

Vor der Geltung des Vertrags von Amsterdam war die Existenz eines allgemeinen Diskriminierungsverbots zwischen den Geschlechtern im Gemeinschaftsrecht über die Grenzen

---

336 Ebenso Schlachter, a.a.O., S. 324

337 Ebenso die Richtlinienvorschläge der Kommission zu Art. 13 EG.

338 EuGH Rs. C-109/88, Slg. 1989, I-S. 3199ff, S. 3226; Handels- og Kontorfunktionaerernes Forbund i Danmark; das Urteil erging zwar in Hinblick auf die Richtlinie 75/117/EWG, kann aber für Diskriminierungen aus anderen Gründen als des Geschlechts für andere Bereiche als den der Lohngleichheit übertragen werden.

339 Schlachter, a.a.O., S. 325; dort auch der Hinweis, dass gleiches auch für den Grundsatz gilt, dass eine Verletzung eines Diskriminierungsverbots nicht vom Nachweis eines Verschuldens abhängt.

des Entgeltgleichheitssatzes hinaus sehr fraglich[340]. Auch wenn der EG-Vertrag zu diesem Zeitpunkt keinen eindeutigen Hinweis enthielt, wurden in diesem Zusammenhang einige Entscheidungen des Gerichtshofs herangezogen, um nachzuweisen, dass „es außerhalb der spezifischen Bestimmungen des Artikels 119 [EGV a.F.] im Gemeinschaftsrecht einen allgemeinen Grundsatz gibt, der auf dem Geschlecht beruhende Diskriminierungen in Bezug auf die Arbeits- und Beschäftigungsbedingungen für männliche und weibliche Arbeitnehmer verbietet"[341]. Jedenfalls im Dienstrecht der Gemeinschaft seien „die Anforderungen, die dieser Grundsatz stellt, keineswegs auf diejenigen beschränkt [...], die sich aus Artikel 119 EWG-Vertrag [a.F.] oder den in diesem Bereich erlassenen Gemeinschaftsrichtlinien ergeben"[342].

Nicht entschärft, aber doch verlagert hat sich die Diskussion mit den neuen Absätzen 3 und 4 des Art. 141 EG. Wenn nach deren Wortlauten „die Anwendung des Grundsatzes der Chancengleichheit und der Gleichbehandlung von Männern und Frauen in Arbeits- und Beschäftigungsfragen" bzw. „die effektive Gewährleistung der Gleichstellung von Männern und Frauen im Arbeitsleben" garantiert werden soll, dann setzt dies die Existenz eines Gleichbehandlungsgrundsatzes zwischen den Geschlechtern im Arbeitsrecht voraus. Die Mitgliedstaaten scheinen damit die Frage des Bestehens zumindest mittelbar primärrechtlich geklärt zu haben. Eine dogmatische Herleitung ist damit aber noch nicht gefunden. Eine solche gestaltet sich deshalb besonders schwierig, da das in Art. 141 Abs. 3 und Abs. 4 EG vorausgesetzte Diskriminierungsverbot ausdrücklich gerade nicht garantiert wird und somit einen ungeschriebenen Rechtssatz des Gemeinschaftsrechts darstellt.

Für eine Herleitung bieten sich mehrere Lösungsansätze an. Insbesondere Art. 1 Abs. 2 der Europäischen Sozialcharta könnte ein entsprechendes Diskriminierungsverbot zu entnehmen sein. Allerdings können die in dieser Charta verbürgten sozialen Grundrechte nicht unmittelbar im Gemeinschaftsrecht gelten, da der Bezugsnorm des Art. 136 Abs. 1 EG, nach dem die Gemeinschaft und ihre Mitgliedstaaten „eingedenk der sozialen Grundrechte" der Europäischen Sozialcharta und der Gemeinschaftscharta der sozialen Grundrechte der Arbeitnehmer von 1989 ihre sozialen Ziele zu verfolgen hat, schon wegen der schwachen Wortwahl lediglich programmatischer Charakter zukommt[343]. Auch wenn nach dem Gerichtshof Art. 136 EG einen „wichtigen[n] Anhaltspunkt [...] für die Auslegung anderer Vorschriften

---

340 Ausführlich Langenfeld, Gleichbehandlung, S. 105ff; Zuleeg, Schutz sozialer Rechte, EuGRZ 1992, S. 329ff, S. 329f

341 EuGH Rs. 149/77, Slg. 1978, S. 1365ff, S. 1379, Defrenne III

342 EuGH verb. Rs. 75 und 117/82, Slg. 1984, S. 1509ff, S. 1530, Razzouk und Beydoun

343 Vgl. Curall in GTE, Kommentar, Art. 117 EGV a.F., R. 6 unter Bezug auf EuGH Rs. 126/86, Slg. 1987, S. 3697ff, S. 3716, Gimenez Zaera; Zuleeg, a.a.O., S. 329f; Krebber in C/R, Kommentar, Art. 136 EG, R. 34

des Vertrages oder des sekundären Gemeinschaftsrechts im Sozialbereich"[344] darstellen kann, ist es nicht möglich, auf diesem Weg einen nicht einmal ausdrücklich normierten allgemeinen Grundsatz des Gemeinschaftsrechts inhaltlich nicht nur auszufüllen, sondern sogar dogmatisch herzuleiten. Aus demselben Grund führt auch eine Lösung über Art. 14 EMRK nicht weiter, da dieser wie bereits festgestellt, ebenfalls nicht in der Lage ist, unmittelbares Gemeinschaftsrecht zu begründen[345]. Richtigerweise gilt das für Art. 6 Abs. 2 EU insgesamt. Falls nämlich auf die Verfassungen der Mitgliedstaaten zurückgegriffen wird, um ein arbeitsrechtliches Geschlechtergleichbehandlungsverbot im Gemeinschaftsrecht zu begründen, wird übersehen, dass verfassungsrechtlich zwar alle Mitgliedstaaten über ein Diskriminierungsverbot aus Gründen des Geschlechts verfügen, dass dessen arbeitsrechtliche, private Arbeitgeber bindende Ausgestaltung aber nur in Portugal, Spanien und Finnland auch auf Verfassungsebene erfolgt[346]. In allen anderen Mitgliedstaaten wird dies einfachen Gesetzen überlassen[347]. Auch wenn sich Art. 6 Abs. 2 EU nicht an einem „kleinsten gemeinsamen Nenner" aller Mitgliedstaaten zu orientieren hat, fällt es in diesem Fall schwer, von einer „Verfassungsüberlieferung" der Mitgliedstaaten sprechen.

Will man sich im Weiteren um die Herleitung eines allgemeinen arbeitsrechtlichen Geschlechtergleichbehandlungsgrundsatzes des Gemeinschaftsrechts bemühen, sollte man sich zunächst den Rang des fraglichen Diskriminierungsverbots vor Augen halten. Ausgangspunkt ist die Überlegung, dass ungeschriebene Rechtsregeln des Gemeinschaftsrechts nicht zwingend primärrechtlicher Natur sind, sondern unter Umständen den Rang von Sekundärrecht einnehmen können[348]. Für eine insoweit nötige Kategorisierung dürfte die Regelung des Art. 141 Abs. 4 EG selbst der entscheidende Ansatzpunkt sein. Diese statuiert nämlich eine primärrechtliche Ausnahme des herzuleitenden Grundsatzes. Folglich kann dieser nicht Bestandteil des sekundären Gemeinschaftsrechts sein, da es in systematischer Hinsicht zumindest verwunderlich wäre und sogar einen gemeinschaftsrechtlich einmaligen Vorgang darstellen würde, gehörte die Ausnahme einer normenhierarchisch höherrangigen

---

344 EuGH Rs. 126/86, a.a.O., S. 3716

345 Im Ergebnis ebenso, aber mit der Begründung, dass Art. 14 EMRK nicht auf das Arbeitsrecht anwendbar sei Krebber, a.a.O., Art. 141 EG, R. 75; auch andere Menschenrechtspakte, insbesondere Art. 7 IPwskR, BGBl. 1973 II, S. 1570, erlauben keinen zwingenden Rückschluss auf das Gemeinschaftsrecht, zumal sie nicht mal in Art. 136 EG Erwähnung finden.

346 So auch Krebber, a.a.O., Art. 141 EG, R. 75; hinsichtlich der einzelnen nationalen Verfassungsbestimmungen sei auf Langenfeld, a.a.O., S. 118ff verwiesen; ergänzend seien Art. 7 der österreichischen Verfassung und Kapitel II § 16 der schwedischen Verfassung sowie § 5 Abs. 3 der finnischen Verfassung genannt (zitiert nach „Die Verfassungen der EG-Mitgliedstaaten", Textausgabe mit Anmerkung von Kimmel).

347 Vgl. Langenfeld, a.a.O., S.118ff; für Österreich und Schweden: Europäische Kommission : Die Regelung der Arbeitsbedingungen in den Mitgliedstaaten der Europäischen Union, Band I: Vergleichendes Arbeitsrecht in den Mitgliedstaaten, S. 18

348 Oppermann, Europarecht, R. 479

Ebene an als die Regel[349]. Darüber hinaus sieht auch der Gerichtshof das Diskriminierungsverbot zwischen Männern und Frauen als Bestandteil des primärrechtlichen allgemeinen Gleichheitssatzes als Gemeinschaftsgrundrecht an[350]. Folglich kann der in Art. 141 Abs. 3 und Abs. 4 EG vorausgesetzte allgemeine Gleichbehandlungsgrundsatz zwischen den Geschlechtern im Arbeitsrecht nur primärrechtlicher Natur sein[351]. Vor diesem Hintergrund verbietet sich die Annahme, das fragliche Diskriminierungsverbot unmittelbar auf die ergangenen Richtlinien zu Gleichbehandlung der Geschlechter im Arbeitsleben zu stützen, da diese Methode in systematischer Hinsicht dem Verhältnis von Primär- und Sekundärrecht widerspricht.

Primärrecht setzt sich nicht nur aus den allgemeinen Rechtsgrundsätzen des Gemeinschaftsrechts und aus den Gemeinschaftsverträgen zusammen, sondern kann auch durch Gemeinschaftsgewohnheitsrecht begründet werden. Die Verwirklichung der Ziele des gemeinschaftsweiten Integrationsprogresses einerseits und die Absicherung der bislang gewonnenen Integrationsergebnisse andererseits machen die Anerkennung eines vertragsergänzenden Gewohnheitsrechts unerlässlich[352]. Wie im allgemeinen Völkerrecht entsteht europäisches Gewohnheitsrecht durch eine übereinstimmende, hinreichend dichte Praxis der Mitgliedstaaten und der EG-Organe (consuetudo), die von einer entsprechenden Rechtsüberzeugung (opinio iuris) getragen wird. Anders als das Völkerrecht enthält das Gemeinschaftsrecht wegen seiner weit gehenden Normierung präzisere Regeln zur Rechtsentstehung. Dies muss auch im Rahmen des EG-Gewohnheitsrechts Berücksichtigung finden, so dass an dessen Entstehen strengere Voraussetzungen als im Völkerrecht zu stellen sind[353].

Untersucht man die Praxis des EuGH, lässt sich unter dieser Prämisse keine hinreichende Übung erkennen. Ausdrücklich wird nie ein allgemeines arbeitsrechtliches Diskriminierungsverbot zwischen den Geschlechtern anerkannt. Die vage Formulierung in der verb. Rs. Razzouk und Beydoun jedenfalls ist hierfür nicht ausreichend. Eine Betrachtung der Rechtsbestimmungen in den Mitgliedstaaten allerdings führt zu einem anderen Ergebnis. Wie bereits dargestellt, ist in sämtlichen Mitgliedstaaten die Gleichbehandlung der Ge-

---

349 Krebberin C/R, Kommentar, Art. 141 EG, R. 76

350 EuGH Rs. 149/77, a.a.O., S. 1379

351 Langenfeld, a.a.O., S. 129ff nimmt sogar einen Fall von ius cogens an und will dem Gleichbehandlungsgrundsatz Vorrang vor dem übrigen primärrechtlichen Vertragsrecht einräumen; im Ergebnis auch Krebber, a.a.O., Art. 141 EG, R. 76, allerdings im Ergebnis inkonsequenterweise auf eine dogmatische Herleitung offensichtlich verzichtend; es wird nicht klar, an welcher konkreten Stelle des Primärrechts das Diskriminierungsverbot fest zu machen ist. Die Feststellung, dass das Verbot als ungeschriebenes Recht bei einer Verankerung im Primärrecht von anderen rechtlichen Regimen gelöst ist und sich gemeinschaftsrechtlich selbständig entwickeln kann, vermag dies nicht zu ersetzen.

352 Bleckmann, Rechtsquellen, NVwZ 1993, S. 824ff, S. 827; ders., Europarecht, R. 566; Oppermann, Europarecht, R. 480; vertragsänderndes Gewohnheitsrecht träte dagegen in einen Konflikt mit Art. 48 EU.

353 Bleckmann, Europarecht, R. 565; Ruffert in C/R, Kommentar, Art. 249 EG, R.4; anders Oppermann, a.a.O., R. 480

schlechter im Arbeitsleben verfassungsrechtlich oder einfachgesetzlich verankert. Im Unterschied zu dem auf die „Verfassungsüberlieferungen" abstellenden Art. 6 Abs. 2 EU ist die konkrete Ausgestaltung des Diskriminierungsverbots in den Mitgliedstaaten für die Entstehung von EG-Gewohnheitsrecht ohne Einfluss. Insoweit kommt es ausschließlich auf die Rechtspraxis der Mitgliedstaaten an. An dieser kann wegen der Geltung des Gebots der Gleichbehandlung der Geschlechter im Arbeitsrecht in allen Mitgliedstaaten nicht gezweifelt werden. Dass diese mitgliedstaatliche Übung mit einer entsprechenden Überzeugung, dass dieser Grundsatz geltendes Recht darstellt, einhergeht, steht außer Frage. Es erscheint auch nicht richtig, die Annahme eines diesbezüglichen Gemeinschaftsgewohnheitsrechts an den daran geknüpften, erhöhten Voraussetzungen scheitern zu lassen. Denn auch wenn die nationalen Rechtsordnungen ein arbeitsrechtliches Diskriminierungsverbot zwischen den Geschlechtern häufig erst seit den siebziger Jahren des letzten Jahrhunderts aufweisen[354], ist eine Änderung der diesbezüglichen Rechtslage nicht mehr zu erwarten und dürfte, jedenfalls unter der Geltung des Gemeinschaftsrechts, sogar ausgeschlossen sein. Ist die Verwirklichung einer Sozialunion zudem verbindliche Vorgabe für das Gemeinschaftsrecht, so kann auf die Schaffung eines gemeinschaftsrechtlichen allgemeinen Diskriminierungsverbots auf Grund des Geschlechts im Arbeitsrecht zur Absicherung der bislang gewonnenen Integrationsergebnisse nicht verzichtet werden. Solange eine ausdrückliche Normierung fehlt, wird dieses durch Gemeinschaftsgewohnheitsrecht im Rang des Primärrechts garantiert.

Eine Aussage über eine inhaltliche Ausgestaltung ist damit jedoch nicht verbunden. Krebber will in Anlehnung an die Rechtsprechung des EuGH zu Art. 119 Abs. 1 EGV a.F. und die Richtlinie 75/117/EWG Inhalt und Grenzen eines primärrechtlichen allgemeinen Gleichbehandlungsgebots zwischen den Geschlechtern im Arbeitsrecht durch bereits existierende und noch zu erlassenden Sekundärrechtsakte bestimmen[355]. Er räumt aber selbst ein, dass je mehr Inhalte von Richtlinien, v.a. hinsichtlich der Frage einer unmittelbaren horizontalen Anwendbarkeit eines Diskriminierungsverbots, in das Primärrecht hinein gelesen werden, die Unterscheidung zwischen Primär- und Sekundärrecht in desto größerem Maße verwässert wird[356]. Gerade in diesem Bereich ist offensichtlich, dass neben rein normenhierarchischen Bedenken Sekundärrecht niemals konstitutiv den Inhalt von Primärrecht bestimmen darf. Man mag zwar die Zulässigkeit von sekundärrechtlichen Konkretisierungen vertreten. Von solchen kann aber nicht mehr im Falle ungeschriebener Rechtsgrundsätze die Rede sein, fehlt es hier schon an einer grundlegenden hinreichenden Bestimmtheit. In diesem Zusammenhang muss zudem auf das immer noch bestehende Demokratiedefizit in der Gemeinschaft hingewiesen werden. Es widerspricht dem Grundsatz der Gewaltenteilung, die

---

[354] Vgl. Langenfeld, a.a.O., S. 118ff

[355] Krebber, a.a.O., Art. 141 EG, R. 77

[356] A.a.O., Art. 141 EG, R. 78

inhaltliche Festlegung eines gemeinschaftsrechtlichen Diskriminierungsverbots ohne jegliche Vorgaben eines Legislativorgans dem Rat und damit den Exekutiven der Mitgliedstaaten zu überlassen. Allein der Umstand, dass der Gerichtshof in systematisch bedenklicher Weise das immerhin geschriebene Diskriminierungsverbot aus Art. 119 Abs. 1 EGV a.F. inhaltlich an die Richtlinie 75/117/EWG (mittelbare Diskriminierung, gleichwertige Arbeit) angepasst hat, kann daran nichts ändern. Aus der Geltung des Diskriminierungsverbots als Primärrecht und Ausfluss des Gemeinschaftsgrundrechts auf Gleichbehandlung folgt vielmehr, dass sich niederrangige Sekundärmaßnahmen inhaltlich daran zu orientieren haben. Jede andere Auffassung würde das Verhältnis von Sekundär- und Primärrecht auf den Kopf stellen und ist damit abzulehnen.

Eine Berücksichtigung des Charakters des allgemeinen Gleichbehandlungsgrundsatzes zwischen den Geschlechtern im Arbeitsrecht als Gemeinschaftsgewohnheitsrecht auch im Bereich seiner inhaltlichen Ausgestaltung verspricht bessere Ergebnisse. Es liegt auf der Hand, dass dieser Grundsatz, auch wenn er prinzipiell in allen Rechtsordnungen der Mitgliedstaaten angewendet, nicht überall identisch ausgelegt wird. Diese Unterschiede allerdings haben keine konkreten Auswirkungen auf die Geltung des Gemeinschaftsgewohnheitsrechts selbst. Erkennt man nämlich an, dass dieses auch durch die Mitgliedstaaten begründet werden kann, kann man ebenso wenig wie bei der Inhaltsbestimmung der Grundrechte im Rahmen des Art. 6 Abs. 2 EU auf einen „kleinsten gemeinsamen Nenner" aller nationalen Rechtsordnungen abstellen, ohne zugleich dem für das Gemeinschaftsrecht gewonnenen Rechtsgrundsatz die praktische Wirksamkeit wieder zu nehmen. Da das Gemeinschaftsrecht eine eigene Rechtsordnung begründet[357], unterliegen die ihm eigenen Rechtsgrundsätze auch einer spezifisch gemeinschaftsrechtlichen Betrachtung.

Bei Anwendung gemeinschaftsrechtlicher Vorgaben stellt sich schnell heraus, dass dem hier fraglichen Grundsatz im Wesentlichen nur objektiv-rechtliche Bedeutung zukommt. So setzt die unmittelbare (vertikale oder horizontale) Wirkung eines primärrechtlichen Rechtssatzes das Bestehen einer vollkommen klaren, konkreten und unzweideutigen Verpflichtung der Mitgliedstaaten oder eines Einzelnen voraus[358]. Dies ist jedoch bei einem ungeschriebenen Rechtssatz gerade nicht der Fall. Subjektive Rechte kann der gewohnheitsrechtliche Gleichbehandlungsgrundsatz damit nicht begründen. Er vermag aber als objektive Norm des Gemeinschaftsrechts mittelbar auch auf Private zu wirken, da jeder Rechtssatz des Gemeinschaftsrechts zumindest im Wege der gemeinschaftsrechtskonformen Auslegung in das mitgliedstaatliche Recht Eingang findet[359]. Dieses Ergebnis stimmt zudem mit der Bedeutung überein, die die Vertragsstaaten dem Grundsatz der Gleichbehandlung der Geschlechter in

---

[357] EuGH Rs. 26/62, Slg. 1963, S. 1ff, S. 24ff, Van Gend & Loos

[358] Vgl. EuGH Rs. 26/62, a.a.O., S.16; aus der Literatur statt aller nur Ruffert in C/R, Kommentar, Art. 249 EG, R. 22 („eindeutige, klare und unmittelbare Verpflichtung").

anderen, mit dem Amsterdamer Vertrag neu eingeführten Vorschriften, haben zukommen lassen. Wenn die Gemeinschaft nach Art. 3 Abs. 2 i.V.m. Art. 3 Abs. 1 lit. j EG im Rahmen der Sozialpolitik (lediglich) darauf hinwirken soll, Ungleichheiten zu beseitigen und die Gleichstellung von Männern und Frauen zu fördern, hat sie dem allgemeinen Diskriminierungsverbot zwischen den Geschlechtern im Arbeitsrecht nur die Funktion einer objektiven Zielvorstellung zugesprochen. Dem lässt sich das Ziel entnehmen, dass der Einzelne gerade keine subjektiven Rechte hieraus ableiten kann. Dies wiederum spricht aber in keiner Weise gegen die Existenz eines (objektiven) Gleichbehandlungsgrundsatzes zwischen den Geschlechtern im Arbeitsrecht.

Daraus darf aber nicht der Schluss gezogen werden, dass mit Verneinung subjektiver Rechte aus dem gemeinschaftsgewohnheitsrechtlichen Gleichbehandlungssatz selbst dem Einzelnen jeglicher subjektiver Rechtsschutz versagt ist. Es steht dem Sinn einer objektiven Regel nicht entgegen, sie bei der Auslegung anderer Grundsätze des Gemeinschaftsrechts heranzuziehen, zumal die Bedeutung des arbeitsrechtlichen Gleichbehandlungsgrundsatzes durch Art. 3 Abs. 2 i.V.m. Art. 3 Abs. 1 lit. j EG vertraglich im Vergleich zu anderen Diskriminierungsverboten noch hervorgehoben wird. In dieser Hinsicht ist an den allgemeinen grundrechtlichen Gleichbehandlungsgrundsatz zu denken. Dieser kann in subjektiv-rechtlicher Hinsicht den allgemeinen Gleichbehandlungsgrundsatz der Geschlechter im Arbeitsrecht verwirklichen, allerdings mit der Maßgabe, dass die Voraussetzungen der Tatbestandsmäßigkeit und der Rechtfertigungsgründe einschließlich des Verhältnismäßigkeitsgrundsatzes der durch Art. 3 Abs. 2 i.V.m. Art. 3 Abs. 1 lit. j EG erhöhten Bedeutung des in dieser Hinsicht speziellen Diskriminierungsverbots anzupassen sind.

Damit lässt sich zusammenfassen, dass das Gemeinschaftsrecht ein allgemeines Diskriminierungsverbot auf Grund des Geschlechts gewohnheitsrechtlich verbürgt. Dieses ist für sich betrachtet rein objektiv-rechtlicher Natur. Seine Bedeutung wird subjektiv-rechtlich über das insoweit angeglichene allgemeine grundrechtliche Gleichbehandlungsgebot garantiert.

---

[359] So auch schon Langenfeld, a.a.O., S. 134

B. Die Verwirklichung des Diskriminierungsverbots in der Praxis des Gemeinschaftsrechts[360]

I. Die Richtlinien der EG zur Durchsetzung der Gleichheit von Mann und Frau

1. Übersicht

Über Art. 141 EG hinaus hat die Gemeinschaft, vor Gültigkeit des Amsterdamer Vertrages mangels konkreter Rechtsgrundlage gestützt auf Art. 100, 235 EGV a.F., eine Reihe von Richtlinien zur Gewährleistung der Gleichbehandlung der Geschlechter erlassen. Es bietet sich an, diese Richtlinien vereinfachend als Gleichbehandlungsrichtlinien zu bezeichnen, da hierdurch der Unterschied zur Gewährleistung des gleichen Entgelts nach Art. 141 Abs. 1, 2 EG am deutlichsten zum Ausdruck kommt. Denn soweit man Art. 141 Abs. 1, 2 EG und den Entgeltbegriff auch auslegen will, die Vorschrift alleine vermag nicht flächendeckend alle Diskriminierungen in Beschäftigungsfragen zu erfassen. So hat der EuGH früh entschieden, dass Art. 119 EGV a.F. nicht auf alle Arbeitsbedingungen, selbst im Falle finanzieller Folgewirkungen, Anwendung findet[361]. Es ist die Aufgabe der Gleichbehandlungsrichtlinien, den Grundsatz der Gleichbehandlung der Geschlechter im Sozialrecht über den so gezogenen Bereich des Art. 119 EGV a.F. hinaus auszudehnen. Die Abgrenzung der jeweiligen Anwendungsbereiche ist rechtlich insofern von Bedeutung, als der EuGH die Richtlinien und Art. 119 EGV a.F. in einem Ausschließlichkeitsverhältnis sieht[362] und nur der Grundsatz des gleichen Entgelts aus sich heraus unmittelbare vertikale und horizontale Wirkung entfaltet[363].

Nicht zu den Gleichbehandlungsrichtlinien in diesem Sinn zu zählen ist die „Entgeltrichtlinie" 75/117/EWG. Diese sollte lediglich Art. 119 EGV a.F. inhaltlich konkretisieren, indem sie unter anderem über dessen Wortlaut hinaus auch gleichwertige Arbeit erfasste. Nicht zuletzt wegen der diesbezüglichen Erweiterung des Art. 141 Abs. 1, 2 EG wird Entgeltrichtlinie auch in Zukunft eine eher untergeordnete Rolle spielen.

Im Einzelnen regeln die Gleichbehandlungsrichtlinien folgende Bereiche:

---

360 Eine umfassende Übersicht findet sich neuerdings auch bei Waddington/Bell, Equality Directives, CML Rev. 01, S. 587ff.

361 EuGH Rs. 149/78, Slg. 1978, S. 1365ff, Defrenne III

362 EuGH Rs. C-342/93, Slg. 1996, I-S. 475ff, S. 501, Gillespie

363 Nach dem EuGH sind Richtlinien grundsätzlich keiner horizontalen Wirkung unter Privaten fähig, außer sie beziehen ausdrücklich auch Einzelarbeitsverträge mit ein, so beispielsweise Art. 3 Abs. 2, 4 Abs. 2, 5 Abs. 3 der Richtlinie 76/207/EWG.

Die „Gleichbehandlungsrichtlinie" (im engeren Sinne) 76/207/EWG erstreckt das Verbot von Geschlechtsdiskriminierungen auf alle Arbeitsbedingungen außer dem Entgelt und auf die Bereiche der sozialen Sicherheit und erfasst sogar Diskriminierungen nach Beendigung des Arbeitsverhältnisses[364]. Sie stellt damit praktisch die wichtigste sekundärrechtliche Regelung dar.

Die Richtlinie 79/7/EWG zur schrittweisen Verwirklichung der Gleichbehandlung zwischen Männern und Frauen im Bereich der sozialen Sicherheit beinhaltet in sachlicher Hinsicht den gesetzlichen Schutz gegen Krankheit, Invalidität, Alter, Arbeitsunfälle und Berufskrankheiten, sowie Arbeitslosigkeit und Sozialhilfefälligkeit. Der EuGH hat die unmittelbare Anwendbarkeit des Art. 4 Abs. 1 der Richtlinie bejaht[365].

Die Richtlinie 869/378/EWG erstreckt den Gleichbehandlungsgrundsatz auf betriebliche Systeme der sozialen Sicherheit und stellt somit das Gegenstück zur Richtlinie 79/7/EWG dar[366].

Die Lücke hinsichtlich des Schutzes selbständig Erwerbstätiger, einschließlich der in der Landwirtschaft Tätigen, wird schließlich durch die Richtlinie 85/613/EWG geschlossen.

Die Richtlinie 97/80/EG regelt Fragen der Beweislast bei Diskriminierungen wegen des Geschlechts.

2. Die Richtlinie 76/207/EWG, insbesondere der Anwendungsbereich des Diskriminierungsverbots

In der Wirklichkeit des Gemeinschaftsrechts hat die Gleichbehandlungsrichtlinie die größte Bedeutung erfahren, da sie einen Großteil des Arbeitsrechts abdeckt. Zentrale Vorschrift ist Art. 2 Abs. 1, wonach der Grundsatz der Gleichbehandlung im Sinne der Vorschriften der Richtlinie beinhaltet, „dass keine unmittelbare oder mittelbare Diskriminierung auf Grund des Geschlechts – insbesondere unter Bezug auf den Ehe- und Familienstand-erfolgen darf". Im Einzelnen werden durch Art. 3 bis 5 Diskriminierungen beim Zugang zur Beschäftigung, bei der Berufsberatung und Berufsbildung sowie im Bereich von Arbeitsbedingungen und Kündigungen untersagt. Die Reichweite der Vorschriften erfasst dabei alle beruflichen Tätigkeiten, unabhängig davon, ob es sich um abhängige oder selbständige Beschäftigungen, privatrechtliche oder öffentlich-rechtliche Dienst- oder Arbeitsverhältnisse handelt[367]

---

[364] EuGH Rs. C-185/97, Slg. 1998, I-S. 5211ff, S. 5222, Coote

[365] EuGH Rs. 7/85, Slg. 1986, S. 3855, Niederländischer Staat/FNV

[366] Junghanns in Lenz, Kommentar, Art. 141 EG, R. 53

[367] EuGH Rs. 248/83, Slg. 1985, S. 1459ff, S. 1472ff, Kommission/Deutschland

Dieser Gleichbehandlungsgrundsatz gilt im Rahmen der Anwendbarkeit der Richtlinie nicht unbeschränkt, sondern erfährt in Art. 2 Abs. 2 bis 4 Ausnahmen, wenn das Geschlecht unabdingbare Voraussetzung für einen Beruf darstellt, Maßnahmen zum Schutze von Frauen bei Schwangerschaft und Mutterschaft ergriffen werden sollen, sowie wenn Maßnahmen positive Diskriminierungen zu Gunsten des unterrepräsentierten Geschlechts entfalten.

Trotz der in Art. 2 Abs. 2 bis 4 geregelten Ausnahmen vertritt der EuGH einen weiten Anwendungsbereich der Gleichbehandlungsrichtlinie[368]. Dass er dabei weit in die den Mitgliedstaaten verbliebenen Kompetenzbereiche eingreift, zeigen die Rs. Sirdar und Kreil[369]. In beiden Urteilen hatte der EuGH anhand der Gleichbehandlungsrichtlinie 76/207/EWG über die gemeinschaftsrechtliche Zulässigkeit nationaler Maßnahmen zu entscheiden, die Frauen den freiwilligen Zugang zu bewaffneten Einheiten der britischen und deutschen Streitkräfte verweigern. In einem ersten Prüfungsschritt musste sich der Gerichtshof dabei mit der Anwendbarkeit des Gemeinschaftsrechts und vor allem des in der Richtlinie enthaltenen Diskriminierungsverbots befassen.

a. Die Ansichten der beteiligten Regierungen und des Generalanwalts La Pergola in den Rs. Sirdar und Kreil

In der Rs. Sirdar vertraten die britische, die französische und die portugiesische Regierung die Ansicht, dass der Anwendungsbereich des Gemeinschaftsrechts nicht eröffnet sei, weil Entscheidungen über die Organisation und Führung der Streitkräfte überhaupt nicht den Gemeinschaftskompetenzen unterlägen. Da die äußere Sicherheit betroffen sei, könne der Fall insbesondere nicht mit der Rs. Johnston[370] verglichen werden, in der der EuGH die innere Sicherheit den Vorgaben des Gemeinschaftsrechts unterstellte[371]. Die Kommission stellte dagegen darauf ab, dass derartige Entscheidungen der Bereichsausnahme des Art. 297 EG zugeordnet werden und damit als Krisenregelung der Zuständigkeit des Gemeinschaftsrechts entzogen sein könnten. Ähnlich argumentierten die italienische und die britische Regierung in der Rs. Kreil. Dort vertrat die Bundesregierung, dass das Gemeinschaftsrecht

---

368 Vgl. Hierzu auch Puissochet, Rechtsprechung, in Liber amicorum Thomas Oppermann, S. 243ff, S. 248; vgl. für die Bindung der öffentlichen Wirtschaft: EuGH Rs. C-1/95, Slg. 1997, I-S. 5253ff, Gerster; vgl. für die Bindung der öffentlichen Verwaltung: EuGH Rs. 248/83, Slg. 1985, S. 1459ff, Kommission/Deutschland

369 EuGH Rs. C-273/97, NJW 2000, S. 499f, Sirdar = EuGRZ 1999, S. 665ff; EuGH Rs. C-285/98, NJW 2000, S. 497ff, Kreil = EuGRZ 2000, S. 155ff

370 EuGH Rs. 222/84, Slg. 1986, S. 1651ff, S. 1683f

371 Vgl. die Schlussanträge des Generalanwalts La Pergola zur Rs. Sirdar in EuGRZ 1999, S. 665ff, S. 668 und EuGH Rs. C-273/97, NJW 2000, S. 499f, S. 499, R.12ff, Sirdar.

nicht für die nationale Verteidigung gelte, die zur Gemeinsamen Außen- und Sicherheitspolitik[372] gehöre und in der Souveränität der Mitgliedstaaten verblieben sei[373].

Der für beide Entscheidungen zuständige Generalanwalt La Pergola bejahte dagegen die Anwendbarkeit des Gemeinschaftsrechts. Zum einen stehe der Ausnahmecharakter des Art. 297 EG und der Art. 30, 39 Abs. 3, 46 Abs. 1 EG, die im Bereich der öffentlichen Sicherheit Maßnahmen der Mitgliedstaaten gestatten, einer Ausweitung auf einen allgemeinen Vorbehalt der öffentlichen Sicherheit zu Gunsten der Mitgliedstaaten entgegen, zum anderen erfasse die Gleichbehandlungsrichtlinie Beschäftigte des öffentlichen Dienstes, zu denen auch Angehörige der Streitkräfte zu rechnen seien, was sich wiederum vor allem aus Art. 3 der Richtlinie ergebe. Mangels klarer vertraglicher Bestimmung könne gemeinschaftsrechtlich auch nicht zwischen innerer und äußerer Sicherheit differenziert werden[374].

b. Die Urteile des EuGH

Mit in beiden Urteilen identischer Argumentation schloss sich der EuGH der Ansicht des Generalanwalts an. Es sei zwar „Sache der Mitgliedstaaten, die die geeigneten Maßnahmen zur Gewährleistung ihrer inneren und äußeren Sicherheit zu ergreifen haben, die Entscheidungen über die Organisation ihrer Streitkräfte zu treffen. Daraus ergibt sich jedoch nicht, dass derartige Entscheidungen vollständig der Anwendung des Gemeinschaftsrechts entzogen wären“[375]. Um die Verbindlichkeit und einheitliche Anwendung des Gemeinschaftsrechts nicht zu beeinträchtigen, könne sich aus den Vorschriften der Art. 30, 39, 46, 296 und 297 EG für das hier einschlägige Sozialrecht „kein allgemeiner, dem Vertrag immanenter Vorbehalt ableiten, der jede Maßnahme, die im Bereich der öffentlichen Sicherheit getroffen wird, vom Anwendungsbereich des Gemeinschaftsrechts ausnimmt“[376]. Der Grundsatz der Gleichbehandlung zwischen Mann und Frau sei von allgemeiner Geltung und auf öffentlich-rechtliche Dienstverhältnisse anwendbar[377], so dass die Gleichbehandlungsrichtlinie als Prüfungsmaßstab auch bei verweigerter Zulassung zu nationalen Streitkräften heranzuziehen sei.

[372] Im Folgenden GASP.

[373] EuGH Rs. C-285/98, NJW 2000, S. 497ff, S. 497, R.12, Kreil

[374] Schlussanträge des Generalanwalts La Pergola zur Rs. Sirdar in EuGRZ 1999, S. 665ff, S. 668ff

[375] EuGH Rs. C-273/97, a.a.O., S. 499, R.15; EuGH Rs. C-285/98, a.a.O., S. 497, R.15

[376] EuGH Rs. C-273/97, a.a.O., S. 499, R.16, 18; EuGH Rs. C-285/98, a.a.O., S. 498, R.16, 18; der EuGH scheint hier die Argumentation von Zuleeg, Frauen, DÖV 1997, S. 1017ff, S. 1022 zu übernehmen.

[377] EuGH Rs. C-273/97, a.a.O., S. 500, R.18; EuGH Rs. C-285/98, a.a.O., S. 498, R.18

c. Kritik

Den Entscheidungen des EuGH ist zum Teil heftige Kritik widerfahren[378]. Sie stützt sich auf insgesamt drei Überlegungen. Ausgangspunkt ist dabei, dass die im konkreten Fall verworfenen einfachgesetzlichen Regelungen des deutschen Rechts[379] Ausgestaltungen der Verfassungsnorm des Art. 12 a Abs. 4 S. 2 GG sind, der den Dienst von Frauen an der Waffe ausschließt. Die Urteile des EuGH geraten damit in einen Konflikt mit dem Grundgesetz, indem sie einer Richtlinie des Gemeinschaftsrechts den Vorrang vor einer nationalen Verfassungsnorm einräumen. Vertritt man die Auffassung, dass der Vorrang des Europarechts wegen Art. 23 GG nur soweit reichen kann, als er durch das Grundgesetz selbst zugelassen wird und seine Grenze damit im höherrangigen Verfassungsrecht der Mitgliedstaaten findet[380], so könne dem EuGH unter Berücksichtigung der Verfassungshoheit der Mitgliedstaaten auch nicht die Zuständigkeit zugesprochen werden, für die Auslegung und Anwendung des nationalen Verfassungsrechts verbindliche Vorgaben zu formulieren[381].

Der EuGH verstoße zudem gegen die vom BVerfG in seinem Maastricht-Urteil aufgestellten Grundsätze[382]. Danach ist er innerhalb des vom BVerfG entworfenen Kooperationsverhältnisses nur insoweit für den Grundrechtschutz in jedem Einzelfall zuständig, als er in seiner Rechtsprechung zu den Gemeinschaftsgrundrechten die unabdingbaren Grundrechtsstandards des Grundgesetzes garantieren kann. Diese Grenze habe der EuGH mit seiner Entscheidung hinsichtlich des Verhältnisses von Art. 12 a Abs. 4 S. 2 GG und der Gleichbehandlungsrichtlinie aber eindeutig überschritten[383].

Darüber hinaus habe der Gerichtshof auch die Kompetenzvorgaben des Gemeinschaftsrechts nicht eingehalten[384]. Die Organe der Europäischen Gemeinschaft, insbesondere auch der EuGH, unterliegen dem Prinzip der begrenzten Einzelermächtigung, wonach jede ihrer Handlungen auf einer primärrechtlichen Kompetenznorm beruhen muss. Fragen der Sicherheits- und Verteidigungspolitik und damit zugleich die Struktur der nationalen Streitkräfte

[378] Stein in einer Anmerkung zur Rs. C-285/98 in EuZW 2000, S. 213f („Das muss man zweimal lesen, um es zu glauben“, S. 214); Scholz, Frauen, DÖV 2000, S. 417 („evidenter Verstoß gegen das Grundgesetz“, S. 420); tendenziell auch Schröder/Köster, Nachhilfe, JuS 2000, S. 497ff; dem EuGH dagegen zumindest im Ergebnis folgend Streinz, Frauen, DVBl. 2000, S. 585ff; Laubinger/Repkewitz, Freiwilliger Waffendienst, VerwArch 91 (2000), S. 297ff; Stahn, Streitkräfte, EuGRZ 2000, S. 121ff; Kämmerer, Gleichberechtigung, EuR 2000, S. 102ff; G. Hirsch, EuGH im Spannungsverhältnis, NJW 2000, S. 1817ff, S. 1820f; vorher schon Zuleeg, a.a.O., S. 1017ff, insbes. S. 1021ff; vgl. auch Zuck, Frauen, NJW 2000, S. 1701f und Götz in einer Anmerkung zur Rs. C-285/98 in JZ 2000, S. 413ff.

[379] § 1 Abs. 2 SoldatG (BGBl. I 1995, S. 1735); § 3 a SoldatLaufbahnVO (BGBl. III 1998/FNA 51-1-2)

[380] Huber, Integration, S. 125f

[381] Scholz, a.a.O., S. 419

[382] BerfGE 89, S.155ff, S. 174f

[383] Scholz, a.a.O., S. 420

[384] Stein, a.a.O., S. 214; Scholz, a.a.O., S. 418; Schröder/Köster, a.a.O., S. 544; ebenso: Laubinger/Repkewitz, a.a.O., S. 318

seien nicht „vergemeinschaftet" worden[385]; die Regelungen der GASP in Art. 11ff EU sähen nur eine intergouvernementale Zusammenarbeit, nicht aber Kompetenzübertragungen auf die Gemeinschaft vor. Die Gleichbehandlungsrichtlinie könne nicht über diesen Kompetenzrahmen hinaus die Zuständigkeit des EuGH begründen.

d. Stellungnahme

(1) Begründung des EuGH

Die Begründung des EuGH kann nicht überzeugen. Ihr ist insbesondere vorzuwerfen, dass die vorgebrachten Argumente keinen zwingenden Schluss auf die tatsächliche Einbeziehung der nationalen Verteidigung in den Anwendungsbereich der Richtlinie erlauben. Die genannten Gesichtspunkte können allenfalls zur Annahme führen, dass die Einbeziehung der Streitkräfte insoweit nicht ausgeschlossen ist. Ein positiver Nachweis gelingt dem Gerichtshof aber nicht[386].

Dabei hält er schon in systematischer Hinsicht nicht die richtige Prüfungsreihenfolge ein. Indem der EuGH zunächst nach einer allgemeinen, dem Gemeinschaftsrecht immanenten Ausnahme fragt, die den Bereich der öffentlichen Sicherheit den Mitgliedstaaten zuweist[387], geht er im Grundsatz von der Einbeziehung der öffentlichen Sicherheit in das Gemeinschaftsrecht aus. Dies kann aber allerdings keinesfalls die Regel sein, sondern bedarf seinerseits einer Begründung. Die Frage nach einer Ausnahme stellt sich erst, nachdem der Anwendungsbereich bejaht werden konnte. Just das wenig überraschende Fehlen einer Ausnahmebestimmung zu einem ungeschriebenen (!) Rechtsgrundsatz kann nicht die Einbeziehung der öffentlichen Sicherheit rechtfertigen[388]. Jedenfalls nicht ausreichend ist die zuletzt nachgeschobene lapidare Feststellung, dass die gemeinschaftsrechtlich vorgesehenen Ausnahmen ohnehin nicht dem hier betroffenen Sozialrecht zuzuordnen seien[389].

Auch soweit der EuGH argumentiert, dass der Begriff der öffentlichen Sicherheit sowohl die innere, als auch die äußere Sicherheit umfasse[390], bezieht sich das, wie die ausdrücklichen Hinweise des Gerichtshofs auf die „vorstehende[n] Randnummer[n]" und auf einschlägige Urteile zeigen, lediglich auf die Grundfreiheiten und auf Art. 297 EG. Diese (hier nicht

---

385 So Scholz, a.a.O., S. 418

386 Ähnlich Stahn, a.a.O., S. 125; kritisch auch Streinz, a.a.O., S. 589 und Kämmerer, a.a.O., S. 108f.

387 EuGH Rs. C-273/97, a.a.O., S. 499, R.16; EuGH Rs. C-285/98, a.a.O., S. 498, R.16

388 Vgl. Kämmerer, a.a.O., S. 108; systematisch richtig Zuleeg, a.a.O., S. 1022, der zuerst die Anwendung der Gleichbehandlungsrichtlinie für Soldaten untersucht und bejaht.

389 EuGH Rs. C-273/97, a.a.O., S. 500, R.18; EuGH Rs. C-285/98, a.a.O., S. 498, R.18; wie hier Stein, a.a.O., S. 214; vgl. auch Schröder/Köster, a.a.O., S. 544.

mal einschlägigen) Vorschriften verwenden allerdings den Begriff der öffentlichen Sicherheit zu Gunsten der Kompetenzen der Mitgliedstaaten, ein zwingender Rückschluss zu deren Lasten ist gerade nicht möglich. Wenn nationale Verteidigungsinteressen unter Art. 297 EG zu subsumieren sind, kann daraus nur gefolgert werden, dass die Verteidigung nicht generell, sondern nur in bestimmten Situationen nicht dem Anwendungsbereich des Gemeinschaftsrechts unterliegt, beinhaltet die Vorschrift doch selbst nur eine Ausnahmeregelung[391]. Letztlich ist auch die Feststellung, dass „die Richtlinie auch auf öffentlich-rechtliche Dienstverhältnisse anwendbar ist"[392], allein wenig hilfreich, lässt sie doch gerade den entscheidenden Aspekt außen vor, ob das auch für Soldaten gilt[393].

(2) Die Kritik

Führt die Argumentation des EuGH nicht zwangsläufig zu einer Einbeziehung des Zugangs zu den nationalen Streitkräften in den Anwendungsbereich der Gleichbehandlungsrichtlinie, so vermögen umgekehrt die gegen den Gerichtshof vorgebrachten Argumente nicht das Gegenteil zu belegen.

Zum einen geht der Vorwurf, dass die Urteile Sirdar und Kreil in einem „offenen Konflikt mit der Maastricht-Entscheidung"[394] des BVerfG stünden, weil sie gegen den konkret durch Art. 12 a Abs. 4 S. 2 GG verbürgten Grundrechtsstandard verstoßen, ins Leere. Art. 12 a Abs. 4 S. 2 GG konstituiert nämlich gerade kein Grundrecht, sondern schränkt vielmehr das Grundrecht der Berufsfreiheit ein[395]. Insofern ist auch nicht die Maastricht-Rechtsprechung einschlägig. Diese soll zu einem „wirksame[n] Schutz der Grundrechte"[396] verhelfen und würde in ihrem Sinn und Zweck ins Gegenteil verkehrt, würde man mit ihr die Anwendung des ohne Einschränkungen gewährleisteten Gleichheitssatzes zwischen den Geschlechtern im Gemeinschaftsrecht ablehnen. Die Grundrechte des Grundgesetzes dienen in diesem Sinne keinem Selbstzweck, sondern sollen nur „eine generelle Gewährleistung der unabdingbaren Grundrechtsstandards"[397] sicher stellen. Wenn das Gemeinschaftsrecht den

---

390 EuGH Rs. C-273/97, a.a.O., S. 499f, R.17; EuGH Rs. C-285/98, a.a.O., S. 498, R.17

391 So Stahn, a.a.O., S. 124

392 EuGH Rs. C-273/97, a.a.O., S. 500, R.18; EuGH Rs. C-285/98, a.a.O., S. 498, R.18

393 Es ist denkbar, dass der Gerichtshof diese Frage als selbstverständlich ansah, vgl. auch die Schlussanträge des Generalanwalts La Pergola zur Rs. Sirdar in EuGRZ 1999, S. 665ff, S. 670, R.16 a.E., oder mit der Einbeziehung der äußeren Sicherheit beantwortet glaubte. Im ersten Fall ist die Argumentation des EuGH unvollständig, im zweiten, wie gerade gesehen, nicht zwingend.

394 Scholz, a.a.O., S. 417

395 Ebenso Gornig in v. Mangoldt/Klein/Starck, Kommentar, Art. 12 a GG, R. 169; Laubinger/Repkewitz, a.a.O., S. 322; Zuleeg, a.a.O., S. 1024; vgl. auch Scholz in Maunz/Dürig, Art. 12 a GG, R. 14, 21.

396 BVerfGE 89, S. 155ff, S. 174

397 BVerfGE 89, S. 155ff, S. 175

Gleichheitssatz in umfänglicherem Maße als das Grundgesetz statuiert, kann aber keine Rede davon sein, dass dieser Grundrechtsstandard in Gefahr gerät.

Ebenso wenig kann der These der Höherrangigkeit des nationalen Verfassungsrechts gegenüber dem Gemeinschaftsrecht und insbesondere gegenüber der Gleichbehandlungsrichtlinie gefolgt werden[398]. An ihr ist zwar zweifelsohne richtig, dass nach der Konstruktion des deutschen Verfassungsrechts das nationale Zustimmungsgesetz den Rechtsanwendungsbefehl für das Gemeinschaftsrecht erteilt und als solches den Grenzen des höherrangigen Verfassungsrechts unterliegt. Allerdings darf die Bundesrepublik nur dann Hoheitsrechte auf die Europäische Union übertragen, wenn diese die Grundsätze der Rechtsstaatlichkeit gewährleisten kann, Art. 23 Abs. 1 S.1 GG. Ansonsten wäre die Ewigkeitsgarantie nach Art. 23 Abs. 1 S. 3 GG i.V.m. Art. 79 Abs. 3 GG verletzt. Gerade das Rechtsstaatsprinzip wäre im Gemeinschaftsrecht aber erheblich gefährdet, wenn der Gleichheitssatz in der Europäischen Union keine einheitliche Anwendung mehr finden würde, weil einzelne widersprechende Verfassungsvorschriften diesem vorgingen. In diesem Fall würde gerade der Geltungsanspruch des Verfassungsrechts einer weiteren Übertragung von Hoheitsrechten im Wege stehen, der Integrationsprozess würde zerbrechen[399]. Deshalb kann gerade wegen Art. 23 Abs. 1 GG der Vorrang des nationalen Verfassungsrechts zumindest in grundrechtsrelevanten Bereichen kein absoluter sein. Nicht nur der effet utile des Gemeinschaftsrechts, sondern auch das Verständnis der Gemeinschaft als autonome, supranationale Hoheitsgewalt gebieten einen Vorrang sekundärrechtlicher Diskriminierungsverbote vor nationalem Verfassungsrecht.

Im Ergebnis verbleibt damit das Argument, wonach die Verteidigungspolitik nach Art. 11ff EU ausdrücklich nicht in die Kompetenz der Gemeinschaft gestellt wurde. Dem ist zuzustimmen, unterliegt die gemeinsame Verteidigungspolitik doch lediglich einem Prozess der schrittweisen Festlegung, vgl. Art. 17 Abs. 1 UAbs. 4 EU. Nach Art. 47 EU lassen jedoch die Regelungen der GASP wie die des EU-Vertrags insgesamt anderweitige vertragliche Regelungen unberührt[400].

(3) Fachkompetenz vs. Querschnittskompetenz

Mit dieser Feststellung ist die generelle Möglichkeit eröffnet, dass wenigstens Teilbereiche der Verteidigungspolitik der Zuständigkeit der Mitgliedstaaten entzogen sein und dem Gemeinschaftsrecht unterliegen können. Die Art. 11ff EU entfalten insofern keine Sperrwirkung. Eine konkrete Kompetenz der Gemeinschaft ist damit noch nicht begründet. Eine sol-

---

398 G. Schmidt in GTE, Kommentar, Art. 189 EGV, R. 3

399 Zuleeg, a.a.O., S. 1023; vgl. auch Ipsen in Isensee/Kirchhof, Handbuch Band VII, § 181, R. 9f

che bedarf in jedem Fall einer primärrechtlichen Verankerung und kann nicht allein durch Normen des Sekundärrechts begründet werden, da ansonsten der vom deutschen Zustimmungsgesetz vorgegebene Rahmen überschritten wäre[401].

Aus diesem Grund kann es nicht ausreichen, die Einbeziehung der Streitkräfte in das Gemeinschaftsrecht auf Art. 3 Abs. 1 der Gleichbehandlungsrichtlinie zu stützen[402], wonach der Grundsatz der Gleichbehandlung von Männern und Frauen hinsichtlich des Zugangs zu Beschäftigungen „unabhängig vom Tätigkeitsbereich oder Wirtschaftszweig" gewährleistet wird. Dieser an sich richtige Hinweis stellt allenfalls ein Indiz, nicht aber einen Nachweis dar.

Vor In-Kraft-Treten des Vertrags von Amsterdam war eine primärrechtliche Grundlage nicht in ausreichendem Maße vorhanden. Insbesondere genügt die Kompetenznorm des Art. 308 EG, auf den die Gleichbehandlungsrichtlinie zurückgeht, nicht den nötigen Anforderungen[403]. Es mag zwar sein, dass diese die „vertragsimmanente Fortentwicklung des Gemeinschaftsrechts ermöglicht" und die Gleichberechtigung von Männern und Frauen im Arbeitsleben schon damals in der Gesamtheit der Vertragsbestimmungen angelegt war[404]. Zur Begründung einer entsprechenden Rechtsetzungskompetenz kann dies allerdings gerade in Hinblick auf die ausdrücklichen Regelungen der Art. 11ff EU nicht für den Bereich der Verteidigung gelten. Um eine Ausnahme von diesen klaren Regelungen zu konstituieren, war die Gleichbehandlung der Geschlechter primärrechtlich nicht hinreichend festgelegt. Art. 308 EG stellt auf die Verwirklichung von Zielen der Gemeinschaft ab. Insofern kann nicht auf die Präambel des EG-Vertrags verwiesen werden[405], da diese lediglich als Auslegungsmaßstab für andere Aufgaben der Gemeinschaft herangezogen werden kann[406]. Zwar ist ein in Art. 2 EG explizit genanntes Ziel nicht nötig, so dass generell auch implizite Ziele der Gemeinschaft ausgereicht hätten. In diesem Fall ist aber eine restriktive Auslegung angezeigt und eine eindeutige Regelung im Primärrecht zu suchen[407]. Für den Bereich der Streitkräfte ist eine solche wie gezeigt gerade nicht ersichtlich.

Diese Rechtslage hat sich seit Geltung des Amsterdamer Vertrages geändert. „Zwar haben die Mitgliedstaaten der Gemeinschaft [auch durch den Amsterdamer Vertrag] keine Befugnisse für die Organisation und die Führung der Streitkräfte übertragen, aber darum

---

400 Zuleeg, a.a.O., S. 1022

401 Scholz, a.a.O., S. 418

402 So wohl Zuleeg, a.a.O., S. 1022; vgl. auch die Schlussanträge des Generalanwalts La Pergola zur Rs. Sirdar in EuGRZ 1999, S. 665ff, S. 670, R.16 und Stahn, a.a.O., S. 125.

403 A.A. Stahn, a.a.O., S. 126; unklar Kämmerer, a.a.O., S. 109.

404 So Stahn, a.a.O., S. 126; vgl. zu diesem Grundsatz später ausführlich.

405 So aber Stahn, a.a.O., S. 126 und Kämmerer, a.a.O., S. 109.

406 Rossi in C/R, Kommentar, Art. 308 EG, R. 20

407 Rossi in C/R, Kommentar, Art. 308 EG, R. 21

geht es hier auch nicht"[408]. Denn allein die Tatsache, dass den Mitgliedstaaten eine spezielle Kompetenz verblieben ist, kann nicht zu der Annahme[409] führen, dass sie von der Einhaltung anderweitiger gemeinschaftsrechtlicher Vorgaben befreit wären. Die Zuständigkeit der Gemeinschaft ist vorliegend nicht auf eine Fachkompetenz in der Verteidigungspolitik zurückzuführen, sondern basiert auf einer sozialrechtlichen Querschnittskompetenz hinsichtlich der Gleichberechtigung zwischen Mann und Frau, die insbesondere auf den Regelungen der Art. 2 EG, Art. 3 Abs. 2 EG und Art. 141 Abs. 3 EG beruht[410]. Die Gemeinschaft kann deshalb in mitgliedstaatliche Kompetenzen einbrechen, da sie, ohne eine spezielle Kompetenz für bestimmte Regelungsbereiche zu besitzen, zu einer allgemeinen Gleichstellungspolitik zwischen den Geschlechtern übergegangen ist und nach Art. 3 Abs. 2 EG bei all ihren Tätigkeiten auf die Beseitigung von Ungleichheiten und die Gleichstellung von Männern und Frauen hinwirkt. Sie ist dabei nicht auf die in Art. 3 Abs. 1 EG genannten Tätigkeiten beschränkt. Wie aus Art. 2 EG hervorgeht, avanciert die Gleichstellung der Geschlechter unabhängig vom betroffenen Sachbereich zu einem Ziel der Gemeinschaft, so dass die Bereiche des Art. 3 Abs. 1 EG lediglich besondere materielle Anknüpfungspunkte für diesen Grundsatz darstellen[411]. So ist auch der EuGH zu verstehen, wenn er feststellt, dass der Grundsatz der Gleichbehandlung zwischen Männern und Frauen „allgemeine Geltung hat"[412]. Ohne die Fachkompetenz der Mitgliedstaaten insgesamt in Frage zu stellen, kommt es zu einem Nebeneinander zwischen einer speziellen mitgliedstaatlichen und einer allgemeinen gemeinschaftsrechtlichen Zuständigkeit[413], die sich in einer ausschnittsweisen Einflussmöglichkeit des EuGH überall dort manifestiert, wo sich beide Kompetenzen überschneiden. Ein solcher Fall ist gerade bei dem Zugang zu den Streitkräften gegeben, sofern dieser Frauen untersagt ist. Von einer domaine réservé der Mitgliedstaaten kann also keine Rede sein[414]. Die Gleichbehandlungsrichtlinie wäre nach dem gegenwärtigen Stand des Gemeinschaftsrechts nicht mehr auf Art. 308 EG angewiesen, sondern könnte sich auf die primärrechtliche Vorschrift des Art. 141 Abs. 3 EG stützen. Diese Vorschrift ist in Zusammenschau mit Art. 3 Abs. 2 EG und Art. 2 EG jedenfalls ausreichende Grundlage für eine Einbeziehung des Zugangs zu den nationalen Streitkräften in den gemeinschaftsrechtlichen Gleichbehandlungsgrundsatz. Es

---

408 Generalanwalt La Pergola in seinen Schlussanträgen zur Rs. Sirdar in EuGRZ 1999, S. 665ff, S. 673, R. 29

409 Von G. Hirsch, EuGH im Spannungsverhältnis, NJW 2000, S. 1817ff, S. 1820 als „[e]ine immer wieder anzutreffende Fehleinschätzung" bezeichnet.

410 Laubinger/Repkewitz, a.a.O., S. 318ff; Kämmerer, a.a.O., S. 110; Stahn, a.a.O., S. 126f; ähnlich Streinz, a.a.O., S. 590.

411 Ebenso Kämmerer, a.a.O., S. 110

412 EuGH Rs. C-273/97, a.a.O., S. 500, Rz.18; EuGH Rs. C-285/98, a.a.O., S. 498, R.18

413 Stahn, a.a.O., S. 126 spricht umgekehrt von einer allgemeinen Zuständigkeit der Mitgliedstaaten und einer speziellen sozialrechtlichen Kompetenz der Gemeinschaft.

414 So Stein, a.a.O., S. 214.

wäre also verfehlt, von einer Kompetenzüberschreitung durch den EuGH zu sprechen; dieser wendet vielmehr eine bestehende Gemeinschaftskompetenz punktuell auf grundsätzlich den Mitgliedstaaten verbliebene Bereiche an.

Eine derartige Vorgehensweise des Gerichtshofs ist keine Seltenheit. So hat er ausdrücklich entschieden, dass die Bildungspolitik zwar „nicht zu den Materien [gehöre], die der Vertrag der Zuständigkeit der Gemeinschaftsorgane unterworfen hat. Daraus folgt aber nicht, dass die Ausübung der der Gemeinschaft übertragenen Befugnisse irgendwie eingeschränkt wäre, wenn sie sich auf Maßnahmen auswirken kann, die zur Durchführung etwa zur Bildungspolitik ergriffen worden sind"[415]. Weitere explizite Stellungnahmen des EuGH finden sich im Hinblick auf den den Mitgliedstaaten verbliebenen Bereich der sozialen Sicherheit in den Rs. Decker und Kohll: „Gleichwohl müssen die Mitgliedstaaten [...] bei der Ausübung dieser Befugnis das Gemeinschaftsrecht beachten"[416]. Ebenso deutlich äußert sich der Generalanwalt Jacobs in der Rs. C-274/96, wenn er feststellt, dass „natürlich keine Übertragung der Zuständigkeit der Mitgliedstaaten auf dem Gebiet des Strafrechts auf die Gemeinschaft" in Frage komme. Die Mitgliedstaaten müssen aber „ihre Befugnisse auf diesem Gebiet in Übereinstimmung mit dem fundamentalen Grundsatz der Gleichbehandlung ausüben"[417].

Berücksichtigt man diese Rechtsprechung, sind mitgliedstaatliche Kompetenzen in sich überschneidenden Bereichen immer dem Gemeinschaftsrecht unterstellt und insofern nicht in der Lage, dessen Anwendungsbereich zu begrenzen. Ein solches Verständnis entspricht dem Vorrang des Gemeinschaftsrechts und der Notwendigkeit seiner praktischen Wirksamkeit. Diese europarechtlichen Prinzipien werden nicht beachtet, wenn man die Anwendung einer gemeinschaftsrechtlichen Querschnittskompetenz in speziellen, den Mitgliedstaaten verbliebenen Zuständigkeitsbereichen dem Verhältnismäßigkeitsgrundsatz unterstellen und die Beachtung des Gemeinschaftsrechts von der Prämisse abhängig machen will, dass es zur Zielerreichung geeignet und erforderlich ist[418]. Dabei bereitet schon die Bestimmung eines legitimen Ziels Schwierigkeiten: Ist insofern allgemein auf die Gleichstellung der Geschlechter oder konkret auf die Gleichbehandlung zwischen Mann und Frau in den nationa-

415 EuGH Rs. 9/74, Slg. 1974, S. 773ff, S. 779, Casagrande (Hervorhebungen durch Verf.); insbesondere Streinz, a.a.O., S. 589f, betont unter Zuhilfenahme zahlreicher Rechtsprechungshinweise, dass diese Judikatur des EuGH seit Jahrzehnten besteht, und dass „sich somit kaum noch eine Materie finden lassen [wird], die in jeder Hinsicht gemeinschaftsfest' ist"; vgl. im diesem Zusammenhang auch G. Hirsch, a.a.O., S. 1820f und Stahn, a.a.O., S. 129.

416 EuGH Rs. C-120/95, Slg. 1998, I-S. 1831ff, S. 1881, Decker; EuGH Rs. C-158/96, Slg. 1998, I-S. 1931ff, S. 1943, Kohll

417 EuGH Rs. C-274/96, Slg. 1998, I-S. 7637ff, S. 7645, R.25, Bickel und Franz; der EuGH berücksichtigt die Bemerkung des Generalanwalts auf S. 7655f des Urteils, wonach für das Strafrecht zwar die Mitgliedstaaten zuständig sind, entsprechende Rechtsvorschriften jedoch nicht zu einer Diskriminierung führen dürfen.

418 So Laubinger/Repkewitz, a.a.O., S. 319f.

len Streitkräften abzustellen[419]? Jedenfalls schränkt eine solche Auffassung eine der Gemeinschaft ausdrücklich zugewiesene Kompetenz auf vertraglich nicht vorgesehene Art und Weise ein und behindert damit den Integrationsprozess.

e. Ergebnis

Auch wenn man der Argumentation des EuGH nicht folgen will, ist im Ergebnis mit ihm von einer uneingeschränkten Geltung der gemeinschaftsrechtlichen Querschnittskompetenzen im Bereich mitgliedstaatlicher Fachkompetenzen auszugehen. Der Anwendungsbereich des gemeinschaftsrechtlichen Grundsatzes der Gleichbehandlung der Geschlechter reicht damit sehr weit. In dieser Klarheit gilt das aber ausschließlich für das Differenzierungskriterium des Geschlechts und kann nicht automatisch auf alle in Art. 13 EG aufgeführten Merkmale übertragen werden. Zwar verfügt die Gemeinschaft mit dieser Vorschrift beispielsweise auch hinsichtlich des Alters, der Religion und der sexuellen Orientierung über eine neue ausdrückliche Rechtsetzungskompetenz. Problematisch ist jedoch, dass lediglich die Gleichstellung der Geschlechter in Art. 2 EG zum Gemeinschaftsziel erklärt wurde. Hinzu kommt, dass sich der Gleichstellungsauftrag nach Art. 3 Abs. 2 EG ausschließlich auf die Gleichstellung von Mann und Frau bezieht und gerade nicht auf alle in Art. 13 EG genannten Kriterien auszudehnen ist[420].

Auf der anderen Seite erwähnt Art. 2 EG neben der Gleichstellung der Geschlechter auch „ein hohes Maß an sozialem Schutz", worunter sich auch die Differenzierungskriterien des Art. 13 EG nach ihrer Zielrichtung subsumieren lassen. Berücksichtigt man zusätzlich, dass Art. 13 EG neue Zuständigkeiten der Gemeinschaft schafft, wird man letztlich auch den „Anwendungsbereich" des Gemeinschaftsrechts auf diesem Gebiet eröffnet sehen müssen. Demnach könnte der EuGH einschreiten, wenn nationale Regelungen Homosexuellen den Zugang zu Streitkräften verwehren. Der gemeinschaftsrechtlich hervorgehobenen Stellung der Gleichbehandlung der Geschlechter kann durch erhöhte Anforderungen im Rahmen mitgliedstaatlicher Rechtfertigungsmöglichkeiten Rechnung getragen werden.

---

419 Letzterenfalls steht man wieder am Anfang aller Überlegungen, handelt es sich doch um die zu beantwortende Ausgangsfrage.

420 Siehe oben.

II. Die Maßnahmen zur Umsetzung von Art. 13 EG

Art. 13 EG eröffnet der Europäischen Union die Möglichkeit, durch die Schaffung von Sekundärrecht Diskriminierungen zu begegnen. Die EU hat hiervon bislang regen Gebrauch gemacht. Aufgrund von Art. 13 EG wurden die Richtlinien 2000/43/EG zur Anwendung des Grundsatzes der Gleichbehandlung ohne Unterschied der Rasse oder der ethnischen Herkunft und 2000/78/EG zur Festlegung eines Allgemeinen Rahmens für die Verwirklichung der Gleichbehandlung in Beschäftigung und Beruf erlassen. Zudem stützen sich die beiden Aktionsprogramme der Gemeinschaft zur Bekämpfung von Diskriminierungen 2001-2006[421] bzw. betreffend die Gemeinschaftsstrategie für die Gleichbehandlung von Frauen und Männern 2001-2007[422] auf Art. 13 EG. Schließlich besteht bereits ein Vorschlag der Kommission zur Änderung der Richtlinie 76/207/EWG zur Anpassung an die Erfordernisse der Gegenwart[423].

Grundsätzlich können alle genannten Maßnahmen sowohl repressive, als auch präventive Regelungen enthalten. Lediglich die Möglichkeit, bestehende Diskriminierungen durch Verbote abzubauen und zugleich das Entstehen neuer Ungleichbehandlungen anhand von beispielsweise Aktionsprogrammen und Aufklärungsmaßnahmen zu verhindern, passt zu dem von der Gemeinschaft verfolgten Ansatz des Mainstreaming[424]. Dieser soll für eine umfangreiche Antidiskriminierungspolitik in möglichst vielen Bereichen sorgen und alle sozialen Akteure mit einbeziehen. Der Kampf gegen Diskriminierungen auf der Ebene des Gemeinschaftsrechts wird nur dann seiner zentralen Bedeutung gerecht, wenn alle Einrichtungen der Gemeinschaft im Rahmen ihrer Möglichkeiten die Chancengleichheit auch zum Gegenstand ihrer Tätigkeiten machen und zugleich der Rat als Hauptrechtsetzungsorgan auf eine breite Palette an möglichen Aktionen Rückgriff nehmen kann. Um die verschiedensten Stellen in eine Antidiskriminierungspolitik miteinbeziehen zu können, bedarf es einer vielfachen Form von Rechtsakten. Dem liegt allgemein die Erkenntnis zu Grunde, dass verbindliche gesetzliche Vorschriften kein Allheilmittel gegen Diskriminierungen darstellen. Ziel aller Maßnahmen muss ein tief greifender gesellschaftlicher Wandel sein, der zu einer Verinnerlichung der Gleichbehandlung und zu einer Änderung der Verhaltensweisen und Einstellungen führt und alle betroffenen Akteure mobilisiert. Dieses Ziel kann nicht allein durch verbindliche Rechtsakte herbeigeführt werden. Deshalb strebt die Kommission zur Unterstützung ihrer Antidiskriminierungsrichtlinien den Erlass eines Aktionsprogramms an. Dieses verfolgt die

---

421 ABl. 2000 L 303/23

422 ABl. 2000 L 17/22

423 KOM 2000, 334 endg.

Förderung eines Verständnisses für die Problematik von Diskriminierungen, die progressive Entwicklung der Tätigkeitsbereiche der Zielakteure und die Förderung und Verbreitung der Werte, die der Bekämpfung von Diskriminierungen zu Grunde liegen. So ist es auch Aufgabe der Gemeinschaftseinrichtungen, die Gleichbehandlung als organisationsinterne Pflicht zu betrachten und laufend umfassende und flexible Strategien in der Gleichstellungspolitik zu entwickeln.

Art. 13 EG für sich allein kann den Erlass einer konkreten sekundärrechtlichen Antidiskriminierungsmaßnahme nicht begründen. Insofern unterliegt der Rat den Beschränkungen der Subsidiarität und der Verhältnismäßigkeit aus Art. 5 EG.

Das Gebot der Verhältnismäßigkeit basiert auf Art. 5 Abs. 3 EG und legt der Gemeinschaft auf, Maßnahmen nicht über das zur Erreichung der Ziele des EG-Vertrags erforderliche Maß hinaus zu ergreifen. Damit können Verordnungen wegen ihrer unmittelbaren Geltung als einschneidendere Maßnahmen nur dann Diskriminierungsverbote transportieren, wenn die Ungleichbehandlung nicht durch (mildere) Verordnungen oder Programme gleich wirksam bekämpft werden kann.

Das Subsidiaritätsprinzip folgt aus Art. 5 Abs. 2 EG und gestattet der Gemeinschaft ein Tätigwerden nur, sofern und soweit die Ziele der in Betracht gezogenen Maßnahmen auf Ebene der Mitgliedstaaten nicht ausreichend erreicht werden und daher wegen ihres Umfangs und oder ihrer Wirkungen besser auf Gemeinschaftsebene durchgesetzt werden können. In ihrem Protokoll zum Amsterdamer Vertrag über die Anwendung der Grundsätze der Subsidiarität und der Verhältnismäßigkeit haben die Mitgliedstaaten die Subsidiarität als „dynamisches Konzept" bezeichnet, das „... unter Berücksichtigung der im Vertrag festgelegten Ziele angewendet werden" sollte[425]. Entscheidende Gesichtspunkte für ein Tätigwerden der Gemeinschaft seien, ob der betreffende Bereich transnationale Aspekte aufweise, die durch Maßnahmen der Mitgliedstaaten nicht ausreichend geregelt werden können, ob alleinige Maßnahmen der Mitgliedstaaten gegen die Stärkung des sozialen Zusammenhalts in der Gemeinschaft als Anforderung des Vertrages verstoßen würden, und ob gemeinschaftliche Maßnahmen wegen ihres Umfangs und ihrer Wirkungen deutliche Vorteile mit sich brächten[426].

---

[424] Dazu nur Allen, Artikel 13, in Bekämpfung der Diskriminierungen, S. 77ff, S. 85 und Niven, Bekämpfung der Diskriminierungen, a.a.O., S. 91ff, S. 92

[425] ABl. 1997 C 340, S. 105ff, 3. Bestimmung

[426] A.a.O., 5. Bestimmung

Auch der Rat erkennt diese Vorgaben der Subsidiarität und Verhältnismäßigkeit, geht aber über bloß formelhafte Feststellungen nicht hinaus[427]. Diese lediglich formale Einhaltung der genannten Grundsätze verstößt gegen deren materiellen Sinngehalt und gegen die eigenen Vorgaben der EU, die eine eingehende Begründung für den Einzelfall erfordern[428].

Die Kommission setzte sich in ihrem Richtlinienvorschlag intensiver mit den Vorgaben des Art. 5 EG auseinander[429]. Sie kam zum Ergebnis, dass eine Rahmenrichtlinie als schonendster gemeinschaftsrechtlicher Rechtsakt mit verbindlicher Wirkung die primär geeignete Maßnahme zur Aufstellung gemeinschaftsrechtlicher Diskriminierungsverbote darstellt. Mit der Entscheidung zu Gunsten einer Rahmenrichtlinie inhaltlich verbunden ist die Garantie (bloßer) Mindestanforderungen[430]. So sehen auch Art. 6 der Richtlinie 2000/43/EG und Art. 8 der Richtlinie 2000/78/EG in einem ersten Absatz vor, dass es den Mitgliedstaaten unbenommen bleibt, Vorschriften einzuführen oder beizubehalten, die im Hinblick auf die Wahrung des Gleichbehandlungsgrundsatzes günstiger als die in den Richtlinien vorgesehenen Vorschriften sind. Der zweite Absatz enthält als Standardbestimmung eine Nichtrückschrittsklausel, die klarstellt, dass die Umsetzung dieser Richtlinien keinesfalls als Rechtfertigung für eine Absenkung des von den Mitgliedstaaten bereits garantierten allgemeinen Schutzniveaus in Bezug auf Diskriminierungen in den von den Richtlinien abgedeckten Bereich benutzt werden darf. Die Richtlinien sollen nicht bestehende Antidiskriminierungsvorschriften in den Mitgliedstaaten unterlaufen. Im Ergebnis beschränkt sich die Rechtsetzung der Gemeinschaft auf die Festsetzung allgemeiner Grundsätze und überlässt den Mitgliedstaaten die weitere Ausführung.

Zentrale Vorschrift der neuen Richtlinien ist jeweils Art. 2, der unmittelbare und mittelbare Diskriminierungen aus den jeweiligen Gründen untersagt. In Art. 2 Abs. 2 werden diese Begriffe anschließend definiert. Art. 2 Abs. 3 erweitert den Anwendungsbereich in erheblichem Maße auf bestimmte herabwürdigende Belästigungen, die ein von Einschüchterungen, Anfeindungen, Erniedrigungen oder Beleidigungen gekennzeichnetes Umfeld schaffen, um Diskriminierungen im Sinne des Mainstreaming-Ansatzes auf breiter Front begegnen zu können.

In personeller Hinsicht umfasst der Anwendungsbereich beider Richtlinien nach dem jeweiligen Art. 3 Abs. 1 alle öffentlichen und privaten Arbeitgeber. Damit wurde sekundärrechtlich eine horizontale Drittwirkung herbeigeführt.

---

427 Vgl. den 37. bzw. 28. Erwägungsgrund der Richtlinien 2000/78/EG bzw, 2000/43/EG.

428 Abl. 1997 C 340, S. 105, 4. Bestimmung; wie hier auch Bauer, H.J., Antidiskriminierungsrichtlinien, NJW 01, S. 2672ff, S. 2672.

429 Vgl. DOC 599PC0565 bzw. DOC 599PC0566

430 Hierzu bereits Whittle, Disability Discrimination, EL Rev. 1998, S. 50ff, S. 57

Für das nationale Recht von besonderer Bedeutung ist die Ausdehnung des sachlichen Geltungsbereichs nach Art. 3 Abs. 1 lit. a der Richtlinien, der das Diskriminierungsverbot auch auf den vorvertraglichen Bereich erstreckt. Hier stößt das Gemeinschaftsrecht auf Grenzen hinsichtlich der Privatautonomie der Vertragspartner. Die Reichweite des Gleichbehandlungsgrundsatzes wird von der Richtlinie insoweit offengelassen. Wann die Grenzen des auch europarechtlichen Eingriffs in das Auswahlermessen der Arbeitgeber erreicht sind, wird die zukünftigen Entwicklung zeigen[431].

Die Möglichkeit positiver Diskriminierungen zur Beseitigung bestehender Ungleichheiten ist in Art. 7 der Richtlinie 2000/78/EG bzw. in Art. 5 der Richtlinie 2000/43/EG vorgesehen[432]

Nach Feststellung einer ungleichen tatbestandlichen Differenzierung stellt sich bei allen Diskriminierungsverboten die Frage der Rechtfertigungen. Art. 13 EG enthält keine primärrechtliche Verbotsnorm, so dass die bei Art. 141 Abs. 1 und Art. 12 EG diskutierte Problematik, ob Ungleichbehandlungen aus den in ihm genannten Kriterien absolute Verbote aufstellen und niemals gerechtfertigt sein können, oder als relative Verbote Rechtfertigungen grundsätzlich zulassen, auf das Sekundärrecht verlagert wird. Damit stellt sich nicht die Frage, ob „das" Diskriminierungsverbot des Art. 13 EG ein absolutes oder relatives ist[433]. Es obliegt den rechtsetzenden Gemeinschaftsorganen, Diskriminierungsverbote inhaltlich im Rahmen des Sekundärrechts auszugestalten und zu gewichten. Er ist in der Lage, spezielle Rechtfertigungsgründe zu benennen und damit die Reichweite relativer Diskriminierungsverbote auf Grund von Art. 13 EG zu konkretisieren.

In der Richtlinie 2000/43/EG zur Anwendung des Gleichbehandlungsgrundsatzes ohne Unterschied der Rasse oder der ethnischen Herkunft sind wesentliche und entscheidende berufliche Anforderungen als Ausnahmen zu tatbestandlichen Diskriminierungen vorgesehen. In Anknüpfung an den Anwendungsbereich der Richtlinie können die Mitgliedstaaten nach Art. 4 vorsehen, dass die speziell betroffene Ungleichbehandlung keine Diskriminierung darstellt, „wenn das betroffenen Merkmal auf Grund der Art einer bestimmten beruflichen Tätigkeit oder der Rahmenbedingungen ihrer Ausübung eine wesentliche und entscheidende berufliche Anforderung darstellt und sofern es sich um einen rechtmäßigen Zweck und eine angemessene Anforderung handelt". Als Ausnahmeregelungen von einem individuellen Recht müssen die hierin enthaltenen Begriffe eng ausgelegt werden[434]. So kommen nur berufliche Anforderungen als Rechtfertigung in Frage, die zur Ausführung der betroffenen Tä-

---

[431] Vgl. auch Bauer, H.J., Diskriminierungsrichtlinien, NJW 01, S. 2672ff, S. 2673

[432] Vgl. dazu unten.

[433] Zu Art. 12 EG von Bogdandy in G/H, Kommentar, Art. 6 EGV, R. 22ff; Epiney, Umgekehrte Diskriminierungen, S. 95ff

[434] Vgl. Lenz in Lenz, Art. 141 EG, R. 37 zu Art. 2 der RL 76/207/EWG, zu Art. 2 Abs. 2 der RL 76/207/EWG EuGH Rs. 222/84, Slg. 1986, S. 1651ff, S. 1686, Johnston

tigkeit unerlässlich sind. Vor diesem Hintergrund dürften insbesondere bei Rassendiskriminierungen durchgreifende Rechtfertigungen nur sehr selten zu bejahen sein. Denkbar wäre, dass aus Gründen der Authentizität ein Schauspieler einer bestimmten ethnischen Minderheit benötigt wird, oder dass persönliche Dienstleistungen für eine bestimmte ethnische Gruppe am besten durch Angehörige dieser Gruppe gewährleistet werden können. Eine entsprechende Regelung findet sich auch in Art. 4 Abs. 1 der Richtlinie 2000/78/EG.

In Erweiterung dieser Ausnahme sind nach Art. 4 Abs. 2 und Art. 5 der Richtlinie 2000/78/EG zusätzliche Rechtfertigungen von Diskriminierungen aus Gründen der Religion oder der Weltanschauung und des Alters möglich. Hiernach können berufliche Anforderungen von öffentlichen oder privaten Organisationen, die bestimmte religiöse Werte in Hinblick auf Erziehung, Berichterstattung und Meinungsäußerung vertreten, gerechtfertigt sein, solange eine bestimmte weltanschauliche Tendenz wesentlich zur deren Erfüllung ist. Zu denken ist in erster Linie an Tätigkeiten, die nur für Arbeitnehmer mit entsprechenden religiösen Überzeugungen geeignet sind.

Unter dem Vorbehalt der Verhältnismäßigkeit ist in Art. 5 ein Katalog von Ungleichbehandlungen auf Grund des Alters enthalten, die ausdrücklich einer Rechtfertigung zugänglich sind. Zulässige Differenzierungen sind danach beim Zugang zu einer Beschäftigung zur Gewährleistung des Schutzes Jugendlicher, bei der Festsetzung unterschiedlicher Altersgrenzen für bestimmte Beschäftigte auf Grund physischer oder mentaler beruflicher Anforderungen oder zur Erreichung legitimer arbeitspolitischer Ziele möglich. Nach den Erläuterungen der Kommission soll damit „zum einen die Möglichkeit der Rechtfertigung einer unmittelbaren Diskriminierung auf ganz bestimmte das Alter betreffende Ausnahmefälle beschränkt werden, zum anderen soll sicher gestellt sein, dass diese begrenzte Zahl von Ausnahmen den vom Gerichtshof im Zusammenhang mit dem Begriff der mittelbaren Diskriminierung festgelegten Grundsätzen der Erforderlichkeit, der Verhältnismäßigkeit und der Legitimität genügen“[435]. Dies steht in einem Widerspruch zur gleichzeitigen Feststellung der Kommission, dass der Katalog nicht erschöpfend ist. In diesem Fall sind nämlich weitere Rechtfertigungen von Diskriminierungen denkbar, wodurch einerseits der Kreis der erlaubten unmittelbaren Diskriminierungen erweitert, andererseits die strengen Voraussetzungen an die Verhältnismäßigkeit mittelbarer Diskriminierungen verwässert werden. Der Konflikt lässt sich wohl nur dadurch lösen, dass man an die in Art. 5 ausdrücklich formulierten Rechtfertigungsmöglichkeiten weniger strenge Anforderungen stellt. In diesem Fall kommt es zu einer (nochmals) abgestuften Verhältnismäßigkeitsprüfung im Bereich der Rechtfertigungen bei Diskriminierungen auf Grund des Alters.

---

[435] A.a.O., S. 9

Die Richtlinien 2000/34/EG (Art. 8) und 2000/78/EG (Art. 10) enthalten beinahe wortgleiche Beweislastregelungen wie Art. 4 der Richtlinie 97/80/EG. Insoweit kann grundsätzlich auf die für Art. 4 der RL 97/80/EG gewonnenen Ergebnisse verwiesen werden. Der glaubhafte Anschein einer Diskriminierung ist danach für eine Beweislastumkehr zu Lasten des Arbeitgebers ausreichend. Nach dem 31. Erwägungsgrund der Richtlinie 2000/78/EG unterfällt allerdings die Zugehörigkeit zu einer der Gruppen, die nicht benachteiligt werden dürfen, nicht dieser Beweislastverteilung und muss weiter vom vermeintlichen Diskriminierungsopfer bewiesen werden.

III. Der Zugang von Frauen zum militärischen Dienst mit der Waffe

Nachdem der EuGH die Anwendbarkeit des Gemeinschaftsrechts in den Rs. Sirdar und Kreil bejaht hatte, musste er sich in einem zweiten Schritt in inhaltlicher Hinsicht mit der Zulässigkeit des Ausschlusses von Frauen vom freiwilligen Dienst in Streitkräften nach Art. 2 Abs. 2 und 3 der Richtlinie 76/207/EWG befassen.

1. Die Streitfälle und die Rechtsprechung des EuGH

Die Rs. Sirdar und Kreil weisen diesbezüglich weit gehende Gemeinsamkeiten auf, so dass auch die Urteile des Gerichtshofs großteils parallel verlaufen. In beiden Fällen wurde die Bewerbung von Frauen für den Soldatendienst in bewaffneten Einheiten der Streitkräfte mit dem Argument verweigert, dieser stehe Frauen nicht offen. Frau Angela Sirdar ist nach englischem Recht der freiwillige Zugang zu den Royal Marines, Frau Tanja Kreil nach deutschem Recht der freiwillige Zugang zur Bundeswehr verwehrt[436]. Der letztendlich für die entgegengesetzten Entscheidungen des Gerichtshofs Ausschlag gebende Unterschied in beiden Konstellationen liegt allein in der Tatsache, dass im deutschen Fall der Ausschluss für beinahe alle militärischen Tätigkeiten der Bundeswehr gilt, während für Frau Sirdar der Zugang zum britischen Heer nicht insgesamt, sondern nur zu einer Spezialeinheit innerhalb der Streitkräfte nicht in Betracht kam.

Nachdem der EuGH in beiden Fällen parallel die Anwendbarkeit der Richtlinie 76/207 auf die Streitkräfte bejaht hat, beschäftigt er sich mit der Reichweite der Ausnahmen des Art. 2 Abs. 2 und Abs. 3. Nach Art. 2 Abs. 2 steht die Richtlinie nicht der Befugnis der Mitgliedstaaten entgegen, solche beruflichen Tätigkeiten, für die das Geschlecht eine unabdingbare Voraussetzung darstellt, von ihrem Anwendungsbereich auszuschließen. Als Ausnahme von dem in der Richtlinie verankerten individuellen Recht auf Gleichbehandlung beim Zugang zu einer Beschäftigung sei diese Bestimmung aber eng auszulegen[437]. Bei der Festlegung der Reichweite der Ausnahme sei zudem der Grundsatz der Verhältnismäßigkeit als allgemeiner Grundsatz des Gemeinschaftsrecht zu beachten; ferner sei der Grundsatz der Gleichbehandlung so weit wie möglich mit den Erfordernissen der öffentlichen Sicherheit in Einklang zu bringen, wobei die nationalen Stellen, wenn sie in diesem Bereich erforderliche Maßnahmen treffen, über einen bestimmten Ermessenspielraum verfügen[438].

---

436 Konkret hatte Frau Sirdar nach ihrer Entlassung als Köchin im britischen Heer einen Antrag auf Versetzung zu den Royal Marines gestellt; Frau Kreil war mit ihrer Bewerbung als Elektronikerin abgewiesen worden.

437 EuGH Rs. C-273/97, Sirdar, a.a.O., R. 23; EuGH Rs. C-285/98, Kreil, a.a.O., R. 20

438 EuGH Rs. C-273/97, Sirdar, a.a.O., R. 26f; EuGH Rs. C-285/98, Kreil, a.a.O., R. 23f

An dieser Stelle enden die Gemeinsamkeiten beider Entscheidungen, der Gerichtshof beginnt mit der Subsumtion der jeweiligen Fälle unter die abstrakten Vorgaben. Im Ergebnis verneint der EuGH in der Rs. Sirdar einen Verstoß gegen den Grundsatz der Verhältnismäßigkeit bei der Ausübung des den nationalen Stellen zustehenden Ermessens, weil die Weigerung, die Klägerin des Ausgangsverfahrens als Köchin anzustellen, mit der zur Gewährleistung der Kampfkraft aufgestellten Regel der „allseitigen Verwendbarkeit" begründet wurde. Aus den Akten gehe hervor, dass sich die Royal Marines insoweit grundlegend von den übrigen Einheiten der britischen Streitkräfte unterscheiden, als sie deren „Speerspitze" mit geringer Personalstärke bilden und an vorderster Front eingreifen müssten[439].

Das deutsche Recht, wonach Frauen bis auf den Sanitäts- und Militärmusikdienst vollständig vom Dienst an der Waffe ausgeschlossen sind, hält sich dagegen nicht innerhalb dieser Vorgaben. Der Gerichtshof sieht einen Verstoß gegen den Verhältnismäßigkeitsgrundsatz darin, dass die Ausnahmen im Sinne des Art. 2 Abs. 2 der Gleichbehandlungsrichtlinie nur spezifische Tätigkeiten betreffen könnten, einem Ausschluss von Frauen für nahezu allen militärischen Verwendungen in der Bundeswehr aber entgegenstünden. Im Hinblick auf das Wesen der Streitkräfte könne die Tatsache, dass deren Angehörige zum Einsatz von Waffen verpflichtet sein können, für sich allein nicht den Ausschluss von Frauen rechtfertigen[440]. Anschließend verneint der EuGH auch das Vorliegen einer Ausnahme nach Art. 2 Abs. 3 der Richtlinie 76/207/EWG, wonach die Richtlinie nicht den Vorschriften zum Schutz der Frau, insbesondere bei Schwangerschaft und Mutterschaft, entgegensteht. Unter Berufung auf seine frühere Rechtsprechung im Fall Johnston[441] sei die Bestimmung strikt auf Fälle des Schutzes der körperlichen Verfassung der Frau und der besonderen Beziehung zwischen Mutter und Kind beschränkt. Danach könnten Frauen nicht mit der Begründung von einer Beschäftigung ausgeschlossen werden, sie müssten im Verhältnis zu Männern stärker vor allgemeinen Gefahren geschützt werden, die sich von den besonderen, in der Richtlinie ausdrücklich erwähnten Schutzbedürfnissen der Frau unterscheiden[442].

2. Kritik

Bedingt durch die ausschließlich auf die Reichweite der Ausnahmen begrenzten Vorlagefragen nimmt der Gerichtshof weder in der Rs. Sirdar, noch in der Rs. Kreil explizit Stellung dazu, ob überhaupt der Tatbestand einer Diskriminierung auf Grund des Geschlechts

---

439 EuGH Rs. C-273/97, Sirdar, a.a.O., R. 29ff; aus den Schlussanträgen des Generalanwalts La Pergola in EuGRZ 1999, S. 665ff, S. 667, R. 5 geht hervor, dass die Royal Marines gerade mal 2 % der britischen Streitkräfte stellen.

440 EuGH Rs. C-285/98, Kreil, a.a.O., R. 27ff

441 EuGH Rs. 222/84, Slg. 1986, S. 1651ff, S. 1688f

gegeben ist. Die Beantwortung dieser Frage bereitet auch keine Schwierigkeiten, werden durch die nationalen Rechtslagen Frauen doch ausdrücklich nicht zu den Streitkräften zugelassen und dadurch unmittelbar diskriminiert. Der Generalanwalt La Pergola weist zudem in seinen Schlussanträgen zur Rs. Kreil darauf hin, dass wegen der ganz überwiegenden männlichen Zusammensatzung der Streitkräfte weitere mittelbare Diskriminierungen die Folge seien, da beispielsweise Soldaten der Reserve Vorrang bei der Anstellung im Öffentlichen Dienst genießen[443]. Welche Konsequenzen sich aus dieser Feststellung ergeben, lässt er unbeantwortet. So stellt sich die Frage, ob man auf Grund der Kumulation von unmittelbarer und mittelbarer Diskriminierung besonders hohe Anforderungen an eine mögliche Rechtfertigung oder an die Voraussetzungen der in Art. 2 Abs. 2 und 3 der Gleichbehandlungsrichtlinie normierten Ausnahmen stellen muss.

Dafür spricht, dass es nicht den Regelfall darstellt, dass mit jeder unmittelbaren Diskriminierung weitere mittelbare Diskriminierungen quasi als Folgeerscheinungen verbunden sind. Auf der anderen Seite sind die Folgediskriminierungen häufig rein hypothetischer Natur, folgen sie doch nicht zwangsläufig aus der unmittelbaren Diskriminierung. Um bei dem gewählten Beispiel zu bleiben: nicht jeder Reservesoldat wird eine Anstellung im Öffentlichen Dienst anstreben. Allerdings ist schon fraglich, ob eine solche Betrachtungsweise überhaupt zulässig ist, vermag sie doch nichts am tatsächlichen zusätzlichen diskriminierenden Charakter der Vorschrift zu ändern. Im Ergebnis sollte man eher auf eine besonders enge Prüfungsdichte bei der Anhäufung von unmittelbarer und mittelbarer (Folge-) Diskriminierungen verzichten, wird man doch selten mit Sicherheit alle möglichen Fälle diskriminierenden Auswirkungen einer unmittelbaren Benachteiligung überblicken können. Man läuft andernfalls Gefahr, je nach Informationsstand zufällige Maßstäbe an Rechtfertigungen und Ausnahmen anzulegen.

Was die Bestimmungen des Art. 2 Abs. 2 und Abs. 3 der Gleichbehandlungsrichtlinie angeht, ist dem Gerichtshof beizupflichten, dass diese als Ausnahmetatbestände von einem individuellen Recht auf Gleichbehandlung eng auszulegen sind und hier keine Anwendung finden. Im Kern geht es dabei um eine Freiheitsbeschränkung, da die in Frage stehenden nationalen Regelungen Frauen hindern, ihr Grundrecht auf Berufsfreiheit auszuüben. Dieses Grundrecht darf nach Maßgabe des Art. 2 Abs. 3 der Richtlinie nur in bestimmten Fällen zum spezifischen Schutz (von Leib und Leben) von Frauen eingeschränkt werden[444]. Es widerspräche der Notwendigkeit einer engen Auslegung, würde man Art. 2 Abs. 3 darüber hinaus als Generalklausel zum Ausschluss von Frauen interpretieren und somit beliebige Tätigkeitsbereiche vom Geltungsbereich der Richtlinie ausnehmen. Auf diese Weise würde der

---

442 EuGH Rs. C-285/98, Kreil, a.a.O., R. 30

443 Zitiert nach Laubinger/Repkewitz, Freiwilliger Waffendienst, VerwArch 2000 (Bd. 91), S. 297ff, S. 305

Gleichbehandlungsgrundsatz auch zu Lasten eines Freiheitsrechts weit gehend ausgehöhlt werden[445]. Es entspricht nicht dem Zweck der Bestimmung, Frauen vor allgemeinen Gefahren zu schützen, die beiden Geschlechtern gleichermaßen drohen und auf einen generellen Schutz der Frauen im Verhältnis zu Männern hinauslaufen[446]. Frauen sind beim Dienst an der Waffe in Streitkräften den gleichen allgemeinen Gefahren wie Männer ausgesetzt. Eine frauen-, insbesondere eine mutter- oder schwangerschaftsspezifische Gefahr, wie sie Art. 2 Abs. 3 voraussetzt, besteht gerade nicht. Aus demselben Grund können Frauen auch nicht deshalb von Beschäftigungen ausgeschlossen werden, weil nach der öffentliche Meinung der Dienst an der Waffe als „unweiblich" empfunden werden könnte[447].

Folgt man dem Gerichtshof soweit, konzentriert sich die Problematik auf die Frage, ob der Dienst in den Streitkräften allgemein oder in einer Spezialtruppe als eine Tätigkeit im Sinne des Art. 2 Abs. 2 der Gleichbehandlungsrichtlinie einzuordnen ist, für die das Geschlecht wegen ihrer Art oder der Bedingungen ihrer Ausübung eine unabdingbare Voraussetzung darstellt. Aus seiner Sicht zu Recht sieht sich der Gerichtshof zur Einräumung eines weiten Ermessensspielraums zu Gunsten der Mitgliedstaaten veranlasst, kann er doch nur auf diese Weise der Tatsache gerecht werden, dass die Verteidigungspolitik grundsätzlich in der Kompetenz der Mitgliedstaaten verblieben ist. Das nationale Ermessen stellt gleichsam das Gegenstück zur Prüfungskompetenz des Gerichtshofs dar und wird nur durch das Erfordernis einer engen Auslegung und den Verhältnismäßigkeitsgrundsatz begrenzt. Die Zuständigkeit des EuGH erschöpft sich damit in einer Missbrauchskontrolle.

Das Urteil des Gerichtshofs in der Rs. Kreil lässt im Ergebnis offen, ob die nationalen Stellen unter Anwendung der deutsche Gesetze[448] mit dem Ausschluss von Frauen „tatsächlich das [legitime] Ziel verfolgen, die öffentliche Sicherheit zu gewährleisten"[449]. Stattdessen stellt der EuGH fest, ohne die einzelnen Kriterien systematisch und getrennt zu prüfen, dass die Regelung jedenfalls unverhältnismäßig sei, da der generelle Ausschluss von Frauen keinesfalls mehr eine Ausnahmemaßnahme darstellt und in verhältnismäßiger Weise nur spezifische Tätigkeiten ausgeschlossen werden können. Geht man mit dem Gerichtshof von einer engen Auslegung der Ausnahmevorschriften des Art. 2 der Gleichbehandlungsrichtlinie aus, ist kein anderer Schluss möglich. In seiner Allgemeinheit ist der Ausschluss aller Frauen aus

---

444 Kämmerer, Gleichberechtigung, EuR 2000, S. 102ff, S. 111

445 Schröder/Köster, Nachhilfe vom EuGH, JuS 2000, S. 542ff, S. 545; Kämmerer, a.a.O., S. 111, mit anderer Begründung.

446 Vgl. auch die Schlussanträge des Generalanwalts La Pergola in der Rs. Kreil, R. 13, unter Bezug auf die Rs. 222/84, Slg. 1986, S. 1651ff, S. 1688f, Johnston, zitiert nach Laubinger/Repkewitz, a.a.O., S.306

447 Vgl. EuGH Rs. 222/84, a.a.O., S. 1688f und Kämmerer, a.a.O., S. 111

448 § 1 Abs. 2 Soldatengesetz; § 3 a Soldatenlaufbahnverordnung

449 EuGH Rs. C-285/98, Kreil, a.a.O., R. 25

dem Militärdienst zum Schutze der Frauen[450] zwar ein legitimes und geeignetes Ziel der Mitgliedstaaten. Da das Gefahrenpotential aber nicht in allen Einheiten der Streitkräfte gleich ist, kann auch ein genereller Ausschluss von Frauen nicht erforderlich sein. Eine spezifische Betrachtung wäre das mildere Mittel. Auch wenn er sich nicht ausdrücklich äußert, deuten die Ausführungen des Gerichtshofs darauf hin, dass er das Merkmal der Erforderlichkeit nicht für gegeben hält: „Im Übrigen kann schon im Hinblick auf das Wesen der Streitkräfte die Tatsache, dass deren Angehörige zum Einsatz von Waffen verpflichtet sein können, für sich allein nicht den Ausschluss von Frauen [...] rechtfertigen"[451]. Der „Grundsatz der Spezifität"[452] folgt demnach zwingend aus dem Ausnahmecharakter des Art. 2 Abs. 2 der Gleichbehandlungsrichtlinie. Generalanwalt La Pergola weist zudem darauf hin, dass dieser notwendig sei, um die nationalen Vorschriften transparent zu machen, wodurch dem EuGH eine wirksame Prüfung ermöglicht werde[453].

Nach dem Gerichtshof erfüllen die englischen Stellen diese Vorgaben in der Rs. Sirdar. Hier verneint der Gerichtshof einen Verstoß gegen den Grundsatz der Verhältnismäßigkeit deshalb, weil die speziellen Bedingungen in besonderen Kampfeinheiten wie den Royal Marines und die nur für diese Einheit geltende Regel der „allseitigen Verwendbarkeit" die Begrenzung dieser Sondertruppe auf Männer gestatten. Die Feststellungen sind in doppelter Hinsicht bedenklich. Wenn der Gerichtshof das Argument der „allseitigen Verwendbarkeit" zulässt, um weiblichen Köchen den Zugang zu einer Sondereinheit der Streitkräfte zu verwehren, sagt er in der Sache nichts anderes aus, als dass Frauen zum Einsatz an der Waffe prinzipiell nicht geeignet sind[454]. Kämmerer macht dagegen geltend, dass durch die faktische Zulassung von Frauen in zahlreichen Kampfeinheiten auf der Welt das Gegenteil belegt sei[455]. Dieser Einwand vermag nicht zu überzeugen, ist durch ihn nur ausgesagt, dass Frauen nicht generell untauglich zum Dienst an der Waffe sind. Er vermag aber nicht zu belegen, ob sie gleich oder weniger geeignet hierfür sind als Männer. In den Ausführungen des Generalanwalts La Pergola findet sich deshalb auch der Hinweis, ohne dass der Gerichtshof ein Eingehen darauf für nötig hielt, dass kein Beweis vorliege, ob Frauen die militärische Schlagkraft einer Spezialtruppe schwächen. Es handelt sich hierbei um eine militärische Einschätzung, deren Erprobung äußerst risikoreich wäre, da sie im Rahmen einer wirklichen

---

450 Interessanterweise scheint im Urteil Kreil dieser Gesichtspunkt im Vordergrund zu stehen, ist hier doch nie von der Notwendigkeit der Aufrechterhaltung der Kampfkraft der Bundeswehr die Rede. Gerade diese ist aber in der Rs. Sirdar entscheidend.

451 EuGH Rs. C-285/98, Kreil, a.a.O., R. 28

452 So Streinz, Frauen an die Front, DVBl. 2000, S. 585ff, S. 591

453 Schlussanträge im Fall Kreil, R.29, zitiert nach Streinz, a.a.O., S. 591f.

454 Ebenso Kämmerer, a.a.O., S. 116

455 A.a.O., S. 114, 116

Militäroperation durchgeführt werden müsste[456]. Zur Lösung bleiben nur zwei Möglichkeiten. Entweder man geht davon aus, dass insofern ein Kernpunkt der nationalen Verteidigung betroffen ist, so dass es bei der Zusammensetzung von militärischen Einheiten, deren Aufgabe nur bei Erzielung optimaler und hocheffizienter Ergebnisse gewährleistet werden kann, genügen muss, dass die Zulassung von Frauen die Schlagkraft der Sondertruppe beeinträchtigen könnte. Die Frage bleibt bei dieser Lösung dem den Mitgliedstaaten verbliebenen Ermessen überlassen und kann vom EuGH nicht überprüft werden. Oder man gibt das formale Kriterium der Geschlechtszugehörigkeit insgesamt zu Gunsten materieller Eignungskriterien auf und kann auf diese Weise auch taugliche Frauen berücksichtigen, ohne die Kampfkraft einer Spezialtruppe zu beeinträchtigen. Die Ausführungen des Gerichtshofs werden diesen Überlegungen nicht gerecht.

Das Urteil in der Rs. Sirdar weist noch einen weiteren Mangel auf. Der EuGH stellt lapidar fest, dass es ohne Verstoß gegen das Prinzip der Verhältnismäßigkeit möglich sei, Frauen von Spezialeinheiten der Armee mit dem Argument der „allseitigen Verwendbarkeit" auszuschließen[457]. Dabei wird zwar nicht klar, unter welchem systematischen Gesichtspunkt der Verhältnismäßigkeit die Prüfung Spezifität und der „allseitigen Verwendbarkeit" erfolgt. Richtigerweise stehen diese beiden Kriterien in keinem Zusammenhang mit der Verhältnismäßigkeitsprüfung. Die Notwendigkeit der Spezifität, also das Verbot des verallgemeinernden Ausschlusses von Frauen auf breiter Ebene, ergibt sich nämlich einzig und allein aus dem Erfordernis der engen Auslegung der Ausnahmevorschrift des Art. 2 Abs. 2 der Richtlinie 76/207/EWG. Gleiches gilt für die „allseitige Verwendbarkeit". Das Prinzip der Verhältnismäßigkeit bleibt für diese Überlegung noch komplett außen vor. Im Ergebnis vergisst der Gerichtshof damit schlichtweg die Prüfung, ob der an sich mögliche, weil unter die engen Voraussetzungen des Art. 2 Abs. 2 fallende Ausschluss von Frauen aus den Royal Marines geeignet und vor allem erforderlich zur Aufrechterhaltung der Schlagkraft der Truppe ist. Nimmt man diese Prüfung vor, kommt man zu dem Schluss, dass entgegen der Annahme des Gerichtshofs die Verweigerung der Aufnahme einer Frau in die Royal Marines ausschließlich wegen des formellen Kriteriums ihrer Geschlechtszugehörigkeit nicht zur Gewährleistung der nationalen militärischen Ziele des Vereinigten Königreichs erforderlich ist. Als milderes Mittel, das diesen Zielen ebenso genügen würde, käme wiederum die Festlegung materieller geschlechtsneutraler Kriterien in Betracht, die sich ausschließlich an den notwenigen physischen und psychischen Voraussetzungen orientieren, die zur Gewährleistung der Effektivität der Royal Marines notwendig sind. Frauen sind nämlich nicht zwangsläufig Männern körper-

---

[456] Schlussanträge zur Rs. Sirdar in EuGRZ 1999, S. 665ff, S. 674, R. 33; aus den Schlussanträgen zur Rs. Kreil, R. 16 geht zudem hervor, dass Frauen international bis auf spezifische Ausnahmen in fast allen Einheiten von Streitkräften dienen. Bei den Royal Marines handelt es sich gerade auch um eine spezifische Ausnahme.

[457] EuGH Rs. C-273/97, Sirdar, a.a.O., R. 31

lich unterlegen, so dass wenigstens einige Frauen mit entsprechender körperlicher Verfassung den Vorgaben entsprechen könnten[458].

Zusammenfassend lässt sich feststellen, dass die in der Gleichbehandlungsrichtlinie normierten Ausnahmen vom Diskriminierungsverbot auf Grund des Geschlechts eng auszulegen sind und dem Grundsatz der Verhältnismäßigkeit unterliegen. Bei der Überprüfung des den Mitgliedstaaten insoweit belassenen Ermessensspielraums geht der Gerichtshof in den Rs. Sirdar und Kreil nicht immer systematisch vor. Die Anwendbarkeit der Richtlinie unterstellt, ist nicht nur der generelle Ausschluss von Frauen vom freiwilligen Dienst in den nationalen Streitkräften, sondern - entgegen der Auffassung des Gerichtshofs - auch die lediglich an das formelle Kriterium des Geschlechts anknüpfende Verweigerung der Aufnahme in eine Spezialeinheit als Verstoß gegen den Verhältnismäßigkeitsgrundsatz zu werten.

---

458 Im Ergebnis ebenso Kämmerer, a.a.O., S. 116; vgl. auch die Schlussanträge des Generalanwalts La Pergola zur Rs. Sirdar, a.a.O., S. 673, R. 32, Fn. 49

IV. Die Anwendung des Grundsatzes des gleichen Entgelts für Mann und Frau, Art. 141 Abs. 1, 2 EG

1. Die unmittelbare Anwendbarkeit des Grundsatzes der Entgeltgleichheit

a. Der Grundsatz

Nach dem EuGH ist das in Art. 141 Abs. 1 EG normierte Gebot der Entgeltgleichheit „[a]ngesichts des zwingenden Charakters der Vorschrift“[459] sowohl in vertikaler, als auch in horizontaler Hinsicht der unmittelbaren Wirkung fähig[460]. Die Vorschrift verleiht dem Einzelnen ein individuelles Recht auf gleiches Entgelt bei gleicher und gleichwertiger Arbeit, das dieser vor mitgliedstaatlichen Gerichten geltend machen kann. Zumindest für den Bereich der gleichen Arbeit wird das heute nicht mehr ernsthaft bestritten[461]. Insbesondere ist die ursprüngliche Ablehnung der unmittelbaren Wirkung von mittelbaren Diskriminierungen[462] mangels inhaltlicher Bestimmtheit nur noch Rechtsgeschichte.

Durch die Neuerungen des Amsterdamer Vertrages wurde „ [das] Gemeinschaftsgrundrecht [aus Art. 141 EG weiter] [...] gestärkt [...], indem die Gleichstellung von Männern und Frauen nach Art. 2 Gemeinschaftsziel geworden und die EG nach Art. 3 Abs. 2 verpflichtet ist, bei allen Tätigkeiten die Gleichstellung von Männern und Frauen zu fördern. Dieses Förderungsgebot geht weiter als die Gleichberechtigung. Das Gleichbehandlungsrecht wird damit von einem Abwehrrecht zu einem Teilhaberecht, welches Förderpflichten zur Verwirklichung des Vertragsziels der Gleichstellung begründen kann“[463].

Die unmittelbare horizontalen Wirkung führt zu einer Bindung Privater an den Grundsatz des gleichen Entgelts im Arbeitsrecht. Art. 141 Abs. 1 EG erstreckt sich damit auf Einzel- und auf Kollektivarbeitsverträge. Dies entspricht der Konzeption der unmittelbaren Drittwirkung von Grundrechten nach deutschem Verfassungsrecht. Der EuGH befindet sich damit in Übereinstimmung mit der ständigen Rechtsprechung des BAG, das ebenfalls die prinzipiell geltende Vertragsfreiheit im Arbeitsrecht durch weit gehende Gleichbehandlungspflichten

[459] EuGH Rs. C-200/91, Slg. 1994, I-S. 4389ff, S. 4412, Coloroll Pension Trustees

[460] Grundlegend EuGH Rs. 43/75, Slg. 1976, S. 455ff, S. 473ff, Defrenne II; EuGH Rs. 149/77, Slg. 1978, S. 1365ff, S. 1379f, Defrenne III; mehrfach bestätigt, vgl. nur EuGH Rs. C-33/89; Slg. 1990, I-S. 2590ff, S. 2611, Kowalska; weitere Nachweise bei P. K. Meyer, Auswirkungen, S. 205, Fn. 471

[461] Kritisch nur noch Bloch, Gleichbehandlung, S. 40ff; gegen ihn zutreffend P. K. Meyer, a.a.O., S. 204, Fn. 465.

[462] EuGH Rs. 43/75, a.a.O., S. 474; aufgegeben in EuGH Rs. 96/80, Slg. 1981, S. 911ff, S. 927, Jenkins/Kingsgate

[463] Coen in Lenz, Kommentar, Art. 141 EG, R. 3

bezüglich der Entlohnung beschränkt[464]. Im Anwendungsbereich des Art. 141 Abs. 1 EG verlieren die Rechtssubjekte des Privatrechts ihre Privatautonomie, Tarifparteien ihre Tarifautonomie[465]. Diskriminierte Arbeitnehmer haben einen Anspruch auf gleiche Entlohnung, selbst wenn sie eigenverantwortlich eine geringere Bezahlung akzeptiert haben.

Wie weit die Rechtsprechung des EuGH in die Tarifautonomie eingreift, zeigt die Rs. Kowalska[466]. Dort hatte sich der Gerichtshof zum ersten Mal mit mittelbar diskriminierenden Bestimmungen in Tarifverträgen auseinanderzusetzen und stellte fest, dass Teilzeitbeschäftigte (also typischerweise Frauen) einen Anspruch auf gleiche Behandlung wie Vollzeitbeschäftigte haben, wenn sie sich in der gleichen Lage befänden, wobei die bestehenden diskriminierenden tarifvertraglichen Regelungen das einzige Bezugssystem bleiben, solange die Diskriminierung nicht auf andere Weise beseitigt ist. Art. 141 EG verdrängt also nicht nur Tarifvertragsregelungen, so dass diese nicht mehr herangezogen werden dürfen, sondern gibt auch vor, auf welche Weise die bestehende Diskriminierung (vorläufig) zu beseitigen ist. Die fraglichen Vorschriften der Tarifverträge also insoweit der Disposition der Tarifvertragsparteien entzogen. Arbeitgeber werden trotz entgegenstehender Tarifverträge gemeinschaftsrechtlich gezwungen, höhere Entgelte zu zahlen.

Argumentativ wird zur Begründung dieser Ergebnisse stets auf die gleichen Erwägungen abgestellt[467]. Das Gebot der Entgeltgleichheit habe zwingenden Charakter, müsse als überragendes Rechtsprinzip die gesamte Rechtsordnung beeinflussen und daher effektiv durchgesetzt werden. Es entspräche den sozialen Zielsetzungen der Gemeinschaft und wäre ernsthaft gefährdet, stünde es zur Disposition der Vertragsparteien.

Es ist auffällig, dass sich alle angeführten Begründungen ausschließlich auf die besondere Bedeutung des Art. 141 Abs. 1 EG im Gemeinschaftsrecht und die Notwendigkeit, diese aufrechtzuerhalten, zurückführen lassen. Andere Ansatzpunkte sind nicht ersichtlich. Nimmt man diese Argumentation als Ausgangspunkt, liegt der Schluss nahe, dass Diskriminierungsverboten grundsätzlich keine Drittwirkung zukommt, das Gebot der Entgeltgleichheit diesbezüglich wegen seiner generellen Bedeutung aber Ausnahmecharakter genießt.

Verfolgt man diese Ausnahmestellung weiter, müssten die Tatbestandsmerkmale des Gebots der Entgeltgleichheit wenigstens im Bereich der horizontalen Wirkung eng ausgelegt werden. Der EuGH hat dies in der Vergangenheit nie ausdrücklich betont und scheint diesen Gesichtspunkt auch nicht berücksichtigen zu wollen. Besondere dogmatische Probleme wirft in dieser Hinsicht die Einbeziehung gleichwertiger Arbeit in den Tatbestand des Art. 119 Abs. 1 EGV a.F. auf, der sich ausdrücklich auf gleiches Entgelt bei gleicher Arbeit beschränkte.

---

[464] Grundlegend BAGE 1, S. 185ff, S. 193; BAGE 71, S. 29ff, S. 35

[465] Kritisch Kutsch, Rechtsprechung, BB 1991, S. 2149ff, S. 2152

[466] Abgedruckt in EuZW 1990, S. 316ff

Für den Gerichtshof folgt dies aus seiner Auffassung vom Verhältnis des Art. 141 Abs. 1 EG zu Art. 1 Abs. 1 der Richtlinie 75/117/EWG, der auch gleichwertige Arbeit unter Schutz stellt. Das Gericht urteilte, dass Art. 1 der Richtlinie, der „im Wesentlichen die konkrete Anwendung des in Artikel 119 des Vertrages genannten Grundsatzes des gleichen Entgelts erleichtern soll"[468]. Folglich kommt es zu einem Gleichlauf beider Vorschriften, indem die Richtlinie „lediglich klarstellt, was Art. 119 [Abs. 1 EGV a.F.] immer gemeint hat"[469].

Vor Einführung des Amsterdamer Vertrages und der damit verbundenen Übernahme der gleichwertigen Arbeit in den neuen Art. 141 Abs. 1 EG bereitete diese Ansicht des EuGH erhebliche systematische Schwierigkeiten. Es ist selbstverständlich, dass eine Richtlinie nicht den normenhierarchisch vorrangigen EG-Vertrag ändern kann, zumal bei der Schaffung des ursprünglichen Art. 119 EWGV wohl absichtlich auf die Aufnahme der Gleichwertigkeit verzichtet wurde[470]. Ein Gleichlauf der beiden Vorschriften ist zudem nicht mit der vom EuGH selbst vertretenen Ablehnung der unmittelbaren horizontalen Wirkung von Richtlinien vereinbar.

Auch nach heutiger Rechtslage werden der Annahme einer unmittelbaren Wirkung des Art. 141 Abs. 1 EG bei gleichwertiger Arbeit Bedenken entgegengebracht, da es an einem Konzept für die Bestimmung der gleichwertigen Arbeit fehle[471]. Wie noch zu zeigen sein wird, hat der EuGH aber in der Rs. Angestelltenbetriebsrat der Wiener Betriebskrankenkasse[472] konkrete Kriterien nicht nur für die Bestimmung der Gleichheit, sondern auch der Gleichwertigkeit genannt. Selbst wenn der Begriff der Gleichwertigkeit von Arbeit in den einzelnen Mitgliedstaaten unterschiedlich bewertet wird, wurde vom Gerichtshof in diesem Urteil zumindest der Grundstein für einen gemeinschaftseigenen Gleichwertigkeitsbegriff gelegt. Vom Mangel eines Konzeptes im Gemeinschaftsrecht kann dann aber keine Rede mehr sein.

b. Die zeitliche Beschränkung

Nach der Rechtsprechung des EuGH kann sich eine wegen ihres Geschlechts hinsichtlich des Lohns diskriminierte Person nicht unbegrenzt auf ihr Individualrecht auf Gleichbehandlung berufen. Zur Vermeidung einer Rückwirkung und zum Schutze des finanziellen

---

467 Vgl. zu den einzelnen Argumenten Langenfeld, Gleichbehandlung, S. 86ff; Bieback in Fuchs, Nomos-Kommentar zum Europäischen Sozialrecht, Art. 119 EGV, R. 8ff.

468 EuGH 96/80, Slg. 1981, S.911ff, S.927; Jenkins/Kingsgate; bestätigt in EuGH Rs. 192/85, Slg. 1987, S.4753ff, S. 4784, Newstead; kritisch auch Langenfeld, a.a.O., S. 70f; vgl. auch P. K. Meyer, a.a.O., S. 128ff

469 So Curall in GTE, Kommentar, Art. 119 EGV, R. 11

470 Vgl. dazu Curall, a.a.O., R. 11, 14; auch Langenfeld, a.a.O., S. 69 sieht in Art. 1 der besagten Richtlinie eine „*Fort*entwicklung" des Art. 119 EGV a.F.

471 Krebber, a.a.O., R. 6

Gleichgewichts betrieblicher Versorgungssysteme hat der Gerichtshof in einer Art Grundsatzentscheidung in der Rs, Barber die zeitliche Wirkung der unmittelbaren Wirkung eingeschränkt[473]. Nach diesem Urteil kann sich niemand auf die unmittelbare Wirkung des Art. 119 Abs. 1 EGV a.F. stützen, „um mit Wirkung von einem vor Erlass des vorliegenden Urteils [am 17.5.1990] liegenden Zeitpunkt einen Rentenanspruch geltend zu machen"[474]. Ausdrücklich ausgenommen sind „Arbeitnehmer oder deren anspruchsberechtigte Angehörige, die vor diesem Zeitpunkt nach dem anwendbaren innerstaatlichen Recht Klage erhoben oder einen entsprechenden Rechtsbehelf eingelegt haben"[475].

In der Folgezeit wurde die Entscheidung des Gerichtshofs in einer ganzen Reihe sog. post-Barber-Urteile bestätigt und konkretisiert[476]. Mittlerweile hat der Rat die mit der Rechtsprechung des Gerichtshofs gewonnenen Ergebnisse in seiner Richtlinie 96/97/EG zur Änderung der Richtlinie 86/378/EWG zur Verwirklichung des Grundsatzes der Gleichbehandlung von Männern und Frauen bei den betrieblichen Systemen der sozialen Sicherheit umgesetzt[477]. Auch in Protokoll Nr. 17 zu Art. 141 EG ist diese zeitliche Begrenzung nunmehr berücksichtigt.

Argumentativ stützt sich der Gerichtshof in Anlehnung an die Rs. Defrenne II[478] auf Gesichtspunkte der Rechtssicherheit und des Vertrauensschutzes, die beide gemeinschaftsrechtlich im Rang allgemeiner Rechtsgrundsätze garantiert werden[479]. Zusammenfassend

---

472 EuGH Rs. C-307/97, Slg. 1999, I-S. 2865ff

473 EuGH Rs. C-262/88, I-Slg. 1990, S. 1889ff, S. 1955f; die Entscheidung hat in erster Linie für das Rentenwesen Bedeutung, da hier zwangsläufig eine große Zeitspanne zwischen der Einzahlung der Rentenbeiträge und der zu empfangenden Leistung liegt.

474 EuGH Rs. C-262/88, a.a.O., S. 1956

475 EuGH Rs. C-262/88, a.a.O., S. 1956

476 Bezüglich Hinterbliebenenrente: EuGH Rs. C-109/91, Slg. 1993, I-S. 4879ff, S. 4945, R. 20, Ten Oever; EuGH Rs. C-200/91, Slg. 1994, I-S. 4389ff, S. 4418, R. 49, Coloroll Pension Trustees;
bezüglich Überbrückungsrente: EuGH Rs. C-132/92, Slg. 1993, I-S. 5579ff, Birds Eye Walls;
bezüglich für auf Grund von Arbeitszeiten nach dem 17.5.1990 geschuldeten Leistungen: EuGH Rs. C-110/91, Slg. 1993, I-S. 6591ff, S. 6619, R. 33, Moroni; EuGH Rs. C-152/91, Slg. 1993, I-S. 6935ff, S. 6959, R. 18, Neath;
bezüglich der Anhebung des Rentenalters für Frauen: EuGH Rs. C-408/92, Slg. 1994, I- S.4435ff, S. 4466, R. 22, Avdel Systems; EuGH Rs. C-28/93, Slg. 1994, I-S. 4527ff, S. 4537f, R. 22, Van den Akker;
bezüglich der Ablehnung der zeitlichen Beschränkung bei Anspruch auf Anschluss an Betriebsrentensystem EuGH Rs. C-57/93, Slg. 1994, I-S. 4541ff, S. 4577, R. 31f, Vroege; EuGH Rs. C-128/93, Slg. 1994, I-S. 4583ff, S. 4596, R. 28, Fisscher; Rs. C-435/93, Slg. 1996, I-S. 5223ff, S. 5253, R. 28, Dietz; außerdem: EuGH Rs. C-7/93, Slg. 1994, I-S. 4471ff, S. 4524, R. 68, Beune;
Eine detaillierte Untersuchung dieser Entscheidungen ist nicht Aufgabe dieser Arbeit, haben sie doch keine grundsätzliche neuen Auswirkungen auf den (zeitlichen) Anwendungsbereich des Art. 141 Abs. 1 EGV; in dieser Hinsicht ist auf Kirschbaum, Neues zur Gleichbehandlung, ZAS 1995, S. 37ff zu verweisen.

477 Vgl. Curall, a.a.O., R. 126

478 EuGH Rs. 43/75, a.a.O., S. 480

479 EuGH Rs. 78/74, Slg. 1975, S. 412ff, S. 433, Deuka - Rechtssicherheit; EuGH Rs. 1/73, Slg. 1973, S. 723ff, S. 729f, Westzucker - Vertrauensschutz; vgl. auch Borchardt, Vertrauensschutz, EuGRZ 1988, S. 309ff

kann man feststellen, dass immer dann, wenn ein Organ der Europäischen Gemeinschaft einen Vertrauenstatbestand setzt, sei es wie im Fall Barber durch unklare Rechtsvorschriften, sei es wie im Fall Defrenne II durch bloße Untätigkeit, die Adressaten des Art. 141 Abs. 1 EG daraus keinen Nachteil ziehen dürfen. Im Ergebnis gibt das Gericht damit der Rechtssicherheit und dem Vertrauensschutz den Vorrang vor dem Grundsatz der materiellen Gerechtigkeit[480]. Mag man dem Gerichtshof angesichts dieser nachträglichen und gravierenden Beschränkung der unmittelbaren Wirkung des Gebots der Entgeltgleichheit Inkonsequenz und „Angst vor der eigenen Courage"[481] vorwerfen, oder dogmatisch die Einführung eines unabhängigen zeitlichen Elements in die Systematik der Voraussetzungen der unmittelbaren Anwendbarkeit für fragwürdig halten[482], so ist dieser Kritik mit Inkrafttreten der Richtlinie 96/97/EG der Boden entzogen worden. Die mit der Barber-Rechtsprechung verbundene Begrenzung des Diskriminierungsverbots aus Art. 141 Abs. 1 EGV gehört nun zum geschriebenen Gemeinschaftsrecht.

2. Der Begriff „Geschlecht"

Probleme hinsichtlich der Einordnung als Diskriminierung aus Gründen des Geschlechts haben sich in der Rechtsprechung in erster Linie im Hinblick auf zwei Personengruppen ergeben. Während der EuGH Transsexuelle dem Schutz des Art. 141 EG unterstellt, lehnt er dies für Homosexuelle unter Hinweis auf den die „sexuelle Ausrichtung" erfassenden Art. 13 EG ab.

a. Die Rs. P./S.[483]

Der sog. Transsexuellenentscheidung des Gerichtshofs liegt ein vom Industrial Tribunal Truro eingereichtes Vorabentscheidungsverfahren hinsichtlich der Auslegung der Richtlinie 76/207/EWG[484] zu Grunde. Die Klägerin P. des Ausgangsverfahrens teilte ein Jahr nach ihrer Einstellung als Geschäftsführer einer öffentlich betriebenen Bildungseinrichtung dem zuständigen Ausbildungsleiter S. ihre Absicht mit, sich dem Verfahren einer Geschlechtsum-

480 Langenfeld, Gleichbehandlung, S .91

481 So Langenfeld, a.a.O., S. 92; dort auch zu weiteren Kritikpunkten bereits bezüglich Defrenne II.

482 So, im Ergebnis dem EuGH aber zustimmend, Krebber in C/R, Kommentar, Art. 141 EGV, R. 7

483 Rs. C-13/94, I-Slg. 1996,S. 2143ff

484 Die insoweit aufgestellten Aussagen finden gleichermaßen Anwendung auf Art. 141 Abs. 1 EG, da eine unterschiedliche Interpretation des Begriffs „Geschlecht" innerhalb des Gemeinschaftsrechts kaum dem Willen der Mitliedstaaten entsprechen kann.

wandlung zu unterziehen, die P. die körperlichen Merkmale einer Frau verleihen sollten; daraufhin wurde das Arbeitsverhältnis gekündigt.

Im Mittelpunkt der Entscheidung steht die Vorlagefrage, ob die Entlassung einer transsexuellen Person aus einem mit einer Geschlechtsumwandlung zusammenhängenden Grund einen Verstoß gegen den Grundsatz der Gleichbehandlung zwischen Männern und Frauen hinsichtlich der Entlassungsbedingungen, wie er sich aus Art. 5 der Richtlinie 76/207/EWG ergibt, darstellt[485]. Nach Auffassung des Vereinigten Königreichs und der Kommission ist das deshalb nicht der Fall, weil der Arbeitgeber P. auch entlassen hätte, wenn sie vorher eine Frau gewesen wäre und sich einer Operation unterzogen hätte, um ein Mann zu werden.

Der Generalanwalt Tesauro hingegen bejaht die Frage. Er hebt hervor, dass Transsexualität für sich kein drittes Geschlecht begründet und diesbezügliche Diskriminierungen in Abwesenheit besonderer Vorschriften daher grundsätzlich auch unter die Richtlinie als Ausprägung des allgemeinen Gleichheitsgrundsatzes fallen können[486]. Die weitere Argumentation des Generalanwalts beinhaltet eine Mischung aus rechtlicher Analyse und Erklärungen zu Gunsten des Wertes der Gleichheit und der Bedeutung der sozialen Dimension im Gemeinschaftsrechtsystem. Nach dem Sinn verbotener Differenzierungskriterien dürfte auch dem Geschlecht bei der Behandlung von Arbeitnehmern kein Gewicht beigemessen werden[487]. Ausreichend sei daher, dass P. nicht entlassen worden wäre, wenn sie sich keiner Geschlechtsumwandlung unterzogen hätte und ein Mann geblieben wäre[488]. Nur die (spätere) Zugehörigkeit zum anderen Geschlecht sei Grund für die Entlassung. Die Schlechterbehandlung von Transsexuellen hänge mit dem Wechsel des Geschlechts zusammen und knüpfe daher eindeutig an dieses Kriterium an. Es käme folglich „einem spitzfindigen hermeneutischen Formalismus gleich, der die wahre Substanz dieses grundlegenden und unverzichtbaren Wertes der Gleichheit preisgeben würde“[489], zu behaupten, dass die Schlechterbehandlung der P. nicht auf Grund des Geschlechts erfolgt sei, nur weil sie auf den Wechsel des Geschlechts zurückzuführen ist. Der Generalanwalt betont, dass er wisse, dass er „den Gerichtshof um eine 'mutige' Entscheidung bitte. Ich tue dies aber in der tiefsten Überzeugung, dass es hier um einen universalen grundlegenden Wert geht, der mit unauslöschlichen

---

485 Das vorlegende Gericht bezog seine Frage fälschlicherweise auf die Art. 3 der Richtlinie. Der Gerichtshof stellte zunächst klar, dass die streitbefangene Entlassung richtigerweise an Art. 5 der Richtlinie zu messen sei Rz. 11f; die für die Richtlinie gewonnen Ergebnisse können im übrigen auf das Primärrecht übertragen werden, da der Begriff des „Geschlechts" nicht unterschiedlich behandelt werden kann; vgl. auch Generalanwalt Elmer in seinen Schlussanträgen zur Rs. C-249/96, Slg. 1998, I-S. 621ff, S. 627, R. 16, Grant.

486 Schlussanträge a.a.O., S. 2155f, R. 21f

487 A.a.O., S. 2154, R. 19

488 A.a.O., S. 2154, R. 18

489 A.a.O., S. 2155, R. 20

Buchstaben in die modernen Rechtstraditionen und die Verfassungen der entwickelten Länder eingemeißelt ist: die Unerheblichkeit des Geschlechts im Hinblick auf die Regelung der gesellschaftlichen Beziehungen“[490].

Der Gerichtshof schließt sich in einem kurzen Urteil der Ansicht des Generalanwalts an. In Anlehnung an die Entscheidung Rees des Europäischen Gerichtshofs für Menschenrechte versteht auch der EuGH „unter 'Transsexuellen' gewöhnlich solche Menschen [...] die, obwohl sie körperlich dem einen Geschlecht angehören, das Gefühl haben, sie gehörten dem anderen Geschlecht an; sie versuchen häufig, zu [...] einer weniger zweifelhaften Identität zu gelangen, indem sie sich einer ärztlichen Behandlung und chirurgischen Eingriffen unterziehen, um ihre körperlichen Merkmale ihrer Psyche anzupassen“[491]. Dieser Feststellung folgen die üblichen Bemerkungen des Gerichtshofs, dass der Grundsatz der Gleichbehandlung von Männern und Frauen bedeute, dass keine Diskriminierung auf Grund des Geschlechts erfolgen dürfte, dass er eine Ausprägung des Gleichheitsgrundsatzes darstelle, und dass der Gerichtshof das Recht, nicht auf Grund des Geschlechts diskriminiert zu werden als ein Grundrecht ansehe, dessen Einhaltung er zu sichern habe. Zur entscheidenden Frage fährt der Gerichtshof fort: „Unter diesen Umständen kann der Anwendungsbereich der Richtlinie nicht auf Diskriminierungen beschränkt werden, die sich aus der Zugehörigkeit zu dem einen oder anderen Geschlecht ergeben. In Anbetracht ihres Gegenstands und der Natur der Rechte, die sie schützen soll, hat die Richtlinie auch für Diskriminierungen zu gelten, die ihre Ursache [...] in der Geschlechtsumwandlung des Betroffenen haben. Denn solche Diskriminierungen beruhen hauptsächlich, wenn nicht ausschließlich, auf dem Geschlecht des Betroffenen. Wenn also eine Person entlassen wird, weil sie beabsichtigt, sich einer Geschlechtsumwandlung zu unterziehen, oder sich ihr bereits unterzogen hat, wird sie im Vergleich zu den Angehörigen des Geschlechts, dem sie vor der Operation zugerechnet wurde, schlechter behandelt. Würde eine solche Diskriminierung toleriert, so liefe dies darauf hinaus, dass gegenüber einer solchen Person gegen die Achtung der Würde und der Freiheit verstoßen würde, auf die sie Anspruch hat und die der Gerichtshof schützen muss“[492].

b. Die Rs. Grant[493]

Die Rs. Grant beruht auf einem Rechtsstreit vor dem Industrial Tribunal Southampton, das dem EuGH im Wege des Vorabentscheidungsverfahrens sechs Fragen zur Auslegung

---

490 A.a.O., S. 2157, R. 24

491 Urteil des Gerichtshofs a.a.O., S. 2164

492 A.a.O., S. 2165

493 Rs. C-249/96, I-Slg. I-1998, S. 621ff

von Art. 119 EGV a.F. und der Richtlinie 75/117/EWG vorgelegt hat. Diese drehen sich im Kern um die Weigerung einer privatisierten Eisenbahngesellschaft, der Lebenspartnerin seiner klagenden Angestellten Lisa Jacqueline Grant eine Fahrtvergünstigung zu gewähren. Eine solche war in Klausel 8 der Durchführungsvorschriften des Arbeitgebers zum Arbeitsvertrag ausdrücklich nur für Ehepartner und Lebensgefährten des anderen Geschlechts vorgesehen. Frau Grant, die mit einer Frau zusammen lebte, erhob Klage mit der Behauptung, es handle sich dabei um eine nach Art. 119 EGV a.F. verbotene Diskriminierung auf Grund des Geschlechts.

In Anlehnung an die weite Auslegung des Gerichtshofs im Fall P./S. sieht der Generalanwalt Elmer in der Klausel 8 der Durchführungsregelung eine unmittelbare Diskriminierung auf Grund des Geschlechts. Indem sie die Fahrtvergünstigungen davon abhängig macht, dass der Lebensgefährte ein anderes Geschlecht als der Beschäftigte haben müsse, differenziere sie nämlich ausdrücklich nach dem Geschlecht[494]. Dass sich die Klausel dabei nicht auf ein bestimmtes Geschlecht als Kriterium beziehe, könne „keinen Unterschied machen, da der entscheidende Punkt, wie er im Urteil P./S. festgestellt wurde, der ist, ob die Diskriminierung ausschließlich oder im Wesentlichen auf dem Geschlecht beruht, während es nicht entscheidend sein kann, ob die Diskriminierung de jure oder der facto auf einem bestimmten Geschlecht beruht"[495]. Nach dieser Auffassung kommt es auf die Frage der sexuellen Orientierung gar nicht mehr an, da schon die ausdrückliche Differenzierung der fraglichen Klausel nach dem Geschlecht gemeinschaftsrechtswidrig ist.

Der Gerichtshof teilt diese Ansicht nicht und sieht in der Klausel 8 keine unmittelbare Diskriminierung auf Grund des Geschlechts, da sie unabhängig vom Geschlecht des Arbeitnehmers Anwendung finde. Gerade ihre geschlechtsneutrale Formulierung, wonach einem männlichen Arbeitnehmer, wenn er mit einer Person gleichen Geschlechts zusammen lebt, die fragliche Fahrtvergünstigung ebenso verweigert würde, wie einer weiblichen Arbeitnehmerin, die mit einer Person gleichen Geschlechts zusammen lebt, führe dazu, dass sie nicht als eine unmittelbare Diskriminierung nach dem Geschlecht angesehen werden könne, da sie doch für männliche und weibliche Arbeitnehmer in gleicher Weise gelte[496].

Nach diesen Feststellungen stellt sich dem Gerichtshof anders als dem Generalanwalt die Frage, ob eine unterschiedliche Behandlung wegen der sexuellen Orientierung unter die nach Art. 119 EGV a.F. verbotenen Diskriminierungen auf Grund des Geschlechts zu subsumieren ist. Die Rechtserkenntnisquellen des Gemeinschaftsrechts könnten an dieser

---

494 Schlussanträge a.a.O., S. 629, R. 24

495 A.a.O., S. 629, R. 25

496 Urteil des Gerichtshofs, a.a.O., S. 646; im folgenden (R. 29-37) führt der EuGH aus, dass das Gemeinschaftsrecht gleichgeschlechtliche Lebenspartnerschaften nach seinem bisherigen Stand nicht vor Diskriminierungen schützt. Feste Beziehungen zwischen zwei Personen des gleichen Geschlechts

Stelle nicht weiter helfen[497], so dass sich die Bedeutung des Art. 141 EG „nur unter der Berücksichtigung seines Wortlauts und seines Zweckes sowie seiner Stellung im System des Vertrages und des rechtlichen Zusammenhangs, in den er sich einfügt, bestimmt werden"[498] könne. Zwar wiederholt der Gerichtshof seine im Urteil P./S. vertretene Ansicht, dass das Diskriminierungsverbot zwischen Männern und Frauen eine Ausprägung des Gleichheitsgrundsatzes darstellt, was generell einer engen Auslegung im Wege stehe. Dennoch will er diese Rechtsprechung auf Diskriminierungen in Verbindung mit Geschlechtsumwandlungen beschränken, da solche im Vergleich zu denjenigen, die an die sexuelle Orientierung anknüpfen sehr viel enger mit einem bestimmten Geschlecht zusammen hingen[499]. Nach der Ansicht des EuGH stehen Diskriminierungen auf Grund der Geschlechtlichkeit also nicht solchen wegen des Geschlechts gleich und fallen nicht in den Anwendungsbereich des Art. 141 EG.

c. Stellungnahme

Die Reichweite des Schutzes homosexueller und transsexueller Menschen vor Diskriminierungen ist in erster Linie ein von religiösen und moralischen Vorstellungen einer Gesellschaft abhängiges politisches Problem[500]. Nichtsdestoweniger bedarf es einer rechtlichen Grundlage. Die Bedeutung der Frage, ob eine solche dem gemeinschaftsrechtlichen Diskriminierungsverbot aus Gründen des Geschlechts entnommen werden kann, hat sich zumindest hinsichtlich des Schutzes Homosexueller nicht mit der Einführung des Art. 13 in den EG-Vertrag entschärft, da der Schutz Homosexueller nun wenigstens dem Sekundärrecht überantwortet werden kann. Für Transsexuelle gilt das nicht, weil die in Art. 13 EG genannte „sexuelle Ausrichtung" nichts mit Transsexualität zu tun hat, sondern vielmehr mit dieser zusammen Unterfälle der „sexuellen Identität" darstellt[501].

Im Ausgangspunkt jeder Diskriminierung stehen sich zwei Personengruppen gegenüber, die ungleich behandelt werden. Häufig ergeben sich Probleme nicht erst bei der Feststellung einer Ungleichbehandlung, sondern bereits bei der Bestimmung der beiden Vergleichsgrup-

müssten gemeinschaftsrechtlich nicht den Beziehungen zwischen Verheirateten oder festen nichtehelichen Beziehungen zwischen zwei Personen gleichen Geschlechts gleich gestellt werden.

497 Insbesondere käme der Ansicht des nach Art. 28 IPbürgR errichteten Ausschusses für Menschenrechte, wonach der Begriff des „Geschlechts" auch die sexuelle Orientierung erfasse, kein rechtsverbindlicher Charakter zu, a.a.O., S. 651.

498 A.a.O., S. 651

499 A.a.O., S. 649f

500 Vgl. neuerdings auch die Entscheidung des Schweizerischen Bundesgerichts, EuGRZ 2001, S. 54ff, die eine Gleichstellung gleichgeschlechtlicher Partnerschaften mit der „Familie" im Sinn des Art. 8 EMRK ablehnt.

501 So auch Giegerich in einer Anmerkung zum Urteil in der Rs. Grant in JZ 1998, S. 726ff, Fn. 1.

pen. So ergibt sich in der Rs. P./S. die Schwierigkeit, ob Transsexuelle nach ihrer persönlich empfundenen Identität oder nach ihren physiologischen Voraussetzungen als Mann oder als Frau einzuordnen sind. Nach englischem Recht beispielsweise gilt P. auch nach der Geschlechtsumwandlung weiter als Person männlichen Geschlechts[502], während der EuGH durch die Verwendung des Personalpronomens „sie" konkludent seine unterschiedliche Meinung zum Ausdruck bringt. Nach seiner Auffassung haben Unterscheidungen zwischen Transsexuellen vor und nach der Operation in einem modernen Rechtsstaat keinen Platz. Entscheidend ist folgerichtig ausschließlich die empfundene sexuelle Identität. Diese Feststellung der Gerichtshofs hat entscheidende Auswirkungen auf die Bestimmung einer tauglichen Vergleichsgruppe.

Ist P. nach Vollendung der Geschlechtsumwandlung als Person weiblichen Geschlechts zu behandeln, bedarf es zur Feststellung einer Diskriminierung wegen des Geschlechts eines Vergleichs mit der entsprechenden Situation von Männern. Es entspricht der ständigen Rechtsprechung des Gerichtshofs, dass „eine Diskriminierung nur darin bestehen kann, dass unterschiedliche Vorschriften auf vergleichbare Situationen angewandt werden"[503]. Vergleichbare Situationen sind grundsätzlich am ehesten dann anzunehmen, wenn alle relevanten Umstände bis auf das Differenzierungskriterium, hier also das Geschlecht, unverändert bleiben. Weichen weitere Aspekte voneinander ab, läuft man Gefahr, nicht ohne weiteres Vergleichbares miteinander in Relation zu setzen[504]. Männer befänden sich streng genommen also dann in einer mit P. vergleichbaren Situation, wenn sie sich ebenfalls einer (umgekehrten) Geschlechtsumwandlung unterzogen und ihr ursprüngliches weibliches Geschlecht aufgegeben hätten.

Diese „klassische" Vorgehensweise zur Bestimmung einer geeigneten Vergleichsgruppe führt jedoch bei der vorliegenden Frage, ob Transsexuelle oder Homosexuelle durch das Diskriminierungsverbot auf Grund des Geschlechts geschützt werden, zu keinem tauglichen Ergebnis, lässt sie doch die entscheidende Frage außen vor, ob die sexuelle Identität mit dem Begriff des „Geschlechts" gleichzusetzen ist. Es ist offensichtlich, dass bei einem Vergleich, der nur das jeweilige Geschlecht austauscht, eine Diskriminierung in diesen Fällen ohnehin nicht bejaht werden könnte, da umgekehrt transsexuelle oder homosexuelle Menschen ebenso wie P. oder Lisa Grant von ihrem Arbeitgeber entlassen worden wären.

Es ist anzunehmen, dass der Gerichtshof in der Rs. P./S. diese Schwierigkeit erkannt hat, auch wenn er sich hierzu nicht ausdrücklich äußert. Er zieht nämlich (logisch zwingend) eine andere Vergleichsgruppe heran, deren Situation sich gerade nicht spiegelbildlich zu der von P. verhält. Eine Diskriminierung der P. liegt danach im Vergleich zu Männern vor, die

---

502 Rs. C-13/94, Slg. 1996, I-S. 2143ff, S. 2162, R. 7, P./S.

503 Rs. C-279/93, Slg. 1995, I-S. 225ff, S. 259, Schumacker

504 So auch Leo Flynn in einer Besprechung der Rs. P./S. in CML Rev. 1997, S. 367ff, S. 382.

sich keiner (!) Geschlechtsumwandlung unterzogen haben[505]. Beide Vergleichsgruppen unterscheiden sich nicht nur durch ihre Geschlechtszugehörigkeit, sondern zusätzlich durch ihre sexuelle Identität. Dieses abweichende Vorgehen des EuGH ist konsequent, kann man doch allein hierdurch die nach ihm mit der Transsexualität zwangsläufig verbundene Geschlechtsänderung berücksichtigen. Prüft man die Diskriminierung Transsexueller müssen diese mit Menschen einer anderen sexuellen Identität verglichen werden. Vor diesem Hintergrund lässt sich mit dem EuGH eine Diskriminierung wegen des Geschlechts schließlich auch bejahen, knüpft die Schlechterbehandlung der P. doch gerade an ihr (neues) Geschlecht an.

Ist dem Gerichtshof somit im Ergebnis beizupflichten, gilt dies nicht ohne weiteres für die von ihm vorgebrachte Argumentation. Wie gezeigt ergibt sich die Erkenntnis, dass eine Diskriminierung Transsexueller aus Gründen des Geschlechts ausschließlich durch einen Vergleich mit Angehörigen des Geschlechts, dem sie ursprünglich angehörten, nachgewiesen werden kann, bereits aus obigen allgemeinen Überlegungen. Es ist deshalb nicht nötig, den Anwendungsbereich eines Diskriminierungsverbots wegen des Geschlechts im Wege eines obiter dictum[506] unter Hinweis auf die Einhaltung der gemeinschaftsrechtlichen Grundrechte nur deswegen auf Transsexuelle zu erstrecken, weil man ansonsten gegen die Achtung der Würde und der Freiheit verstoßen würde[507]. Zwar mag diese Erklärung für sich betrachtet als Beitrag zur Stärkung der Diskriminierungsverbote und Grundrechte im Gemeinschaftsrecht begrüßenswert erscheinen, sie ist jedenfalls überflüssig.

Eines allerdings wird aus der Argumentation des Gerichtshofs deutlich: Er geht von drei unterschiedlichen Gleichheitssätzen in seiner Besprechung aus - der Gleichbehandlung von Frauen und Männern, dem Diskriminierungsverbot auf Grund des Geschlechts sowie dem Gleichheitsgrundsatz[508]. Allein mit dem Gebot der Gleichbehandlung zwischen Frauen und Männern kann man Transsexuelle nicht schützen[509], weshalb der Gerichtshof auf das nicht auf die Kriterien Mann und Frau fixierte Diskriminierungsverbot auf Grund des Geschlechts zurückgreift; dieses bezeichnet er seinerseits nur als Ausprägung des Gleichheitsgrundsatzes, der eines der Grundprinzipien der Gemeinschaft darstellt, und geht infolgedessen von der Notwendigkeit einer weiten Interpretation des Begriffes „Geschlecht" aus[510].

---

505 Eine Besonderheit dieser Konstellation ist, dass ein Vergleich nicht zwischen zwei verschiedenen biologischen Geschlechtern, sondern zwischen Personen des gleichen biologischen Geschlechts angestellt wird.

506 So Giegerich, a.a.O., S. 729

507 So aber der Gerichtshof a.a.O., S. 2165.

508 Vgl. Rs. P./S., a.a.O., S. 2164f

509 Der Austausch des Geschlechts alleine offenbart wie gezeigt keine Diskriminierung eines Geschlechts.

510 So auch Leo Flynn, a.a.O., S. 376f; vgl. dazu auch EuGH Rs. Grant, a.a.O., S. 649.

Inkonsequenterweise relativiert der EuGH sein Bekenntnis zur Achtung der Würde und Freiheit der Menschen wieder in der Rs. Grant. Obwohl er nochmals auf die Notwendigkeit einer weiten Auslegung hinweist, versagt er Homosexuellen den gleichen Schutz wie Transsexuellen mit dem nicht näher begründeten und wenig einsichtigen Argument, dass die Diskriminierung letzterer eng mit dem Geschlecht zusammenhänge[511]. Damit entzieht er seiner Begründung aus der Rs. P./S. die einzige von ihm aufgestellte Grundlage[512]. Der Gerichtshof erweckt dabei den Eindruck, als bereue er seine klaren Aussagen in der Transsexuellenentscheidung, ohne diese allerdings letztlich zurücknehmen zu wollen. Hätte er die Achtung der Menschenwürde tatsächlich als entscheidendes Argument gegen Diskriminierungen verstanden, müssten auch Diskriminierungen wegen der Geschlechtlichkeit solchen auf Grund des Geschlechts gleichgestellt werden. Die sexuelle Identität eines Menschen, die letztlich nur Ausdruck seiner individuellen Freiheit ist, erfasst nämlich sowohl Homo-, als auch Transsexualität.

Doch auch darüber hinaus ist keine klare Linie des Gerichtshofs im Vergleich mit den in der Rs. P./S. dargestellten Grundsätzen erkennbar. Insbesondere zieht er für die Beantwortung der Frage, ob eine unmittelbare Diskriminierung wegen des Geschlechts vorliegt, eine Vergleichsgruppe heran, die sich in obiger Rechtssache gerade als untauglich herausgestellt hat. So lehnt der Gerichtshof in der Rs. Grant eine unmittelbare Diskriminierung auf Grund des Geschlechts mit der Begründung ab, dass die in Streit stehende Klausel 8 in gleicher Weise auf Männer und Frauen Anwendung finde und demzufolge Homosexuelle beiderlei Geschlechter gleich behandle. Dies trifft zwar zu und entspricht der grundlegenden These, dass Gruppen am ehesten vergleichbar sind, wenn man nur ein Merkmal, hier das Geschlecht, austauscht, steht aber zur Rs. P./S. in Widerspruch. Denn dort hat der Gerichtshof zur Feststellung, ob eine Diskriminierung auf Grund des Geschlechts gegeben ist, nicht Transsexuelle der jeweiligen Geschlechter miteinander verglichen, sondern die Situation eines Transsexuellen mit der eines Menschen mit „normaler" sexueller Identität in Relation gestellt. Der Gerichtshof macht nicht deutlich, warum er bei ansonsten identischer Frage hinsichtlich der Diskriminierung Homosexueller anders verfährt. Wie im Falle der Transsexualität ist ein Vergleich zwischen Vergleichsgruppen, die sich nicht in ihrer sexuellen Identität unterscheiden, von vornherein nicht in der Lage, irgendeine Diskriminierung nachzuweisen. Nach den Grundsätzen der P./S.-Rechtsprechung hätte die Lage der Lisa Grant unter

---

511 A.a.O., S. 649f; gedanklich muss man dem hinzufügen, dass Diskriminierungen Homosexueller weniger eng mit dem Geschlecht in Zusammenhang stehen. Da es gerade um die Frage der Reichweite des Begriffs „Geschlecht" geht, stellt die bloße Behauptung eines engen Zusammenhangs für sich betrachtet nicht mal ein Argument dar.

512 Weniger streng Giegerich a.a.O., S. 729, der dem EuGH immerhin bescheinigt, dass er es schaffe, sich nicht ausdrücklich von seinem obiter dictum distanzieren zu müssen.

Berücksichtigung ihrer Homosexualität beurteilt und somit mit derjenigen einer heterosexuellen Frau verglichen werden müssen[513].

Vergleicht man beide Urteile wird deutlich, dass in Grenzfällen ein Gericht zu jedem von ihm gewünschten Ergebnis allein durch die Wahl der Vergleichsgruppe kommen kann. Da keine festen Regeln existieren, anhand derer man objektiv die Vergleichbarkeit von Sachverhalten bestimmen könnte, ist die vom EuGH in der Rs. Grant vorgenommene Wahl der Vergleichsgruppe isoliert betrachtet nicht falsch. Im Zusammenhang mit der Wahl der Vergleichsgruppe in der Rs. P./S. wird man dem EuGH allerdings den Vorwurf der Willkür nicht ersparen können[514].

Der Generalanwalt Elmer hält sich enger als der Gerichtshof an die Feststellungen in der Rs. P./S. gebunden. Er bejaht unter Hinweis auf die Bedeutung, die der EuGH dem Diskriminierungsverbot auf Grund des Geschlechts dort beigemessen hat eine unmittelbare Diskriminierung durch die Klausel 8 der Durchführungsverordnung allein deshalb, weil sie ausdrücklich nach dem Geschlecht differenziert[515]. Der Gerichtshof geht darauf mit keinem Wort ein. Angesichts seiner offensichtlich ergebnisorientierten Argumentation tut er auch gut daran, lässt sich den Erwägungen des Generalanwalts doch wenig entgegensetzen. Diskriminierung aus Gründen des Geschlechts bedeutet nämlich nichts anderes, als dass ein Geschlecht im Vergleich zum anderen benachteiligt wird. Genau dies ist aber die Folge einer Anwendung der fraglichen Klausel 8. Die Erteilung einer Fahrtvergünstigung hängt ausschließlich vom Geschlecht des Betroffenen und dem Geschlecht seines Lebenspartners ab[516]. Es kann auch keine Rolle spielen, dass die Bestimmung des „anderen" Geschlechts jeweils in Verhältnis zum Geschlecht des Arbeitnehmers gesetzt werden muss und dadurch kein bestimmtes Geschlecht benachteiligt wird. Im konkreten Falle eines bestimmten Arbeitnehmers ist nämlich klar, welches Geschlecht konkret diskriminiert wird. Gegen die Existenz eines grundrechtlichen Diskriminierungsverbots aus Gründen der Religion spricht auch nicht, dass sich erst im Einzelfall feststellen lässt, welche Religion im Verhältnis zu der bevorzugten diskriminiert wird[517].

Weist das Urteil des EuGH in der Rs. Grant einige Ungereimtheiten auf und ist ihm in rechtlicher Hinsicht unter Berücksichtigung der Entscheidung P./S. im Ergebnis nicht zu fol-

---

513 Diese Ansicht vertritt dann auch Frau Grant, a.a.O., S. 643f.

514 Ähnlich G. F. Mancini, S. O'Leary, New frontiers, EL Rev. 1999, S. 331ff, S. 351: „absence of concrete comparative references".

515 Der englische Ausdruck lautet „common law opposite sex spouse", vgl. Rs. Grant, a.a.O., S. 640.

516 Elmer, a.a.O., S . 629

517 Man kann der Ansicht von Elmer also auch folgen, wenn man auf eine Bezugnahme auf die Rechtsprechung in der Rs. P./S. mit dem EuGH verzichtet.

gen, so muss auch auf die Zwickmühle hingewiesen werden, in der sich der Gerichtshof zur Zeit des Urteils befand. Einerseits hatte er sich in der Rs. P./S. weit aus dem Fenster gelehnt, als er das Diskriminierungsverbot auf Grund des Geschlechts extensiv auslegte und ihm gemeinschaftsrechtlich äußerste Bedeutung beimaß. Andererseits ist der entscheidende Grund für die Enttäuschung der durch das Urteil in der Rs. P./S. geweckten Hoffnungen[518] wohl in Art. 13 EG zu finden. Diese Vorschrift war zur Zeit des Urteils in der Rs. Grant am 17. Februar 1998 zwar noch nicht in Kraft getreten, warf ihren Schatten allerdings schon voraus. Indem die Mitgliedstaaten dort die „sexuelle Ausrichtung" neben dem „Geschlecht" als Differenzierungskriterium aufführten, zeichnete sich ihr Wille ab, den Schutz Homosexueller nicht unter das Diskriminierungsverbot auf Grund des Geschlechts fallen zu lassen. Dass die „sexuelle Ausrichtung" nur klar stellend in den Katalog mit aufgenommen wurde, kann wegen seiner politischen Bedeutung ausgeschlossen werden. Hinsichtlich dieser Vorgaben war für den EuGH ein Bruch mit der in der Rs. P./S. verwendeten Argumentation kaum zu vermeiden. Der Rückzug des EuGH kann als selbst auferlegte Zurückhaltung gewertet werden. Die Verantwortung bezüglich des Schutzes homosexueller Menschen konnte der Gerichtshof dank Art. 13 EG auf die Legislativorgane der Gemeinschaft abwälzen und damit zugleich einer als zu weit gehend empfundenen Einmischung seiner Rechtsprechung in an sich europafeste Bereiche entgegen wirken. Wegen der unterschiedlichen Rechtslagen in den Mitgliedstaaten und der unklaren Haltung der EMRK sieht sich der Gerichtshof nicht in der Lage, in diesem „sensiblen Bereich Grundrechtsfindung zu betreiben"[519].

In rechtspolitischer Hinsicht kann man folglich das Bestreben des Gerichtshofs verstehen, Homosexuelle nicht dem Schutz des Diskriminierungsverbot auf Grund des Geschlechts zu unterstellen. Eine rein rechtliche Betrachtungsweise kommt zu einem anderen Ergebnis.

3. Gleiche und gleichwertige Arbeit

Das Gebot der Entgeltgleichheit wird in Art. 141 Abs. 1 EG nur für gleiche oder gleichwertige Arbeit sichergestellt. Was darunter zu verstehen ist, ist trotz seiner Bedeutung und ihrer seit dem Amsterdamer Vertrag geltenden primärrechtlichen Gleichstellung gemeinschaftsrechtlich nicht verbindlich[520] festgelegt. Art. 1 Abs. 2 der Richtlinie 75/117/EWG, der darlegen soll, nach welchen Maßstäben eine Anerkennung einer Arbeit als gleichwertig zu

---

518 Vgl. Campbell/Lardy, Discrimination, EL Rev. 1996, S. 412ff, S. 417f; Leo Flynn, a.a.O., S. 380ff.

519 Giegerich, a.a.O., S. 729

520 Dem Memorandum der Kommission über gleiches Entgelt für gleichwertige Arbeit, KOM (94), 6, endg., kommt ebenso wenig rechtsverbindliche Wirkung zu wie dem Leitfaden zur Anwendung des Grundsatzes des Grundsatzes des gleichen Entgelts für Männer und Frauen bei gleichwertiger Arbeit vom 17.7.1996, KOM (96) 336, endg.

erfolgen hat[521], führt nicht weiter. Die Vorschrift erweist sich für die zahlreichen Fälle der mittelbaren Diskriminierung als inhaltsleer, da diese gerade an neutrale Kriterien anknüpfen, die nichts mit dem Geschlecht zu tun haben.

Der Rechtsprechung des Gerichthofs sind nicht viele Äußerungen zu entnehmen, nach welchen Kriterien die Feststellung einer gleichwertigen Arbeit erfolgen soll. Es ist allenfalls klar, dass der Grundsatz der Entgeltgleichheit für gleiche oder gleichwertige Arbeit (erst recht) auch für höherwertige Arbeit gilt[522]. Darüber hinaus hat der Gerichtshof in der Rs. Smith/Macarthys „die vergleichende Untersuchung in Fällen tatsächlicher Diskriminierungen, die in den Bereich der unmittelbaren Geltung des Artikels 119 fallen, auf Vergleiche beschränkt, die sich anhand konkreter Bewertungen durchführen lassen und tatsächliche Arbeitsleistungen von Arbeitnehmern verschiedenen Geschlechts in ein und demselben Betrieb oder Dienst betreffen"[523]. Ansonsten stellt der EuGH lapidar fest: „Dem Mitgliedstaat obliegt es, eine Behörde mit der erforderlichen Zuständigkeit dafür auszustatten, [...] zu entscheiden, ob eine Arbeit einer anderen gleichwertig ist"[524]. Wenn der Gerichtshof die Frage der Gleichwertigkeit damit ausschließlich in die Hand der Gerichte in den Mitgliedstaaten legen will, kann das nicht ohne weiteres überzeugen, macht er einen gemeinschaftsrechtlichen Begriff doch abhängig von den unterschiedlichen Verständnissen der gleichwertigen Arbeit in den Mitgliedstaaten. Die einheitliche Anwendung des Gemeinschaftsrechts ist somit gefährdet, solange das Gemeinschaftsrecht nicht selbst wenigstens die Eckpunkte für die Bestimmung der Gleichwertigkeit liefert. Ein solches Verständnis wäre kaum mit der Annahme der unmittelbaren Wirkung vereinbar[525].

Erfordert das Gemeinschaftsrecht also eine ihm eigene Interpretation der Gleichwertigkeit, ist fraglich, welche Kriterien hierfür konkret herangezogen werden sollen. Quantitative Merkmale wie das der täglichen oder wöchentlichen Arbeitszeit müssen jedenfalls unberücksichtigt bleiben: die bloße Tatsache der Teilzeitbeschäftigung sagt nichts über den qualitati-

---

521 „Insbesondere muss dann, wenn zur Festlegung des Entgelts ein System beruflicher Einstufung verwendet wird, dieses System auf für männliche und weibliche Arbeitnehmer gemeinsamen Kriterien beruhen und so beschaffen sein, dass Diskriminierungen auf Grund des Geschlechts ausgeschlossen werden."

522 EuGH Rs. 157/86, Slg. 1988, S. 673ff, S. 689, Murphy; dieses Urteil ist alleine deshalb erstaunlich, als sich der EuGH tatsächlich mit dieser an sich selbstverständlichen Schlussfolgerung befassen musste; Auch die in diesem Zusammenhang häufig zitierten Rs. Rummler (EuGH Rs. 237/85, Slg. 1986, S. 2101ff), Enderby (EuGH Rs. C-127/92, Slg. 1993, I- S. 5535ff) und Royal Copenhagen (EuGH Rs. C-400/93, Slg. 1995, I-S. 1275ff) führen hinsichtlich der Bestimmung der Gleichwertigkeit nicht weiter. Wie Wißmann, „Tarifliche Bewertung" in Festschrift Schaub, S. 793ff, S. 797ff überzeugend nachgewiesen hat, ging das jeweils vorliegende Gericht bereits von der Gleichwertigkeit aus oder formulierte seine Vorlagefrage auf eine Weise, die es dem EuGH erlaubte, nicht dazu Stellung nehmen zu müssen; vgl. auch Generalanwalt Cosmas in den Schlussanträgen zur Rs. C-307/97, Slg. 1999, I-S. 2865ff, S. 2880, R. 28, Angestelltenbetriebsrat der Wiener Betriebskrankenkasse

523 EuGH Rs. 129/79, Slg. 1980, S. 1275ff, S. 1289, Macarthys/Smith, bestätigt in EuGH Rs. C-200/91, Slg. 1994, I-S. 4389ff, S. 4430, Coloroll Pension Trustees

524 EuGH Rs. 61/81, Slg. 1982, S. 2601ff, S. 2617, Kommission/Vereinigtes Königreich

ven Wert einer Tätigkeit aus[526]. Der qualitative Wert darf dabei keinesfalls mit dem wirtschaftlichen Wert gleichgesetzt werden, da letzterer Schwankungen auf Grund gesellschaftlicher Veränderungen unterliegt. Mit dieser Einsicht ist auch der Grundstein dafür gelegt, dass das Prinzip der Lohngleichheit für den Vergleich grundverschiedener Tätigkeiten gelten kann.

Soweit darüber hinaus allgemein das Vorliegen desselben Arbeitswerts unter Zugrundelegung der Verkehrsanschauung als entscheidend angesehen wird[527], ist noch nichts gewonnen, handelt es sich dabei doch um keine Konkretisierung der Gleichwertigkeit. Licht ins Dunkel hat eine neue Entscheidung des EuGH gebracht, in der unter Bezugnahme auf die Rs. Royal Copenhagen[528] entschieden hat, dass geprüft werden muss, ob die zu vergleichenden Arbeitnehmer „unter Zugrundelegung einer Gesamtheit von Faktoren, wie der Art der Arbeit, Ausbildungsanforderungen und Arbeitsbedingungen, als in einer vergleichbaren Situation befindlich angesehen werden können“[529]. Nur durch Einschätzung der im Einzelfall erforderlichen Kenntnisse, Verantwortung und Leistung erschließt sich die Qualität einer Leistung[530], es kommt auf deren Natur und Gegenstand an. Sind die betroffenen Arbeitnehmer hinsichtlich dieser Kriterien austauschbar, sind ihre Tätigkeiten qualitativ vergleichbar und damit als gleich anzusehen. Es kommt also darauf an, ob sich die zu vergleichenden Arbeitnehmer insgesamt in einer vergleichbaren Situation befinden[531]. Diese Vorgabe von Kriterien zur Bestimmung der Gleichheit und Gleichwertigkeit genügen, um wenigstens ein Grundkonzept des EuGH anzuerkennen. Genauere Präzisierungen bleiben der weiteren Rechtsprechung vorbehalten. Insoweit wird man dem EuGH auch kaum das Fehlen eines einheitlichen Konzepts vorwerfen können[532].

Wegen der Bezugnahme des EuGH auf die Rs. Royal Copenhagen, in der er nicht nur die Vergleichbarkeit gleicher, sondern auch gleichwertiger Arbeit zu hinterfragen hatte[533], muss dies auch auf die Bestimmung der gleichwertigen Arbeit übertragen werden. Der Unterschied besteht nur darin, dass im Rahmen der Gleichwertigkeit eine weniger strenge

---

525 So auch Krebber in C/R, Kommentar, Art. 141 EG, R. 6

526 EuGH Rs. 96/80, Slg. 1981, S. 911ff, S. 925f, Jenkins/Kingsgate; EuGH Rs. C-184/89, Slg. 1991, I-S. 297ff, S. 319, Nimz

527 Kort, Gleichbehandlung, RdA 1997, S. 277ff, S. 279

528 EuGH Rs. C-400/93, Slg. 1995, S. 1275ff = EuGRZ 1995, S. 396ff, S. 399

529 EuGH Rs. C-307/97, Slg. 1999, I-S. 2865ff, S. 2916, Angestelltenbetriebsrat der Wiener Betriebskrankenkasse

530 Vgl. auch das Memorandum der Kommission über gleiches Entgelt für gleichwertige Arbeit, KOM (94), 6, endg., S.7.

531 Puissochet, Rechtsprechung, in Liber amicorum Thomas Oppermann, S. 243ff, S. 255

532 So aber Krebber, a.a.O., R. 6

533 EuGH, a.a.O., S. 399; auch der Generalanwalt Cosmas trennt in seinen Schlussanträgen zur Rs. Angestelltenbetriebsrat der Wiener Betriebskrankenkasse bei seiner Argumentation meist nicht zwischen gleicher und gleichwertiger Arbeit, vgl. R. 20ff der Schlussanträge.

Sichtweise anzulegen ist. Im Ergebnis werden die Grenzen zwischen gleicher und gleichwertiger Arbeit damit fließend. Dies kann hingenommen werden, da nicht die Unterscheidung zwischen gleicher und gleichwertiger Arbeit für die Anwendung des Diskriminierungsverbots nach Art. 141 Abs. 1 EG entscheidet, sondern deren gemeinsame Abgrenzung zur nichtgleichwertigen Arbeit.

Der Gerichtshof gewichtet die Kriterien der Arbeit, der Ausbildungsanforderungen und der Arbeitsbedingungen untereinander unterschiedlich und räumt dem Kriterium der Berufsausbildung die größere Bedeutung ein, solange dadurch der Umfang der Berufsberechtigung beeinflusst wird: „Wenn [...] verschiedene Arbeitnehmergruppen, die nicht dieselbe Berufsberechtigung oder -qualifikation für die Ausübung ihres Berufes besitzen, eine anscheinend identische Tätigkeit ausüben[534], ist zu prüfen, ob sie [...] eine gleiche Arbeit im Sinne des Art. 119 des Vertrages ausüben. Die Berufsausübung stellt somit [...] nicht nur einen Faktor dar, der eine unterschiedliche Vergütung für Arbeitnehmer, die die gleiche Arbeit verrichten, objektiv rechtfertigen kann. Sie gehört vielmehr auch zu den Kriterien, anhand deren sich feststellen lässt, ob die Arbeitnehmer die gleiche Arbeit verrichten [...] Daher können zwei Gruppen von Arbeitnehmern mit unterschiedlicher Berufsausbildung, die auf Grund des unterschiedlichen Umfangs ihrer Berufsberechtigung, die sich aus dieser Ausbildung ergibt und auf deren Grundlage sie eingestellt wurden, unterschiedliche Aufgaben und Tätigkeiten wahrzunehmen haben, nicht als in einer vergleichbaren Situation befindlich angesehen werden"[535].

Aus der Entscheidung des EuGH ergibt sich ein Doppeltes: Zum Ersten kann allein eine unterschiedliche Berufsausbildung auch bei ansonsten identischer Tätigkeit dem Vorliegen einer gleichen oder gleichwertigen Arbeit entgegenstehen[536]. Dem liegt die Erkenntnis zu Grunde, dass „gleiche Arbeit" keinesfalls zwingend durch die nach außen hin „gleiche Tätigkeit" begründet wird[537]. Gleiche Arbeit im Sinne des Art. 141 Abs. 1 EG muss immer auch gleichwertig sein und darf nicht bloß auf die Ausübung der gleichen Tätigkeit abstellen. Ansonsten könnte gleiche Arbeit im Sinne des Art. 141 Abs. 1 EG unterschiedlichen Wert haben. Es gilt stets, unterschiedliche Berufsberechtigungen und -qualifikationen in eine Vergleichbarkeit mit einzustellen.

Zum Zweiten steht fest, dass der Gerichtshof nicht zwangsläufig deshalb, weil er Art. 141 Abs. 1 EG als Gemeinschaftsgrundrecht ansieht, die Kriterien, an denen sich sowohl die

---

534 Vorliegend ging es um als Psychotherapeuten beschäftigte Psychologen und Ärzte.

535 EuGH Rs. C-307/97, Slg. 1999, I-S. 2865ff, S. 2916f, R. 18-21, Angestelltenbetriebsrat der Wiener Betriebskrankenkasse

536 So auch der Generalanwalt Cosmas in seinen Schlussanträgen zur Rs. C-307/97, a.a.O., S. 2886, R. 33; die berufliche Qualifikation kann sich auf die anderen Kriterien auswirken, nach denen der EuGH die Gleichwertigkeit bemessen will. Diese sind dann aber von der Berufsausbildung abhängig und ihr untergeordnet.

Gleichheit, als auch die Gleichwertigkeit von Arbeit ausrichtet, weit auslegt[538]. Denn auch wenn ein Teil der Ausbildung, den Ärzte wie Psychologen durchlaufen, identisch ist, genügt es, ihre Tätigkeiten als Psychotherapeuten bereits deshalb nicht als gleich anzusehen, weil die Ärzte zusätzlich berechtigt sind, auch anderer Tätigkeiten in anderen Bereichen auszuüben, die den Psychologen nicht offen stehen[539]. An dieser Stelle ist auffällig, dass die ausgeübten unterschiedlichen Arbeiten ganz konkret und in allen Einzelheiten (Psychologie- vs. Medizinstudium) betrachtet werden. Der Gerichtshof verzichtet auf Verallgemeinerungen (psychotherapeutische Kenntnisse), die die Genauigkeit des Vergleichsergebnisses erheblich beeinträchtigen könnten. Mit Abstrahierungen ist in der Tat vorsichtig zu verfahren, ist deren Grenze doch nicht klar bestimmbar: Zugespitzt könnte man gleiche Arbeit ansonsten schon durch das bloße Vorliegen eines Universitätsstudiums bejahen.

Das Erfordernis einer strengen Bewertung vergleichbarer Sachverhalte steht im Einklang zu obiger Feststellung, dass Art. 141 Abs. 1 EG im Bereich horizontaler Rechtsverhältnisse eine eher eng auszulegende Ausnahmevorschrift darstellt. Auch wenn sich der Gerichtshof ansonsten dazu nicht äußert, verfährt er bei der Suche nach vergleichbaren Sachverhalten de facto nach diesem Grundsatz.

In ähnlicher Weise argumentiert Krebber[540], wenn er feststellt, dass ein weites Verständnis der Gleichwertigkeit zu tiefen Eingriffen in die Organisationsgewalt der Arbeitgeber führen könne . Aus diesem Grund dürften stets nur konkrete Arbeitsplatzbedingungen und konkrete berufliche Qualifikationen mit einem Mindestmaß an Abstrahierung verglichen werden. Denn je höher der Grad der Abstrahierung ist, desto höher sei auch die Wahrscheinlichkeit, dass die vorhandenen Abweichungen in der Höhe des Entgelts auf anderen Merkmalen als dem Geschlecht beruhen. Endgültige Klärung kann in dieser Hinsicht aber nur ein Legislativakt des Rates verschaffen.

---

537 Beachte in diesem Zusammenhang zum Verhältnis gleicher und gleichwertiger Arbeit die sehr instruktiven Ausführungen des Generalanwalts Cosmas in seinen Schlussanträgen, a.a.O., R. 24.

538 So aber ohne nähere Begründung Kort, a.a.O., S. 279

539 EuGH a.a.O., S. 2917, R. 20

540 In C/R, Kommentar, Art. 141 EG, R. 58f

V. Die Gewährleistung des Grundsatzes der Gleichbehandlung der Geschlechter in Arbeit und Beschäftigung

1. Maßnahmen zur Verwirklichung der Gleichbehandlung (Art. 141 Abs. 3 EG)

Der Amsterdamer Vertrag hat mit Art. 141 Abs. 3 EG eine neue Rechtsetzungskompetenz der Gemeinschaft geschaffen: Der Rat beschließt nach dem Mitentscheidungsverfahren - Art. 251 EG - und nach Anhörung des Wirtschafts- und Sozialausschusses Maßnahmen zur Gewährleistung der Anwendung des Grundsatzes der Chancengleichheit und der Gleichbehandlung von Männern und Frauen in Arbeits- und Beschäftigungsfragen, einschließlich des Grundsatzes des gleichen Entgelts bei gleicher oder gleichwertiger Arbeit.

Die Vorschrift stellt eine umfassende Handlungsermächtigung zur Verwirklichung und Förderung der Gleichstellung der Geschlechter zu Gunsten des Rates dar und ermöglicht den Erlass von Sekundärmaßnahmen auf allen arbeitsrechtlichen Gebieten, die im weitesten Sinne Einfluss auf die Gleichbehandlung haben können. Sie geht damit über den Anwendungsbereich des Art. 141 Abs. 1 EG - Lohngleichheit - und über die Reichweite der vor Einführung des Amsterdamer Vertrages bereits erlassenen Richtlinien hinaus. Diese wurden als Maßnahmen zur Rechtsangleichung auf Art. 100 EGV a.F. (jetzt Art. 94 EG)[541] oder im Vertragslückenschließungsverfahren auf Art. 235 EGV a.F. (jetzt Art. 308 EG)[542] gestützt und verlieren mit Einführung des Art. 141 Abs. 3 EG nicht ihre Gültigkeit.

Art. 141 Abs. 3 EG stellt im Verhältnis zu Art. 13 EG im Sozialbereich eine Spezialvorschrift dar. Art. 13 EG findet in Arbeits- und Beschäftigungsfragen nicht nur wegen seines weiter gefassten Wortlauts, sondern auch wegen seiner wenig demokratisch legitimierten Rechtsetzungsverfahrens keine Anwendung.

a. Die Abgrenzung zu Art. 137 Abs. 1 5. Spstr. EG

Schwierigkeiten könnten sich aus dem Verhältnis zu einer anderen Rechtsetzungsbefugnis ergeben. Ebenfalls mit dem Amsterdamer Vertrag wurde der ehemalige Art. 2 Abs. 1 und Abs. 2 des Sozialabkommens[543] ins Primärrecht aufgenommen. Bei ansonsten identischen Rechtsetzungsverfahren umfasst der Regelungsgegenstand des neuen Art. 137 Abs.

---

541 Richtlinie 75/117/EWG bezüglich des gleichen Entgelts.

542 Richtlinien 76/207/EWG bezüglich Zugang, Bildung, Aufstieg, Arbeitsbedingungen und 79/7 bezüglich sozialer Sicherheit; sowohl auf Art. 100 EGV a.F., als auch auf Art. 235 EGV a.F. stützte sich die Richtlinie 86/378 bezüglich der betrieblichen Systeme der sozialen Sicherheit, geändert durch die Richtlinie 96/97/EGV.

1 5. Spstr. i.V.m. Abs. 2 EG die Chancengleichheit von Männern und Frauen auf dem Arbeitsmarkt und die Gleichbehandlung am Arbeitsplatz. Auch wenn zumindest ein Unterschied in den Formulierungen der beiden Bestimmungen besteht, wird dennoch überwiegend vertreten, dass sich Art. 141 Abs. 3 EG nur dem Wortlaut nach von Art. 137 Abs. 1 5. Spstr. i.V.m. Abs. 2 EG unterscheide[544] oder lediglich dessen Wiederholung darstelle[545]. Es handle sich um zwei sprachlich nicht aufeinander abgestimmte, aber hinsichtlich ihres Inhalts identische Rechtsgrundlagen. Diese Dopplung könne einerseits darauf zurückgeführt werden, dass das Sozialabkommen unverändert in den EG-Vertrag übernommen wurde, andererseits darauf, dass in jedem Fall Maßnahmen auf dem Gebiet der Gleichbehandlung möglich sein sollten[546].

Eine solche Deutung des Verhältnisses der beiden Vorschriften kann nicht überzeugen. Bereits das zuletzt genannte Argument geht fehl, kann eine weit reichende Abdeckung des Sozialrechts durch das Diskriminierungsverbot zwischen den Geschlechtern gerade nicht durch inhaltlich identische, sondern durch sich ergänzende Vorschriften erreicht werden. Bei genauer Betrachtung der beiden Bestimmungen ergeben sich zudem sehr wohl inhaltliche Unterschiede. Dabei setzt Art. 137 Abs. 1 und Abs. 2 EG engere Grenzen als Art. 141 Abs. 3 EG. Ausweislich seines Wortlauts können in seinem Anwendungsbereich nur ergänzende und unterstützende Harmonisierungsmaßnahmen der Gemeinschaft ergehen. Folglich geht das Gemeinschaftsrecht in diesem Bereich von der Primärzuständigkeit der Mitgliedstaaten aus, so dass die Harmonisierung begrenzt ist[547]. Darüber hinaus kann sich der Rat bei einer Rechtsetzung nach Art. 137 EG nicht aller in Art. 249 EG aufgeführten Rechtsakte bedienen, sondern ist auf den Erlass von Richtlinien beschränkt. Diese erschöpfen sich zusätzlich in Mindestvorschriften[548]. Die Schlussfolgerung wiederum, dass Art. 137 EG in Art. 141 EG aufgeht, steht auf unsicheren Füßen, kann doch durch die ausdrückliche Erwähnung der Chancengleichheit auf dem Arbeitsmarkt nicht ausgeschlossen werden, dass der Anwendungsbereich des Art. 137 Abs. 1 5. Spstr. EG über den auf Arbeits- und Beschäftigungsfragen begrenzten Art. 141 Abs. 3 EG hinausgeht.

Da sich die beiden Bestimmungen inhaltlich nicht decken, bedarf es einer Abgrenzung zwischen ihnen. Krebber versucht, diese drin zusehen, dass Maßnahmen nach Art. 141 Abs. 3 EG der sekundärrechtlichen Konkretisierung des allgemeinen Gleichbehandlungsgrund-

---

543 Abgedruckt bei Docksey/Séché/Curall in GTE, Kommentar, nach Art. 122 EGV, Protokoll Nr. 14

544 Coen in Lenz, Kommentar, Art. 137 EG, R. 28

545 Langer in Bergmann/Lenz, Amsterdamer Vertrag, S. 101

546 Langer, a.a.O., S. 101f

547 Vgl. zu Art. 118 a EGV a.F. Buchner, Sozialpolitische Entwicklung, RdA 1993, S. 193ff, S. 195f; Krebber in C/R, Kommentar, Art. 137 EG, R. 3

548 Zur Bedeutung dieses Ausdrucks siehe EuGH Rs. C-84/94, Slg. 1996, I-S. 5755ff, S. 5800f, Vereinigtes Königreich/Rat und auch die Ausführungen bei Art. 13 EG.

satzes im Arbeitsrecht[549] dienen, während Art. 137 Abs. 1 5. Spstr. für sonstige Maßnahmen der Gleichbehandlung einschlägig ist[550]. Zu Recht verwirft er diesen Ansatz aber wieder, da eine derartige Abgrenzung schon jeglichen Maßstabs entbehrt und auch ansonsten kaum durchführbar ist. Darüber hinaus ist aber auch kein Grund für eine solche Differenzierung ersichtlich, lässt sich die Existenz eines allgemeinen gemeinschaftsrechtlichen Gleichbehandlungsgrundsatzes im Arbeitsrecht, wenn überhaupt, nicht ausschließlich an Art. 141 EG fest machen. Es ist also nicht einzusehen, warum Sekundärrechtsakte in dieser Hinsicht ausgerechnet auf Art. 141 Abs. 3 EG beschränkt sein sollten.

Ratsamer ist eine Abgrenzung, die sich an den vom EuGH aufgestellten Kriterien zur Wahl der richtigen Rechtsgrundlage in Grenzfällen orientiert. Diese muss auf „objektive[n], gerichtlich nachprüfbare[n] Umstände gründen. Zu diesen Umständen gehören insbesondere das Ziel und der Inhalt des Rechtsakts“[551]. Des weiteren stellt der Gerichtshof entscheidend auf das Hauptziel der Regelung ab[552]. An dieser Stelle kann eine abstrakte Darstellung nicht weiterführen. Die zur Gesetzgebung berufenen Organe der Gemeinschaft müssen sich ausgehend vom konkreten Inhalt jeder Antidiskriminierungsvorschrift im Bereich des Arbeitsrechts fragen, ob diese eher einen arbeitsmarkt- oder einen arbeits- und beschäftigungspolitischen Bereich betrifft, oder ob der Schutz vor Diskriminierungen primär mitgliedstaatlichen Regelungen überlassen werden soll, die gemeinschaftsrechtlich lediglich unterstützt oder ergänzt werden. In diesem Fall ist er auf den Erlass von Richtlinien und Mindestvorschriften beschränkt.

Solche Entscheidungen zu treffen, wird schwierig sein. Es ist deshalb fraglich, ob sich der Rat streng an diese Vorgaben halten wird. Angesichts der Tatsache, dass beide Bestimmungen das gleiche Beschlussverfahren voraussetzen, besteht keine große Gefahr, dass entsprechende Maßnahmen wegen Unzuständigkeit im Wege der Nichtigkeitsklage angefochten und aufgehoben werden, da der Rat eine inhaltsgleiche Bestimmung auf die richtige Rechtsgrundlage gestützt sofort wieder erlassen könnte. Zumal liegt die Annahme nicht fern, dass in Grenzfällen „sicherheitshalber“ sowohl auf Art. 137 Abs. 1 5. Spstr. EG, als auch auf Art. 141 Abs. 3 EG zurückgegriffen wird.

---

549 Zu diesem siehe später.

550 Krebber, a.a.O., Art. 141 EG, R. 97

551 EuGH Rs. C-271/94, Slg. 1996, I-S. 1689ff, S. 1711, Parlament/Rat m.w.N.

552 EuGH Rs. C-84/94, a.a.O., S. 5802; vgl. auch EuGH Rs. C-155/91, Slg. 1993, I-S. 939ff, S. 968f, Kommission/Rat

b. Regelungsbereich

Bemerkenswert ist die Aufnahme des Grundsatzes der Chancengleichheit. Soll sich dieser nicht in der Gleichbehandlung von Männern und Frauen erschöpfen, muss ihm ein zusätzlicher Inhalt zugewiesen werden. Art. 141 Abs. 3 EG enthält aber keine Konkretisierung des Begriffs der „Chancengleichheit".

In dieser Hinsicht wirft Krebber die Frage auf, ob positive Diskriminierungen seitens der Europäischen Gemeinschaft[553] ihre Grundlage in Art. 141 Abs. 3 EG finden können[554]. Dagegen wird man nicht einwenden können, dass die nach Art. 141 Abs. 3 EG zu erlassenden Bestimmungen ausweislich des Wortlauts der Vorschrift der Anwendung des Gleichbehandlungsgrundsatzes dienen, nicht aber dessen Inhalt bestimmen können[555]. Lässt man nämlich mit der Interpretation des EuGH bei der Verwirklichung der (tatsächlichen) Chancengleichheit auch ergebnisorientierte Maßnahmen zu, so kann wenigstens nach dem Wortlaut die Chancengleichheit auch positive Diskriminierungen erfassen. Dennoch wird man nach dem gegenwärtigen Stand des Gemeinschaftsrechts die Zulässigkeit solcher Maßnahmen seitens der EU-Organe ablehnen müssen. Das ergibt sich einerseits schon aus der Regelung des Art. 141 Abs. 4 EG, die den Mitgliedstaaten unter besonderen Voraussetzungen solche Maßnahmen gestattet. Für die EU selbst fehlt eine entsprechende Vorschrift. Entscheidender Gesichtspunkt dürfte sein, dass es sich auch bei positiven Diskriminierungen letztendlich um tatbestandliche Verstöße gegen den Gleichbehandlungsgrundsatz handelt. Als solche bedürfen sie zu ihrer Zulässigkeit ungeachtet ihrer sozialpolitischen Motivation einer ausdrücklichen vertraglichen Grundlage und dürfen sich nicht auf eine allgemeine Rechtsetzungskompetenz wie Art. 141 Abs. 3 EG stützen. Da die Europäische Union dem Prinzip der begrenzten Einzelermächtigung unterliegt, ist auch nicht der Schluss zulässig, dass ihr zur Verwirklichung der Chancengleichheit das erlaubt sein muss, was ihren Mitgliedstaaten erlaubt ist

In anderer Hinsicht wird vorgeschlagen, die Bestimmung des Art. 141 Abs. 3 EG als Verpflichtung der Gemeinschaft zum Schutz der Frauen im Erwerbsleben zu interpretieren[556]. Dadurch werden Schutzpflichten über den Anwendungsbereich des Art. 141 Abs. 1 EG hinaus begründet. Der Wortlaut des Art. 141 Abs. 3 EG („beschließt") spricht zumindest nicht gegen eine solche Auffassung. Nach der Rechtsprechung des EuGH ist das Parallel-

---

553 Art. 141 Abs. 4 EG regelt nur die Zulässigkeit positiver Diskriminierungen durch die Mitgliedstaaten.

554 A.a.O., Art. 141 EG, R. 100, allerdings von „umgekehrten Diskriminierungen" sprechend.

555 So Krebber, a.a.O., Art. 141 EG, R. 100

556 So ohne weitere Begründung Schilling, „Allgemeine Rechtsgrundsätze", EuGRZ 2000, S. 3ff, S. 32; wohl auch Ukrow, Fortentwicklung, in ZEuS 1998, S. 141ff. S. 150; zur Rechtslage vor dem Vertrag von Amsterdam siehe Langenfeld, Gleichbehandlung, S. 231ff.

konzept der Drittwirkung (unmittelbare horizontale Wirkung)[557] allerdings nur für das Gebot der Entgeltgleichheit vorgesehen. Daraus einen zwingenden Schluss gegen die Existenz von Schutzpflichten für den größeren Bereich der Arbeits- und Beschäftigungsbedingungen zu ziehen, verbietet sich aber, wen man die Konzeptionen der Drittwirkung und der Schutzpflichten in ihrem Bestand als unabhängig voneinander ansieht[558]. Im Ergebnis bleibt mangels anderer stichhaltiger Argumente für oder gegen eine Schutzverpflichtung aus Art. 141 Abs. 3 EG nur wieder ein Rückgriff auf den durch den EG-Vertrag zum Ausdruck gekommenen Willen der Mitgliedstaaten. Allein Art. 141 Abs. 1 EG statuiert eine primärrechtliche Verbotsnorm. Für das restliche Arbeitsrecht können Diskriminierungen allenfalls durch Sekundärmaßnahmen untersagt werden. Dieser durch die Mitgliedstaaten vorgenommenen Gewichtung der Diskriminierungsverbote untereinander sollte auch bei der Annahme von Schutzpflichten Rechnung getragen werden. Diese kommen allenfalls im Bereich des Gebots der Entgeltgleichheit in Betracht. Das Gemeinschaftsrecht bietet nach seinem bisherigen Stand keine ausreichenden Anhaltspunkte für eine andere Ansicht. Schutzpflichten ergeben sich nicht aus Art. 141 Abs. 3 EG.

Als von Art. 141 Abs. 3 EG konkret zu regelnde Bereiche werden die soziale Sicherheit, Vereinbarkeit von Familie und Beruf, Kinderbetreuung, Teilzeitbeschäftigung, Elternurlaub, Mobbing und sexuelle Belästigung genannt[559]. An diesem Spektrum wird die Bedeutung ersichtlich, die man Art. 141 Abs. 3 EG beimisst. Des weiteren lassen sich Maßnahmen zur Bekämpfung von Gewalt gegen Frauen vorstellen, will man darin eine geschlechtsbezogene Diskriminierung sehen. Art. 141 Abs. 3 EG könnte zur Vervollständigung des Schwangerenschutzes in der EU herangezogen werden.

2. Die effektive Gewährleistung der vollen Gleichstellung von Männern und Frauen im Arbeitsleben (Art. 141 Abs. 4 EG)

Nach Art. 141 Abs. 4 EG hindert der Grundsatz der Gleichbehandlung die Mitgliedstaaten nicht daran, „[i]m Hinblick auf die effektive Gewährleistung der vollen Gleichstellung von Männern und Frauen im Arbeitsleben [...] zur Erleichterung der Berufstätigkeit des unterrepräsentierten Geschlechts oder zur Verhinderung bzw. zum Ausgleich von Benachteiligungen in der beruflichen Laufbahn spezifische Vergünstigungen beizubehalten oder zu beschließen".

---

[557] Zum Zusammenhang später ausführlich.

[558] Auch dazu später.

[559] Coen in Lenz, Kommentar, Art. 141 EG, R. 59 und Langer, a.a.O., S. 102

Vom Wortlaut nicht erfasst werden die Organe der Gemeinschaft. Die Frage, ob und in welchem Umfang diesen positiv diskriminierende Maßnahmen gestattet sind, richtet sich nicht nach Art. 141 Abs. 4 EG. Nach oben vertretener Ansicht ist ihnen das auch nicht im Rahmen der Rechtsetzungskompetenz des Art. 141 Abs. 3 EG möglich. Zudem muss darauf hingewiesen werden, dass Art. 141 Abs. 4 EG nur Aussagen über die europarechtliche Zulässigkeit positiv diskriminierender Maßnahmen treffen kann. Entsprechende Verfassungsrechtslagen der Mitgliedstaaten bleiben davon grundsätzlich unberührt. Die vorliegende Untersuchung wird sich auf das Gemeinschaftsrecht konzentrieren und insbesondere Art. 3 Abs. 2 S. 1 und S. 2 GG und dessen Verhältnis zu Art. 141 Abs. 4 EG unberücksichtigt lassen[560].

Angesichts der Tatsache, dass nicht nur Art. 141 Abs. 3 EG, sondern auch Art. 141 Abs. 4 EG über den Bereich der Lohngleichheit hinaus auch allgemein im europäischen Arbeitsrecht anwendbar sind, wäre es aus systematischen Gründen klarer gewesen, für die beiden Absätze einen eigenen, allgemeine Regelungen umfassenden Artikel einzuführen, anstatt sie dem weitaus engeren Gebot der Entgeltgleichheit anzuhängen[561]. In rein dogmatischer Hinsicht stellt sich die Frage, ob Art. 141 Abs. 4 EG eine tatbestandliche Ausnahme vom Diskriminierungsverbot oder einen Rechtfertigungsgrund darstellt. Frühere Erklärungen des EuGH zu Art. 2 Abs. 4 der Gleichbehandlungsrichtlinie waren zumindest unklar, wenn nicht sogar widersprüchlich[562]. In denselben Urteilen spricht der Gerichtshof einmal davon, dass durch positiv diskriminierende Maßnahmen „eine Diskriminierung der Männer auf Grund des Geschlechts bewirkt"[563] werde, andererseits davon, dass nach Art. 2 Abs. 4 der Richtlinie nur Maßnahmen zugelassen sind, „die [...] dem Anschein nach diskriminierend sind"[564]. Nach einem erst kürzlich zu Art. 141 Abs. 4 EG ergangenen Urteil hat sich der Gerichtshof deutlicher zu Gunsten der Annahme eines Rechtfertigungsgrundes geäußert. Er prüft, „ob eine [mitgliedstaatliche] Regelung [...] nach Art. 141 Abs. 4 EG gerechtfertigt ist"[565].

Allein diese Auffassung wird der Systematik von Diskriminierungsverboten gerecht. Denn eine Regelung verliert ihren diskriminierenden Charakter nicht durch ihre sozialpolitische Motivation. Positive Diskriminierungen richten sich unmittelbar gegen Angehörige der bevorzugten Gruppe, die gezielt zu Gunsten des strukturell unterrepräsentierten Geschlechts be-

---

560 Zu Art. 3 Abs. 2 GG siehe nur zusammen fassend Starck in Anmerkung zur Rs. C-450/93, Kalanke, in JZ 1996, S. 197ff m.w.N.

561 So auch Renate Pirstner, Die Quote im Gemeinschaftsrecht, DRdA 1997, S. 461ff, S. 468f

562 Die unterschiedlichen Formulierungen von Art. 2 Abs. 4 der Richtlinie und Art. 141 Abs. 4 EG können keinen Unterschied in der dogmatischen Einordnung der Vorschriften herbei führen. Die Ergebnisse wären demnach übertragbar; wohl anders Krebber in C/R, Kommentar, Art. 141, R. 81.

563 EuGH Rs. C-409/95, Slg. 1997, I-S. 6363ff, S. 6391, R. 23, Marschall; ebenso: EuGH Rs. C-450/93, EuGRZ 1995, S. 546ff, S. 554, R. 16, Kalanke

564 EuGH Rs. C-409/95, a.a.O., R. 26; EuGH Rs. C-450/93, a.a.O., R. 18; EuGH Rs. C-158/97, NJW 2000, S. 1549ff, S. 1551, R. 19, Badeck

nachteiligt werden. Öffnungsklauseln wie Art. 141 Abs. 4 EG können solche tatbestandlichen Diskriminierungen nur rechtfertigen[566].

a. Das Verhältnis von Art. 141 Abs. 4 EG zu Art. 2 Abs. 4 der Richtlinie 76/207/EWG

Nach Art. 141 Abs. 4 EG zugelassene Regelungen, die den Mitgliedstaaten einen Verstoß gegen den Gleichbehandlungsgrundsatz im Wege positiv diskriminierender Maßnahmen zu Gunsten des unterrepräsentierten Geschlechts gestatten, sind dem Gemeinschaftsrecht nicht fremd. Vorläufer finden sich einerseits in Art. 6 Abs. 3 des Sozialabkommens[567], das in den EG-Vertrag insgesamt eingearbeitet wurde, andererseits in dem weiter existierenden Art. 2 Abs. 4 der Richtlinie 76/207/EWG[568]. Schon ein Wortlautvergleich der drei Vorschriften gibt erste Hinweise auf den Anwendungsbereich von Art. 141 Abs. 4 EG. Im Vergleich zu Art. 6 Abs. 3 des Sozialabkommens ist er nicht auf das Gebot der Entgeltgleichheit[569] und auf frauenbegünstigende Maßnahmen beschränkt, sondern geschlechtsneutral formuliert. Grundsätzlich sind damit Bevorzugungen sowohl von Männern, als auch von Frauen möglich. Die 28. Erklärung der Schlussakte zum Amsterdamer Vertrag[570] stellt aber klar, „[dass] Maßnahmen der Mitgliedstaaten nach Artikel 119 Absatz 4 des Vertrags zur Gründung der Europäischen Gemeinschaft [...] in erster Linie der Verbesserung der Lage der Frauen im Arbeitsleben dienen" sollen. Anders als Art. 2 Abs. 4 der Richtlinie 76/207/EWG ist der neue Art. 141 Abs. 4 EG nicht auf die Förderung der Chancengleichheit, sondern auf die effektive Gewährleistung der vollen Gleichstellung der Geschlechter ausgerichtet und erlaubt nicht nur die Beseitigung von bestehender Ungleichheiten, sondern auch Maßnahmen zur Erleichterung der Berufstätigkeit des unterrepräsentierten Geschlechts, ohne dass eine konkrete Benachteiligung bestehen muss. Zudem können die Mitgliedstaaten nach Art. 141 Abs. 4 EG Präventivmaßnahmen zur Verhinderung von Benachteiligungen beschließen.

---

565 EuGH Rs. C-407/98, NJW 2000, S. 2653ff, S. 2656, R. 54, Abrahamsson, Anderson/Fogelqvist

566 Krebber, a.a.O., Art. 141 EG, R. 81; ohne Begründung auch Starck in einer Anmerkung zu EuGH Rs. C-158/97, Badeck, in JZ 2000, S. 670ff, S. 671f.

567 „Dieser Artikel hindert die Mitgliedstaaten nicht daran, zur Erleichterung der Berufstätigkeit der Frauen oder zur Verhinderung bzw. zum Ausgleich von Benachteiligungen in ihrer beruflichen Laufbahn spezifische Vergünstigungen beizubehalten oder zu beschließen".

568 Im Folgenden Gleichbehandlungsrichtlinie: „Diese Richtlinie steht nicht den Maßnahmen zur Förderung der Chancengleichheit für Männer und Frauen, insbesondere durch Beseitigung der tatsächlich bestehenden Ungleichheiten, die die Chancen der Frauen in den in Artikel 1 Absatz 1 genannten Bereichen [Zugang zur Beschäftigung, einschließlich des Aufstiegs und des Zugangs zur Berufsbildung, Arbeitsbedingungen, d. Verf.] beeinträchtigen, entgegen".

569 Vgl. Curall in GTE, Kommentar, nach Art. 122 EGV a.F. zu Protokoll Nr. 14, R. 183: dass Art. 6 Abs. 3 des Sozialabkommens zwingend nur auf das Entgeltgleichheitsgebot Anwendung fand, ergab sich aus den lediglich Art. 119 EGV a.F. wiederholenden und den ansonsten überflüssigen Absätzen 1 und 2 der Vorschrift.

570 Abgedruckt im Sartorius II, Ordnr. 147 a

Damit ist noch nicht geklärt, welche „spezifischen Vergünstigungen" den Mitgliedstaaten konkret gestattet sind. Die wenig einengende Wortwahl des EG-Vertrags lässt den Schluss zu, dass die Mitgliedstaaten im Rahmen einer Einschätzungsprärogative viel Spielraum haben. Sicher ist, dass die möglichen Maßnahmen nicht lediglich auf begleitende Regelungen beschränkt sind, sondern sich im Rahmen des Verhältnismäßigkeitsgrundsatzes auf alle Arbeitsbedingungen erstrecken können[571]. Insbesondere könnte man unter den Begriff der „Vergünstigungen" auch Maßnahmen fassen, die am an Art. 141 Abs. 1 EG rütteln und dem unterrepräsentierten Geschlecht eine bessere Entlohnung zusichern.

Eine Einschränkung erfährt dieser große Einschätzungsspielraum der Mitgliedstaaten dadurch, dass es sich um „spezifische" Maßnahmen handeln muss. Damit ist einerseits gesagt, dass Bestimmungen mit rein zufälligen Auswirkungen auf die Verwirklichung der Gleichstellung nicht unter Art. 141 Abs. 4 EG subsumiert werden können. Die Mitgliedstaaten unterliegen dem Gleichbehandlungsgrundsatz immerhin so sehr, dass positive Diskriminierungen nur bewusst zur Erreichung dieses Ziels beschlossen werden dürfen[572]. Andererseits stellt die Einschränkung auf „spezifische Maßnahmen" sicher, dass die Mitgliedstaaten nicht generalklauselartig positive Diskriminierungen zulassen dürfen. Jede Maßnahme muss auf einen bestimmten Bereich begrenzt werden und darf nicht so allgemein formuliert sein, dass ihr Anwendungsbereich nicht konkret handhabbar ist. Die Grenze steckt wiederum der Grundsatz der Verhältnismäßigkeit.

Hinsichtlich der Reichweite der nach Art. 141 Abs. 4 EG zulässigen Maßnahmen steht bisher fest, dass positive Diskriminierungen in größerem Umfang als bei Art. 2 Abs. 4 der Gleichbehandlungsrichtlinie möglich sind. Aus diesem Grund ist ein zwingender Schluss aus der zum engeren Art. 2 Abs. 4 ergangenen Rechtsprechung auf den weiteren neuen Absatz vier des Art. 141 EG nicht möglich. Zugleich ist aber klar, dass nach der Richtlinie zulässige Maßnahmen auch primärrechtlich nicht ausgeschlossen sind. Als gleichsam unterste Grenze gemeinschaftsrechtsmäßiger positiver Diskriminierungen kann die bisherige Judikatur des EuGH als Orientierungshilfe herangezogen werden. Insofern verlieren die Entscheidungen in den Rs. Kalanke und Marschall nicht an Bedeutung. Auch in den beiden Urteilen in den Rs. Badeck und Abrahamsson, Anderson/Fogelqvist, in denen der Gerichtshof die Gelegenheit hatte, sich zu Art. 141 Abs. 4 EG zu äußern, geht hervor, dass er weiterhin an den zur Gleichbehandlungsrichtlinie entwickelten Grundsätzen festhalten will. Er stellt nämlich fest, dass „[d]ie Auslegung von Artikel 141 IV EG [...] nur dann erforderlich [wäre], wenn der EuGH zu dem Ergebnis käme, dass Art. 2 [der Gleichbehandlungsrichtlinie] einer nationalen

---

571 Krebber in C/R, Kommentar, Art. 141 EG, R. 87

572 Vgl. auch Krebber, a.a.O., Art. 141 EG, R. 88

Regelung wie der hier zu prüfenden entgegensteht"[573]. In beiden Urteilen zog der Gerichtshof dann auch zunächst die Richtlinie als Prüfungsmaßstab heran und kam nur bei der ersten Vorlagefrage der Rs. Abrahamsson, Anderson/Fogelqvist auch zu einer Prüfung des Art. 141 Abs. 4 EG, da nicht bereits die Richtlinie in der Lage war, die positiven Diskriminierungen dieses Falles zu rechtfertigen.

Diese Vorgehensweise des Gerichtshofs leuchtet kaum ein. Auf Grund des Vorrangs des Primärrechts kommt es rein inhaltlich auf die Gleichbehandlungsrichtlinie nicht an. Die vorgezogene Prüfung des Art. 2 Abs. 4 der Gleichbehandlungsrichtlinie ist insoweit eigentlich überflüssig. Entscheidend dürfte für den EuGH sein, dass er sich unter Rückgriff auf die bisherige Rechtsprechung zur Gleichbehandlungsrichtlinie wenigstens auf halbwegs sicherem Gelände bewegen kann.

Dadurch drückt er sich regelrecht um eine verbindliche Auslegung des Art. 141 Abs. 4 EG. Da positiven Diskriminierungen aber gerade durch diese Vorschrift die äußersten Grenzen gesteckt werden, sind Ausführungen zur Reichweite der Bestimmung für alle Legislativorgane der Mitgliedstaaten unerlässlich. Sie könnten ihre Gleichstellungspolitik in verstärktem Maße mit dem maximal Zulässigen in Einklang bringen und somit ihrerseits zur Realisierung des Ziels des Art. 141 Abs. 4 EG beitragen. Die Praxis des Gerichtshofs ist insofern kontraproduktiv. Zudem verwischt der EuGH die Grenzen zwischen Art. 141 Abs. 4 EG und Art. 2 Abs. 4 der Richtlinie. Wie noch zu zeigen sein wird, erging das Urteil in der Rs. Marschall bezüglich der Gleichbehandlungsrichtlinie in Hinblick auf die Neuregelung des Art. 141 Abs. 4 EG. Verwendet der EuGH im Rahmen der Prüfung der Gleichbehandlungsrichtlinie damit Kriterien, die ausschließlich in Art. 141 Abs. 4 EG enthalten sind, kann er gleich auf die vorgezogene Prüfung verzichten. Im Ergebnis sollte der EuGH zukünftig ausschließlich Art. 141 Abs. 4 EG als Maßstab heranziehen.

b. Die Entwicklung der Rechtsprechung zu Art. 2 Abs. 4 der Richtlinie 76/207/EWG - die Rs. Kalanke, Marschall, Badeck und Abrahamsson, Anderson/Fogelqvist

In der Rs. Kalanke untersuchte der EuGH die Vereinbarkeit des Bremer Landesgleichstellungsgesetzes mit Art. 2 Abs. 1 und Abs. 4 der Gleichbehandlungsrichtlinie[574]. In seiner äußerst knappen Entscheidung kam er zu dem Ergebnis, „dass Artikel 2 Absätze 1 und 4 der Richtlinie einer nationalen Regel entgegensteht, nach der [...] bei gleicher Qualifikation von

---

573 EuGH Rs. C-407/98, a.a.O., S. 2655, R. 40; beinahe identisch EuGH Rs. C-158/97, a.a.O., S. 1550, R. 13.

574 Die Entscheidung war Gegenstand zahlloser Besprechungen; hier seien nur einige genannt: Schmidt in NJW 1996, S. 1724ff; Colneric in BB 1996, S. 265ff; di Fabio in AöR 1997, S. 404ff, S. 431ff; Loritz in EuZW 1995, S. 763ff; Senden in MJ 1996, S. 146ff; Prechal in CML Rev. 1996, S. 1245ff.; vgl. auch die folgenden Fußnoten.

Bewerbern unterschiedlichen Geschlechts um eine Beförderung in Bereichen, in denen Frauen unterrepräsentiert sind, den weiblichen Bewerbern automatisch der Vorrang eingeräumt wird"[575]. Argumentativ stützte der Gerichtshof sein Urteil auf drei[576] Argumente: Als Ausnahmebestimmung zu einem individuellen Recht sei Art. 2 Abs. 4 der Richtlinie eng auszulegen; absolute und unbedingte Bevorzugungen der Frauen gingen über das Gebot der Förderung der Chancengleichheit hinaus; Quotenregelungen setzten an die Stelle der in der Vorschrift vorgesehenen Förderung der Chancengleichheit das Ergebnis, zu dem allein die Verwirklichung einer solchen Chancengleichheit führen könnte[577].

In der zeitlich darauf folgenden Rs. Marschall stand das nordrhein-westfälische Beamtengesetz auf dem Prüfstand[578]. Der Gerichtshof folgte nicht den Ausführungen des Generalanwalts Jacobs und urteilte, dass unter der Voraussetzung gleicher Qualifikation die bevorzugte Förderung von Frauen durch Quotenregelungen mit der Gleichbehandlungsrichtlinie vereinbar sei, sofern nicht in der Person des Mannes liegende Umstände überwiegen. Der für den EuGH im Vergleich zum Fall Kalanke entscheidende Unterschied lag in der Existenz einer Öffnungsklausel, die den männlichen Bewerbern in jedem Einzelfall die objektive Beurteilung ihrer Bewerbung garantieren muss, wobei Kriterien, die weibliche Bewerber diskriminieren, wiederum nicht berücksichtigt werden dürfen. Die Prüfung, ob diese Voraussetzungen vorliegen, sei Sache des nationalen Gerichts[579]. Ausdrücklich hält der Gerichtshof in seiner Begründung nur noch am Kriterium des Verbots einer absoluten und unbedingten Vorrangregelung fest. Aus dem Kontext und der identischen Wortwahl mit dem Urteil Kalanke ergibt sich zudem, dass er weiterhin das Erfordernis einer engen Auslegung seinen Überlegungen zu Grunde legt[580]. In offener Abkehr zu seiner Entscheidung in der Rechtsache Kalanke nimmt der Gerichtshof aber keinerlei Bezug mehr auf sein Argument, dass Ergebnisgleichheit nicht von der Förderung der Chancengleichheit erfasst sei, und lässt zum ersten Mal Frauenquoten zu, da auf Grund von Vorurteilen und stereotypen Vorstellungen über die Rolle und die Fähigkeiten der Rolle der Frau im Erwerbsleben „selbst bei gleicher Qualifikation die Tendenz besteht, männliche Bewerber vorrangig vor weiblichen zu befördern".

575 EuGH Rs. C-450/93, EuGRZ 1995, S. 546ff, S. 554, R. 24

576 Ebenso Pirstner in Anmerkung zu EuGH Rs. C-158/97, Badeck, in EuZW 2000, S. 479f, S. 479; Sachs, „Frauenquoten", RdA 1997, S. 129ff, S. 133 zählt „vier miteinander verbundene Gesichtspunkte".

577 EuGH, a.a.O., R. 21-23

578 Auch hierzu nur einige Besprechungen: Lenz in NJW 1998, S. 1619f; Compensis in BB 1998, S. 2470ff; Abele in EuZW 1997, S. 758f; Suhr in EuGRZ 1998, S. 121ff

579 EuGH Rs. C-409/95, Slg. 1997, I-S. 6363ff, S. 6391ff

580 EuGH, a.a.O., S. 6392: „Ausnahme von einem in der Richtlinie verankerten individuellen Recht".

„[A]llein die Tatsache, dass zwei Bewerber unterschiedlichen Geschlechts gleich qualifiziert sind, [bedeute] nicht, dass sie gleiche Chancen haben"[581].

Die dritte Entscheidung des EuGH (Rs. Badeck[582]), in der er zum ersten Mal die Prüfung der Gleichberechtigungsrichtlinie in der oben beschriebenen Weise der des Art. 141 Abs. 4 EG vorzog, betraf das hessische Gleichberechtigungsgesetz. Der vorlegende Hessische Staatsgerichtshof unterbreitete dem EuGH eine in fünf Teile aufgeteilte Vorlagefrage, in denen es um jeweils verschiedene Quotenregelungen ging. Im Rahmen der Vorbemerkungen der Entscheidung führt der Gerichtshof noch einmal den bisher in den Rs. Kalanke und Marschall gewonnenen Stand des Gemeinschaftsrechts zu Frauenquoten auf. Im Unterschied zu den bisher entschiedenen Fällen lag dem Gerichtshof in der ersten Vorlagefrage zum hessischen Gleichberechtigungsgesetz keine Entscheidungs-, sondern eine flexible Ergebnisquote vor. Diese zeichnet sich dadurch aus, dass die Quote nicht einheitlich für alle betroffenen Bereiche und Dienststellen festgelegt ist, sondern sich an einer verbindlichen Vorgabe des Frauenförderplans orientiert, wodurch nicht automatisch das Ergebnis einer jeden einzelnen Auswahlentscheidung vorgegeben wird. Es überrascht wenig, dass der EuGH auf der Grundlage der Marschall-Entscheidung eine solche Regelung als mit den Vorgaben des Art. 2 Abs. 4 der Gleichberechtigungslinie konform angesehen hat[583]. Wieder ein qualifikatorisches Patt vorausgesetzt, führt eine solche Regelung nämlich nicht zu einer automatischen und unbedingten Bevorzugung von Frauen, da die Erfüllung der Zielvorgaben des Frauenförderplans in jedem Einzelfall eine Prüfung objektiver Kriterien in der Person des Mannes voraussetzt, die von größerem Gewicht sein können[584]. In seiner Argumentation erwähnt der Gerichtshof weder ausdrücklich das Erfordernis der engen Auslegung des Art. 2 Abs. 4 der Richtlinie, noch weist er, wie noch im Urteil Marschall, auf deren Ausnahmecharakter zu einem in der Richtlinie garantierten individuellen Recht hin. Auch im Urteil zur Rs. Abrahamsson, Anderson/Fogelqvist finden sich keine diesbezüglichen Ausführungen mehr. Im Ergebnis bleibt der Gerichtshof damit von seinen ursprünglichen drei Kalanke-Argumenten nur dem einem treu, wonach die Gleichbehandlungsrichtlinie absolute und unbedingte Frauenbevorzugungsregelungen verbietet[585]. Allein dieses Kriterium ist mittlerweile Grundlage seiner Überlegungen.

Einen Schritt weiter ging der Gerichtshof bei der Beantwortung des zweiten Teils der Vorlagefrage. Er erklärte eine nationale Bestimmung für richtlinienkonform, nach der verbindliche Zielvorgaben eines Frauenförderplanes mindestens den Anteil an Frauen für die

---

581 EuGH, a.a.O., S. 6392

582 EuGH Rs. C-158/97, NJW 2000, S. 1549ff = EuZW 2000, S. 474ff

583 So auch Starck in einer Anmerkung zu EuGH Rs. C-158/97 in JZ 2000, S. 670ff, S. 670

584 EuGH, a.a.O., S. 1551f, R. 33-37

Besetzung von Stellen vorzusehen haben, den diese an Absolventen, Promovierten und Studierenden des jeweiligen Fachbereichs stellen. Hierbei handelt es sich unzweifelhaft um eine nach unten starre Ergebnisquote. Dem EuGH genügte zur Richtlinienkonformität bereits, dass die Vorschrift keinen absoluten Höchstsatz vorschreibt und auf Grund der Berücksichtigung des Prozentsatzes an Frauen im jeweiligen Absolventenjahrgang eine tatsächliche Größe als Parameter verwendet. Der Grundsatz der Bestenauslese werde durch die Auslegung des Hessischen StGH gewahrt, wonach jedenfalls ein qualifikatorischer Gleichstand vorausgesetzt werde[586].

Auch im dritten Teil der Vorlagefrage billigte der EuGH eine starre Ergebnisquote in Ausbildungsberufen, in denen nicht ausschließlich der Staat ausbildet, und wonach Frauen mindestens die Hälfte der Ausbildungsplätze erhalten müssen. Diese sei keine absolute Quote, da die hessische Regelung für den Fall, dass nicht genügend Bewerbungen von Frauen vorliegen, eindeutig vorsieht, dass mehr als die Hälfte der Stellen mit Männern besetzt werden könnten. Zudem werde kein männlicher Bewerber definitiv von einer Ausbildung ausgeschlossen, da die Quote nur für Ausbildungsplätze gilt, für die kein staatliches Monopol besteht. Außerdem regle sie nur die Verteilung von Ausbildungs- und nicht von Arbeitsplätzen, die erst zur Erlangung einer bestimmten Qualifikation für den Öffentlichen Dienst führt[587].

Als ebenso vereinbar mit Art. 2 Abs. 4 der Gleichbehandlungsrichtlinie sah der EuGH die dem vierten Teil der Vorlagefrage zu Grunde liegende Regelung an, wonach bei einem Qualifikationspatt Frauen in Bereichen, in denen sie unterrepräsentiert sind, zu Vorstellungsgesprächen geladen werden müssen. Dadurch werde kein bestimmtes Resultat für die Einstellung oder Beförderung angestrebt, sondern qualifizierten Frauen nur zusätzliche Chancen geboten.

Die hessische Regelung, auf die der fünfte Teil der Vorlagefrage zurückgeht, stellt keine zwingende Bestimmung dar, sondern regelt als Sollvorschrift die Besetzung von Betriebs- Verwaltungs- und Aufsichtsräten. Mangels Absolutheit verstößt auch sie nicht gegen die Richtlinie.

In der Rs. Abrahamsson, Anderson/Fogelqvist schließlich hatte der EuGH im Gegensatz zu den drei bisher dargestellten Fällen über eine schwedische Regelung zu entscheiden, wonach ein Bewerber des unterrepräsentierten Geschlechts auch dann bevorzugt in den Staatsdienst übernommen werden darf, wenn er eine für die zu besetzende Stelle zwar hinreichende Qualifikation vorweisen kann, aber insgesamt weniger qualifiziert ist als ein Be-

---

585 Im Ergebnis auch Pirstner, EuZW 2000, S. 479f, S. 479.

586 EuGH, a.a.O., S. 1552, R. 39-44

587 EuGH, a.a.O., S. 1552f, R. 45-55

werber des anderen Geschlechts, solange der Unterschied in der Qualifikation der Bewerber nicht so groß ist, dass sich durch die Bevorzugung des weniger Qualifizierten ein Verstoß gegen die Sachgerechtigkeit bei der Einstellung ergeben würde[588]. Im Ergebnis sah der Gerichtshof eine solche Vorschrift weder durch die Gleichbehandlungsrichtlinie, noch durch Art. 141 Abs. 4 EG als gerechtfertigt an. Er führt aus, dass die Qualifikation von Bewerbern grundsätzlich im Hinblick auf die Anforderungen der zu besetzenden Stelle beurteilt werden. In Anknüpfung an die Rs. Badeck sei es zulässig, „bei einer solchen Beurteilung bestimmte positive und negative Kriterien heranzuziehen, die, obwohl sie geschlechtsneutral formuliert sind und sich somit auch zu Gunsten von Männern auswirken können, im Allgemeinen Frauen begünstigen“[589]. Solche Kriterien sollen offenkundig eine materielle und nicht nur formale Gleichheit herbeiführen und stehen somit im Einklang mit Art. 141 Abs. 4 EG. Im Weiteren stellt der EuGH die Anwendung dieser Kriterien unter die Voraussetzung der Transparenz und Nachprüfbarkeit. Die fragliche Regelung lässt eine bereits hinreichende Qualifikation eines Angehörigen des unterrepräsentierten Geschlechts genügen und kommt damit zu einer automatischen Bevorzugung von Frauen. Die Tragweite der einzigen Einschränkung, dass der Qualifikationsunterschied nicht so groß sein darf, dass er gegen das Erfordernis der Sachgerechtigkeit bei der Einstellung verstößt, kann nicht genau bestimmt werden. Die Bevorzugung beruht letztlich allein auf der Geschlechtszugehörigkeit. Eine solche Auswahlmethode steht nicht im Einklang mit Art. 2 Abs. 4 der Gleichbehandlungsrichtlinie, zumal die Bewerbung nicht Gegenstand einer objektiven Beurteilung ist, bei der die persönliche Lage aller Bewerber berücksichtigt wird. Dies gelte auch für Fälle der Bevorzugung von Bewerbern mit geringerer Qualifikation[590].

Bei der folgenden Prüfung des Art. 141 Abs. 4 EG begnügt sich der EuGH mit der Feststellung, dass die fragliche Auswahlmethode „jedenfalls zu dem verfolgten Ziel außer Verhältnis steht“[591].

Die drei weiteren Vorlagefragen bringen keine neuen oder bedeutenden Erkenntnisse. In ihnen stellt der EuGH einerseits fest, dass sich am absoluten und unverhältnismäßigen Charakter der nationalen Vorschriften nichts ändert, wenn sie nur für eine von vornherein festgelegte begrenzte Stellenzahl gilt. Andererseits wiederholt er im Ergebnis seine Marschall-Entscheidung, wonach Bewerbungen Gegenstand einer objektiven Beurteilung sein müssen, die die besondere persönliche Lage aller Bewerber berücksichtigt. Die Beurteilung aller Frage hängt nicht von einer Einstufung der zu besetzenden Stellen ab[592]

---

588 EuGH Rs. C-407/98, NJW 2000, S. 2643ff; der EuGH betont ausdrücklich diesen Unterschied zu den bisherigen Verfahren, S. 2655f, R. 45.

589 EuGH, a.a.O., S. 2656, R. 47

590 EuGH, a.a.O., S. 2565, R. 48-53

591 EuGH, a.a.O., S. 2656, R. 55

592 EuGH, a.a.O., S. 2656, R. 57-65

(1) Bewertung für Art. 2 Abs. 4 der Richtlinie 76/207

Die Rechtsprechung des EuGH zu positiven Diskriminierungen ist nicht einheitlich. Sicher ist, dass der Gerichtshof in Ergebnisquoten keinen Verstoß gegen Art. 2 Abs. 4 der Gleichbehandlungsrichtlinie sieht, solange diese nicht absolut und unbedingt formuliert sind, sondern in irgendeiner Weise flexibel ausgestaltet wurden und in jedem Einzelfall Ausnahmen zu Gunsten der positiv diskriminierten Gruppen, vorliegend der Männer, gestatten. Nach dieser Auffassung kann die von der Richtlinie geforderte „Förderung der Chancengleichheit" auch durch Ergebnisquoten erreicht werden, ohne dass es eines Rückgriffs auf Art. 141 Abs. 4 EG bedarf. Dies wird vor allem durch den Verzicht auf das dritte Argument des Kalanke-Urteils in allen darauf folgenden Entscheidungen deutlich. Soweit der Gerichtshof in der Rs. Kalanke die Herstellung einer Ergebnisgleichheit als Verwirklichung der Chancengleichheit, nicht aber als deren Förderung ansah, hat er in allen anderen Entscheidungen von dieser Argumentation abgesehen, obwohl sie auch in diesen Fällen gegriffen hätte. Mit entsprechender Begründung hätte er alle Quotenregelungen zu Fall bringen können[593]. Bezüglich dieses Vorgehens des EuGH wird in der Literatur zu Recht darauf hingewiesen, dass die Urteile ab der Rs. Marschall bereits in Hinblick auf den neuen Art. 141 Abs. 4 EG geprägt waren[594]. Bedenkt man, dass nach obigen Feststellungen Art. 141 Abs. 4 EG in umfangreicherem Maße als bisher positive Diskriminierungen zulässt, ist dieser Vorgriff des EuGH verständlich. Ohne dass sich der Gerichtshof ausdrücklich auf die Amsterdamer Neuerungen berief oder berufen durfte - schließlich stellten diese noch nicht geltendes Recht zur Zeit der Entscheidung in der Rs. Marschall dar -, liegt der Schluss nahe, dass der EuGH einen Widerspruch mit der neuen Rechtslage durch eine Änderung seiner bisherigen Rechtsprechung vermeiden wollte.

Ein Zugeständnis an die Neuregelung des Art. 141 Abs. 4 EG ist auch in der bereits erwähnten Absage des Gerichtshofs an die Notwendigkeit einer engen Auslegung von Art. 2 Abs. 4 der Gleichbehandlungsrichtlinie als Ausnahme von einem individuellen Recht zu sehen. Zwar erfolgte diese wie gezeigt erst in der Rs. Badeck. Eine kleine Abschwächung ist aber bereits in der Rs. Marschall zu erkennen, in der der EuGH auf deren ausdrückliche Feststellung verzichtete und sich stattdessen mit der Feststellung des Ausnahmecharakters begnügte[595].

---

593 A.A. Starck in JZ 2000, S. 670ff, S. 671; ders. in JZ 1998, S. 140f, S. 140, nach dem in der Rs. Badeck die ständige Rechtsprechung des Gerichtshofs *fortgeführt* wird, wonach die Gleichberechtigungsrichtlinie die Gleichstellung von Frauen fördern, nicht aber die Gleichheit des Ergebnisses bewirken soll; wie hier Pirstner EuZW 2000, S. 479f, S. 479 und Suhr, „Grenzen" in EuGRZ 1998, S. 121ff, S. 126; Sachs, Frauenquoten, RdA 1998, S. 129ff, S. 141.

594 Vgl. Lenz, Linie der Mehrheit, NJW 1998, S. 1619f, S. 1620; Suhr, a.a.O., S. 128

595 EuGH Rs. C-409/95, Slg. 1997, I-S. 6363ff, S. 6392, R. 32

Insgesamt kann man feststellen, dass der EuGH Ergebnisquoten in mittlerweile großem Umfang unter die Gleichberechtigungsrichtlinie fallen lässt. Die Voraussetzungen, die er an die Flexibilität dieser Quoten stellt, wurden unter dem Regime des Art. 141 Abs. 4 EG abgebaut. Dies wird im dritten Teil zur Vorlagefrage zur Rs. Badeck deutlich. Für die Verteilung von Ausbildungsplätzen in Bereichen, in denen nicht allein der Staat ausbildet, akzeptiert der EuGH eine starre Quote von mindestens 50 %. Zwar führt er an, dass insoweit keine „absolute, starre Quote" vorliege, da für den Fall, dass nicht genügend Bewerbungen von Frauen eingehen, mehr als die Hälfte der freien Plätze an Männer verteilt werden dürften[596]. Eine solche Regelung würde aber nur dann zu einer flexiblen Quote führen, wenn ohne bestehende Öffnungsklauseln tatsächlich damit gerechnet werden müsste, dass Ausbildungsplätze unbesetzt bleiben und auch dann nicht an Männer verteilt würden, wenn sich nicht genügend Frauen beworben haben, um den ihnen zustehenden Anteil an Ausbildungsplätzen zu besetzen[597]. Es liegt auf der Hand, dass ein solches Vorgehen kaum jemals in Frage kommt und somit keine echte Alternative darstellt. Die Absolutheit und Unbedingtheit einer Quote lässt sich dadurch nicht widerlegen. Auch soweit der EuGH darauf verweist, dass in den fraglichen Ausbildungsbereichen kein staatliches Monopol herrscht und deswegen kein männlicher Bewerber definitiv von der Ausbildung ausgeschlossen wird, ist Skepsis angebracht. Denn die Existenz eines staatlichen Monopols ist kein taugliches Kriterium, um zwischen den einzelnen männlichen Bewerbern bei staatlichen Ausbildungsstellen zu differenzieren. Es ist nicht einzusehen, warum der Staat allein auf Grund von Teilprivatisierungen sich seiner Bindung an den Gleichheitssatz entledigen können soll[598]. Schließlich bleibt noch das Argument, dass lediglich Ausbildungs- und keine Arbeitsplätze betroffen seien, es sich folglich nur um eine Art Vorstufe drehe, die der Verbesserung der Wettbewerbsbedingungen auf dem Arbeitsplatz diene[599]. Der EuGH scheint also darauf abstellen zu wollen, dass die fragliche Quote gar nicht in den Anwendungsbereich der Richtlinie fällt. In diesem Fall ist es aber gänzlich unverständlich, wenn er überhaupt das Erfordernis einer flexiblen Quote prüft, spricht er damit doch eine Frage an, die sich nur im Anwendungsbereich der Richtlinie stellt.

---

596 EuGH Rs. C-158/97, NJW 2000, S. 1549ff, S. 1552, R. 51

597 Starck in JZ 2000, S. 670ff, S. 671

598 Dass dies zu Gunsten des unterrepräsentierten Geschlechts erfolgt, kann dabei nicht berücksichtigt werden; zweifelnd auch Starck in JZ 2000, S. 670ff, S. 671.

599 EuGH, a.a.O., S. 1552f, R. 52, 54

(a) 1. Stufe

Strukturell zeichnet sich seit der Rs. Marschall eine zweistufige Vorgehensweise ab. Während sich die erste Stufe mit der Feststellung der Qualifikation beschäftigt und diese in der Rs. Abrahamsson, Anderson/Fogelqvist näher behandelt wurde, widmet sich die zweite Stufe, insbesondere die Rs. Badeck, der Frage, welche Hilfskriterien, die die Qualifikation nicht beeinflussen, im Rahmen der Öffnungsklausel zu berücksichtigen sind.

Als Grundvoraussetzung[600] für die Zulässigkeit positiver Diskriminierungen hat der Gerichtshof in den Rs. Kalanke, Marschall und Badeck ein Qualifikationspatt gefordert[601]. Welche Kriterien bei der generell den Mitgliedstaaten unterliegenden Feststellung des Vorliegens eines solchen Gleichstands herangezogen werden dürfen, hat der EuGH zum ersten Mal in der Rs. Badeck konkretisiert[602]. Entscheidende Kriterien sind solche, die sich in positiver und negativer Weise auf Eignung, Befähigung und fachliche Leistung auswirken. Hervorzuheben ist an dieser Stelle, dass der Gerichtshof die Verwendung von an sich geschlechtsneutralen Kriterien zulässt, die im Allgemeinen aber Frauen bevorzugen. Damit ist nichts anderes gesagt, als dass bereits im Rahmen der Bewertung der Qualifikation Frauen durch die Verwendung mittelbar diskriminierender Umstände der Vorrang eingeräumt werden darf, da solche Kriterien auf die Herstellung materieller Gleichheit gerichtet sind. Diese Feststellung war in der Rs. Badeck nicht bestritten worden und wird nach dem EuGH ohnehin von Art. 141 Abs. 4 EG gedeckt[603].

In rein tatsächlicher Hinsicht wird die Feststellung eines Qualifikationspatts erhebliche Schwierigkeiten aufwerfen. Um jemals dieses „Eingangstor" zur Anwendung einer Quote aufzustoßen, wird man sehr großzügig verfahren müssen. Eine gleiche Qualifikation wird auf Grund unterschiedlicher Berufserfahrungen und Ausbildungsschwerpunkte bei strenger Betrachtung nämlich kaum einmal vorliegen. Hinzu kommt, dass gerade in Berufen, die ein persönliches Vertrauensverhältnis voraussetzen, der Arbeitgeber immer demjenigen Kandidaten im Rahmen seines Auswahlermessens die höhere Qualifikation bescheinigen wird, den er auch beschäftigen will[604]. In diesem Zusammenhang verlangt der EuGH in der Rs. Abrahamsson, Anderson/Fogelqvist, dass die Kriterien, die der Bewertung der Qualifikation der Bewerber dienen, „in transparenter und nachvollziehbarer Weise angewandt werden müs-

600 EuGH Rs. C-158/97, a.a.O., S. 1551, R. 30: „zunächst".

601 Dies gilt nicht für den dritten Teil der Vorlagefrage in der Rs. Badeck, die sich auf sie Zulässigkeit von Quoten in Ausbildungsverhältnissen bezog. Die Verteilung von Ausbildungsplätzen, die gerade der Erlangung einer Qualifikation dienen, ist wie gezeigt nicht vergleichbar mit der Zuteilung von Arbeitsplätzen. Im Ergebnis zu Recht verzichtet der EuGH hier auf ein Qualifikationspatt.

602 EuGH Rs. C-158/97, a.a.O., S. 1551, R. 30-32; bestätigt in EuGH Rs. C-407/98, a.a.O., S. 2656, Rz.47f.

603 EuGH Rs. C-407/98, Abrahammson, Anderson/Fogelqvist, a.a.O. S. 2656, R. 48

604 Vgl. Abele in einer Anmerkung zu EuGH Rs. C-409/95, Marschall, in EuZW 1997, S. 758f, S. 758

sen, um jede willkürliche Beurteilung der Qualifikation der Bewerber auszuschließen"[605]. Die konkrete Bewertung der Qualifikation bleibt zwar mitgliedstaatlichen Stellen überlassen; diese sind aber insofern an gemeinschaftsrechtliche Vorgaben gebunden, als sie ihr Auswahlsystem verständlich und mit objektiven Kriterien ausgestalten müssen. Durch die Vorgabe eines solchen Rahmens wacht der EuGH darüber, dass die Zulässigkeit positiv diskriminierender Maßnahmen nicht bereits wegen willkürlicher Einschätzungen am „Eingangstor" der gleichen Qualifikation scheitert, ohne zu sehr in das Auswahlermessen des Arbeitgebers einzugreifen und die Kompetenz der mitgliedstaatlichen Gerichte zur Überprüfung einer gleichen Qualifikation zu sehr einzuschränken.

In der Rs. Abrahamsson, Anderson/Fogelqvist scheiterte die Vereinbarkeit der schwedischen Regelung mit der Gleichbehandlungsrichtlinie an der Verwendung einer unklaren Ausnahmeregelung. Diese vom Gerichtshof gewählte Argumentation ermöglichte ihm, nicht zu der Frage Stellung nehmen zu müssen, ob positive Diskriminierungen auch im Falle einer hinreichenden, aber niedrigeren Qualifikation einer weiblichen Bewerberin zulässig sind. Wenn nämlich das mitgliedstaatliche Auswahlverfahren so unklar ist, dass dadurch „automatisch" den Bewerbern des unterrepräsentierten Geschlechts allein bei hinreichender Qualifikation der Vorrang eingeräumt wird[606], dann gilt dies auch für Fälle, in denen eine im Ergebnis geringe Qualifikation bewertet wird. Ansonsten sprechen die besseren Gründe dafür, die Zulässigkeit der Bevorzugung niedriger qualifizierter Bewerber zu verneinen. Zwar haben Art. 3 Abs. 2, Art. 2 und 141 Abs. 4 EG die Gleichstellung der Geschlechter zur Gemeinschaftsaufgabe emporgehoben. Es liefe aber dem Grundsatz der Bestenauslese zuwider, auch besser qualifizierte Bewerber allein auf Grund ihrer Geschlechtszugehörigkeit zu benachteiligen. Denn neben dem Grundrechtsinteresse auf Gleichbehandlung steht in solchen Fällen das Gemeinschaftsinteresse an einer funktions-, leistungs- und konkurrenzfähigen nationalen Marktwirtschaft auf Seiten des überrepräsentierten, aber positiv diskriminierten Geschlechts. Das Kollektivinteresse auf Geschlechtergleichstellung wird auch im Anwendungsbereich des Art. 141 Abs. 4 EG dahinter zurücktreten müssen.

(b) 2. Stufe

Auf der zweiten Stufe kommt der Gerichtshof schließlich zur Überprüfung der Absolutheit und Unbedingtheit der Quotenvorschrift. Seit der Rs. Marschall ist geltendes Recht, dass

---

605 EuGH Rs. C-407/98, a.a.O., S. 2656, R. 49

606 EuGH, a.a.O., S. 2656, R. 52; diese Wortwahl ist verwirrend. Es wäre klarer gewesen, wie in R. 49 auf „Willkür" abzustellen. Durch die Verwendung des „automatischen" Vorrangs will der EuGH wohl auf die Kriterien der Absolutheit und Unbedingtheit Bezug nehmen. Diese beziehen sich aber auf die positiv diskriminierende nationale Vorschrift insgesamt, können aber kaum ein Verfahren zur Fest-

eine nationale Regelung, die eine Öffnungsklausel enthält, nicht gegen Art. 2 Abs. 4 der Richtlinie 76/207/EWG verstößt, wenn Gründe von größerem rechtlichen Gewicht entgegenstehen, solange diese weiblichen Bewerbern gegenüber keine diskriminierende Wirkung haben[607]. Quotenregelungen müssen demnach gewährleisten, dass persönliche geschlechtsneutrale Gründe in der Person von Männern dem Vorrang von Frauen entgegenstehen können. In der Rs. Badeck führt der Hessische Ministerpräsident[608] einige Personenkreise an, die diesen Kriterien entsprechen sollen: Wegen Familienarbeit aus dem Öffentlichen Dienst ausgeschiedene oder aus demselben Grund von Teil- auf Vollzeit wechselnde Personen, Zeitsoldaten, Schwerbehinderte, Langzeitarbeitslose. Während die beiden zuletzt genannten Gruppen tatsächlich an geschlechtsneutrale Kriterien anknüpfen, führt zumindest die bevorzugte Berücksichtigung von Soldaten zu einer mittelbaren Diskriminierung von Frauen. Der Dienst an der Waffe wird überwiegend von Männern wahrgenommen und kann damit die Vorrangregel von Frauen nicht außer Kraft setzen[609]. Die Verwendung des Kriteriums der Frauenarbeit begünstigt dagegen mittelbar Frauen. Aus der Formulierung des Gerichtshofs ist nicht ersichtlich, ob Frauen mittelbar begünstigende Umstände Verwendung finden dürfen. Dagegen spricht, dass er dies nicht wie im Falle der bei der Qualifikation zu berücksichtigenden Kriterien ausdrücklich erwähnt. Zudem könnte eine andere Ansicht mangels ausdrücklicher Stellungnahme durch den EuGH in einen Konflikt mit dem - auch gegen den EuGH weiter zu bejahenden - Ausnahmecharakter des Art. 2 Abs. 4 der Gleichbehandlungsrichtlinie und des Art. 141 Abs. 4 EG geraten. Auf der anderen Seite kann man vertreten, dass bei der auf der zweiten Stufe stattfindenden Abwägung der Hilfskriterien erst recht der Rückgriff auf mittelbar Männer diskriminierende Merkmale erlaubt sein muss, wenn dies schon auf der ersten Stufe gestattet ist, auf der es auf die für jede Personalentscheidung primär entscheidende Frage der Qualifikation ankommt. Auch insoweit könnten Art. 2 Abs. 4 der Richtlinie und Art. 141 Abs. 4 EG ausreichende Grundlage sein. Da hier auf Seiten der überrepräsentierten Männer kein zusätzliches öffentliches Interesse steht, wird der zuletzt genannten Argumentation vor dem Hintergrund des Art. 3 Abs. 2 und des Art. 2 EG der Vorrang einzuräumen sein[610].

---

stellung einer gleichen Qualifikation charakterisieren. Zudem ist mit der Frage des Verbots einer absoluten Regelung die zweite Stufe der Prüfung angesprochen, siehe sogleich.

607 EuGH Rs. C-409/95, a.a.O., S. 6393, R. 33; vgl. auch EuGH Rs. C-158/97, a.a.O., S. 1551, R. 22; kurz auch EuGH Rs. C-407/98, a.a.O., S. 2656, R. 53.

608 Der Hessische StGH und der Hessische Ministerpräsident entnehmen den Regelungen des Hessischen Gleichstellungsgesetzes in richtlinienkonformer Auslegungen häufig Inhalte, die sich so nicht in seinem Wortlaut wieder spiegeln. Zu Recht betont Starck in JZ 2000, S. 670ff, S. 671, dass insofern Unklarheit in der Rechtsanwendung entstanden ist und fordert ein Tätigwerden des Hessischen Gesetzgebers.

609 Pirstner in EuZW 2000, S. 479f, S. 480

610 Im Ergebnis wohl auch Pirstner in EuZW 2000, S. 479f, S. 480; vgl. auch Sachs, Frauenquoten, RdA 1998, S. 129ff, S. 141, nach dem auf der zweiten Ebene der Prüfung unabhängig bestehender

Bisher ist nur klar, welche Hilfskriterien innerhalb einer Öffnungsklausel zu Gunsten des überrepräsentierten Geschlechts verwendet werden dürfen. Noch steht aber nicht fest, wie diese Kriterien im Vergleich zur Geschlechtszugehörigkeit einzuordnen sind. Der EuGH spricht in diesem Zusammenhang von einem bloßen „Überwiegen" der für den Mann sprechenden Kriterien[611]. An dieser Stelle wird vertreten, dass das Geschlecht quasi auf einer dritten Stufe als „letztrangiges Nach-Hilfskriterium" den Ausschlag geben soll, wodurch die Frauenbevorzugung auf Extremsituationen eines umfassenden non-liquet reduziert wird[612]. Bedenkt man, dass bereits das Vorliegen eines Qualifikationspatts selten in Frage kommt, wird deutlich, dass nach dieser Auffassung, die ein zusätzliches Hilfskriteriumspatt erfordert, positive Diskriminierungen so gut wie nie gerechtfertigt sein werden. Dies widerspricht nicht nur dem effet utile des Gemeinschaftsrechts, sondern auch gerade dem Sinn positiver Diskriminierungen, wonach das Geschlecht ein „Gegengewicht" zur Bevorzugung des Mannes bilden soll[613]. Dies hat erst recht im Anwendungsbereich des Art. 141 Abs. 4 EG zu gelten, der von einer effektiven Gewährleistung der Gleichstellung von Männern und Frauen spricht. Folglich sprechen die besseren Gründe für die Ansicht, die das Geschlecht in den Rang eines gleichrangigen Hilfskriteriums erhebt und somit bereits in die auf der zweiten Stufe erfolgenden Abwägung einbezieht.

Im zweiten Teil der Vorlagefrage in der Rs. Badeck weicht der Gerichtshof von der Notwendigkeit der Berücksichtigung persönlicher Merkmale in jedem Einzelfall ab. Zur Rechtfertigung einer nach unten starren Ergebnisquote genügte ihm, dass die Quote keinen absoluten Höchstsatz vorsieht, sondern wegen der Einbeziehung der Anzahl der jeweiligen Personen, die eine bestimmte Berufsausbildung absolviert haben, als zahlenmäßigen Parameter eine tatsächliche Größe verwendet[614]. Eine Bewertung der persönlichen Umstände von Männern findet aber in keinem Fall statt. Der Gerichtshof nimmt nie auf das Verbot der Absolutheit und Unbedingtheit einer positiven Diskriminierung Bezug. Es wäre falsch, daraus zu folgern, dass er diese Kriterien aufgibt. Er stellt ihnen lediglich eine neue Rechtfertigungsmöglichkeit zur Seite: Neben einer Öffnungsklausel sind positive Diskriminierungen auch dann gemeinschaftsrechtskonform, wenn sie in irgendeiner Weise flexibel sind und den jeweiligen Anteil der sich bewerbenden Frauen berücksichtigen.

Vorschriften ohnehin nur *zulässige* Hilfskriterien verwendet werden dürfen. Für die Zulässigkeit Frauen bevorzugender Maßnahmen spricht aber gerade Art. 141 Abs. 4 EG.

611 EuGH Rs. C-409/95, a.a.O., S. 6393, R. 33; EuGH Rs. C.158/97, a.a.O., S. 1551, R. 22

612 Sachs, a.a.O., S. 141

613 Suhr, Grenzen, EuGRZ 1998, S. 121ff, S. 126

614 EuGH Rs. C-158/97, a.a.O., S. 1552, R. 42

Zusammenfassend kann man feststellen, dass der Gerichtshof auf einer ersten Stufe der Prüfung der Zulässigkeit positiv diskriminierender Maßnahmen nach Art. 2 Abs. 4 der Gleichbehandlungsrichtlinie unmittelbare Diskriminierungen des überrepräsentierten Geschlechts nur im Falle eines Qualifikationsgleichstands zulässt, solange auf transparente und nachvollziehbare Weise bei der Bestimmung der jeweiligen Qualifikationen auch andere Kriterien als das Geschlecht berücksichtigt werden, mögen diese auch ihrerseits dem überrepräsentierten Geschlecht gegenüber mittelbar diskriminierend sein. Ist diese Hürde genommen, darf eine Quotenregelung nicht absolut und unbedingt ausgestaltet sein. Sie muss in jedem Einzelfall weitere Umstände, die in der Person der Bewerber liegen, berücksichtigen, wobei diese keine Kriterien umfassen dürfen, die das unterrepräsentierte Geschlecht mittelbar diskriminieren. Alternativ sind Öffnungsklauseln zulässig, die zwar nach unten starr sind, nach oben sich aber tatsächlichen Vorgaben anpassen. Im Ergebnis vermag Art. 2 Abs. 4 der Gleichbehandlungsrichtlinie also nicht solche positiven Diskriminierungen zu rechtfertigen, bei denen die Ungleichbehandlung allein auf Grund des Geschlechts ohne die Berücksichtigung anderer, wenn auch mittelbar diskriminierender Umstände, erfolgt.

(2) Bewertung für Art. 141 EG

Im Mittelpunkt der ursprünglichen Diskussion stand die Frage, ob Art. 2 Abs. 4 der Gleichbehandlungsrichtlinie trotz seines Wortlauts, der sich auf die Förderung der Chancengleichheit durch Beseitigung der tatsächlich bestehenden Ungleichheiten beschränkt, auch Quotenregelungen zulässt, die zu gleichen Ergebnissen führen sollen. Wie gezeigt hat sich der EuGH entgegen seiner Entscheidung im Fall Kalanke seit der Rs. Marschall für diese weite Auslegung der Gleichbehandlungsrichtlinie, mitunter auch in Hinblick auf die weitere Regelung des Art. 141 Abs. 4 EG, entschieden. Diese Rechtsprechung des EuGH verdient keine Zustimmung. Entgegen dem EuGH muss die Gleichbehandlungsrichtlinie nämlich eng ausgelegt werden, so dass sie den prinzipiellen Unterschied zwischen Chancen- und Ergebnisgleichheit nicht beseitigen kann. Etwas anderes aber gilt für Art. 141 Abs. 4 EG.

(a) Chancen- vs. Ergebnisgleichheit

Chancengleichheit sagt seinem Wortsinn nach schon nichts anderes aus als Gleichheit der Möglichkeiten und Voraussetzungen, die zur Erreichung eines Zieles oder Ergebnisses nötig sind. Dies kann einerseits durch die Beseitigung oder das Verbot rechtlicher Beschränkungen bewerkstelligt werden. Im Rahmen der Richtlinie 76/207/EWG geschieht dies durch die Art. 2 Abs. 1, Art. 3 bis Art. 5. Daneben können der Verwirklichung der Chancengleichheit aber auch tatsächliche Hindernisse entgegenstehen. Diese sind die Folge von in der Vergangenheit erlittenen Diskriminierungen und können nicht allein durch die Herstellung rechtlicher Gleichheit beseitigt werden. Solche historisch bedingten Ungleichbehandlungen finden sich vor allem im Bereich der Ausbildung. Unterschiedliche Berufsqualifikationen führen wiederum zwangsläufig dazu, dass „typische Frauenberufe" weiterhin hauptsächlich von Frauen und „typische Männerberufe" überwiegend von Männern ausgeübt werden. Genau diese faktisch existierenden Ungleichbehandlungen meint Art. 2 Abs. 4 der Gleichbehandlungsrichtlinie, wenn er von der „Beseitigung tatsächlich bestehender Ungleichheiten" spricht.

Mit der Gewährleistung der (faktischen und rechtlichen) Chancengleichheit nichts mehr zu tun hat das Konzept der Ergebnisgleichheit. Maßnahmen im letzteren Sinn bestimmen unmittelbar das Ergebnis eines Wettbewerbs und gehen damit über Maßnahmen zur Gewährleistung der faktischen Chancengleichheit hinaus, die lediglich gleiche Voraussetzungen für die Teilnahme am Wettbewerb sichern sollen. Positive Diskriminierungen sind in vielfältiger Weise vorstellbar, deren vollständige Untersuchung den Rahmen dieser Arbeit sprengen würde. In der Rechtsprechungspraxis des EuGH steht die Quote als wichtigste Maßnahme innerhalb positiver Aktionen im Mittelpunkt[615]. Darunter versteht man die systematische zahlenmäßige Erhöhung einer diskriminierten Gruppe durch bestimmte Zielvorgaben bis zur Erreichung eines Gleichgewichts[616]. Alle positiv diskriminierenden Maßnahmen sind „nicht auf die Beseitigung der Hindernisse ausgerichtet, die es den Frauen unmöglich machen, unter gleichen Voraussetzungen dieselben Ergebnisse anzustreben, sondern darauf, diesen unmittelbar die Ergebnisse selbst zu verschaffen"[617]. Problematisch wird das Verhältnis zwischen der Chancen- und der Ergebnisgleichheit nur, weil Quotenregelungen in der Lage sind, faktisch bestehende Ungleichheiten bei der Chancenverteilung im Ergebnis zu beseitigen. Sie können dieses Ziel schneller, aber nur unter Inkaufnahme einer erneuten Ungleichbehandlung erreichen.

Diese Unterscheidung zwischen Chancen- und Ergebnisgleichheit kann argumentativ nicht widerlegt werden. Einziger Ansatzpunkt, um positive Diskriminierungen unter die Gleichbehandlungsrichtlinie subsumieren zu können, die die Herstellung einer Ergebnisgleichheit ausdrücklich gerade nicht erfasst[618], ist eine extensive Auslegung von Art. 2 Abs. 4. In der Rechtsache Kalanke hat sich der Gerichtshof argumentativ noch dieser Unterscheidung bedient. Umso unverständlicher sind seine Ausführungen im Urteil Marschall. Anstatt zur Begründung seines Ergebnisses, dass die Richtlinie prinzipiell Quotenregelungen nicht entgegensteht, auf die Notwendigkeit der engen Auslegung zu verzichten, knüpft er an den

---

615 Zu anderen Maßnahmen Benda, Notwendigkeit, S. 42ff

616 Benda, a.a.O., S. 39

617 So Generalanwalt Tesauro in seinen Schlussanträgen zur Rs. C-450/93, Kalanke, EuGRZ 1995, S. 546ff, S. 551, R. 22; Vgl. zu alledem auch die Schlussanträge des Generalanwalts Jacobs in der Rs. C-409/95, a.a.O., S. 6371ff, R. 23ff; Sachs, Frauenquoten, RdA 1998, S. 129ff, S. 137

Missstand faktischer Chancenungleichheit („Es zeigt sich jedoch, [...] dass selbst bei gleicher Qualifikation die Tendenz besteht, männliche Bewerber vorrangig vor weiblichen zu befördern; dies hängt vor allem mit einer Reihe von Vorurteilen und stereotypen Vorstellungen über die Rolle und die Fähigkeiten der Frau [...] zusammen [...]. Aus diesen Gründen bedeutet allein die Tatsache, dass zwei Bewerber unterschiedlichen Geschlechts gleich qualifiziert sind, nicht, dass sie gleiche Chancen haben"[619]) eine nicht passende Schlussfolgerung, nämlich dass dieser nur mit Maßnahmen zur Herstellung der Ergebnisgleichheit beseitigt werden könnte („Folglich kann unter Artikel 2 Absatz 4 eine nationale [Quoten-] Regelung fallen, nach der Frauen [...] in Bereichen, in denen sie unterrepräsentiert sind, [...] bevorzugt behandelt werden"[620]).

Es wird deutlich, dass der Gerichtshof eine vom Wortlaut der Richtlinie erfasste Situation mit einer in ihr nicht ausdrücklich enthaltenen Rechtsfolge vermengt. Die vermeintliche Begründung für dieses Vorgehen schildert nichts anderes als das Bestehen faktischer Ungleichheit, kann aber gerade nicht wie vom EuGH als Argument für die Zulässigkeit ergebnisangleichender Maßnahmen herangezogen werden.

Auch auf anderem Wege findet sich im Rahmen der Gleichbehandlungsrichtlinie keine Stütze für das Ergebnis des EuGH. Im Einklang mit dessen früherer und ab dem Urteil Badeck aufgegebenen Rechtsprechung wird man nämlich Art. 2 Abs. 4 der Richtlinie als Ausnahme von einem individuellen Recht eng auslegen müssen, so dass Förderung der Chancengleichheit nicht in weiter Interpretation auch als Herbeiführung von Ergebnisgleichheit verstanden werden kann. Zur Stützung dieser Ansicht kann man andere Entscheidungen des EuGH anführen, in denen er weiterhin an einer engen Auslegung der Ausnahmetatbestände des Art. 2 der Gleichbehandlungsrichtlinie festhält. Unter Rückgriff auf die Rs. Johnston[621] betonte er dies erst kürzlich in seinen Urteilen Sirdar[622] und Kreil[623] für Art. 2 Abs. 2[624]. Da der Gerichtshof zur Begründung seiner ursprünglichen Auffassung in der Rs. Kalanke auf dieselbe Stelle des Urteils Johnston verwies, ist offensichtlich, dass er den Ausnahmecharakter der einzelnen Bestimmungen des Art. 2 der Richtlinie grundsätzlich nicht unterschiedlich beurteilt. Dennoch hat sich der Gerichtshof für Art. 2 Abs. 4 ohne jegliche Begründung

---

618 So ausdrücklich auch der Richter am EuGH Puissochet, Rechtsprechung, in Liber amicorum Thomas Oppermann, S. 243ff, S. 256f

619 EuGH Rs. C-409/95, a.a.O., S. 6392, R. 29f

620 EuGH Rs. C-409/95, a.a.O., S. 6392, R. 31

621 EuGH Rs. 222/84, Slg. 1986, S. 1651ff, S. 1686

622 EuGH Rs. C-273/97, NJW 2000, S. 499f, S. 500, R. 23

623 EuGH Rs. C-285/98, NJW 2000, S. 497ff, S. 498, R. 20

624 Dasselbe gilt im übrigen auch für Art. 2 Abs. 3 der Gleichbehandlungsrichtlinie, vgl. EuGH Rs. 222/84, Slg. 1986, S. 1651ff, S. 1688, Johnston; vgl. auch EuGH Rs. C-345/89, Slg. 1991, I-S. 4062ff, S. 4066f, Stoeckel.

von diesem Grundsatz verabschiedet. Eine solche Abkehr ist aber nur möglich, wenn sich dem Gemeinschaftsrecht ein dem aus Art. 2 Abs. 1 der Richtlinie entspringenden Individualschutz der Gleichheit mindestens ebenbürtiger selbständiger Wert entnehmen ließe, der die Gleichstellung der Geschlechter als Gruppen bezweckt[625]. Unter Umständen ließe sich ein solcher den Neuerungen des Amsterdamer Vertrages entnehmen. In der Tat spricht einiges dafür, auf Grund der Querschnitts- des Art. 3 Abs. 2 EG und der Gemeinschaftsaufgabe des Art. 2 EG die erhöhte Bedeutung der Gleichstellung der Geschlechter auch in die Auslegung der Gleichbehandlungsrichtlinie mit einfließen zu lassen.

Dennoch wird man im Ergebnis nicht so weit gehen können. Art. 3 Abs. 2 EG und Art. 2 EG stehen nämlich allein ihrer Herkunft wegen in einem engen Kontext zu Art. 141 Abs. 4 EG und können nicht ohne weiteres auf die Gleichbehandlungsrichtlinie übertragen werden. Dafür spricht auch der gemeinsame Wortlaut von Art. 141 Abs. 4 EG und Art. 3 Abs. 2 EG. Im Gegensatz zur Gleichbehandlungsrichtlinie ist hier von „Gleichstellung" die Rede. Diese Formulierung ist neutral und nicht auf bloße Förderung der Chancengleichheit beschränkt. Somit können auch Ergebnisquoten unter Art. 141 Abs. 4 EG subsumiert werden. Erst durch das Zusammenspiel dieser im Vertrag von Amsterdam eingeführten Vorschriften ergibt sich die Hervorhebung des Kollektivinteresses an der Gleichstellung der Geschlechter, die dem Individualinteresse auf Gleichheit gleichrangig gegenüber gesetzt werden kann. Die Gleichbehandlungsrichtlinie vermag das nicht zu leisten. Darüber hinaus käme es zu einer systematisch kaum zu rechtfertigenden Unterbrechung des Gleichlaufs aller Ausnahmetatbestände des Art. 2 Abs. 2 - 4. Diese beziehen sich alle auf die Gleichbehandlung der Geschlechter, so dass auch für den dritten und vierten Absatz zur Begründung einer weiten Auslegung auf Art. 3 Abs. 2 EG und Art. 2 EG zurückgegriffen werden könnte. Entscheidend ist nämlich nicht die Motivation der einzelnen Ausnahme, sondern das allen Ausnahmen gleichermaßen zu Grunde liegende Ziel der Gleichbehandlungsrichtlinie, die Sicherung der individuellen Gleichheit[626]. Gerade darauf verzichtet der Gerichtshof allerdings. Dies wiederum lässt sich nur dadurch erklären, dass der EuGH in Art. 2 Abs. 4 der Gleichbehandlungsrichtlinie bereits die Wertung des Art. 141 Abs. 4 EG mit einfließen lässt. Dass das Gericht eine strikte Trennung beider Vorschriften jedenfalls nicht allzu ernst nimmt, ergibt sich aus dem Urteil Abrahamsson, Anderson/Fogelqvist, in dem es mitten in der Prüfung der für die Bewertung der Qualifikationen der Bewerber zulässigen Kriterien nach Art. 2 Abs. 1 der Richtlinie 76/207/EWG zur Rechtfertigung mittelbar Männer diskriminierender Umstände auf Art. 141 Abs. 4 EG zurückgreift[627]. Wie bereits angedeutet ist ein derartiges Vorgehen aber sehr zweifelhaft, werden dadurch doch beide Vorschriften vermengt. Bei der vom EuGH prakti-

---

625 Vgl. Sachs, a.a.O., S. 135

626 Sachs, a.a.O., S. 135

627 EuGH Rs. C-407/98, a.a.O., S. 2656, R. 48

zierten weiten Auslegung von Art. 2 Abs. 4 der Richtlinie wird inhaltlich auf eine primärrechtliche Vorschrift vorgegriffen, was einerseits dazu führt, dass sich beide Vorschriften nicht mehr von einander abgrenzen lassen und andererseits Art. 141 Abs. 4 EG zu Gunsten einer sekundärrechtlichen Bestimmung in weiten Bereichen überflüssig wird. Diese Konsequenz ist untragbar. Folglich bleibt es zwingend bei der Notwendigkeit einer engen Auslegung von Art. 2 Abs. 4 der Gleichbehandlungsrichtlinie, so dass positiv diskriminierende Maßnahmen zur Herbeiführung einer Gleichheit im Ergebnis nicht von ihr gerechtfertigt werden können. Insofern kommt es auch nicht auf das Erfordernis der Absolutheit und Unbedingtheit einer Öffnungsklausel an. Solche Fragen stellen sich, wie zu sehen sein wird, ausschließlich im Anwendungsbereich des Art. 141 Abs. 4 EG.

(b) Vorgaben des Art. 141 Abs. 4 EG

Steht fest, dass Quotenregelungen als Verstoß gegen den Gleichheitssatz prinzipiell mit Art. 141 Abs. 4 EG gerechtfertigt werden können, fragt sich, ob derartige Maßnahmen, wie es der EuGH im Rahmen der Gleichbehandlungsrichtlinie verlangt, nicht absolut und unbedingt formuliert sein dürfen, und in jedem Einzelfall dem überrepräsentierten Geschlecht die Prüfung aller persönlichen Eigenschaften garantieren müssen. Der Gerichtshof hält sich bisher bedeckt. Lediglich im Fall Abrahamsson, Anderson/Fogelqvist hat er zu Art. 141 Abs. 4 EG Stellung nehmen müssen und die fragliche schwedische Regelung in einer „jedenfalls-Argumentation" als nicht verhältnismäßig erklärt[628]. Dies könnte zwar dafür sprechen, dass es auch im Rahmen des Art. 141 Abs. 4 EG auf die Kriterien der Bestimmtheit und Unbedingtheit ankommt, sich der Gerichtshof jedoch nur nicht zu deren Reichweite äußern wollte. Andererseits beginnt er die Prüfung des Art. 141 Abs. 4 EG anknüpfend an die Feststellung, dass die fragliche nationale Regelung keine objektive Beurteilung unter Berücksichtigung der persönlichen Lage der Bewerber garantiere, mit den Worten „[u]nter diesen Umständen ist zu prüfen, ob eine Regelung [...] nach Art. 141 Abs. 4 EG gerechtfertigt ist". Daraus wiederum könnte man schließen, dass die Kriterien der Absolutheit und Unbedingtheit keinerlei Rolle für die primärrechtliche Öffnungsklausel spielen.

Diesen beiden Interpretationen entsprechend stehen die bekannten Argumente gegenüber, dass einerseits (auch) Art. 141 Abs. 4 EG als Ausnahme zu einem Grundprinzip des Europarechts restriktiv ausgelegt werden muss[629], und dass andererseits die effektive Durchsetzung der Art. 3 Abs. 2 EG, Art. 2 EG und Art. 141 Abs. 4 EG selbst nicht durch die Erfordernisse der Bedingtheit beeinträchtigt werden dürfen. Dieser Auffassung dürfte letztlich der Vorzug zu geben sein, muss doch auch aus dem Blickwinkel des EuGH der Vorschrift

---

[628] EuGH Rs. C-407/98, a.a.O., S. 2656, R. 54ff

gegenüber der Gleichbehandlungsrichtlinie eine verstärkte eigenständige Bedeutung verliehen werden[630]. Dazu gehört auch, dass sie nicht den gleichen engen Grenzen wie diese unterliegt. Zudem lässt sich argumentieren, dass gerade die Gleichstellung der Geschlechter und nicht deren Gleichbehandlung in den Rang einer Gemeinschaftsaufgabe erhoben wurde. In diesem Fall ist das Regel-Ausnahme-Verhältnis aber umgekehrt. Positive Diskriminierungen im Rahmen der Geschlechtergleichstellung können nur ausnahmsweise unzulässig sein. Insofern ist überhaupt fraglich, ob man unter Zugrundelegung des Ausnahmecharakters des Art. 141 Abs. 4 EG dessen enge Auslegung vertreten kann. Wie gezeigt stellt auch der EuGH unter Wirkung des Amsterdamer Vertrages im Rahmen der Gleichbehandlungsrichtlinie nicht mehr ausschließlich darauf ab, dass eine Quotenregelung nicht absolut und bedingt formuliert sein darf, sondern lässt in der Rs. Badeck für die Zulässigkeit einer nach unten starren Mindestquote die Verwendung einer tatsächlichen Größe genügen. Um deshalb die Schaffung weiterer Besonderheiten und eine damit verbundene zunehmende Unübersichtlichkeit zu vermeiden, erscheint es sinnvoller, allein auf das Kriterium der Verhältnismäßigkeit abzustellen. Dieses ist flexibler als die Verwendung der Schlagworte „absolut, unbedingt" und sichert eine gerechte Einzelfallanwendung.

Unterliegen positiv diskriminierende Maßnahmen im Anwendungsbereich des Art. 141 Abs. 4 EG lediglich dem Verhältnismäßigkeitsgrundsatz, ist nur noch zu klären, wie dieses Prinzip im Rahmen der Vorschrift zu handhaben ist.

Art. 141 Abs. 4 EG selbst nennt die Ziele, zu deren Verwirklichung positive Diskriminierungen beitragen sollen. Die erste Stufe der Verhältnismäßigkeitsprüfung bereitet demnach wenig Schwierigkeiten: Zulässige Ziele sind die Erleichterung der Berufstätigkeit des unterrepräsentierten Geschlechts, sowie die Verhinderung bzw. der Ausgleich von Benachteiligungen in der beruflichen Laufbahn. Der Unterschied zwischen diesen Alternativen liegt darin, dass einmal keinerlei Benachteiligung zu erwarten sein muss, eine solche einmal auf Grund einer Wahrscheinlichkeitsprognose zu erwarten ist und einmal konkret vorausgesetzt wird. Die Grenzen gerade zwischen den beiden ersten Alternativen sind fließend. Auf eine genaue Abgrenzung wird es aber nicht ankommen, da positive Maßnahmen in beiden Fällen zulässig sind[631]. Ein adäquater Ausgleich sollte im Rahmen der weiteren Prüfung versucht werden.

---

629 Vgl. Krebber in C/R, Kommentar, Art. 141 EG, R. 85

630 Im Ergebnis Pirstner, Quote, DRdA 1997, S. 461ff, S. 469; dies. zurückhaltender in EuZW 2000, S. 479f, S. 480.

631 Vgl. Krebber, a.a.O., Art. 141 EG, R. 89, der im Rahmen der Wahrscheinlichkeitsprognose keine konkrete Wahrscheinlichkeit verlangen will, da ansonsten die Gefahr der völligen Aushöhlung des Gleichbehandlungsgrundsatzes bestünde. Bei der hier vertretenen flexiblen Handhabung wird dies kaum einmal der Fall sein.

Wegen der weiten Formulierung des Art. 141 Abs. 4 EG selbst ist geklärt, dass positiv diskriminierende Maßnahmen gemeinschaftsrechtlich grundsätzlich als geeignet angesehen werden, um die Gleichstellung der Geschlechter zu erreichen. Treffen die Mitgliedstaaten Maßnahmen, die unter Art. 141 Abs. 4 EG fallen, steht ihnen bei der Einschätzung der Geeignetheit ein Ermessensspielraum zu. Da dieser eine Gemeinschaftsaufgabe darstellt, kann die Grenze erst im Falle der Ungeeignetheit erreicht sein[632].

Schwierigkeiten werden sich insbesondere im Rahmen der Prüfung der Erforderlichkeit ergeben. Maßnamen, die lediglich die Förderung der Chancengleichheit beeinflussen, sind stets das mildere Mittel als Maßnahmen, die das Ergebnis vorgeben. Durch erstere wird weniger stark in das Individualrecht des überrepräsentierten Geschlechts auf Gleichbehandlung eingegriffen, da diese durch ihre eigene Leistung weiterhin Einfluss auf die Verteilungsquote nehmen können. Im Fall feststehender Ergebnisquoten ist ihnen das gegenüber ihren andersgeschlechtlichen Wettbewerbern zum Großteil verwehrt. Als Gegengewicht zum Wegfall der Kriterien der Absolutheit und Unbedingtheit muss verstärkt Gewicht auf eine strenge Lesart der Erforderlichkeit gelegt werden. Nur so kann auch die Akzeptanz durch das positiv diskriminierte Geschlecht erhöht und ein Beitrag zum Gesellschaftsfrieden gebracht werden. In dieser Hinsicht ist es möglich, positiv diskriminierende Maßnahmen in Form von Ergebnisquoten auf den Bereich der Ausbildung zu beschränken oder zeitlich zu begrenzen. Mit den Grundsätzen der Erforderlichkeit dagegen kaum vereinbar sein wird beispielsweise die Auszahlung höherer Entgelte an Frauen.

Für den Bereich der Verhältnismäßigkeit im engeren Sinne sind allgemeine Aussagen nicht möglich, kommt es hier doch stark auf den Einzelfall an. Zu berücksichtigende Faktoren könnten sein: Grad der gesellschaftlichen Unterrepräsentierung eines Geschlechts, Bedeutung des speziellen Berufszweigs für die Volkswirtschaft oder dessen symbolische Bedeutung zur plakativen Unterstützung der Verwirklichung der Geschlechtergleichstellung.

Abschließend ist noch zu bemerken, dass Art. 141 Abs. 4 EG kein subjektives Recht einzelner Angehöriger des unterrepräsentierten Geschlechts auf den Erlass bestimmter Vergünstigungen durch einen Mitgliedstaat zuspricht. Die Vorschrift ist keiner unmittelbaren Wirkung fähig, da sie hinsichtlich der konkret zu treffenden Maßnahmen nicht bestimmt genug ist. Eine andere Lösung ist nicht möglich, würde sie doch zu einseitig zu Gunsten der Gleichstellung der Geschlechter in deren Konflikt mit dem Grundsatz der Gleichbehandlung eingreifen. Wenn die Mitgliedstaaten beim Erlass positiver Diskriminierungen über einen Ermessensspielraum gegenüber der Gemeinschaftsgewalt verfügen, kann ihnen dieser nicht im Verhältnis zum Einzelnen gleichsam „durch die Hintertür" wieder beraubt werden.

---

632 Krebber, a.a.O., Art. 141 EG, R. 84 mit dem Hinweis, dass die Überprüfung dieser Einschätzungsprärogative wieder erhebliche Probleme aufwirft: Soll sie ex-ante oder ex-post erfolgen, welcher

Zwar gestattet, wie bereits ausgeführt, Art. 141 Abs. 4 EG nur den Mitgliedstaaten einen Eingriff in den Grundsatz der Geschlechtergleichbehandlung durch positiv diskriminierende Maßnahmen. Privaten Arbeitgebern ist ein solcher generell nach dem Gemeinschaftsrecht nicht gestattet. Es ist aber fraglich, ob ein Mitgliedstaat hierfür durch eine entsprechende Maßnahme die Grundlage schaffen kann, auf deren Basis auch private Arbeitgeber zur Verwirklichung der Gleichstellung der Geschlechter tätig werden können. Dagegen spricht nicht zwangsläufig der Wortlaut des Art. 141 Abs. 4 EG[633], lägen solchen Maßnahmen doch eine (wenn auch weit gefasste) staatliche Entscheidung zu Grunde. Für die Zulässigkeit einer solchen Vorgehensweise lassen sich bessere Gründe anführen. Im umgekehrten Fall wären weite Bereiche des Arbeitsrechts von der Möglichkeit der Gleichstellung der Geschlechter entzogen. Denn die Mehrzahl der in diesem Rechtsgebiet abgeschlossenen Verträge sind privatrechtlicher Natur, sei es auf tarifvertraglicher, betrieblicher oder einzelvertraglicher Ebene[634]. Ein solches Ergebnis widerspräche aber dem effet utile des Gemeinschaftsrechts und würde der Gemeinschaftsaufgabe der Gleichstellung der Geschlechter nicht gerecht. Anstatt eine solche Vorgehensweise kategorisch auszuschließen, ist die Lösung an dieser Stelle über andere Merkmale des Art. 141 Abs. 4 EG zu suchen. Einerseits gestattet dieser nur „spezifische" Vergünstigungen. Wie dargelegt unterliegen die Mitgliedstaaten damit der Verpflichtung, positiv diskriminierende Maßnahmen möglichst konkret zu formulieren und auf bestimmte Fälle zu beschränken. Übertragen auf die hier fragliche Situation würde das bedeuten, dass die staatliche Grundlage den privaten Arbeitgebern genaue Vorgaben machen muss, in welchen Bereichen für welcher Zeit in welcher Intensität auch diese positiv diskriminierende Maßnahmen ergreifen dürfen. Andererseits setzt auch hier der Grundsatz der Verhältnismäßigkeit dem mitgliedstaatlichen Tätigwerden Grenzen.

Art. 141 Abs. 4 EG räumt den Mitgliedstaaten die Möglichkeit ein, positiv diskriminierend tätig zu werden, kann sie aber dazu nicht verpflichten. Dies ergibt sich schon aus dem eindeutigen Wortlaut der Vorschrift. Auch eine in Anlehnung an die Grundfreiheiten parallele Art. 10 EG heranziehende Argumentation ist nicht möglich. Denn anders als bei den Grundfreiheiten konstituiert Art. 141 Abs. 4 EG keinerlei Pflichten der Mitgliedstaaten, weder zur Beseitigung, noch zur Verhinderung von Ungleichheiten. Auch hier ist wieder an der Konflikt zwischen Gleichstellung der Geschlechter einerseits und deren Gleichbehandlung andererseits zu denken. Auch wenn man die Gleichstellung der Geschlechter als Gemeinschaftsaufgabe vorrangig betrachtet, verschöbe die Begründung einer Gleichstellungspflicht das emp-

---

Zeitraum wird positiven Diskriminierungen eingeräumt bis sie zu einem Ergebnis führen?

633 So Krebber, a.a.O., Art. 141 EG, R. 85

634 So zu Recht Krebber, a.a.O., Art. 141 EG, R. 5

findliche Gleichgewicht zwischen beiden Rechtsgarantien einseitig zu Gunsten der Geschlechtergleichstellung.

c. Exkurs: Art. 13 EG und positive Diskriminierungen

Auch im Rahmen des Art. 13 EG stellt sich die Frage, ob die Europäischer Gemeinschaft selbst positiv diskriminierende Maßnahmen erlassen oder den Mitgliedstaaten solche nach Art einer Öffnungsklausel gestatten kann. Art. 5 der Richtlinie 2000/43/EG gibt darauf eine klare Antwort:

> „Der Gleichbehandlungsgrundsatz hindert die Mitgliedstaaten nicht daran, zur Gewährleistung der vollen Gleichstellung in der Praxis spezifische Maßnahmen, mit denen Benachteiligungen auf Grund der Rasse oder der ethnischen Herkunft verhindert oder ausgeglichen werden, beizubehalten oder zu beschließen"[635].

Angesichts der Regelung des Art. 2 Abs. 4 der Gleichbehandlungsrichtlinie 76/207/EWG überrascht diese Vorschrift wenig. Inhaltlich geht Art. 5 der Richtlinie 2000/43/EG allerdings über die Gleichbehandlungsrichtlinie hinaus, indem er wie Art. 141 Abs. 4 EG ausdrücklich von Gleichstellung spricht und auch in seinen sonstigen Formulierungen eng an die primärrechtliche Vorschrift zur Gleichstellung der Geschlechter angelehnt ist. Man kann davon ausgehen, dass sich entsprechende Regelungen auch in anderen Richtlinien finden werden, die zu Art. 13 EG ergehen[636]. Gemeinschaftsrechtlich haben sich damit de facto weitreichende Maßnahmen zur positiven Diskriminierung durchgesetzt.

In rechtlicher Hinsicht bestehen aber zumindest Bedenken. Zwar ist der Wortlaut des Art. 13 EG selbst weit gefasst und schließt die Zulässigkeit positiv diskriminierender Maßnahmen nicht kategorisch aus. Dafür spricht neben dem Sinn und Zweck des Art. 13 EG, effektiv gegen Diskriminierungen vorzugehen, insbesondere auch sein Wortlaut, wonach Diskriminierungen „bekämpft" werden sollen, was wohl über den Erlass bloßer Gebote hinaus geht[637]. Andererseits kann man sich auf den Standpunkt stellen, dass positive Aktionen Minderheiten wegen ihrer Gruppenzugehörigkeit besser behandeln und damit selbst tatbestandliche Diskriminierungen von Mehrheiten darstellen[638]. Im Anwendungsbereich des Gemeinschaftsrechts verstoßen sie also grundsätzlich gegen den grundrechtlichen Gleichbehandlungsgrundsatz und bedürfen einer Rechtfertigung. Auch wenn sie ein „mehr" an Gleichberechtigung im Vergleich zur bloßen Gleichbehandlung bedeuten und den diskriminierten Individu-

---

635 Art. 7 der Richtlinie 2000/78/EG enthält eine entsprechende Regelung.
636 Vgl. auch Art. 6 des Richtlinienvorschlags Beschäftigung
637 So auch Holoubek in Schwarze, Kommentar, Art. 13 EG, R. 12
638 Vgl. EuGH RS. C-450/93, Slg. 1995, I-S. 3051ff, S. 3077

en zusätzliche Rechte einräumen, darf dieses „mehr" an Gleichberechtigung für diskriminierte Menschen nicht unbesehen durch die Ungleichbehandlung anderer erkauft werden, sondern bedarf einer rechtlichen Grundlage.

Mit dieser Ansicht kann man für die Zulässigkeit positiver Aktionen die Existenz einer besonderen Ausnahmevorschrift verlangen. Primärrechtlich ist eine solche ausdrücklich nur in Art. 141 Abs. 4 EG im Bereich der Gleichbehandlung der Geschlechter vorgesehen. Angesichts dieser expliziten Regelung ist es mehr als fraglich, den weit gefassten Art. 13 EG als Rechtsgrundlage für positive Diskriminierungen ausreichen zu lassen.

In diesem Zusammenhang ist auch Art. 2 EG an Bedeutung, nach dem allein die Gleichstellung der Geschlechter, nicht aber die Gleichstellung aller durch Art. 13 EG geschützter Gruppen zu den Gemeinschaftsaufgaben gehört. Auch Art. 3 Abs. 2 EG spricht eher für eine solche Auslegung des Gemeinschaftsrechts. Ein Vergleich mit der englischen und französischen Fassung der Vorschrift spricht nämlich dafür, Art. 3 Abs. 2 EG nur auf die Gleichbehandlung der Geschlechter Bezug nimmt[639]. Demnach ist es gerade kein Ziel der Gemeinschaft, eine allumfassende Gleichstellungspolitik zu betreiben. Die Gleichbehandlung der Geschlechter ist die einzige grundrechtliche Aufgabe unter dem EG-Vertrag[640] und findet in Art. 13 EG kein gleich bedeutendes Pendant. Es liegt also nahe, dass im Bereich der Differenzierungskriterien des Art. 13 EG die Organe der Europäischen Union somit nur Maßnahmen treffen können, die zu einer Gleichbehandlung führen. Positive Diskriminierungen als Gleichstellungsmaßnahmen verfolgen dagegen kein Ziel der Gemeinschaft[641]. Art. 13 EG ist nach dieser Auffassung keine taugliche Grundlage für solche Öffnungsklauseln zur Gestattung positiver Maßnahmen der Mitgliedstaaten. Auch in rein tatsächlicher Hinsicht ergeben sich zudem bei der Durchführung möglicher positiver Maßnahmen erhebliche Schwierigkeiten. Man denke nur an die wirtschaftlichen Folgen für einen Unternehmer, der eine Frauen-, Behinderten-, Homosexuellen-, Schwarzen- und Inderquote erfüllen muss[642]. Es wird kaum möglich sein, solche Vorgaben mit dem betrieblichen Erfordernis eines qualifizierten Personals in Einklang zu bringen.

Realistisch betrachtet wird sich der EuGH dieser Auffassung nicht anschließen und Art. 5 der Richtlinie 2000/43/EG im Falle einer Klage nicht wegen Verstoßes gegen den grundrechtlichen allgemeinen Gleichheitssatz aufheben. Wie seine Rechtsprechung zur Gleichbehandlung der Geschlechter zeigt, trennt er inhaltlich nicht streng zwischen primärrechtlichen (Art. 141 Abs. 4 EG) und sekundärrechtlichen (Art. 2 Abs. 4 der Richtlinie 76/207/EWG) Vor-

---

639 V. Bogdandy in G/H, Kommentar, Stand Januar 2000, Art. 3 EG, R. 19; ebenso Flynn, Implications, CML Rev. 1999, S. 1127ff a.a.O., S. 1136

640 V. Bogdandy in G/H, Kommentar, Stand Januar 2000, Art. 2 EG, R. 26

641 Im Ergebnis ebenso Jochum, ZRP 1999, S. 279ff, S. 281f.; a.A. wohl Epiney in C/R, Kommentar, Art. 13 EG, R. 7

642 So Jochum, a.a.O., S. 280

gaben, zwischen Gleichbehandlung und Gleichstellung, sowie zwischen Ergebnis- und Chancengleichheit. Hinzu kommt, dass vor In-Kraft-Treten des Amsterdamer Vertrages Ähnliches für die Gleichbehandlung der Geschlechter galt, die Rechtswidrigkeit des Art. 2 Abs. 4 der Gleichbehandlungsrichtlinie aber nie ernsthaft in Erwägung gezogen worden ist. Im Ergebnis ist damit zu Gunsten einer auf allen Ebenen diskriminierungsfreien Gesellschaft von einer allzu strengen Handhabung der rechtlichen Vorgaben des Gemeinschaftsrechts abzusehen.

C. Die Dogmatik der Gleichheitsregeln des Gemeinschaftsrechts

Im Folgenden soll dargestellt werden, inwiefern gemeinschaftsrechtliche Diskriminierungsverbote Wirkungen erzeugen. Dabei werden insbesondere ihre verschiedenen Funktionen und die Frage, inwieweit daraus Individualrechte abgeleitet werden können, sowie prozessuale Durchsetzungsmöglichkeiten untersucht.

In terminologischer Hinsicht ist vorauszuschicken, dass unter einem Individualrecht in dem hier verwendeten Sinn kein subjektiv-öffentliches Recht nach deutscher Dogmatik zu verstehen ist. Für letzteres ist bedingt durch die historische Entwicklung hin zu einer Emanzipierung des Individuums gegenüber dem obrigkeitlichen Staat die Ausrichtung einer Rechtsposition auf die Gewährung eines individuellen Schutzraumes gegenüber der vollziehenden Gewalt entscheidend[643]. Ein subjektiv-öffentliches Recht in diesem Sinn kann nur angenommen werden, wenn die entsprechende objektive Vorschrift zumindest auch dem Interesse des Einzelnen dient und darauf angelegt ist, ihm ein Recht gegenüber dem Staat einzuräumen[644]. Im Gemeinschaftsrecht dagegen ist die Lage weniger klar. Unter Berücksichtigung des Umstands, dass das Gemeinschaftsrecht als Völkerrecht i.w.S. zumindest ursprünglich rein objektiv ausgerichtet war und den einzelnen Marktteilnehmern durch Anerkennung individueller Rechte nur zur Durchsetzung seiner objektiven Rechtsnormen funktionalisierte[645], kann hier nicht ohne weiteres von der Existenz subjektiv-öffentlicher Rechte nach Auffassung des deutschen Verwaltungsrechts gesprochen werden. Aus diesem Grund ist kein subjektiv-öffentliches Recht nach deutschem Verständnis gemeint, wenn im Bereich der Gemeinschaftsrechts von einem „subjektiven (öffentlichen) Recht" oder von einem „Individualrecht" die Rede ist. Diese Begriffe umschreiben in neutraler Weise vielmehr eine dem Einzelnen eingeräumte Rechtsposition subjektiver oder objektiver Art, die er gerichtlich geltend machen kann, ohne dass dies auf eine gerade ihn schützende Norm zurückzuführen sein muss.

Ausgangspunkt aller Überlegungen ist die gefestigte Rechtsprechung des Bundesverfassungsgerichts, das die Grundrechte des Grundgesetzes nicht nur als Abwehrrechte interpretiert. Über diese Funktion hinaus garantieren sie eine objektive Werteordnung, die als „verfassungsrechtliche Grundentscheidung für alle Bereiche des Rechts" gilt[646]. Auf Grund

[643] So Kingreen/Störmer, Subjektiv-öffentlichen Rechte, EuR 1998, S. 263ff, S. 264

[644] Grundlegend Bachof, Reflexwirkungen, Gedächtnisschrift W. Jellinek, S. 287ff, S. 291ff; Maurer, Allgemeines Verwaltungsrecht, § 8, R. 2.

[645] Vgl. P. M. Huber, Gemeinschaftsrechtlicher Schutz, EuR 1991, S. 31ff, S. 34; Kingreen/Störmer, a.a.O., S. 264; zur Frage, inwiefern das heute noch gilt, später.

[646] Grundlegend das Lüth-Urteil des Bundesverfassungsgerichts aus dem Jahre 1958, BVerfGE 7, S. 198ff, S. 204f

dieser Funktionserweiterung in objektiv-rechtlicher[647] Hinsicht werden die deutschen Grundrechte bisweilen als „Grundsatznormen" bezeichnet[648], da sie nicht nur die Pflicht des Staates begründen, Eingriffe in grundrechtlich geschützte Güter und Freiheiten zu unterlassen, sondern auch die grundsätzliche Verpflichtung konstituieren, die Einhaltung der durch die Grundrechte verbürgten Wertentscheidungen zu gewährleisten und vor Beeinträchtigungen von dritter, nichtstaatlicher Seite zu schützen. Die deutsche Grundrechtsdogmatik ist in dieser Hinsicht weit vorangeschritten und hat ein hohes Schutzniveau entwickelt. Eine weitere Funktion der Grundrechte in der Bundesrepublik Deutschland verbirgt sich in der Diskussion um die Existenz sozialer Grundrechte in Form von Leistungsansprüchen gegen den Staat. Im Mittelpunkt steht die Frage, ob und inwiefern dem Grundgesetz klassische soziale Grundrechte wie die Rechte auf Arbeit, Wohnung, Bildung und Existenzsicherung entnommen werden können.

Auch im Bereich des Gemeinschaftsrechts kann man diese Problematik aufwerfen. Das Bundesverfassungsgericht hat in der Solange-II-Entscheidung von 1986[649] seine zuvor beanspruchte Kompetenz zur Überprüfung sekundären Gemeinschaftsrechts anhand der deutschen Grundrechte zurückgenommen. Nach dem im Maastricht-Urteil aus dem Jahre 1993 geschaffenen Kooperationsverhältnis zwischen EuGH und BVerfG fällt es hinsichtlich des Sekundärrechts allein in die Zuständigkeit des Europäischen Gerichtshofs, „den Grundrechtsschutz in jedem Einzelfall für das gesamte Gebiet der Europäischen Gemeinschaft" zu garantieren, während „das Bundesverfassungsgericht sich [...] auf eine generelle Gewährleistung der unabdingbaren Grundrechtsstandards beschränken kann"[650]. Das Bundesverfassungsgericht stellt diese Rechtsprechung allerdings unter den Vorbehalt, dass der Grundrechtsschutz des Gemeinschaftsrechts „dem vom Grundgesetz als unabdingbar gebotenen Grundrechtsschutz im Wesentlichen gleich zu achten ist" und „den Wesensgehalt der Grundrechte generell verbürgt"[651].

Die sich anschließende Untersuchung widmet sich der entscheidenden Prämisse des Bundesverfassungsgerichts, die dieser Rechtsprechung zu Grunde liegt, wonach der Grundrechtsschutz in der Europäischen Gemeinschaft im wesentlichen dem des Grundgesetzes gleichkommt. Nur wenn insbesondere die europarechtlich gewährleisteten Diskriminierungs-

---

[647] Diese Terminologie ist irreführend, da die sog. objektiv-rechtliche Funktion nicht im Gegensatz zu einer subjektiven Grundrechtsdimension steht. So können z.B. auch aus der objektiv-rechtlichen Dimension der Grundrechte subjektive Rechte des einzelnen abgeleitet werden, vgl. nur Böckenförde, Grundrechte als Grundsatznormen, Der Staat 29 (1990), S. 1ff, S. 13ff; aus Gründen der Klarheit wird diese allgemein übliche Begrifflichkeit aber weiter verwendet.

[648] Jeand'Heur, Grundrechte im Spannungsverhältnis, JZ 1995, S. 161ff; Böckenförde, a.a.O., passim.

[649] BVerfGE 73, S. 339ff, S. 387

[650] BVerfGE 89, S. 155ff, S. 175

[651] BVerfGE 73, S. 339ff, S. 387

verbote über ihre Abwehrfunktion hinaus objektiv-rechtliche Dimensionen aufweisen, werden sie der vom Bundesverfassungsgericht vorausgesetzten Gleichwertigkeit gerecht und können deshalb der obigen Terminologie im deutschen Verfassungsrecht entsprechend als Grundsatznormen bezeichnet werden. Im Mittelpunkt steht also die Frage der Übertragbarkeit deutscher Grundrechtskategorien auf das Gemeinschaftsrecht. Die Betrachtung beschränkt sich dabei nicht auf den Bereich der ungeschriebenen Gemeinschaftsgrundrechte, sondern bezieht sich ebenso auf die Vertragsgrundrechte und sekundärrechtliche Diskriminierungsverbote.

Als Vergleichsgrundlage bezüglich der einzelnen objektiven Grundrechtsfunktionen soll zunächst der Stand der deutschen Grundrechtsdogmatik aufgezeigt werden. Auf eine fundierte Darstellung aller vertretenen Ansichten wird verzichtet. Stattdessen erfolgt jeweils ein Überblick über die wichtigsten Strukturen und Besonderheiten der über die abwehrrechtliche Dimension hinausgehenden Funktionen der Grundrechte des Grundgesetzes. Anschließend erfolgt eine spezifisch europarechtliche Betrachtung der Problematik unter Einbeziehung der gemeinschaftsreichlichen Diskriminierungsverbote.

I. Grundsatznormen

1. Die Rechtslage in der Bundesrepublik Deutschland nach der Rechtsprechung des Bundesverfassungsgerichts

Zu Beginn der Rechtsprechungstätigkeit des Bundesverfassungsgerichts fungierten die Grundrechte des Grundgesetzes noch ausschließlich als subjektive Abwehrrechte des Einzelnen gegenüber dem Staat. Bereits in den fünfziger Jahren zeigten sich in der Literatur erste Tendenzen, dass in den Grundrechten auch objektive Wertentscheidungen zum Ausdruck kämen, die als verbindliche Vorgaben für die gesamte Rechtsordnung maßgeblich und bei der Auslegung und Anwendung der gesetzlichen Vorschriften zu beachten seien[652]. Die Grundrechte erschöpfen sich danach nicht im unmittelbaren Staat-Bürger-Verhältnis, sondern entfalten auch darüber hinaus Wirkung. Im schon erwähnten Lüth-Urteil aus dem Jahre 1958 schließlich stellte das Bundesverfassungsgericht zum ersten Mal fest, dass dem Grundrechtsabschnitt des Grundgesetzes doppelte Bedeutung zukommt[653]: Neben der klassischen Funktion der Grundrechte als Abwehrrechte gegenüber staatlichen Maßnahmen ist ihm eine objektive Werteordnung oder ein Wertsystem zu entnehmen, das „als verfassungsrechtliche Grundentscheidung für alle Bereiche des Rechts" gilt: „Gesetzgebung, Verwaltung und Rechtsprechung empfangen von ihm Richtlinien und Impulse". Dadurch „komme eine prinzipielle Verstärkung der Geltungskraft der Grundrechte zum Ausdruck".

Das Bundesverfassungsgericht sieht unter dem Dach dieser „neuen" Grundrechtsfunktion mehrere unterschiedliche objektiv-rechtliche Aspekte vereint. Bereits in der Lüth-Entscheidung begründete das Gericht die sog. Ausstrahlungswirkung[654] der Grundrechte: „So beeinflusst es [das von den Grundrechten aufgestellte Wertesystem] selbstverständlich auch das bürgerliche Recht; keine bürgerlich-rechtliche Vorschrift darf im Widerspruch zu ihm stehen, jede muss in seinem Geiste ausgelegt werden. Der Rechtsgehalt der Grundrechte als objektiver Normen entfaltet sich im Privatrecht durch das Medium der dieses Rechtsgebiet unmittelbar beherrschenden Normen"[655]. Die Ausstrahlungsfunktion ist nicht auf die Rechtsprechung beschränkt, sondern wirkt sich auf alle drei Staatsgewalten aus. Der Gesetzgeber hat bei der inhaltlichen Gestaltung von Rechtsvorschriften ebenso den objekti-

---

[652] Dürig, Grundrechtssatz, AöR 81 (1956), S. 117ff; vgl. H. H. Klein, Schutzpflicht, DVBl. 1994, S. 489ff, S. 489 unter Hinweis auf Dürig in Maunz, Deutsches Staatsrecht, § 13 II 7; Wintrich, Bedeutung der Menschenwürde, BayVBl. 1957, S. 137ff, S. 138; zur Entwicklung objektiv-rechtlicher Grundrechtsgehalte allgemein: Stern, Staatsrecht, Bd.III 1, § 69, S. 890ff.

[653] BVerfGE 7, S. 198ff., S. 204f.

[654] So in BVerfGE 7, S. 198ff., S. 207

ven Wertgehalt der Grundrechte zu beachten wie die Exekutive bei deren Anwendung. Grundrechte nehmen damit die normative Bedeutung einer objektiven Garantie an und entziehen als derartige Grundsatznormen auf Grund vorweggenommener Wertentscheidungen dem Gesetzgeber die Verfügungsgewalt über die Rechtsordnung[656]. Die Ausstrahlungswirkung der Grundrechte hat damit eine verfassungsrechtliche Durchwirkung aller Rechtsbereiche zur Folge, so dass die Grundrechte nicht mehr nur im unmittelbaren Staat-Bürger-Verhältnis Geltung beanspruchen, sondern auch in anderen Rechtsbeziehungen den Einzelnen zu schützen vermögen.

Mit dieser Feststellung ist zugleich die Frage der Drittwirkung der Grundrechte angesprochen[657]. Darunter wird die Geltung der Grundrechte in der Privatrechtsordnung, also im Verhältnis der Privatpersonen untereinander verstanden. Die Drittwirkung stellt damit eine spezielle Ausprägung der Grundrechte in ihrer Funktion als objektive Grundsatznormen dar[658]. Innerhalb der Verfassung fungieren sie als „Wertschutzlückenschließung kraft Vorrang der Verfassung"[659]. Die Möglichkeit einer Drittwirkung soll im Rahmen der folgenden Abhandlung repräsentativ für den Charakter der Grundrechte als Grundsatznormen behandelt werden. Eine solche Betrachtung hat für die Existenz individueller Rechte des Einzelnen den größten praktischen Wert. Zwar sind subjektive Rechte auch dann möglich, wenn Grundrechte individualisierbare Programmsätze formulieren, so beispielsweise hinsichtlich der Einrichtungsgarantie des Privateigentums[660]. Solche Fälle sind zumeist aber eher theoretischer Natur und stellen sich nicht in gleicher Häufigkeit wie Fragen der Drittwirkung.

Aus dem Grundgesetz selbst lässt sich kein entscheidendes Argument für oder wider eine solche Drittwirkung folgern. Zu Gunsten einer Drittwirkung könnte das umfassende Menschenrechtsbekenntnis des Art. 1 Abs. 2 GG und die Bindung der Staatsgewalt an die Grundrechte nach Art. 1 Abs. 3 GG, zu ihren Lasten ein Umkehrschluss aus dem ausdrücklich geregelten Verbot koalitionsbeschränkender Verträge und Absprachen in Art. 9 Abs. 3 S. 2 GG sprechen. Mittlerweile wird aber nicht mehr die Auffassung vertreten, dass das Privatrecht von den Grundrechten gänzlich unbeeinflusst bleibt[661]. Vielmehr ist die konkrete Aus-

---

655 BVerfGE 7, S. 198ff., S. 205

656 Badura, Staatsrecht, § 17 C, R. 17

657 Umfassend Canaris, Grundrechte und Privatrecht, AcP 184 (1984), S. 201ff

658 Böckenförde, a.a.O., S. 10

659 Böckenförde, a.a.O., S. 11

660 Badura, Arten der Verfassungsrechtssätze, in Handbuch des Staatsrechts VII, § 159, R. 32

661 Rüfner in Isensee/Kirchhof, Handbuch des Staatsrechts Bd.V, § 117, R. 58

gestaltung der Drittwirkung Gegenstand eines lang andauernden Theorienstreits, der meist mit den Stichworten der „unmittelbaren" und „mittelbaren" Drittwirkung bezeichnet wird[662].

Bezeichnend für die Lehre der unmittelbaren Drittwirkung[663] ist, dass sich die Grundrechte in ihrer abwehrrechtlichen Funktion nicht nur an den Staat, sondern auch an die Subjekte des Privatrechts richten und diese damit zu Grundrechtsadressaten machen. Konsequenz hieraus ist, dass die Grundrechte Verbotsgesetze im Sinne des § 134 BGB darstellen und als absolute Rechte und Schutzgesetze deliktsrechtlich dem § 823 Abs. 1 und Abs. 2 BGB unterliegen. Demgegenüber sieht die herrschende Lehre der mittelbaren Drittwirkung, der sich das Bundesverfassungsgericht im Lüth-Urteil angeschlossen hat[664], nicht die Subjekte des Privatrechts, sondern nur den Staat als Adressat der Grundrechte an und vermeidet deren direkte Anwendung im Privatrechtsverkehr. Die Grundrechte erlangen vielmehr durch den Filter der auslegungsfähigen und auslegungsbedürftigen zivilrechtlichen Generalklauseln der §§ 242, 138, 826 BGB usw. Geltung[665]. In der Tat sprechen gegen die Theorie der unmittelbaren Drittwirkung der Grundrechte gewichtige Gesichtspunkte: Bereits aus dem Wortlaut des Grundgesetzes (Art. 1 Abs. 1 S. 2 GG: „aller staatlichen Gewalt"; Art. 1 Abs. 3 GG: nur „Gesetzgebung, vollziehende Gewalt und Rechtsprechung") ergibt sich, dass nur der Staat, nicht aber der Einzelne an die Grundrechte gebunden ist. In systematischer Hinsicht wird gegen die unmittelbare Drittwirkung vorgebracht, dass das Privatrecht vom ebenfalls verfassungsrechtlich geschützten Grundsatz der Privatautonomie beherrscht wird, der als Kernsubstanz des Zivilrechts beeinträchtigt oder gar zerstört wäre, wenn die Grundrechte die Einzelnen unmittelbar binden würden[666]. Weiterhin bestehe auf Grund des Gewaltmonopols des Staates zwischen den Privatrechtssubjekten grundsätzlich nicht dasselbe Machtgefälle wie im Verhältnis Bürger-Staat[667].

Im Schrifttum mehren sich kritische Stimmen, die eine strikte Trennung zwischen unmittelbarer und mittelbarer Drittwirkung für nicht durchführbar halten. So relativiert sich nach Böckenförde der Unterschied zwischen beiden Formen der Drittwirkung „auf der Grundlage

---

662 Da sich mittlerweile die Vertreter einer mittelbaren Drittwirkung weit gehend durchgesetzt haben, soll hier nicht vertiefend auf den Theorienstreit eingegangen werden. Ein kleiner Einblick soll an dieser Stelle genügen.

663 Begründet wurde diese von Nipperdey, z.B. in Gleicher Lohn der Frau bei gleicher Leistung, RdA 1950, S. 121ff; Steindorff, Persönlichkeitsschutz im Zivilrecht, S. 12; Gamillscheg, Grundrechte, AcP 164 (1964), S. 386ff, S. 419ff; gerade im Hinblick auf den Gleichheitssatz aus Art. 3 GG hat sich auch das Bundesarbeitsgericht anfänglich dieser Ansicht angeschlossen, vgl. BAG AP Nr. 4, 6, 77, 87, 110.

664 BVerfGE 7, S. 198ff, S. 205

665 Statt aller Dürig, Lüth-Urteil, DÖV 1958, S. 194ff; F. Kopp, Fiskalgeltung und Drittwirkung, Festschrift Wilburg, S.141ff, S. 157ff

666 Statt aller Starck, Grundrechte des Grundgesetzes, JuS 1981, S. 237ff, S. 243 mit dem Hinweis, dass dies insbesondere für den Gleichheitssatz des Art. 3 GG zu gelten habe.

667 Canaris, a.a.O., S. 205f; zugleich auch ablehnend zum Vorschlag der Grundrechtsbindung derjenigen Privatpersonen, die „soziale Macht" ausüben.

der objektiven Grundsatzwirkung der Grundrechte in hohem Maße"[668]. Danach bilden die Generalklauseln des Zivilrechts lediglich Anknüpfungspunkte, durch deren Auslegung und Anwendung sich tatsächlich eine mittelbare Geltung der Grundrechte vollzieht. Wenn diese aber „objektiv-rechtliche (Wert-) Gehalte der Rechtsordnung mit Verfassungsrang verbürgen", dann kann ihre Durchsetzung nicht von der Existenz „einer zureichenden einfachrechtlichen Gestaltung der Privatrechtsordnung abhängig sein"[669]. Fehlt eine solche, entfaltet das einschlägige Grundrecht als vorrangiges Verfassungsrecht unmittelbar Drittwirkung und wird damit selbst zum Anknüpfungspunkt der Drittwirkung im Privatrecht. Einen anderen Ansatzpunkt wählt Rüfner, wenn er „im Rückgriff auf das Begriffspaar Mittelbarkeit und Unmittelbarkeit [...] eine Verlegenheitslösung, die in der Sache nicht weiterhilft"[670] sieht. Denn auch der Privatrechtsgesetzgeber und der Zivilrichter seien wegen Art. 1 Abs. 3 GG unmittelbar an die Grundrechte gebunden, so dass diese im Privatrecht ebenfalls unmittelbar Anwendung fänden. Im Kern gehe es nicht um eine Grundrechtsbindung der Privatpersonen im Sinne der Auferlegung unmittelbarer Pflichten untereinander; diese seien keinesfalls Adressaten der Grundrechte, sondern lediglich den an die Grundrechte gebundenen Vorschriften des Privatrechts unmittelbar ausgesetzt und damit gleichsam nur mittelbar von den Grundrechten selbst betroffen[671]. Das Kriterium der „Mittelbarkeit" sei deshalb nicht hilfreich, da die Grundrechte zwar unmittelbar für das Privatrecht, aber nur mittelbar für die die Teilnehmer am Privatrechtsverkehr gelten.

2. Die Grundfreiheiten

Neben den „klassischen" Grundrechten werden bisweilen auch die Grundfreiheiten[672] des Binnenmarktes als Grundrechte bezeichnet[673]. Seit Ablauf der Übergangszeit am 31.12.1969 verkörpern sie unmittelbar anwendbares Recht. Damit bilden sie nicht lediglich objektive Rechtssätze, sondern eröffnen dem Einzelnen die Möglichkeit, sich gegen ihn betreffende Verletzungen der Grundfreiheiten zu wehren. In dieser negatorischen Eigenschaft konstituieren die Warenverkehrsfreiheit, die Arbeitnehmerfreizügigkeit, die Niederlassungs- und Dienstleistungsfreiheit[674] wie die Grundrechte im engeren Sinne Abwehrrechte. Inhaltlich

---

668 In Grundrechte als Grundsatznormen, Der Staat 1990, S. 1ff, S. 10f

669 Böckenförde, a.a.O., S. 10f

670 In Isensee/Kirchhof, Handbuch des Staatsrechts, Bd.V, § 117, R. 58f

671 In diesem Sinne auch Canaris, a.a.O., S. 212ff, S. 245

672 Anstelle dieses Begriffes finden sich auch die Bezeichnungen „Marktfreiheiten" oder „wirtschaftliche Grundfreiheiten". Im Folgenden werden die Begriffe inhaltsgleich verwandt.

673 V.a. Bleckmann, „Freiheiten des Gemeinsamen Marktes", in Gedenkschrift Sasse, S. 665ff

674 Die Kapitalverkehrsfreiheit soll für die weitere Betrachtung außen vor bleiben.

unterscheiden sich die Grundfreiheiten von den Grundrechten in ihrer ausschließlich wirtschaftlichen Ausrichtung; sie sind durch einen engeren sachlichen Anwendungsbereich als die Grundrechte gekennzeichnet. Eine solche Ausrichtung entspricht der ursprünglich rein ökonomischen Intention des E(W)G-Vertrags. Die Grundfreiheiten richten sich in erster Linie auf die Beseitigung von Hindernissen für den Gemeinsamen Markt. Zur Erfüllung dieser Ziele sind keine positiven Maßnahmen erforderlich, es genügt der Abbau nationaler Regelungen, die die Grundfreiheiten beschränken. Während die Grundfreiheiten wichtiger Bestandteil des EG-Vertrags sind, stellen die Grundrechte das Ergebnis richterlicher Rechtsfortbildung durch den EuGH dar und sind damit „jünger" als die Wirtschaftsfreiheiten. Primärer Zweck der Grundfreiheiten ist, in ihrem spezifischen Anwendungsbereich eine Inländergleichbehandlung innerhalb jeden Mitgliedstaats von ausländischen Waren, Arbeitnehmern, Niedergelassenen, Dienstleistern etc. zu verbürgen. Auf diese Weise treten die Grundfreiheiten neben die nationalen Grundrechte und garantieren gegenüber den Mitgliedstaaten zusätzliche Freiheitsräume.

Für die vorliegende Bearbeitung sind die Grundfreiheiten des EG-Vertrags deshalb von besonderer Bedeutung, weil sie Diskriminierungsverbote enthalten. Dieses orientiert sich an der Staatsangehörigkeit oder einen innergemeinschaftlichen Grenzübertritt. Damit stehen die Wirtschaftsfreiheiten allein wegen ihrer gleichheitssichernden Struktur den grundrechtlichen Diskriminierungsverboten sehr nahe.

Die Frage der Drittwirkung der Warenverkehrsfreiheit wie der Grundfreiheiten überhaupt ist stark umstritten. Im Rahmen der Drittwirkung der Grundfreiheiten reicht das Spektrum der vertretenen Ansichten von der Bejahung einer Drittwirkung[675], über eine lediglich partielle Anerkennung[676] bis hin zu einer strikten Ablehnung[677]. Neuere Stimmen wollen die Frage der unmittelbaren Wirkung der Grundfreiheiten mit der Entscheidung des EuGH hinsichtlich der grundfreiheitlichen Schutzpflichten zu Gunsten einer mittelbaren Diskriminierung gelöst wissen[678]. Im Kern dreht es sich hier dennoch nur um die Existenz einer unmittelbaren Drittwirkung unter Privaten[679]. Denn die Mitgliedstaaten sind ohnehin Adressaten der Grundfreihei-

---

675 Für den Bereich des Art. 43 EG Schnichels, Reichweite der Niederlassungsfreiheit, S. 82ff, S. 86

676 Steindorff, Drittwirkung der Grundfreiheiten, Festschrift Lerche, S. 575ff, S. 584ff; ders., EG-Vertrag und Privatrecht, S. 277ff und ihm folgend P. K. Meyer, Auswirkungen, S. 331ff, Bleckmann/Pieper in Dauses, Handbuch des EU-Wirtschaftsrechts, Bd. I, B I, R.130ff; anders: Müller-Graff in GTE, Kommentar, Art. 30 EGV, R. 302ff

677 Kingreen, Struktur der Grundfreiheiten, S. 195ff m.w.N.; Epiney in C/R, Kommentar, Art. 28 EG, R. 46; Roth, Drittwirkung der Grundfreiheiten?, Festschrift Everling II, S. 1231ff

678 Burgi, Mitgliedstaatliche Garantenpflicht, EWS 1999, S. 327ff; Streinz/Leible, Unmittelbare Drittwirkung, EuZW 2000, S. 459ff

679 Insbesondere Peter K. Meyer, a.a.O., S. 332, S. 329f sieht mangels Existenz einer allgemeinen Privatrechtsordnung der EG die Frage, ob die Grundfreiheiten mittelbar oder unmittelbar gelten, als nicht entscheidend an. Er übersieht aber, dass eine solche auch gar nicht nötig ist, kann deren Aufga-

ten und müssen ihre nationalen Rechtsordnungen dem Gemeinschaftsrecht anpassen. Die dadurch begründete Verpflichtung macht natürlich nicht vor dem Privatrecht halt. Diese Einflussmöglichkeit ist für die einzelnen Privatrechtsverhältnisse nur von mittelbarer Natur, da sie zu keiner direkten Bindung Privater an die Grundfreiheiten führt. Folglich enthalten nach der Terminologie des deutschen Verfassungsrechts die Grundfreiheiten ohnehin eine Art mittelbare Drittwirkung, so dass nur die Annahme einer unmittelbaren Privatrechtsbindung in Frage steht.

a. Die Rechtsprechung des EuGH und die in der Literatur vertretenen Ansichten

Der Rechtsprechung des EuGH ist keine klare Linie zu entnehmen, die eine für alle Grundfreiheiten einheitliche Lösung erlauben würde. Im Bereich der Arbeitnehmer- und Dienstleistungsfreiheit hat der Gerichtshof klar Stellung bezogen und sich für eine Bindung Privater an die Grundfreiheiten ausgesprochen[680]: „Das Verbot der unterschiedlichen Behandlung gilt nicht nur für Akte der staatlichen Behörden, sondern erstreckt sich auch auf sonstige Maßnahmen, die eine kollektive Regelung im Arbeits- und Dienstleistungsbereich enthalten"[681]. Während der EuGH für die Dienstleistungsfreiheit diese Rechtsprechung auf private Kollektivvereinbarungen, bei der einer Seite faktische Überlegenheit und quasistaatliche Befugnisse zukommen („intermediäre Gewalten"), beschränkt, hat er in einer neueren Entscheidung die Arbeitnehmerfreizügigkeit ausdrücklich auch auf private Verträge angewandt, an denen weder staatlichen Stellen, noch intermediäre Gewalten beteiligt waren[682].

Eine entsprechend explizite Äußerung fehlt bisher für die Niederlassungsfreiheit[683]. Auf Grund der Parallelität zur Dienstleistungsfreiheit kann die Argumentation aus den Urteilen zur Dienstleistungs- und Niederlassungsfreiheit aber wohl auch für den Bereich des Art. 43 EG fruchtbar gemacht werden und, folgt man der Rechtsprechung des EuGH, eine unmittel-

---

be ebenso durch die jeweilige nationale Rechtsordnung garantiert werden, denen es, wie Meyer selbst erkennt, a.a.O., S. 329, ohnehin zufällt, die Einhaltung der Grundfreiheiten zu sichern.

680 Vgl. die ausführlichen Darstellungen bei Steindorff a.a.O., S. 576ff und Roth a.a.O., S. 1233ff

681 EuGH Rs. 36/74, Slg. 1974, S. 1505ff, S. 1419, Walrave für die Dienstleistungsfreiheit; für die Arbeitnehmerfreizügigkeit in diesem Sinne EuGH Rs. C-415/93, Slg. 1995, I-S. 4921ff, S. 5065ff, Bosman und jetzt auch EuGH verb. Rs. C-51/96 und C-191/97, EuZW 2000, S. 371ff, S. 374, R. 47, Deliège und EuGH Rs. C-176/96, EuZW 2000, S. 375ff, S. 377, Rz. 35f, Lehtonen und neuerdings Rs. C-281/98, Slg. 2000, S. 4139ff, S. 4168ff, Angonese

682 EuGH Rs. C-281/98, EuZW 2000, S. 486ff, Angonese; vorher sah schon Art. 7 Abs. 4 der Verordnung 1612/68 in Bezug auf den Zugang zur Beschäftigung, die Entlohnung oder sonstige Arbeits- und Kündigungsbedingungen eine Drittwirkung für Arbeitnehmer aus anderen Mitgliedstaaten auch für rein private Arbeitsverträge vor.

683 A.A. offenbar P. K. Meyer, Auswirkungen, S. 333f zur Rs. 90/76, Slg. 1977, S. 1091ff, S. 1128, Van Ameyde; es genügt danach, „dass sich die Diskriminierung aus einer Regelung gleich welcher Art ergibt". Allerdings ist es angesichts der Brisanz der Streitfrage eher fraglich, in der Stellungnahme des EuGH ein Bekenntnis zur Drittwirkung bei der Niederlassungsfreiheit zu sehen; vgl. hierzu auch Kingreen, a.a.O., S. 193, Fn. 26.

bare Drittwirkung der Niederlassungsfreiheit zumindest im Einflussbereich intermediärer Gewalten annehmen[684].

Während der EuGH also von der Drittwirkung der Personenfreizügigkeiten ausgeht, ist seine Judikatur im Bereich der Warenverkehrsfreiheit widersprüchlich. Der Aussage im Urteil Dansk Supermarked, dass „Vereinbarungen zwischen Privaten [...] in keinem Fall von den zwingenden Bestimmungen über den freien Warenverkehr abweichen"[685] dürfen, stehen mehrere jüngere Urteile gegenüber, in denen der Gerichtshof die Warenverkehrsfreiheit auf Maßnahmen der Mitgliedstaaten beschränken und für Private ausschließlich die Wettbewerbsvorschriften der Art. 81ff EG heranziehen will[686]. Der EuGH steht der Annahme einer Drittwirkung der Warenverkehrsfreiheit somit zumindest zurückhaltend gegenüber. Kingreen geht insofern wohl zu Recht von einer mittlerweile gefestigten ablehnenden Rechtsprechung der Gerichtshofs aus[687].

Zu Gunsten einer Privatrechtsgeltung der Grundfreiheiten wird in der Literatur geltend gemacht, dass der Wortlaut des Art. 28 EG und der anderen Marktfreiheiten auf Grund ihrer allgemeinen Formulierung sich nicht speziell an die Mitgliedstaaten richtet und einer Einbeziehung privatrechtlicher Verhältnisse somit nicht im Wege steht[688]. Das Wortlautargument ist für sich betrachtet aber recht schwach, da die bloße Möglichkeit der horizontalen Anwendbarkeit noch nicht für eine tatsächliche Drittwirkung der Grundfreiheiten spricht.

Überzeugender sind Ansätze, die sich auf die überragende Bedeutung der Warenverkehrsfreiheit und der anderen Grundfreiheiten für den Gemeinsamen Markt berufen; sie stellen die Prinzipien der ursprünglichen Wirtschaftsgemeinschaft dar. Ihre praktische Wirksamkeit wäre durch privatautonome Handlungen erheblich gefährdet, wodurch letztlich auch die Realisierung der Ziele des Vertrages (Art. 3 lit. c EG) betroffen wäre[689]. Der Abbau zwischenstaatlicher Grenzen darf nicht durch private Handelshemmnisse unterlaufen werden. Als Störer kann nicht nur der Staat auftreten, sondern gerade kollektive Maßnahmen von Wirtschaftsverbänden oder Boykottaufrufe großer Unternehmen können den freien Warenverkehr ebenso beeinträchtigen wie staatliche Regelungen. Es besteht somit ein Schutzbedürfnis hinsichtlich der Grundfreiheiten vor Maßnahmen Privater. Neuestens bringt der EuGH

---

684 So auch Schnichels a.a.O., S. 83 und Kingreen a.a.O., S. 194 m.w.N.; ähnlich Streinz/Leible, a.a.O., S. 459; alle Grundfreiheiten gleichbehandelnd Burgi, a.a.O., S. 328; zu den einzelnen Argumenten sogleich.

685 EuGH Rs. 58/80, Slg. 1981, S. 181ff, S. 195

686 EuGH Rs. 65/86, Slg. 1988, S. 5249ff, S. 5285, Bayer gg. Süllhofer; EuGH verb. Rs. 177 und 178/82, S. 1797ff, S. 1812, van de Haar; EuGH Rs. 311/85, Slg. 1987, S. 3801ff, S. 3830, Vlaamse Reisbureaus

687 Kingreen, a.a.O., S. 195

688 EuGH Rs. C-281/98, a.a.O., S. 469, R.30 und Schäfer, Unmittelbare Wirkung, S. 105

689 Vgl. statt vieler nur Bleckmann/Pieper, a.a.O., R. 132; EuGH Rs. C-281/98, a.a.O., S. 469, R. 32f

vor, dass bei einer Anerkennung einer unmittelbaren Drittwirkung für Art. 12, 141 EG dies „erst-recht" für den speziellen Art. 48 EG zu gelten habe[690].

Gegen die Drittwirkung der Grundfreiheiten sprechen allerdings gewichtige Argumente, die sich aus der inneren Struktur der Grundfreiheiten ergeben. Die Berufung auf ein den Grundfreiheiten immanentes Gleichheitsrecht im Privatrechtsverkehr geht stets mit einem Eingriff in einen anderen grundlegenden Verfassungswert einher. Wer als Privater an ein Diskriminierungsverbot gebunden ist, kann seine Freiheitsrechte nicht mehr uneingeschränkt ausüben. Hinzu kommt ein Konflikt mit den Wettbewerbsregeln der Art. 81ff EG. Zwar bereitet es gerade auf Grund der Rechtsprechung des EuGH durchaus Schwierigkeiten, diese als leges speciales zu den Grundfreiheiten einzuordnen[691]. Das kann aber nichts daran ändern, dass sie unstreitig auf Handlungen Privater anzuwenden sind und inhaltlich weniger strenge Anforderungen an sie stellen[692]. Will man also die Grundfreiheiten uneingeschränkt auch im Privatrechtsverkehr unmittelbar wirken lassen, wäre die Geltung der Wettbewerbsvorschriften gefährdet.

b. Stellungnahme

Im Ergebnis sprechen für beide Ansichten gute Argumente. Zwar ist für sich gesehen der Schluss des EuGH von der unmittelbaren Anwendbarkeit der allgemeinen Norm des Art. 12 EG im Interesse des Gleichlaufs aller Vertragsgrundrechte auf die speziellen Grundfreiheiten noch nicht zwingend[693]. Gerade Art. 86 Abs. 2 EG, der die Vorschriften des EG- Vertrags nur für private Unternehmen, die mit Dienstleistungen von allgemeinen wirtschaftlichen Interessen betraut sind oder den Charakter eines Finanzmonopols haben, für anwendbar erklärt, spricht aber klar gegen eine uneingeschränkte Anerkennung der unmittelbaren Wirkung der Grundfreiheiten[694]. Angesichts der Vielzahl privatrechtlicher Rechtsbeziehungen gerät auf der anderen Seite die praktische Wirksamkeit der für die Europäische Union konstituierenden Grundfreiheiten in Gefahr, lässt man sie auf derartige Rechtsbeziehungen unangewendet. Folglich wird keine der beiden extremen Ansichten den Vorgaben des Gemeinschaftsrechts gerecht. In den Vordergrund sollte deshalb eine vermittelnde Lösung rücken, um im

690 EuGH Rs. C-281/98, a.a.O., S. 469, R. 34ff

691 Steindorff, Drittwirkung der Grundfreiheiten, Festschrift für Lerche, S. 575ff, S. 587f, unter Bezug auf EuGH Rs. 395/87, Slg. 1989, S. 2521ff, S. 2542, Tournier, in der der Gerichtshof sich nicht davon abhalten ließ, die Regeln des Kartellrechts anzuwenden, nachdem er den Tatbestand der Niederlassungsfreiheit für nicht einschlägig hielt; dagegen Schäfer, a.a.O., S. 198ff.

692 Nicht alle privaten handelsbeschränkenden Handlungen sind untersagt, sondern nur solche, die geeignet sind, spürbare Beeinträchtigungen herbei zu führen; so auch Streinz/Leible, a.a.O., S. 464 m.w.N.

693 Im Ergebnis ebenso, aber mit anderer Begründung Streinz/Leible, a.a.O., S. 462.

694 Vgl. dazu Streinz/Leible, a.a.O., S. 464

Wege der Abwägung zwischen beiden Positionen die Einzelfallgerechtigkeit gewährleisten zu können. Wenn mit der Bindung an ein Diskriminierungsverbot und einem Freiheitsrecht zwei gleichrangige Regelungen des Primärrechts miteinander kollidieren, sollte die Lösung nach Art einer „praktischen Konkordanz" erfolgen. Etwaige Konflikte zwischen gleichrangigen Vorschriften müssen im Wege der Abwägung gelöst werden.

In dieser Hinsicht lässt sich gerade der Art. 86 Abs. 2 EG zu Grunde liegende Gedanke fruchtbar machen, so dass nur im Falle eines hierarchischen Gefälles im Privatrechtsverkehr, das dem Gemeinschaft-Bürger-Verhältnis ähnlich ist, eine unmittelbare Drittwirkung anzunehmen ist. Die Drittwirkung kann dann auf Fälle begrenzt werden, in denen die prinzipielle Gleichheit der Privatautonomie wegen eines Machtgefälles nicht mehr besteht. Allein in solchen Konstellationen wiegt der Schutz vor Diskriminierungen schwerer als ein Freiheitsrecht. Einer Bindung an die Grundfreiheiten können demnach nur Vereinigungen mit quasistaatlichen Machtbefugnissen, also die sog. „intermediäre Gewalten", unterliegen[695]. Insbesondere Wirtschafts- und Sportverbände, Parteien und Gewerkschaften wären hiervon betroffen[696].

Dem kann zwar mit Meyer[697] entgegengehalten werden, dass es im Einzelfall sehr schwierig festzustellen ist, ob der Einzelne tatsächlich seiner privatautonomen Entscheidungsmöglichkeit beraubt ist, und dass die Unbestimmtheit des sozialen Machtgefälles der Rechtssicherheit entgegensteht. An dieser Stelle wäre es aber Aufgabe des Gerichtshofs, objektive Kriterien aufzustellen, wann einer privaten Vereinigung strukturelle Überlegenheit gegenüber anderen Teilnehmern im Privatrechtsverkehr zukommt, die die Privatautonomie gefährden könnte[698]. In dieser Hinsicht hat es bereits Lösungsvorschläge gegeben. Beispielsweise könnten nur private Vereinigungen gebunden sein, „die in Verfolgung öffentlicher Interessen normschöpferisch tätig sind und deren Regelungen man nicht entrinnen kann"[699]. Durch die Bestimmung dieser Begrifflichkeiten durch die Rechtsprechung wird die Einzelfallgerechtigkeit betont. Auf diese Weise kann es auch zu einem Ausgleich der widerstreitenden Interessen kommen. Im Ergebnis spricht somit viel dafür, von einer Drittwirkung zu Lasten der soziale Macht ausübenden privaten Verbände auszugehen.

Diese Position hält auch der gegen sie angeführten Kritik stand. In systematischer Hinsicht wird vorgebracht, dass die Annahme einer wie auch immer gearteten Drittwirkung zu-

---

695 Auch Roth, Drittwirkung der Grundfreiheiten?, Festschrift Everling II, S. 1246

696 Peter-Christian Müller-Graff, Einheit und Kohärenz, in von Bogdandy/Ehlermann, Konsolidierung und Kohärenz, R. 305

697 A.a.O., S. 339

698 Streinz/Leible, a.a.O., S. 464, machen dagegen ohne Begründung geltend, dass „eine Begriffsbestimmung sicherlich nicht dem EuGH überlassen werden" darf. Das ist aber im Interesse einer einheitlichen Anwendung des Gemeinschaftsrechts nicht einzusehen.

699 Burgi, a.a.O., S. 331 mit einer weitergehenden Definition dieser Begriffe und auch zu anderen Lösungsansätzen.

dem schwerlich mit den Ausnahmetatbeständen des Art. 30 EG[700] in Einklang zu bringen ist, da diese Rechtfertigungen ausschließlich auf den Staat zugeschnitten sind. Nur dieser kann sein Handeln unter Berufung auf Gründe der öffentlichen Sittlichkeit, Ordnung und Sicherheit u.a. rechtfertigen. Wenn aber Art. 30 S. 1 EG für den die Warenverkehrsfreiheit beeinträchtigenden Bürger keine taugliche Rechtfertigungsmöglichkeit für sein Handeln darstellt, dann ist dieser stärker an die Grundfreiheiten gebunden als ein Mitgliedstaat. Das stünde aber wiederum in klarem Widerspruch zur Privatautonomie und zu den Grundfreiheiten selbst, da diese gerade das freie private Wirtschaftsleben garantieren sollen. In diesem Zusammenhang weist Kingreen darauf hin, dass sich die Grundfreiheiten in ihr Gegenteil verwandeln und zu „Grundfreiheitspflichten" werden[701].

Der EuGH hat aber in der Rs. Bosman dieser Argumentation zu Recht einen Riegel vorgeschoben. Sie beruht nämlich in faktischer Hinsicht auf einer falschen Prämisse. So kann im konkreten Fall die UEFA auch als privater internationaler Verband öffentliche Interessen wahrnehmen. Konkret ging es u.a. um die Aufrechterhaltung eines Gleichgewichts zwischen den Vereinen unter Wahrung einer bestimmten Chancengleichheit[702], was angesichts der Bedeutung des Fußballs in Europa tatsächlich im öffentlichen Interesse liegt. Zumindest im Bereich der intermediären Gewalten geht der Einwand fehl, die Rechtfertigungsgründe der Grundfreiheiten passten nur für staatliche Stellen. In der Tat problematisch wird es aber für „normale" Teilnehmer am Privatrechtsverkehr. Zwar kann man dem systematischen Argument, wonach v.a. Art. 30 S. 1 EG nicht auf den Privatrechtsverkehr zugeschnitten sei, entgegenhalten, dass nicht allein die Tatsache, dass die Grundfreiheiten auf privatautonomes Handeln anders einwirken als auf staatliche Tätigkeiten, gegen ihre Drittwirkung sprechen kann. Es ist jedoch kaum vorstellbar, dass sich ein solcher jemals beispielsweise auf Art. 39 S. 1 EG berufen kann. Dann spricht aber auch gerade die systematische Struktur der Rechtfertigungsmöglichkeiten für die hier vertretene Auffassung der (ausschließlichen) Bindung intermediärer Gewalten.

Für eine Erstreckung der unmittelbaren Wirkung auf alle Privatrechtsteilnehmer spricht auch nicht ein auf Steindorff[703] zurückgehender Ansatz. Dieser will die auf das Staat-Bürger-Verhältnis zugeschnittenen Ausnahmen zu den Grundfreiheiten und dabei vor allem Art. 30 S. 2 EG inhaltlich modifizieren und materiell-rechtlich der Situation unter Privaten anpassen. Danach würden Private durch die Grundfreiheiten nur dann verpflichtet, im Rahmen grenzüberschreitender Maßnahmen willkürliche Diskriminierungen zu unterlassen und das Gebot der Verhältnismäßigkeit zu beachten. Im übrigen würde dem Individuum ein ausreichender

---

700 Für die anderen Grundfreiheiten Art. 39 Abs. 3, 46 EG

701 Struktur der Grundfreiheiten, S. 195

702 Vgl. EuGH Rs. Slg. 1995, I-S. 4921ff, S. 5066, R. 86

703 A.a.O., S. 584f und ihm folgend P. K. Meyer, a.a.O., S.340, Bleckmann/Pieper a.a.O., R. 134.

Spielraum für privatautonome Entscheidungen belassen. Im Ergebnis wird damit eine Drittwirkung auf Grund Art. 30 S. 2 EG bejaht und auf alle Grundfreiheiten übertragen.

Ein richtiger Ansatzpunkt dieser Lösung ist, dass sie Privatpersonen einen größeren Freiraum gewährt als den Staaten. Diese sind nicht nur an das Willkür- und Verhältnismäßigkeitsgebot des Art. 30 S. 2 EG, sondern darüber hinaus an die als Ausnahmetatbestände eng auszulegenden Begrifflichkeiten des Art. 30 S. 1 EG gebunden, wenn sie die Warenverkehrsfreiheit einschränken wollen. Bei genauerer Betrachtung erweist sich dieses vermeintliche Zugeständnis an die Privatautonomie aber als wertlos. Im Anwendungsbereich von Diskriminierungsverboten besteht deren Kern nämlich gerade in der Freiheit des Einzelnen, willkürliche Entscheidungen ohne Rücksicht auf Vernunft, Sinn und Moral treffen zu dürfen. Privatautonomie bedeutet in diesem Sinne, Waren auch wegen ihrer Herkunft (offen oder verschleiert) diskriminieren oder Maßnahmen gleicher Wirkung ergreifen zu dürfen. Ein anderer Verstoß gegen die Warenverkehrsfreiheit ist nicht denkbar. Wenn die Privaten also „nur" einer Willkürkontrolle unterliegen, ist im Ergebnis doch ihre komplette Privatautonomie beschnitten. Damit erweist sich dieser Lösungsansatz aber zugleich als untauglich, über die gegen die Drittwirkung sprechenden Argumente hinweg zu helfen. Denn der Versuch, die Bedeutung der Grundfreiheiten durch deren Privatrechtsgeltung zu verstärken, schlägt fehl, wenn dadurch die anderen Teilnehmer am Privatrechtsverkehr größte Freiheitseinbußen erleiden. Durch die Erweiterung der Adressaten auf Private erfährt die Warenverkehrsfreiheit zugleich eine Schwächung.

Burgi macht gegen die hier vertretene Konzeption geltend, dass sie einen unzulässigen Eingriff in die Kompetenzen der Mitgliedstaaten darstelle[704]. Danach ist die Grenzziehung zwischen staatlichen und gesellschaftlichen Bereich allein Sache der Mitgliedstaaten, der Gerichtshof dürfe nicht festlegen, in welchen Fällen ein soziales Machtgefälle im Privatrechtsverkehr existiere. Dies gelte vor allem für die Grundfreiheiten, da der EG-Vertrag insoweit keinen Anknüpfungspunkt biete[705]. Die Annahme einer Drittwirkung scheitere überhaupt an kompetenzrechtlichen Problemen, da die Mitgliedstaaten im Falle einer unmittelbaren Drittwirkung nicht mehr in der Lage wären, die Beziehungen der privaten Wirtschaftsteilnehmer untereinander zu regeln. Durch das Urteil in der Rs. C-265/95 werde diese Ansicht nur gestärkt, da der EuGH darin hervorgehoben hat, dass es Sache der Mitgliedstaaten sei, die Beachtung der Grundfreiheiten sicherzustellen[706]. In dieser Hinsicht wenden auch Streinz/Leibl ein, dass die Lösung im Ergebnis nicht über die Frage der Drittwirkung, sondern nur über mitgliedstaatliche Schutzpflichten zu suchen sei[707]. Gegen diese Ansicht sprechen

---

704 Burgi, a.a.O., S. 330ff

705 Burgi, a.a.O., S. 331

706 Burgi, a.a.O., S. 330f

707 A.a.O., S. 466f

allerdings mehrere Bedenken. Zunächst findet sich, wie gezeigt, in Art. 86 Abs. 2 EG durchaus ein vertraglicher Anhaltspunkt, der den Schluss zulässt, dass dem Gemeinschaftsrecht eine Trennung zwischen privatem und quasistaatlichem Handeln nicht fremd ist. Auch wenn Burgi darauf hinweist, dass sich „Garantenpflicht und unmittelbare Drittwirkung rechtssystematisch" nicht ausschließen[708], läuft seine Argumentation genau auf dieses Ergebnis heraus. Wenn nämlich die Schutzpflicht von den Mitgliedstaaten ausgeübt wird, „dann ist deren unmittelbare Drittwirkung ausgeschlossen"[709]. Nach der hier vertretenen Ansicht scheidet eine solche Sichtweise aus. Schutzpflicht und Drittwirkung hängen zusammen und bedingen sich inhaltlich in gewisser Weise. Die Ausübung einer staatlichen Schutzpflicht kann deshalb eine unmittelbare Drittwirkung nicht ausschließen, weil allein dadurch der Schutz des Einzelnen nichts vervollständigt ist. Kommt ein Staat seiner Pflicht nämlich nicht nach, ändert sich nicht an der Notwendigkeit einer eventuellen Grundrechtsbindung auch unter Privaten. Dass man Schutzpflichten und Drittwirkung nicht gleichsetzen kann, zeigt sich v.a. im Falle von Naturereignissen, die sich einschränkend auf eine Grundfreiheit auswirken. Nach dem Sinn und Zweck der Marktfreiheiten wird dadurch eine staatliche Schutzpflicht ausgelöst. Für die Realisierung des Binnenmarktes ist es nämlich ohne Belang, ob ein Hindernis menschlicher oder „natürlicher" Art ist[710]. Mit einer Drittwirkung hat das gar nichts zu tun[711].

Auch die kompetenzrechtlichen Überlegungen greifen nicht durch. Denn die Ausstrahlungswirkung des Gemeinschaftsrechts kann nicht abrupt an der Schwelle der mitgliedstaatlichen Kompetenzbereiche enden. Vielmehr muss der Vorrang des Gemeinschaftsrechts zum Beispiel auch im Privatrecht beachtet werden, soweit die Teleologie der Marktöffnung reicht[712]. Denn die Beachtung der gemeinschaftsrechtlichen Vorgaben entfällt nicht dadurch, dass ein Rechtsbereich in der Kompetenz der Mitgliedstaaten verblieben ist. Insofern kann nichts anderes gelten als in den Rs. Sirdar und Kreil. Die mitgliedstaatliche Kompetenz im Bereich des Privatrechts ist nicht von gemeinschaftsrechtlichen Vorgaben entbunden.

---

[708] Burgi, a.a.O., S. 330, Fn. 46 a.E.

[709] Burgi, a.a.O., S. 330f

[710] Ebenso Kainer, Grundfreiheiten, JuS 2000, S. 431ff, S. 434

[711] Zu diesem Ergebnis kommt auch Ruthel in einer Anmerkung zu EuGH Rs. C-176/96, Lehtonen, EuZW 2000, S. 379f, S. 380: „Vielmehr stehen Drittwirkung und Schutzpflicht nebeneinander: Die Grundfreiheiten können sowohl auf private Verbände durchschlagen in Form einer Drittwirkung, als auch über die Schutzpflichtdimension die Mitgliedstaaten als Garanten der Grundfreiheiten in die Pflicht nehmen". Ebenso Epiney in C/R, Kommentar, Art. 28 EG, R. 47: „Von dem Problem der Drittwirkung [...] ist [...] die Frage zu unterscheiden, ob und inwieweit insbesondere den Mitgliedstaaten Schutzpflichten obliegen".

[712] Reichold, Arbeitsrechtsstandards, ZeuP 1998, S. 434ff, S. 449

3. Die Vertragsgrundrechte

Nach der Rechtsprechung des EuGH entfaltet das Gebot des gleichen Entgelts für Mann und Frau aus Art. 141 Abs. 1 EG horizontale Wirkung und ist damit auch unter privaten Dritten anwendbar[713].

Die Frage der Drittwirkung des Diskriminierungsverbots auf Grund der Staatsangehörigkeit nach Art. 12 Abs. 1 EG ist umstritten. Äußerungen des EuGH zu Art. 12 EG selbst fehlen. In der Literatur reichen die Ansichten von einer strikten Ablehnung der Ausdehnung der Verpflichtung aus Art. 12 Abs. 1 EG auf Private[714], über dessen Anwendung im Bereich sozialer Machtgefälle[715] bis hin zu einer allgemeinen Geltung der Vorschrift auch unter Privaten[716]. Richtigerweise wird man nicht anders als bei den Grundfreiheiten entscheiden können[717]. Zwar ist ein *zwingender* Schluss von der Annahme objektiv-rechtlicher Gehalte in diesem Bereich auf Art. 12 EG nicht möglich, da die Grundfreiheiten Spezialregelungen enthalten. Allerdings ist der Grundsatz der Gleichbehandlung der EU-Bürger für die Realisierung des Binnenmarktes und damit für die Existenz der Gemeinschaft schlechthin derart entscheidend, dass kein Raum bleibt für eine unterschiedliche Interpretation dieses Prinzips innerhalb des EG-Vertrags. Zudem ist im Rang der beiden Vertragsgrundrechte aus Art. 12 Abs. 1 EG und Art. 141 Abs. 1 EG kein Unterschied ersichtlich, so dass aus der Drittwirkung des Art. 141 Abs. 1 EG mittelbar auch auf die Drittwirkung des Art. 12 Abs. 1 EG geschlossen werden kann.

4. Die Gemeinschaftsgrundrechte

Mangels geschriebenen Grundrechtskatalogs der Europäischen Union enthält das Gemeinschaftsrecht keine ausdrückliche Verpflichtung der Staaten oder der Gemeinschaftsorgane zum Schutze eines bestimmten Grundrechts. Folglich kann das geschriebene Gemeinschaftsrecht keinen Anhaltspunkt für die Einordnung der Gemeinschaftsgrundrechte als Grundsatznormen liefern. Art. 51 der Grundrechtecharta nennt lediglich die EU-Organe und die Mitgliedstaaten als Adressaten der Gemeinschaftsgrundrechte, nicht aber den einzelnen Bürger. Deshalb kann im Grundsatz allenfalls von einer mittelbaren Drittwirkung ausgegan-

---

713 Siehe dazu oben ausführlich.

714 Holoubek in Schwarze, Kommentar, Art. 12 EG, R. 27; Zuleeg in GTE, Kommentar, Art. 6 EGV, R. 18

715 Epiney in C/R, Kommentar, Art. 12 EG, R. 23; Mohn, Gleichheitssatz, S. 30ff

716 V. Bogdandy in G/H, Kommentar, Art. 6 EGV, R. 31

717 A.A. Epiney, a.a.O., Art. 12 EG, R. 23

gen werden[718]. Im Einzelnen sind allerdings verschiedene Grundrechtsgewährleistungen wegen der Hervorhebung der „gemeinsamen Werte“ in der Präambel auch auf ein unmittelbare Drittwirkung hin ausgelegt[719]. Gerade im Bereich der Diskriminierungsverbote gilt dies für das in Art. 12 EG und Art. 21 Abs. 2 der Charta normierte Verbot der Ungleichbehandlung aus Gründen der Staatsangehörigkeit. Eine dem deutschen Verfassungsrecht vergleichbare Dogmatik liegt der Grundrechtecharta aber nicht zu Grunde[720].

In der Rechtsprechung des EuGH hat die Wirkung der Grundrechte als Grundsatznormen bislang keine Rolle gespielt. Dabei kann auch nicht auf die EMRK zurückgegriffen werden. Zwar regelt Art. 2 Abs. 1 S. 1 EMRK die Pflicht der der Konvention beigetretenen Staaten zum Schutz des Rechts jedes Menschen auf Leben. Dies hat aber keine unmittelbaren Auswirkungen für das Gemeinschaftsrecht. Auch wenn die EMRK dem Gerichtshof als Rechtserkenntnisquelle für seine Grundrechtsrechtsprechung dient, fehlt der Gemeinschaft die Kompetenz zum Beitritt zur EMRK. Die Mitgliedstaaten der Europäischen Union sind demnach als Einzelstaaten an die EMRK gebunden, nicht aber in ihrer Eigenschaft als Unionsmitglieder. Die vollständige und buchstabengetreue Übernahme der Vorschriften der Konvention in die Gemeinschaftsrechtsordnung würde eine „Änderung des Systems des Schutzes der Menschenrechte in der Gemeinschaft“ darstellen, „die grundlegende institutionelle Auswirkungen sowohl auf die Gemeinschaft als auch auf die Mitgliedstaaten hätte“[721]. Demnach können die Vorschriften der EMRK zwar zur Rechtsfindung herangezogen werden, ein zwingender Schluss für das Gemeinschaftsrecht kann ihnen aber nicht entnommen werden, da sie gerade keinen Teil des geschriebenen Gemeinschaftsrechts darstellen.

a. Exkurs: Die Rechtslage nach der EMRK

Der Europäische Menschenrechtsgerichtshof in Straßburg bejaht in ständiger Rechtsprechung die Existenz von Grundrechtsfunktionen in den Freiheiten der EMRK, die über den Abwehrbereich hinausgehen. So verbürgt die EMRK auch positive Rechte, indem sie den Grundrechten soziale Komponenten bescheinigt und den Staaten Schutzpflichten aufgibt. Lediglich exemplarisch sei hier die Entscheidung im Fall Marckx genannt, in der der Gerichtshof feststellt[722]: „Nach Auffassung des Gerichtshofs erfordert die Achtung des Familienlebens nach Art. 8 insbesondere auch, dass das innerstaatliche Recht einen gesetzlichen

---

718 Schmitz, Grundrechtecharta, JZ 01, S. 833ff, S. 840

719 Schmitz, a.a.O., S. 840

720 Vgl. insgesamt zum Versuch einer Herausarbeitung einer Grundrechtssystematik auf Grund der Grundrechtecharta v. Bogdandy, Grundrechtsgemeinschaft, JZ 01, S. 157ff.

721 EuGH Gutachten 2/94, Slg. 1996 I-S. 1759ff, S. 1787ff, S. 1789

722 EuGRZ 1979, S. 454ff; weitere Beispiele bei Bleckmann, Entwicklung, Festschrift für Bernhardt, S. 309ff, S. 316ff.

Schutz vorsieht, der die Zugehörigkeit des Kindes zu seiner Familie von seiner Geburt an ermöglicht". Ohne dass der EuGHMR dies explizit feststellt, behandelt der demnach die Grundrechte der EMRK in vergleichbarer Weise wie das Bundesverfassungsgericht die Grundrechte des Grundgesetzes als Grundsatznormen.

In der Literatur findet diese Ansicht des EuGHMR Zustimmung[723]. Nach dem Ansatz Bleckmanns[724] kann man zwischen einer formellen und materiellen Begründung für die Existenz objektiv-rechtlicher Gehalte der EMRK im Sinne von Schutzpflichten unterscheiden. Nach ersterer ergibt sich bereits auf Grund des bereits erwähnten, an exponierter Stelle platzierten Art. 2 Abs. 1 S. 1 EMRK das Recht jedes Menschen auf Schutz seines Lebens. Darüber hinaus erteilen auch die jeweils zweiten Absätze der Art. 8 - 11 EMRK den Mitgliedstaaten die Befugnis zur Einschränkung der garantierten Freiheiten zum Schutze der Rechte Dritter. Materiell will Bleckmann staatliche Schutzpflichten über die Garantie des Schutzes der Menschenwürde begründen. Auch wenn die Menschenwürde nicht ausdrücklich in der Konvention erwähnt ist, wird sie über Art. 3 EMRK mitgeschützt[725]. Die Menschenwürde erschöpft sich aber nicht in der Anerkennung von Rechten, sondern verlangt auch, dass diese Freiheiten effektiv ausgeübt werden können. Insofern hat sich der Staat schützend vor die Freiheiten der EMRK zu stellen.

Die Frage der Drittwirkung wird in Rahmen der EMRK im engen Zusammenhang mit den Schutzgeboten gesehen. Während eine unmittelbare Drittwirkung abgelehnt wird, hat der Staat durch Erfüllung seiner Pflicht zur Gewährleistung der Rechte der EMRK den Eintritt eines konventionswidrigen, von privaten Dritten herbeigeführten Zustands zu vermeiden[726]. Dabei ist der Staat für jegliches Verhalten seiner Behörden verantwortlich. Da die EMRK nur Verfahren gegen Staaten vorsieht, ist ein solches Ergebnis auch sinnvoll.

Die EMRK trifft keine Aussage über die Funktion der Menschenrechte als Teilhaberechte. Eine Ausnahme stellt das in Art. 2 des 1. Zusatzprotokolls niedergelegte Recht auf Bildung dar, das jedoch lediglich ein Recht auf gleichen Zugang gewährt, nicht aber zur Erweiterung der Ausbildungskapazitäten verpflichtet. Folglich wird dadurch kein originäres, sondern ein derivatives Teilhaberecht begründet.

---

723 Vgl. nur Rengeling, Grundrechtschutz, S. 207: „Wenn ein Staat unter Verletzung seiner Schutzpflicht die Rechte und Pflichten der Konvention in seiner Gesetzgebung nicht absichert, ist er für die daraus resultierenden Verletzungen dieser Rechte und Freiheiten verantwortlich".

724 Bleckmann, a.a.O., S. 310

725 Frowein/Peukert, EMRK, Art. 3, R. 8

726 Vgl. Frowein/Peukert, a.a.O., Art. 1, R. 12

b. Die Übertragbarkeit der Ergebnisse der Grundfreiheiten auf die Grundrechte des Gemeinschaftsrechts

Lassen sich dem Gemeinschaftsrecht selbst und den Urteilen des EuGH bislang keine ausdrücklichen Aussagen hinsichtlich objektiver Komponenten der Gemeinschaftsgrundrechte entnehmen, ist nach anderweitigen Lösungsmöglichkeiten zu suchen.

Zwischen den Grundfreiheiten und den Grundrechten besteht strukturelle Ähnlichkeit. Beide Regelungssysteme gewährleisten dem Einzelnen Schutz vor hoheitlichen Eingriffen und setzen die Hoheitsmacht ausübende öffentliche Gewalt einem Rechtfertigungszwang aus. Deshalb werden die Marktfreiheiten der Waren-, Personen-, Dienstleistungs- und Kapitalverkehrsfreiheit bisweilen als Grundrechte bezeichnet. In diesem Falle bestünde die Möglichkeit, die im Rahmen der Untersuchung bei den Grundfreiheiten gefundenen Ergebnisse auf alle Grundrechte zu übertragen. Die Gleichsetzung von Grundrechten und Grundfreiheiten vertritt insbesondere Bleckmann[727]. Entscheidender Gesichtspunkt ist für ihn der Freiheitscharakter beider Regelungssysteme. Danach ist es ausreichend, dass beide in ihren jeweiligen Anwendungsbereichen subjektive Rechte des Einzelnen gegen hoheitliche Beeinträchtigungen konstituieren.

Nach der vorwiegend vertretenen Auffassung in der Literatur führen diese strukturellen Gemeinsamkeiten zwischen „echten" Grundrechten und Grundfreiheiten aber nicht dazu, letztere als Grundrechten im weiteren Sinne anzuerkennen[728]. Nach dieser Ansicht lassen sich beide Regelungsbereiche nicht gleichsetzen. Den entscheidenden Unterschied sieht Rengeling in den jeweiligen Schrankensystemen. Die Marktfreiheiten verfügen als geschriebenes Recht über genaue Vorgaben, während die von der Rechtsprechung entwickelten Grundrechte gerade nicht von einen vertraglich fixiertem Schrankensystem, sondern von ungeschriebenen richterrechtlichen Beschränkungen begrenzt werden. Schon aus Gründen des effektiven Rechtsschutzes sei Klarheit nötig, welche Schranken anzuwenden seien[729]. Darüber hinaus berücksichtige die Argumentation Bleckmanns nicht in ausreichender Weise die prinzipielle Ausrichtung der Grundfreiheiten. Sie statuieren kein Schutzsystem gegenüber den Gemeinschaftsorganen[730] und sind anders als die eigentlichen Grundrechte untrennbar

---

727 Bleckmann, Europarecht, R. 782; ders., Grundrechte im Europäischen Gemeinschaftsrecht, EuGRZ 1981, S. 257ff, S. 258f; ders. in Dauses, a.a.O., B I, R.109ff m.w.N. und ihm folgend P. K. Meyer, Auswirkungen, S. 370, Gornig, Probleme, NJW 1989, S. 1120ff, S. 1121 und Schwarze, Schutz der Grundrechte, EuGRZ 1986, S. 293ff, S. 296ff

728 Zuleeg, Verfassung der Europäischen Gemeinschaft, BB 1994, S.581ff, S.584; Feger, Grundrechte, S. 62; Beutler in GTE, Kommentar, Art. F EUV, R. 27; Chwolik-Lanfermann, Grundrechtsschutz, S. 75f; Pernice, Gemeinschaftsverfassung, NJW 1990, S. 2409ff, S. 2417; Rengeling, Grundrechtsschutz, S. 180ff

729 Rengeling,a.a.O., S. 180f

730 Bahlmann, Grundrechtsschutz, EuR 1982, S. 1ff,S. 3; Chwolik-Lanfermann, a.a.O., S. 75

daran gebunden, einen Raum ohne Binnengrenzen herzustellen[731]. Adressat der Grundfreiheiten seien in erster Linie die Mitgliedstaaten. Im Gegenzug verpflichteten die Grundrechte primär Gemeinschaftsorgane. Für diese Ansicht wird weiter vorgebracht, dass die Grundfreiheiten inhaltlich in erster Linie wirtschaftliche Betätigungen betreffen und insoweit einen anderen und im Grundsatz engeren Regelungsgehalt als die Grundrechte aufweisen[732] oder, dass die Grundfreiheiten nur im Falle eines grenzüberschreitenden Elements heranzuziehen seien, während die Grundrechte für alle Unionsbürger gelten würden[733].

Die zuletzt genannten Argumente vermögen nicht zu überzeugen, führen sie doch nicht zwingend zur Ablehnung einer Gleichstellung von Grundfreiheiten und Grundrechten. Auch wenn die Marktfreiheiten nur wirtschaftliche Tätigkeiten schützen, ist es nämlich durchaus möglich, dass sie spezielle Grundrechte für den Wirtschaftsverkehr darstellen. Eine alleinige Betrachtung des materiellen Inhalts („Beschränkung auf wirtschaftliche Sachverhalte") würde formelle Aspekte vernachlässigen und kann eine Einordnung als Grundrecht nicht hindern. Auf die Spitze getrieben könnte man im deutschen Verfassungsrecht mit dieser Argumentation auch die Zugehörigkeit von Deutschengrundrechten zu den Grundrechten verneinen, da diese einen engeren Anwendungsbereich als die Menschenrechte des Grundgesetzes haben. Auch die Abhängigkeit der Grundfreiheiten von einem grenzüberschreitenden Element kann ihrer Gleichsetzung mit den Gemeinschaftsgrundrechten nicht entgegenstehen, da auch letztere, selbst wenn sie persönlich für alle Unionsbürger gelten, erst dann Anwendung finden, wenn ein gemeinschaftsrechtlich relevantes Verhalten in Form eines grenzüberschreitenden Elements vorliegt[734]. Grundfreiheiten und Grundrechte benötigen beide einen europarechtlichen Bezug und verlaufen in dieser Hinsicht parallel.

Im Ergebnis bleiben somit nur die Argumente der unterschiedlichen Schrankensysteme und Adressatenstellungen. Nicht zu Unrecht wendet Bleckmann gegen letzteren Gesichtspunkt ein, dass die fehlende Übereinstimmung im Adressatenbereich durch die Rechtsprechung des EuGH nivelliert wurde. Denn einerseits sind die Marktfreiheiten in gewisser Weise auch für die Gemeinschaft verbindlich[735], andererseits sind die Mitgliedstaaten nach der Rechtsprechung des Gerichtshofs den Grundrechten „im Anwendungsbereich des Gemeinschaftsrechts" verpflichtet. Wenn sich der „Anwendungsbereich des Gemeinschaftsrechts" erst bei Vorliegen eines grenzüberschreitenden Elements eröffnet[736], besteht zumindest fak-

---

731 So Zuleeg, a.a.O., S. 584

732 Chwolik-Lanfermann, a.a.O., S. 75; vgl. auch Scholz, Europäischer Rechtsstaat, Gedächtnisschrift für Steindorff, S. 1413ff, S. 1425

733 Vgl. P. K. Meyer, a.a.O., S. 369f

734 Ebenso Jürgensen, Grundrechtsschutz, S. 174; P. K. Meyer, a.a.O., S. 369f; vgl. zudem obige Darstellung.

735 Vgl. nur Bleckmann/Pieper in Dauses a.a.O., B I, R. 15; Rengeling, a.a.O., S. 181

736 Siehe soeben. Dieser Aspekt wird, soweit ersichtlich, nicht einmal von den Gegnern einer Gleichsetzung bestritten.

tisch kein Unterschied mehr hinsichtlich der Adressatenstellung der Mitgliedstaaten im Bereich der Grundrechte und Grundfreiheiten[737].

Eine derartige Argumentation verbietet sich aber nach der hier vertretenen Ansicht, wonach die Mitgliedstaaten gerade nicht zwangsläufig „im Anwendungsbereich des Gemeinschaftsrechts" einer Bindung an die Gemeinschaftsgrundrechte unterliegen. Hängt die Verpflichtung der Mitgliedstaaten zur Einhaltung der Gemeinschaftsgrundrechte von einem eigenen Entscheidungsspielraum ab, kann von einer Nivellierung des Unterschieds zur Rechtslage bei den Grundfreiheiten, die bei Vorliegen eines grenzüberschreitenden Elements von keiner Einschränkung betroffen sind, keine Rede sein. Gemeinsamkeiten bei der Adressatenstellung sind damit wieder aufgehoben, es bleiben die prinzipiellen Unterschiede. Unterliegen die Grundfreiheiten formell einem anderen Schrankensystem und binden (gemeinsame) Adressaten in unterschiedlicher Weise, kann man sie auch nicht als Grundrechte des Gemeinschaftsrechts auffassen. Vor dem Hintergrund dieser Auffassung kann auch die Ansicht Beutlers fruchtbar gemacht werden, wonach „die systematische Zusammenfassung von Grundrechten und Grundfreiheiten unter einem Begriff der Grundrechte [...] die uneingeschränkte Kontrolle gemeinschaftlicher und mitgliedstaatlicher Rechtsakte und damit bundesstaatsähnliche Strukturen implizieren"[738] würde. Hinzu kommt, dass die Grundfreiheiten allenfalls spezielle Grundrechte im engeren Sinne darstellen würden. Eine Übertragung bestehender objektiv-rechtlicher Dimensionen bei einer lex specialis auf die allgemeine Grundrechtsdogmatik unterläge rechtssystematischen Bedenken[739]. Im Ergebnis ist damit der Ansicht der Vorzug zu geben, die eine Gleichsetzung von Grundrechten und Grundfreiheiten verneint.

c. Die Übertragbarkeit der Ergebnisse bei den Vertragsgrundrechten

Auch soweit den Vertragsgrundrechten der Art. 12 Abs. 1 und 141 Abs. 1 EG horizontale Wirkung zugesprochen wird, vermögen eventuelle objektiv-rechtliche Grundrechtsfunktionen dieser Vorschriften nicht automatisch die Existenz solcher auch bei den ungeschriebenen Grundrechten des Gemeinschaftsrechts zu begründen. Die Besonderheit der Vertragsgrundrechte im Vergleich zu gewöhnlichen Gemeinschaftsgrundrechten besteht darin, dass sie als

737 Unverständlich Jürgensen, a.a.O., S. 175: „Allein der Umstand, dass die Grundfreiheiten auch die Gemeinschaftsorgane binden, führt nicht umgekehrt zu einer von den Grundfreiheiten isolierten Bindung der Mitgliedstaaten an die Gemeinschaftsgrundrechte."

738 In GTE, Kommentar, Art. F EUV, R. 27

739 Vom umgekehrten Ansatz, nämlich von den Grundrechten auf die Grundfreiheiten schließend, gehen Jürgensen, a.a.O., S. 172 und Szczekalla, „Grundfreiheitliche Schutzpflichten", DVBl. 1998, S. 219ff, S. 222 aus. Allenfalls dieser Weg erlaubt einen, wenn auch nicht zwingenden Rückschluss, da er aus der allgemeinen Grundrechtsdogmatik Konsequenzen für die „speziellen Grundrechte" der Wirtschaftsfreiheiten zieht.

vertragliche Regelungen die Mitgliedstaaten verpflichten, während ungeschriebene Gemeinschaftsgrundrechte sich auch an die Gemeinschaftsorgane richten und damit ein umfassenderes Grundrechtsverständnis erfordern. Damit stellen die Vertragsgrundrechte Sonderfälle dar, die strukturell den Grundfreiheiten näher stehen als die ungeschriebenen Gemeinschaftsgrundrechte. Unmittelbare Rückschlüsse aus den leges speciales Art. 12, 141 EG, denen erst durch die Rechtsprechung des EuGH grundrechtliche Gehalte zugesprochen wurden, können demnach nicht erfolgen.

d. Eigener Lösungsansatz

Erst in jüngerer Zeit beschäftigt sich die Literatur zu den Grundrechten des Gemeinschaftsrechts auch mit der Problematik über die Abwehrdimension hinausreichender Grundrechtsfunktionen. Dementsprechend ist die Rechtslage im Gemeinschaftsrecht weniger eindeutig und umstrittener als in der deutschen Grundrechtslehre. An der Diskussion fällt auf, dass die ausgetauschten Argumente für und wider die Anerkennung von Schutz- bzw. Handlungspflichten einerseits oder einer Drittwirkung andererseits beinahe identisch sind. Beide Funktionen werden gemeinsam der abwehrrechtlichen Seite der Grundrechte gegenübergestellt, so dass nur eine einheitliche Lösung in Frage zu kommen scheint. Insbesondere Szczekalla weist gerade für die Grundrechte des Gemeinschaftsrechts darauf hin, dass die Frage der Drittwirkung lediglich einen Unterfall der Schutzfunktion darstellt oder sogar mit dieser identisch ist[740].

Dem kann allerdings aus rechtsdogmatischen Gründen nicht in aller Konsequenz gefolgt werden: Zwar beruhen die fraglichen objektiv-rechtlichen Gehalte der Grundrechte (Grundsatznormen/Schutzpflichten) auf der gleichen Grundstruktur: „der Verpflichtung des Staates, seine Rechtsordnung so zu gestalten, dass in ihr und durch sie die Grundrechte gesichert sind und die von ihnen gewährleisteten Freiheiten sich wirksam entfalten können“[741]. Der Staat hat sich nicht nur belastender Eingriffe gegen seine Bürger zu enthalten, sondern wird durch die Grundrechte auch verpflichtet, den rechtlichen Rahmen und die Voraussetzungen zu schaffen, die zur Entfaltung der durch jedes Grundrecht garantierten Freiheit nötig sind. Dem Grundrechtsschutz kommt in dieser Hinsicht eine völlig andere Qualität als der eines Abwehrrechtes zu, da er sich auf horizontaler Ebene und damit in Rechtsbeziehungen abspielt, an denen der Staat nicht direkt beteiligt ist.

Dies kann jedoch nicht dazu führen, alle objektiven Grundrechtsgehalte als identisch anzusehen. Zwar kann ihre Gemeinsamkeit in der Problematik der Abwehr nichtstaatlicher,

[740] In Handbuch Umweltrecht, Bd. I, § 12, R. 29; ebenso: Gersdorf, a.a.O., S. 421; vgl. auch Burgi, Mitgliedstaatliche Garantenpflicht, EWS 1999, S. 327ff, S. 330ff; Streinz/Leible, Unmittelbare Drittwirkung, EuZW 2000. S. 459ff, S. 464ff

meist privater Eingriffe in die Grundrechte[742] gesehen werden. Die Konstruktionen unterscheiden sich aber augenscheinlich dadurch, dass sich die Schutzpflichten inhaltlich an den Staat als Adressaten richten, während sich die Frage der Drittwirkung mit der Bindung Privater beschäftigt. Rechtsdogmatisch setzt die grundrechtliche Schutzpflicht eine Drittwirkung der Grundrechte zwischen den Personen des Privatrechtsverkehrs in irgendeiner Weise voraus[743], beschränkt sich allerdings auf eine gegenseitige inhaltliche, nicht existenzielle Abhängigkeit. Dieses Zusammenspiel beider Konstruktionen erschließt sich über alle Formen der Drittwirkung. Wenn die Grundrechte in den Privatrechtsverkehr über die Generalklauseln (mittelbar) Eingang finden sollen, obliegt es den Richtern, bei deren Auslegung den Grundrechten Geltung zu verschaffen. Diese Tätigkeit korrespondiert inhaltlich mit der Reichweite möglicher Schutzgebote zu Gunsten der von privater Seite gefährdeten Grundrechte[744]. Aber auch die unmittelbare Drittwirkung läuft in gewisser Weise parallel mit den Schutzgeboten. Wenn nämlich Privatpersonen untereinander nicht an die Grundrechte gebunden sind, kann diese Bindung auch nicht über die grundrechtsverpflichteten Staaten quasi durch die Hintertür wieder eingeführt werden. Andersherum kann der Staat im Rahmen der Schutzpflichten nur gewähren, was dem Einzelnen auf Grund der Drittwirkung zusteht. „Über die grundrechtlichen Schutzpflichten erschließt sich der Umfang der Drittwirkung der Grundrechte“[745].

In inhaltlicher Hinsicht bestehen somit Gemeinsamkeiten zwischen beiden Grundrechtsfunktionen. Bejaht man die Existenz beider Dimensionen, bedingen sie sich inhaltlich gegenseitig. Eine Identität beider Problemkreise besteht aber nicht, so dass die Anerkennung einer objektiven Funktion ohne Einfluss auf die Existenz der anderen abgelehnt werden kann. Denn Schutzpflichten können zumindest theoretisch auch durch externe Ereignisse

---

741 H. H. Klein, Schutzpflicht, DVBl. 1994, S. 489ff, S. 491

742 Vgl. Böckenförde, Grundrechte als Grundsatznormen, Der Staat 1990, S. 1ff, S. 13: „Der systematische Zusammenhang von objektivrechtlichen Gehalt, Drittwirkung der Grundrechte und grundrechtlichen Schutzpflichten ist [...] deutlich; das eine setzt das andere aus sich heraus [erg. wohl: voraus]“; vgl. auch Badura, Persönlichkeitsrechtliche Schutzpflichten, Festschrift für Karl Molitor S. 1ff, S. 9.

743 Isensee, a.a.O., Bd. V, § 111, R. 134, dort allerdings mit dem Schluss, dass sich insoweit die Gemeinsamkeiten erschöpfen. Ähnlich und im Ergebnis wie hier, der Hinweis von E. Klein, Schutzpflichten, NJW 1989, S. 1633ff, S. 1639, dass diese Erkenntnis inhaltlicher Nähe nicht dazu verleiten dürfe, die Grundrechtsfunktion in der anderen aufgehen zu lassen.

744 Vgl. hierzu Canaris, a.a.O., S. 227f; E. Klein, a.a.O., S .1640

745 E. Klein, a.a.O., S. 1640, der durch die Annahme einer unmittelbaren Drittwirkung die Notwendigkeit einer Schutzpflicht allerdings „eliminiert“ sieht, S. 1639. Dem Staat verbliebe nur die Aufgabe, die für die Verwirklichung der unmittelbar aus den Grundrechten gewonnenen Ansprüche nötigen Rechtsinstrumentarien zu schaffen. Dagegen spricht allerdings, dass das Schutzgebot den Staat auch dann zum Einschreiten verpflichtet, wenn sich der in seinen Grundrechten beeinträchtigte Teilnehmer am Privatrechtsverkehr nicht gegen die Verletzung zur Wehr setzt. Ein Nebeneinander von unmittelbarer Drittwirkung und Schutzpflicht erscheint deshalb durchaus möglich.

wie Naturkatastrophen ausgelöst werden, ohne dass es einer Beziehung zwischen mehreren Privatpersonen bedarf[746].

Dennoch soll auf Grund der Ähnlichkeit beider Konstruktionen und der insoweit parallelen Argumentation auch im Folgenden nicht eigens zwischen Grundsatznormen und Handlungspflichten unterschieden werden. Der Schwerpunkt der wissenschaftlichen Diskussion liegt dabei im Bereich möglicher Schutz- und Handlungspflichten. Die angeführten Argumente sind aber entsprechend auf eine eventuelle Drittwirkung übertragbar.

Die europarechtliche Grundrechtsdiskussion hat sich zudem bislang noch nicht zu der Frage beschäftigt, ob eine etwaige Drittwirkung mittelbarer oder unmittelbarer Natur ist. Dabei drängt sich gerade für die gemeinschaftsrechtlichen Diskriminierungsverbote eine solche Differenzierung wegen ihrer besonderen Natur als Grundrecht und als Diskriminierungsverbot auf. Allerdings stellt sich diese Problematik erst, wenn überhaupt von einer Drittwirkung ausgegangen werden kann.

(1) Die Meinungen in der Literatur

Insgesamt zeichnet sich mittlerweile eine überwiegende Meinung ab, die die Aufgabe der Gemeinschaftsgrundrechte wie diejenige der Grundrechte des Grundgesetzes nicht in der bloßen Abwehr hoheitlicher Maßnahmen erschöpft sieht, sondern ihnen auch objektive Gehalte, v.a. in Form von Verpflichtungen zum Schutze privater Rechtspositionen entnimmt. Dafür spreche, dass im Einzelfall eine detaillierte Abgrenzung zwischen Abwehr- und Schutzfunktion äußerst schwierig sei. Demnach mache der Ausschluss von objektivrechtlichen Schutzgeboten keinen Sinn. Auch das Bundesverfassungsgericht und der Europäische Gerichtshof für Menschenrechte verzichten bisweilen sogar ausdrücklich auf eine genaue Differenzierung[747]; entscheidend sei demnach lediglich ein „ausgewogenes Gleichgewicht“ zwischen den staatlichen und den Einzelinteressen, nicht aber käme es auf eine rechtsdogmatisch einwandfreie Kategorisierung an. Die Grundrechte stellen zudem „Konstitutionsprinzipien der Gemeinschaftsverfassung“ dar, so dass auch „innerhalb der Gemeinschaft eine objektive Verpflichtung der Gemeinschaftsorgane entwickelt werden kann, die objektive Werteordnung und damit die Grundrechte zu schützen“[748]. Dies sei insbesondere

---

[746] Vgl. dazu auch für den Bereich des Gemeinschaftsrechts Szczekalla, Handbuch Umweltrecht, Band I, § 12, R. 24, 29 mit Nachweisen zur umstrittenen Lage im deutschen Recht.

[747] Ausführlich Szczekalla in Handbuch Umweltrecht, Bd.I, § 12, R. 26 unter Hinweis auf BVerfGE 91, S. 335ff, S. 339 und Fn. 98 zur Rechtsprechung des EuGHMR; ders., „Grundfreiheitliche Schutzpflichten“ in DVBl. 1998, S. 1157ff, S. 1158

[748] Rengeling, Grundrechtsschutz, S. 205f; auch Bleckmann/Pieper in Dauses, Handbuch des Europäischen Wirtschaftsrechts, Bd. I, B I, R. 126f

deshalb nötig, weil die Rechtsschutzmöglichkeiten des Einzelnen jedenfalls bei dem bisherigen Stand des Gemeinschaftsrechts höheren Zulässigkeitsvoraussetzungen unterliegen als die deutsche Verfassungsbeschwerde[749]. Deshalb erfordere die besondere Bedeutung der Grundrechte quasi als Ausgleich für einen nicht stark verankerten subjektiven Rechtsschutz zusätzliche objektive Komponenten.

Weiter wird unter Rückgriff auf die Rechtsprechung des Gerichtshofs zur Haftung der Gemeinschaft von der Existenz von Schutznormen, deren Verletzung eine Haftung begründet, auf das Vorhandensein von Schutzpflichten geschlossen. Da auch eine Reihe von Grundrechten Schutznormen zu Gunsten des Einzelnen darstellen, sei der Schluss auf grundrechtliche Schutzgebote zwingend[750]. In der Art eines Erst-Recht-Schlusses müsste Grundrechtsadressaten auch eine Pflicht zum Grundrechtsschutz treffen, wenn sie für deren Verletzung als Schutznormen haftungsrechtlich einzustehen hätten.

Parallelen zur Lage im objektive Grundrechtsdimensionen bejahenden deutschen Verfassungsrecht ergäben sich daraus, dass auch im Bereich der Gemeinschaftsgrundrechte ein für die deutsche Schutzpflichtkonzeption typisches Dreiecksverhältnis aufgezeigt werden könne[751]. Auf Grund des Nebeneinanders zweier Hoheitsgewalten im Europarecht ergebe sich insofern aber eine Besonderheit. Verpflichteter im Störerdreieck kann einerseits die Europäische Union, andererseits auch ein Mitgliedstaat sein, da sich die Gemeinschaftsgrundrechte an beide richten. Gefährdeter Grundrechtsträger ist jeweils der Gemeinschaftsbürger, während ersterenfalls als Störer sowohl ein Mitgliedstaat, als auch ein privater Dritter, letzterenfalls nur ein Teilnehmer am Privatrechtsverkehr auftreten kann[752].

Diesen Argumenten zu Gunsten einer Schutzverpflichtung und einer Drittwirkung aus den Gemeinschaftsgrundrechten stehen Bedenken gegenüber. Gerade hinsichtlich einer zusätzlichen Schutzverpflichtung der Mitgliedstaaten fragt sich, wann die Grenze richterlicher Rechtsfortbildung erreicht ist und ein Grundrechtskatalog für die Europäische Gemeinschaft unerlässlich wird. Neuerdings wird deshalb vorgebracht, dass es für die Begründung einer Schutzpflicht aus den Gemeinschaftsgrundrechten sowohl für die Mitgliedstaaten, als auch für die Gemeinschaft selbst an einer wertenden Rechtfertigungsmöglichkeit fehle[753]. Während diese bei den Grundfreiheiten des EG-Vertrags noch im Binnenmarktsziel des Art. 14 EG gesehen werden könne, fehle eine solche Herleitung bei den Grundrechten. Mangels

[749] Vgl. auch Rengeling, a.a.O., S. 205

[750] Vgl. Bleckmann/Pieper, a.a.O., Bd. I, B I, R. 126

[751] Tonne, Rechtsschutz, S. 277f; Szczekalla, Grundfreiheitliche Schutzpflichten, DVBl. 1998, S. 219ff, S. 221

[752] Burgi, Mitgliedstaatliche Garantenpflicht, EWS 1999, S. 327ff, S. 329f spricht insoweit von einem „magischen Viereck" und will den Begriff der Schutzpflicht aus diesem Grund zu Gunsten des Begriffs der Garantenpflicht verwerfen.

Grundrechtskatalogs gehöre es nicht zu den Aufgaben der Gemeinschaft nach Art. 2 EG, „dass die grundrechtlich verbürgten Freiheitsrechte auch eine effektive Rolle in der Verfassungswirklichkeit spielen"[754] (sic!). Darüber hinaus wird auf den mangelnden Bedarf an Schutzpflichten im Gemeinschaftsrecht hingewiesen. Die Gemeinschaft werde hauptsächlich grenzüberschreitend und wirtschaftsliberalisierend tätig, betreffe also nur Bereiche mit verminderter Grundrechtsrelevanz. Zudem falle der Schutz des engsten Lebensbereichs des Einzelnen in die Zuständigkeit der Mitgliedstaaten[755].

Andernorts wird gegen gemeinschaftsgrundrechtliche Schutzpflichten vorgebracht, dass es der Gemeinschaft einer Staatsqualität fehle und sie demnach zu den Unionsbürgern nicht in einem für „grundsätzlichen Status-, Schutz- und Gehorsamsverhältnis"[756] stehe. Eine mit der innerstaatlichen Schutzverpflichtung vergleichbare Verantwortlichkeit auf Grund der Gemeinschaftsgrundrechte komme nicht in Frage. Aus demselben Grund erkennt Ruffert ein Herleitungsproblem bei der Begründung gemeinschaftsgrundrechtlicher Schutzpflichten[757]. Die Konzeption der Grundrechte als objektive Werteordnung dürfe als Entwicklung in einem Mitgliedstaat der Gemeinschaft nicht „übergestülpt"[758] werden, da dieser gerade keine Staatsqualität zukomme. Zudem erkennt Ruffert ein Rechtsquellenproblem und geht im Ergebnis von einer erheblich abgeschwächten Schutzverpflichtung auf Grund der Gemeinschaftsgrundrechte aus[759]. In letzter Hinsicht dürfe unter Berücksichtigung der Rechtserkenntnisquellen des Gemeinschaftsrechts, vgl. Art. 6 Abs. 2 EU, nicht aus der Existenz grundrechtlicher Schutzpflichten in lediglich einer Rechtsordnung auf das Gemeinschaftsrecht geschlossen werden; auch hier dürfe es nicht zu einer Übernahme der Schutzgebote allein auf Grund der deutschen Verfassungsrechtsdogmatik kommen.

(2) Stellungnahme

Ein Rechtsquellenproblem besteht nicht. Bereits Ruffert weist selbst darauf hin, dass zumindest die Existenz von Schutzpflichten im Recht der EMRK anerkannt ist und sich das Gemeinschaftsrecht im Einzelfall auch an einer (einzigen) „optimalen" Rechtsordnung orientieren kann[760]. Zudem existieren grundrechtliche Schutzpflichten mittlerweile nicht mehr nur

---

[753] Schiller, Allgemeine Rechtsgrundsätze, EuGRZ 2000, S. 1ff, S. 33, 36, insbesondere Fn. 477

[754] Schiller, a.a.O., S. 36 unter Berufung P. M. Huber, Allgemeines Verwaltungsrecht, S. 74 für die Schutzpflichten aus deutschen Grundrechten.

[755] Zu alledem Nettesheim, Grundrechtliche Prüfdichte, EuZW, S. 106ff, S. 108

[756] Steinberger, Verfassungsstaat, VVDStRL 50 (1991), S. 9ff, S. 28 und ihm folgend Rengeling, Grundrechtsschutz, S. 207

[757] In Subjektive Rechte, S. 61f

[758] Ruffert, a.a.O., S. 60

[759] In Subjektive Rechte, S. 59ff

[760] Vgl. auch Tonne, a.a.O., S. 278, Fn. 312

in Deutschland. Auch das österreichische Verfassungsrecht hat die Schutzgebotslehre übernommen, auch in Irland sind ähnliche Tendenzen erkennbar[761]. U.a. Gersdorf hat darauf hingewiesen, dass nach dem Verfassungsverständnis der meisten Mitgliedstaaten eine Drittwirkung durchaus anerkannt ist[762].

Auch darüber hinaus vermögen die Zweifel an der Möglichkeit grundrechtlicher Schutzpflichten im Gemeinschaftsrecht nicht zu überzeugen. Insbesondere soweit auf die mangelnde Staatsqualität der Gemeinschaft verwiesen wird, greifen die Bedenken nicht durch. Indem die Gemeinschaftsrechtsordnung dem Einzelnen Rechte und Pflichten[763] verleiht, entsteht eine besondere Verbindung, die der einem staatlichen Statusverhältnis nahe kommt. Auch die Einführung einer Unionsbürgerschaft durch den Vertrag von Maastricht betont die enge Verbindung zwischen der Gemeinschaft und ihrer Bürger. So wurden vor allem das Recht auf konsularischen und diplomatischen Schutz als typisch staatsgeprägte Befugnisbereiche in Art. 20 EG an die Unionsbürgerschaft geknüpft[764]. Allgemein wird durch die Übertragung von Hoheitsrechten auf die Gemeinschaft das Statusverhältnis zwischen den Bürgern und ihrer Nationalstaaten zu Gunsten der Gemeinschaft geschwächt. Darüber hinaus ist überhaupt fraglich, ob es zur Begründung gemeinschaftsgrundrechtlicher Werte eines solchen staatstheoretischen Ansatzes bedarf. Die Gemeinschaft stellt nämlich keinen Staat dar und muss somit nicht auf staatstypische Argumentationsstrukturen zurückgreifen, sondern kann sich auf die EMRK und die gemeinsamen Verfassungsüberlieferungen der Mitgliedstaaten berufen. Es erscheint vielmehr sinnvoll, dort, wo die Tätigkeit der Gemeinschaft in Konflikt mit den Grundrechten als Schutzrechten gerät, diese Funktion auch zu gewährleisten. Jede andere Auffassung widerspräche dem verbindlichen Charakter der Gemeinschaftsgrundrechte. Insofern kann nicht von einem Herleitungsproblem gesprochen werden.

Soweit auf einen Mangel an einer wertenden Rechtfertigung zur Begründung objektiver Gehalte der Gemeinschaftsgrundrechte verwiesen wird, übersieht man Art. 6 Abs. 2 EU. Danach hat die Union die Grundrechte zu achten. Eine Beschränkung auf den bloßen abwehrrechtlichen Bereich ist nicht ersichtlich. Sinn und Zweck der Grundrechte erfordern vielmehr gerade die Anerkennung objektiv-rechtlicher Grundrechtsdimensionen, die insofern wie die Grundrechte des Grundgesetzes auch als Grundsatznormen interpretiert werden müssen. Bereits nach dem Wortsinn muss zur „Achtung" der Grundrechte eine positive Schutzpflicht der Staaten gezählt werden, der inhaltlich eine wie auch immer geartete Drittwirkung entspricht.

---

761 Vgl. Szczekalla, Handbuch Umweltrecht, Bd. I, § 12, R. 20 spricht von einem „europäischen Gemeingut"; sich ihm anschließend Tonne, a.a.O., S. 279, Fn. 318

762 Gersdorf, a.a.O., S. 420

763 Vgl. nur EuGH Rs. 6/64, Slg. 1964, S. 1251ff, Costa/ENEL

(3) Konkret: Das Diskriminierungsverbot

Die bisherige Darstellung lässt unberücksichtigt, dass der grundrechtlich verbürgte allgemeine Gleichheitssatz des Gemeinschaftsrechts einen stärkeren strukturellen Bezug zu den auch Ungleichbehandlungen verbietenden (und einer Drittwirkung beschränkt zugänglichen) Grundfreiheiten aufweist als zu den Freiheitsgrundrechten. Eine parallele Lösung in diesem Bereich hinsichtlich der Existenz objektiv-rechtlichen Gehalte wäre besonders nahe liegend. Es widerspräche auch nicht gängiger Grundrechtssystematik, bei der Inhaltsbestimmung von Grundrechten zwischen Gleichheits- und Freiheitsrechten zu differenzieren. Auch die Freiheits- und Gleichheitsgrundrechte des Grundgesetzes weisen keine inhaltsidentischen Funktionen auf. Aus diesem Grunde soll auch die besondere Stellung der Gleichheitsrechte im Gefüge der Grundrechte bei der folgenden Fragestellung nach objektivrechtlichen Grundrechtsgehalten Berücksichtigung finden.

In der europarechtlichen Literatur sind insoweit keine ausdrücklichen Stellungnahmen vorhanden, die hinsichtlich der Begründung objektiv-rechtlicher Grundrechtsgehalte zwischen Gleichheits- und Freiheitsrechten differenzieren. Aus diesem Grund soll zunächst ein Blick auf die Situation des Art. 3 GG im deutschen Verfassungsrecht geworfen werden.

Der Gedanke staatlicher Schutzpflichten auf Grund des Verstoßes eines Privaten gegen den Gleichheitssatz bereitet prinzipielle Probleme. Zwar ist auch der Zivilrechtsgesetzgeber über Art. 1 Abs. 3 GG an Art. 3 GG gebunden und muss die Gleichbehandlung garantieren. Eine durchgehende Anwendung des Art. 3 GG im Privatrechtsverkehr ist aber weitaus bedenklicher. Während die freiheitsrechtlichen Schutzpflichten lediglich in einen Konflikt mit den Freiheitsrechten des Störers geraten, der im Wege der praktischen Konkordanz zu lösen ist, steht den Gleichheitssätzen die Privatautonomie als Grundpfeiler des Privatrechts entgegen. Damit ist fraglich, ob sich der Gleichheitssatz nicht von vornherein einer Anwendung unter Privaten entzieht. Die Privatautonomie garantiert dem Einzelnen nämlich seine Individualität und damit auch das Recht, sich unvernünftig oder willkürlich zu verhalten. Ein Verkäufer kann gesetzlich nicht dazu verpflichtet werden, Verträge mit dunkelhäutigen Menschen abzuschließen, wenn er dies aus rassistischen Überzeugungen heraus ablehnt[765]. Ihrer Natur nach können Gleichbehandlungsgebote also nur ausschließlich staatsgerichtete Pflichten sein. „Das Gebot der Gleichbehandlung [...] stellt für sich genommen daher keinen 'abstrakten Wert' dar, sondern erfährt seine Wertigkeit erst mit Blick auf die Ausübung staat-

---

[764] Tonne, a.a.O., S. 278, im Ergebnis aber zurückhaltender.

[765] Vgl. allgemein zur Möglichkeit der Durchsetzung einer etwaigen Privatrechtsgeltung des Gleichheitssatzes Salzwedel, Gleichheitsgrundsatz und Drittwirkung, Festschrift Jahrreiß, S. 339ff, S. 350ff

licher Macht"[766]. Aus diesem Grund wird eine Schutzpflicht aus Art. 3 GG vielfach abgelehnt[767]. Vereinzelt sollen aber auch Ausnahmen möglich sein. Eine Diskriminierung, die die Würde des Mitmenschen in seiner Gleichheit als Mensch beleidigt, löst die Schutzpflicht aus. Ein menschenrechtlicher Mindeststandard an Gleichheit soll also auch in den innergesellschaftlichen Beziehungen gewährleistet werden[768].

Dieser Zusammenhang zwischen Diskriminierungsverboten einerseits und der Menschenwürde andererseits ist erstmals von Salzwedel aufgezeigt worden[769]. Danach stehen die speziellen Diskriminierungsverbote der Art. 3 Abs. 2 und Abs. 3 GG der Menschenwürde weit näher als der allgemeine Gleichheitssatz des Art. 3 Abs. 1 GG. Der Verfassungsgeber trifft durch die Aufzählung konkreter verbotener Differenzierungskriterien objektive Wertentscheidungen[770] für die Entwicklung persönlichkeitsrechtlicher Schutzgegenstände. Eine solche Wertung darf auch im Privatrecht nicht völlig unberücksichtigt bleiben. Insofern drängen die Art. 3 Abs. 2 und Abs. 3 GG die Privatautonomie zurück. Die speziellen Diskriminierungsverbote des Grundgesetzes entfalten danach grundsätzlich Drittwirkung[771]. Mit entsprechender Argumentation ist auch eine Schutzpflicht anzuerkennen. Im Einzelfall wird dann zwischen der Privatautonomie und dem betroffenen Differenzierungsverbot abzuwägen sein. Je stärker der Eingriff in Persönlichkeitsrechte erfolgt, desto eher wird die Privatautonomie zurücktreten müssen[772].

Für die Frage der Schutzpflicht kommt es im Europarecht ebenso wie im deutschen Verfassungsrecht zu einer Kollision zwischen der Privatautonomie und den gemeinschaftsgrundrechtlichen Diskriminierungsverboten. Auch hier verbietet sich eine pauschale, den Freiheitsgrundrechten angepasste Lösung. Denn auch der gemeinschaftsgrundrechtlich motivierte Eingriff zu Gunsten der Gleichbehandlung schränkt die Privatautonomie ein. Insofern bleiben die für das Grundgesetz geäußerten Bedenken die gleichen. Dennoch wird von einigen Autoren auch dem allgemeinen Gleichheitssatz des Gemeinschaftsrechts und den speziellen Diskriminierungsverboten Schutzpflichten entnommen, ohne sich weiter mit einer

---

766 Dietlein, Grundrechtliche Schutzpflichten, S. 84

767 Isensee in Handbuch des Staatsrechts, Bd. V, § 111, R. 96, 135 m.w.N.; Dietlein, a.a.O., S. 84ff; Pietzcker, Drittwirkungs-Schutzpflicht-Eingriff, Festschrift Dürig, S. 345ff, S. 349f; Starck in v. Mangoldt/Klein/Starck, Bonner Grundgesetz, Bd. I, Art. 3 Abs. 1, R. 265ff

768 Isensee,a.a.O., Bd. V, § 111, R. 96

769 A.a.O., S. 346ff

770 BVerfGE 17, S. 1ff, S. 27

771 Salzwedel, a.a.O., S. 346ff; Canaris, Grundrechte und Privatrecht, AcP 184 (1984), S. 201ff, S. 235f; Bleckmann, Neue Aspekte, DVBl. 1988, S. 938ff, S. 946; im Ergebnis auch Sachs, Handbuch des Staatsrechts, Bd. V, § 126, R. 122

772 So auch Bleckmann, a.a.O., S. 946

Differenzierung zwischen Gleichheits- und Freiheitsrechten auseinander zu setzen[773]. Mit ähnlicher Argumentation wie im deutschen Verfassungsrecht will Kort eine Drittwirkung gerade der Diskriminierungsverbote im Gemeinschaftsrecht bejahen, da jede Differenzierung, die an eine Gruppenzugehörigkeit anknüpft, stets ein Verstoß gegen die guten Sitten nahe lege und verwerflich sei. Dies gelte insbesondere auch für alle ungeschriebenen Diskriminierungsverbote[774].

Dem kann aber nach dem bisherigen Stand des Gemeinschaftsrechts nicht gefolgt werden. Im Gegensatz zu den speziellen Diskriminierungsverboten des Grundgesetzes begründen diejenigen des Gemeinschaftsrechts grundsätzlich keine Schutzgebote oder eine Drittwirkung. Da diese die Privatautonomie ebenso wie nationale Gleichheitsrechte gefährden können, bedürfen sie einer ähnlich starken Stellung im Gemeinschaftsrecht wie Art. 3 Abs. 2 und Abs. 3 im Grundgesetz. Das Gemeinschaftsrecht kann aber (noch) keinen Grundrechtskatalog vorweisen, der wie Art. 3 Abs. 2 und Abs. 3 GG die besondere Bedeutung bestimmter Diskriminierungskriterien begründen könnte. Auch ein Rückgriff aus Art. 14 EMRK hilft nicht weiter. Für deren Anwendungsbereich vermag die Aufzählung der darin genannten Differenzierungskriterien deren Wichtigkeit in besonderem Maße zu betonen und demnach eine Schutzpflicht zu begründen. Das Gemeinschaftsrecht kann sich der EMRK aber lediglich als Rechtserkenntnisquelle bedienen. Da sie der EMRK mangels Kompetenz aber nicht beitreten kann, ist es für die Union nicht möglich, unmittelbar Rechte aus der Konvention abzuleiten. Insoweit kann nur ein eigener Grundrechtskatalog der Gemeinschaft eine ausreichende dogmatische Grundlage vermitteln.

Zur Begründung objektiv-rechtlicher Grundrechtsgehalte kann auch nicht auf die Differenzierungskriterien des Art. 13 EG zurückgegriffen werden. Im Gegensatz zu Art. 3 GG stellt dieser keine Rechtsgewährleistung, sondern nur eine Handlungsermächtigung dar. Der Europäischen Union wird damit die Möglichkeit eingeräumt, im Rahmen des Sekundärrechts einzelnen Vorschriften unmittelbare horizontale Drittwirkung zuzusprechen[775] oder Schutzpflichten der Mitgliedstaaten zu begründen. Eine solche Wirkung kann Art. 13 EG selbst jedoch mangels unmittelbarer Anwendbarkeit nicht entnommen werden[776]. Indem die Mitgliedstaaten insbesondere Art. 12 EG als Verbotsnorm formuliert und dem Verbot der Diskriminierung auf Grund der Staatsangehörigkeit damit auch der unmittelbaren Anwendbarkeit zugänglich gemacht haben, ist davon auszugehen, dass die Mitgliedstaaten der Diskriminierung auf Grund der Staatsangehörigkeit als Grundidee der Gemeinschaft überhaupt größere

---

[773] Bleckmann/Pieper in Dauses, Handbuch des EU-Wirtschaftsrechts, Bd. I, B I, R. 126; Bleckmann, Entwicklung, Festschrift Bernhardt S. 309ff, S. 313, S. 321; Szczekalla, Handbuch des Umweltrechts, Bd. I § 12, R. 20 a.E.

[774] Kort, Gleichbehandlung, RdA 1997, S. 277ff, S. 278

[775] Vgl. z.B. Art. 7 Abs. 4 VO 1612/68

[776] Siehe dazu später ausführlich.

Bedeutung beigemessen haben. Die Differenzierungskriterien des Art. 13 EG müssen dahinter zurückstehen. Außerdem ist zu beachten, dass mit Art. 13 EG gerade keine neuen Grundrechte geschaffen werden sollten[777]. Zusammenfassend kann man feststellen, dass dem Gemeinschaftsrecht gerade kein Anhaltspunkt für die besondere Bedeutung der Differenzierungskriterien des Art. 13 EG zu entnehmen ist. Zwar stehen auch dessen Kriterien objektiv der Menschenwürde nahe, ein Vergleich mit Art. 12 EG ergibt aber, dass die Kriterien des Art. 13 EG nicht auf dieselbe Weise dem Schutz des Gemeinschaftsrechts unterliegen. Schutzpflichten aus diesen Diskriminierungsverboten bestehen somit nicht. Aus den genannten Gründen kann im Bereich der Diskriminierungsverbote in Anlehnung an die Rechtslage bei den Grundfreiheiten auch nicht eine Grundrechtsbindung nur für private Träger faktischer Macht in der Öffentlichkeit vertreten werden[778]. Mangels normativer Grundlage ist einer Bindung „intermediärer Gewalten" von vornherein der Boden entzogen.

Wie angedeutet ergeben sich teilweise aber Überschneidungen des allgemeinen Gleichheitssatzes mit Bestimmungen des EG-Vertrags, die der EuGH auch im Privatrechtsverhältnis für unmittelbar anwendbar erklärt hat. So gilt das Verbot der Diskriminierung auf Grund der Staatsangehörigkeit aus Art. 12 EG ebenso wie das Verbot der unterschiedlichen Entlohnung auf Grund des Geschlechts nach Art. 141 Abs. 1 EG auch unter Privaten. Innerhalb dieser sich überschneidenden Bereiche muss demnach allein auf Grund der gefestigten Rechtsprechung des Gerichtshofs auch eine Schutzpflicht und Drittwirkung der Union und ihrer Mitgliedstaaten angenommen werden. Das stellt keinen argumentativen Widerspruch zu den gerade getroffenen Feststellungen dar. Wie gezeigt beschränken sich alle Argumente zur Begründung der horizontalen Wirkung des Art. 141 Abs. 1 EG auf die „besondere Bedeutung" der Vorschrift im Gemeinschaftsrecht. Damit wird argumentativ aber kein anderer Weg beschritten als bei der Begründung der Drittwirkung der Diskriminierungsverbote des Art. 3 Abs. 2 und Abs. 3 GG. In beiden Fällen vermag nur der Schutz der Menschenwürde eine Drittwirkung in Privatrechtsverhältnissen zu begründen, der zu seiner Durchsetzung aber einer Entscheidung der jeweils zuständigen Legislative bedarf. Insofern muss Art. 141 Abs. 1 EG als gemeinschaftsrechtliche Ausnahme angesehen werden.

Richtigerweise muss die Garantie objektiv-rechtlicher Gehalte in gemeinschaftsgrundrechtlichen Diskriminierungsverboten auf die Gleichbehandlung von Mann und Frau insgesamt ausgedehnt werden. Berücksichtigt man nämlich, dass Art. 10 EG, der für den EuGH im Rahmen der Grundfreiheiten entscheidend zur Begründung der Gleichstellung von positiven Tun und Unterlassen herangezogen wurde, auf die Verwirklichung der „Ziele dieses Vertrages" abstellt, gewinnt auch Art. 2 EG an Bedeutung, der seinerseits die Gleichstellung der Geschlechter als Gemeinschaftsaufgabe postuliert. Die Realisierung einer effektiven

777 Bergmann/Lenz, Amsterdamer Vertrag, S. 94

778 In diese Richtung aber Pernice, Grundrechte-Charta, DVBl. 2000, S. 847ff, S. 855.

Gleichstellung zwischen den Geschlechtern kann dann nicht an der Schutzverpflichtung der Mitgliedstaaten Halt machen, sondern wird auch auf diese Grundrechtsfunktion erstreckt. An dieser Stelle tut sich ein Unterschied zur Drittwirkung eines objektiven Gebots der Geschlechtergleichstellung auf. Selbst wenn man mit der Einführung der Art. 141 Abs. 3 und Abs. 4 EG durch den Amsterdamer Vertrag ein allgemeines ungeschriebenes sozialrechtliches Gleichbehandlungsgebot zwischen Mann und Frau annehmen will, kann der Einzelne mangels inhaltlicher Bestimmbarkeit eines solchen nämlich kein subjektives Recht, zumal gegen einen privaten Dritten, herleiten. Folglich werden im Bereich der Gleichstellung der Geschlechter zwar staatliche Schutzpflichten wegen Art. 10 EG begründet, eine unmittelbare Drittwirkung entfaltet dieser Grundsatz aber nicht.

Zu weit geht der Ansatz von Mohn, die auf Grund der die Drittwirkung zulassenden Rechtsprechung des EuGH zu Art. 39, 49, 141 Abs. 1 EG auf die Drittwirkung auch des grundrechtlichen allgemeinen Gleichheitssatzes schließt[779]. Denn nach der hier vertretenen Ansicht sind die Grundfreiheiten gerade keine Grundrechte; ein zwingender Rückschluss auf den allgemeinen Gleichheitssatz ist also nicht möglich. Doch auch unter Berücksichtigung der anderen Auffassung ist dieser Schluss nicht gangbar. Die Grundfreiheiten setzen nämlich an der Diskriminierung auf Grund der Staatsangehörigkeit an und werden deshalb vom EuGH auch als Konkretisierung von Art. 12 EG verstanden. Hier hat die Gemeinschaft aber auch in der Tat ihren besonderen Willen zum Schutze vor einer solchen Differenzierung zum Ausdruck gebracht, so dass diesbezüglich mit der Rechtsprechung des EuGH eine Drittwirkung in der Tat bejaht werden kann. Für andere Differenzierungskriterien fehlt aber ein solcher Ansatzpunkt. Ähnlich verhält es sich mit dem Hinweis auf Art. 141 Abs. 1 EG und auf Art. 2 EG. Auch in deren Anwendungsbereich ist ein spezieller Schutzwille der Gemeinschaft erkennbar, der über den allgemeinen Gleichheitssatz hinaus geht und damit dessen Drittwirkung und Schutzpflichten begründet. Dieses Ergebnis fügt sich in die oben dargestellte Hierarchie der gemeinschaftsrechtlichen Diskriminierungsverbote nahtlos ein.

Unabhängig von einer dogmatischen Einordnung der Grundfreiheiten sind die Ergebnisse weit gehend einheitlich. Sowohl bei den grundrechtlichen Diskriminierungsverboten, als auch bei den an eine verbotene Unterscheidung auf Grund der Staatsangehörigkeit anknüpfenden Grundfreiheiten erweist sich die Begründung zusätzlicher objektiver Gehalte gerade wegen dieser gleichheitsrechtlichen Komponente als besonders schwierig. Insofern bestätigt sich je nach dem Blickwinkel einerseits die besondere Nähe der Grundfreiheiten zu den (Gleichheits-) Grundrechten, andererseits die Zwitterstellung der grundrechtlichen Dis-

---

[779] Mohn, Gleichheitssatz, S. 44f, letztlich allerdings die Drittwirkung auf die Fälle begrenzend, „denen eine Gemeinschaftsnorm zugrunde liegt, die dieses Grundrecht beinhaltet und eine Gefährdung der Gemeinschaftsziele zu befürchten wäre, würde man nicht auch die Marktbürger als Verpflichtete dieser Norm hinzuziehen".

kriminierungsverbote zwischen den Marktfreiheiten und den Freiheitsgrundrechten der Union. Mit In-Kraft-Treten einer gemeineuropäischen Grundrechte-Charta könnten diese Überlegungen obsolet werden. Im Falle der Verwirklichung des beschlossenen Art. 21 hätten die Mitgliedstaaten ihren besonderen Willen zum Schutze bestimmter Personengruppen hinreichend zum Ausdruck gebracht. Da die Kriterien des Art. 13 EG insoweit völlig in Art. 21 des Entwurfs aufgehen, stellt Art. 13 EG bereits einen ersten Schritt in Richtung eines Grundrechtskatalogs dar[780]. Wie im deutschen Verfassungsrecht steht der Anerkennung einer hoheitlichen Schutzpflicht und einer Drittwirkung im Rahmen der Kriterien des Art. 21 des Entwurfs dann nichts mehr entgegen.

e. Ergebnis

Im Ergebnis ist festzuhalten, dass die Diskriminierungsverbote der Grundrechte des Gemeinschaftsrechts bis auf enge Ausnahmen im Gegensatz zu Art. 3 Abs. 2 und Abs. 3 GG keine Drittwirkung oder Schutzpflichten begründen können. Lediglich dort, wo das geschriebene Primärrecht der besonderen Bedeutung eines Differenzierungskriteriums Ausdruck verleiht, kann die Privatautonomie zurückgedrängt werden. Art. 13 EG ist hierfür nicht ausreichend. Lediglich soweit die Unterscheidung auf Grund des Geschlechts sich auf den Bereich der Entlohnung bezieht und sich dadurch mit der Rechtsprechung des EuGH zu Art. 141 Abs. 1 EG und Art. 12 EG deckt, kann eine Dimensionserweiterung der gemeinschaftsgrundrechtlichen Diskriminierungsverbote angenommen werden. Auch aus diesem Grund steigt die Notwendigkeit eines gemeinschaftsrechtlichen Grundrechtskatalogs. Allein dieser kann den rechtlichen Rahmen für eine umfassende objektiv-rechtliche Bedeutungserweiterung der Diskriminierungsverbote festlegen. De lege lata ist dies im Grundsatz nicht möglich. Zum Teil entschärft wird dieses Ergebnis allerdings durch die gemeinschaftsrechtskonforme Auslegung der nationalen Rechtsvorschriften. Im Zweifelsfalle müssen auch die Grundrechte des Gemeinschaftsrechts und Diskriminierungsverbote als Interpretationshilfen nationalen Rechts herangezogen werden. Diese Notwendigkeit führt zu ähnlichen Ergebnissen wie die vom Bundesverfassungsgericht zu den Grundrechten des Grundgesetzes vertretene mittelbare Drittwirkung[781]. Einer Existenz gemeinschaftsgrundrechtlich begründeter derivativer Teilhaberechte stehen diese Überlegungen nicht entgegen.

Insgesamt ist fraglich, ob der bisherige Grundrechtsstandard des Gemeinschaftsrechts gerade in Bezug auf die Diskriminierungsverbote den Vorgaben des Bundesverfassungsgerichts in der Maastricht-Entscheidung gerecht wird. Beachtet man, dass die objektiven Wir-

---

780 A.A. Epiney in C/R, Kommentar, Art. 13 EG; R. 3

781 Ebenso Hirsch, Gemeinschaftsgrundrechte als Gestaltungsaufgabe, Kreuzer/Scheuing/Sieber (Hrsg.), Europäischer Grundrechtsschutz, S. 9ff, S. 19

kungen der Gemeinschaftsgrundrechte nur im Bereich von Diskriminierungsverboten, und dort auch nur mangels ausreichender normativer Grundlage, abgelehnt, ansonsten für alle anderen Grundrechte aber bejaht werden, wird man generell davon ausgehen können, dass der vom EuGH verbürgte Grundrechtsstandard im Wesentlichen dem im Grundgesetz unabdingbar gebotenen Grundrechtsschutz gleich zu achten ist. Endgültige Klarheit wird die Grundrechte-Charta schaffen.

5. Die Richtlinien

Wenn die Gemeinschaftsorgane im Rahmen ihrer Rechtsetzungsbefugnisse nach Art. 12 Abs. 2, 13, 141 Abs. 3 EG Diskriminierungsverbote in Form einzelner Richtlinienbestimmungen erlassen, stellt sich das Problem, inwiefern diese auch Wirkungen unter Privaten entfalten können.

a. Die unmittelbare horizontale Wirkung

Zunächst ist klarzustellen, dass einzelne Richtlinienbestimmungen in vertikaler Hinsicht unmittelbar anwendbar sein können[782]. Damit kann er Einzelne gegenüber einem Mitgliedstaat, der eine Richtlinienvorschrift nicht rechtzeitig oder fehlerhaft umgesetzt hat, sich zur Begründung seiner Rechte auf die betroffene Richtliniennorm berufen. Zur Rechtfertigung dieser Annäherung einzelner Richtlinienbestimmungen an den Rechtscharakter einer Verordnung zieht der EuGH argumentativ vor allem[783] die Notwendigkeit der praktischen Wirksamkeit (effet utile) des Gemeinschaftsrechts und den völkerrechtlichen estoppel-Grundsatz[784] heran. So sei einerseits die praktische Wirksamkeit einer Richtlinienbestimmung „abgeschwächt, wenn die einzelnen vor Gericht sich nicht auf sie berufen und die staatlichen Gerichte sie nicht als Bestandteil des Gemeinschaftsrechts berücksichtigen könnten“[785]. Andererseits soll sich ein Mitgliedstaat nicht seiner Verpflichtung aus den Richtlinien durch bloße Nichtumsetzung entziehen können. Insoweit steht ein Sanktionsgedanke im Vordergrund, der es einem Mitgliedstaat verwehrt, sich gegenüber seinen Bürgern auf die eigene Umsetzungssäumnis zu berufen[786].

---

782 EuGH Rs. 41/74, Slg. 1974, S. 1337ff, S. 1348f, van Duyn/Home Office; EuGH Rs. 148/78, Slg. 1979, S. 1629ff, S. 1642, Ratti; EuGH Rs. 8/81, Slg. 1982, S. 53ff, S. 70f, Becker.

783 Ausführlich zu allen grundlegenden Argumenten des EuGH Heim, Unmittelbare Wirkung, S. 34ff

784 Der EuGH verwendet diesen Ausdruck selbst nicht. Gemeint ist das Verbot des venire contra factum proprium oder ein Verstoß gegen Treu und Glauben.

785 EuGH Rs.41/74, Slg. 1974, S. 1337ff, S. 1348, Van Duyn

786 EuGH Rs. 80/86, Slg. 1987; S. 3969ff, S. 3985, Kolpinghuis Nijmwegen; Wegener, a.a.O., S. 241ff m.w.N.

Eine umgekehrte vertikaler Wirkung ist dagegen ausgeschlossen, da sich eine „innerstaatliche Behörde [...] nicht zu Lasten des Einzelnen auf eine Bestimmung einer Richtlinie berufen [darf], deren erforderliche Umsetzung in innerstaatliches Recht noch nicht erfolgt ist"[787]. Diese Konstellation ist im Bereich von Diskriminierungsverboten auf Grund der Kriterien der Art. 13 EG und 141 EG auch kaum denkbar. Diese sind ausschließlich individualbezogen und nicht auf Staaten übertragbar.

Die Konstellation der unmittelbaren horizontalen Wirkung unterscheidet sich von der unmittelbaren vertikalen Wirkung lediglich in der Adressatenstellung der richtlinienimmanenten Diskriminierungsverbote. Es geht um die Frage, ob auch zwischen Privaten Individualrechte aus nicht korrekt umgesetzten Richtlinienbestimmungen entstehen können. Die Problematik entspricht derjenigen der unmittelbaren Drittwirkung von Grundrechten. In beiden Fällen kommt es zu einem Konflikt privatautonomer Rechte mit der Wirkung eines Diskriminierungsverbots. Die beiden für die Annahme der unmittelbaren vertikalen Anwendbarkeit tragenden Argumente können bei der unmittelbaren horizontalen Wirkung nicht uneingeschränkt herangezogen werden: Die Verpflichtung Privater kann nicht mit dem Sanktionsgedanken wegen der fehlerhaften Umsetzung einer Richtlinie durch einen *Mitgliedstaat* begründet werden, während die praktische Wirksamkeit des Gemeinschaftsrechts für eine Wirkung in horizontalen Verhältnissen spricht.

Der EuGH setzt den Sanktionsgedanken in den Vordergrund, da der Bürger nicht für die Umsetzungssäumnis seines Staates einzustehen habe, und verneint damit die Möglichkeit einer unmittelbaren horizontalen Wirkung von Richtlinien. Sie richten sich ausweislich des Wortlauts des Art. 249 Abs. 3 EG nur gegen Hoheitsträger[788] und könnten ausschließlich zu Lasten der Mitgliedstaaten unmittelbar wirken. Um nicht weiter den Unterschied zur Verordnung zu verwischen, seien Richtlinien in keinem Fall, weder gegenüber dem Mitgliedstaat, noch gegenüber einem privaten Dritten, zu einer unmittelbaren Wirkung zu Lasten eines Privaten fähig[789]. Neuerdings lässt der EuGH jedoch Ausnahmen zu[790]. Diese betreffen Fälle, in denen derjenigen Partei im Zivilrechtsstreit, gegenüber der eine Drittwirkung geltend gemacht werden soll, keine Nachteile hieraus erwachsen. In diesem Fall greift das Hauptargument des EuGH nicht, wonach ein für die fehlerhafte (Nicht-) Umsetzung der Richtlinie nicht verantwortlicher Privater nicht belastet werden soll. Eine Richtlinienbestimmung, die weder

---

787 EuGH Rs. 80/86, Slg. 1987; S. 3969ff, S. 3988, Kolpinghuis Nijmwegen

788 EuGH Rs.152/84, Slg. 1986, S. 723ff, S. 749, Marshall

789 EuGH Rs. 14/86, Slg. 1987, S. 2545ff, S. 2570, Pretore di Salo; grundlegend in einem obiter dictum: EuGH Rs. 152/84, Slg.1986, S. 723ff, S. 749, Marshall; außerdem: EuGH Rs. C-91/92, Slg. 1994, I-S. 3325ff, S. 3355f, Faccini Dori; EuGH verb. Rs.C-71-73/94, Slg. 1996, I-S. 3607ff, S. 3617, Eurim-Pharm; vgl. zu den verschiedenen Argumenten ausführlich Leonard, Rechtsfolgen, S. 42ff

790 EuGH Rs. C-443/98, EuZW 01, S. 153ff, S. 156, Unilever; vgl. Auch die Besprechung von Gundel, EuZW 01, Grenzlinien, S. 143ff

den materiellen Inhalt einer Rechtsnorm festlegt, noch Rechte und Pflichten für Einzelne bestimmt, ist danach auch einer unmittelbaren horizontalen Wirkung zugänglich, da einen Privaten hierdurch ohnehin keine Rechte aberkannt werden[791].

Diese Rechtsprechung wird von einem Großteil der Literatur[792] und von drei Generalanwälten[793] nicht geteilt. Für diese Ansicht wird neben dem effet utile des Gemeinschaftsrechts vor allem auf die willkürliche Unterscheidung zwischen Angestellten in öffentlichen und privaten Unternehmen verwiesen, die in einen Konflikt mit dem primärrechtlichen Gleichheitsgrundsatz gerät[794]. Gerade angesichts der generell steigenden Bedeutung der Europäischen Union als Solidargemeinschaft, stellt sich für die sekundärrechtlich verbürgten Diskriminierungsverbote zudem die Frage, ob in entscheidender Weise nicht auf formelle Gesichtspunkte, sondern auf den Richtlinieninhalt abstellt werden sollte. So hat bereits Langenfeld hinsichtlich der Gleichbehandlungsrichtlinien zwischen Männern und Frauen für die Frage der horizontalen Drittwirkung die Bedeutung des Inhaltes dieser Richtlinien angeführt[795]. Eine andere Auffassung widerspreche der Aussage des Gerichtshofs, der dem Gleichbehandlungsgrundsatz, und dabei in erster Linie demjenigen zwischen Mann und Frau, wesentliche Bedeutung zukommt lässt[796].

Eine derartige Betrachtung bietet sich jedenfalls für Art. 1 der Richtlinie 75/117/EWG an, der den in horizontalen Rechtsverhältnissen anwendbaren Art. 141 Abs. 1 EG sekundärrechtlich ausfüllt. Darüber hinaus muss aber wie im grundrechtlichen Bereich die dem Gemeinschaftsrecht immanente abstufende Systematik der Diskriminierungsverbote beachtet werden. Der EuGH hat nämlich ausschließlich Art. 141 Abs. 1 EG so weit reichende Konsequenzen beigemessen, dass dieser auch auf rein private Rechtsbeziehungen angewendet werden kann. Insbesondere kann nicht auf die durch Art. 13, 3 Abs. 2, 141 Abs. 3 und Abs. 4 EG eingeführte Politik der Gleichstellung der Geschlechter verwiesen werden. Zum einen wäre die Rechtssicherheit enorm beeinträchtigt, würde man die horizontale Wirkung von Richtlinien vom jeweiligen Stand der Integration abhängig machen. Nicht zu Unrecht weist Langenfeld in diesem Zusammenhang darauf hin, „dass die innerstaatliche Wirkung einer Richtlinienbestimmung nicht vom Gegenstand der in ihr getroffenen Regelung abhängen

---

791 Gundel, a.a.O., S. 147

792 Grabitz in G/H, Kommentar, Art. 189 EGV, R.61a; ders. in Festschrift Deringer, S. 59ff, Die Wirkungsweise von Richtlinien; Emmert, Horizontale Drittwirkung, EWS 1992, S. 56ff; Nicolaysen, Keine horizontale Wirkung, EuR 1986, S. 370ff; ders., Richtlinienwirkung und Gleichbehandlung, EuR 1984, S. 380ff, S. 386f; E. Klein, Neuere Entwicklungen, DÖV 1985, S. 900ff, S. 909

793 Schlussanträge der Generalanwälte van Werfen in der Rs. Marshall, Zi. 12, Jacobs in der Rs. C-316/93, Slg. 1994, I-S. 763ff, R. 18ff, Vaneetfeld, und Lenz in der Rs. C-91/92, Slg. 1994, I-S. 3325ff, R. 42ff, Faccini Dori.

794 Grabitz in G/H, Kommentar, Art. 189 EGV, R. 61a; zu weiteren Gesichtspunkten Leonard, Rechtsfolgen, S.41ff, Ruffert in C/R, Kommentar, Art. 249 EG, R. 80

795 Langenfeld, Gleichbehandlung, S. 199

796 Siehe oben bzw. EuGH Rs. 43/75, Slg. 1976, S. 455, S. 472, Defrenne II

darf"[797]. Insoweit ist es generell problematisch, auf den Richtlinieninhalt abstellen zu wollen. Zum anderen gerät eine gerade auf Art. 13 EG und Art. 141 Abs. 3 EG zurückgreifende Auffassung in die Gefahr eines Zirkelschlusses. Wenn nämlich zum Stand des Gemeinschaftsrechts auch die Verwirklichung der Sozialunion gehört, diese wiederum von der Umsetzung des Art. 13 EG und Art. 141 Abs. 3 EG abhängt, könnte man bereits aus der bloßen Existenz einer Richtlinie nach Art. 13 EG und Art. 141 Abs. 3 EG deren unmittelbare horizontale Anwendbarkeit bejahen. Es erscheint zumindest fragwürdig, das Vorhandensein einer Rechtsetzungskompetenz und einer daraus hervorgehenden Richtlinie als Argument für deren unmittelbare horizontale Wirkung heranzuziehen. Jedenfalls wird die gemeinschaftsrechtliche Hierarchie der Diskriminierungsverbote nicht beachtet.

Beachtet man diese Hierarchie, ist im Ergebnis gerade in Bezug auf richtlinienimmanente Diskriminierungsverbote dem EuGH zu folgen, wenn dieser prinzipiell die unmittelbare Wirkung verneint. Der Grundsatz, dass nur das Prinzip der Lohngleichheit horizontaler Wirkung fähig ist, sollte nicht durch die unmittelbare Wirkung von Sekundärrecht quasi durch die Hintertür aufgegeben werden. Aus der vom EuGH hervorgehobenen Bedeutung des estoppel-Grundsatzes kann auf ein Prinzip für alle Formen der unmittelbaren Wirkung geschlossen werden, wonach nur der Staat, niemals jedoch Private von einzelnen Richtlinienbestimmungen unmittelbar belastet werden dürfen[798]. Ausnahmen vom Wortlaut des Art. 249 Abs. 3 EG, wonach sich Richtlinien ausschließlich an die Mitgliedstaaten richten, sind nur zulässig, solange sich die Richtlinienbestimmungen ausschließlich zu Gunsten der Bürger auswirken. Unverträglich mit Art. 249 Abs. 3 EG ist aber, nicht umgesetzten Richtlinienvorschriften Belastungen für Einzelne zu entnehmen, an die sich die Richtlinie ohnehin nicht richtet. Als „besonders schwerer Fall" einer Ausnahme können Richtlinien keine Wirkung zu Lasten Privater entfalten. Jede andere Ansicht, die eine unmittelbar belastende Wirkung von Richtlinien immer bereits dann annimmt, wenn diese unbedingt und hinreichend bestimmt sind, verkehrt das Regel-Ausnahmeprinzip des Art. 249 Abs. 3 EG ins Gegenteil. So fügt sich auch die neue Entscheidung des EuGH in der Rs. Unilever (C-344/98) in die hier aufgezeigte Systematik ein, da auch danach eine Drittwirkung ausnahmsweise nur dann möglich ist, wenn nicht in ein kollidierendes privates Recht eingegriffen wird. Nur im Falle staatlicher Bestimmungen, die den zivilen Vertragsparteien im öffentlichen Interesse Verbote auferlegen, ist eine Berufung auf die Richtlinie auch unter Privaten zulässig.

Zuletzt muss noch darauf hingewiesen werden, dass einzelne Richtlinienbestimmungen, die Diskriminierungsverbote nach Art. 13 EG und Art. 141 Abs. 3 EG enthalten, eine unmittelbare horizontale Wirkung ausdrücklich anordnen können. So findet die Entgeltrichtlinie 75/117/EWG nach Art. 4 eben auch auf Einzelarbeitsverträge Anwendung. Selbst bei einer

797 Langenfeld, a.a.O., S. 199

798 So auch Leonard, a.a.O., S. 87; dieses Argument widerspricht jeder denkbaren Drittwirkung.

solch expliziten Erwähnung ändert sich nichts an dem soeben erarbeiteten Ergebnis. Auch in dieser Konstellation greift der für den EuGH entscheidende Sanktionsgedanke nicht, so dass es für die Begründung einer unmittelbaren horizontalen Wirkung stets der Umsetzung in nationales Recht bedarf.

b. Die mittelbare horizontale Wirkung

Unter dieser Fallkonstellation wird die Frage der unmittelbaren Richtlinienwirkung in Dreiecksverhältnissen diskutiert. Eine solche Situation entsteht bei Richtlinien mit Doppelwirkung, also in solchen Fällen, in denen eine bestimmte Vorschrift für eine Person im Verhältnis zur öffentlichen Gewalt begünstigende und für eine andere in ihrem Verhältnis zur öffentlichen Gewalt faktische belastende Auswirkungen hat. Diskriminierungsverbote entfalten häufig derartige Wirkungen in zwei Richtungen. Denn die Beseitigung einer Diskriminierung bringt beinahe zwangsläufig die Begünstigung (Belastung) einer Partei und als deren Folge zumindest eine mittelbare Belastung (Begünstigung) der anderen Seite mit sich. Anders verhält es sich nur Konstellationen, in denen durch die ausgleichende Begünstigung oder Benachteiligung die Konkurrenzsituation als mittelbare Folge weder verschärft, noch erleichtert wird[799]. Die Frage der mittelbaren horizontalen Wirkung spielt also gerade bei Diskriminierungsverboten eine wichtige Rolle.

Der EuGH hat zu der Frage noch nicht ausdrücklich Stellung genommen, so dass man sie nicht als beantwortet ansehen kann[800]. Mittelbar befassen sich drei widersprüchliche Entscheidungen mit der Problematik[801]. Auch die Meinungen im Schrifttum gehen auseinander; neben ablehnenden[802] und befürwortenden[803] Stellungnahmen werden auch Kompromissvorschläge[804] vertreten. Zu Gunsten einer Doppelwirkung von Richtlinien wird neben der praktischen Wirksamkeit des Gemeinschaftsrechts ein vermeintlicher Vorrang der Berechti-

---

799 So zum Beispiel entsteht keinem Dritten ein Nachteil, wenn einem Diskriminierten Zugang zu einer Einrichtung mit ausreichenden Kapazitäten gewährt wird.

800 So aber Zacker/Wernicke, Examinatorium, Frage 83, S. 88 m.w.N.

801 Die unmittelbare Wirkung implizit bejahend EuGH Rs. 103/88, Slg. 1989, S. 1839ff, S. 1862ff, Fratelli Costanzo; die Frage für eine EGKS-Empfehlung verneinend EuGH Rs. C-221/88, Slg. 1990, I-S. 495ff, S .519ff, Busseni; implizit verneinend EuGH Rs. C-431/92, Slg. 1995, I-S. 2189ff, S. 2220ff, Großkrotzenburg; eine inhaltliche Besprechung findet sich bei Leonard, a.a.O., S. 82ff.; vgl. auch Wegener, Rechte des einzelnen, S. 240f.

802 Haneklaus, Direktwirkung, DVBl. 1993, S. 129ff, S. 133f; Papier, Direkte Wirkung, DVBl. 1993, S. 809ff, S. 810ff; Classen, Bedeutung, EuZW 1993, S. 83ff, S. 84f

803 Fischer, Unmittelbare Anwendbarkeit, NVwZ 1992, S. 635ff, S. 638; Pernice, Auswirkungen, NVwZ 1990, S. 414ff, S. 425; Rengeling/Middeke/Gellermann, Rechtschutz, R. 908; weitere Nachweise bei Ruffert in C/R, Kommentar, Art. 249 EG, R. 85, Fn. 249.

804 Ruffert, Subjektive Rechte, S. 233ff; Jarass, „Folgen“ in NJW 1991, S. 2665ff, S. 2668; Langenfeld, Direktwirkung, DÖV 1992, S. 955ff, S. 961

gung Einzelner vor Vermeidung einer Belastung anderer vorgebracht[805]. Rechtspolitisch kann man argumentieren, nur durch die Ausweitung des Individualrechtsschutzes auch die Diskriminierungsverbote an sich stärken zu können[806].

Gegen eine mittelbare horizontale Wirkung werden neben dem Vertrauensschutz des Einzelnen dahingehend, erst durch eine nationale Umsetzungsmaßnahme durch eine Richtlinie benachteiligt zu werden, Gemeinsamkeiten mit der Konstellation der unmittelbaren horizontalen Wirkung angeführt. Beide können zu einer Belastung eines privaten Dritten führen. Dementsprechend gelten beide Male der aus dem hier gerade nicht anwendbaren estoppel-Prinzip hergeleitete Grundsatz, dass nicht umgesetzte Richtlinien unter keinen Umständen zu Belastungen Einzelner führen dürfen[807]. Ausnahmen zu Lasten Privater Dritter sind nicht möglich, will man nicht die grundsätzliche Staatengerichtetheit von Richtlinien in Umkehrung des diesbezüglichen Regel-Ausnahme-Verhältnisses verneinen. Folgt man dieser Ansicht, werden nicht umgesetzte Diskriminierungsverbote, die auf Art. 13 EG und Art. 141 Abs. 3 EG zurückgehen, selten überhaupt unmittelbar anwendbar sein. Dies ist letztlich nur der Fall, wenn es bei der unmittelbaren Anwendung bei einer ausschließlichen Begünstigung des Diskriminierten bleibt. Ohne nationale Umsetzungsmaßnahmen dürfen die Mitglieder der bevorzugten Vergleichsgruppe in keiner Weise benachteiligt werden.

Nach dieser Lösung macht es keinen Unterschied, ob die Belastung eines Bürgers im Verhältnis zu einem privaten Dritten oder zu seinem Staat eintritt. Tatsächlich muss an dieser Stelle aber differenziert werden. Denn die Doppelwirkung kann nicht ohne weiteres mit einer unmittelbaren horizontalen Wirkung gleichgesetzt werden. Ein Privater macht in der hier in Frage stehenden Konstellation nämlich nicht Rechte gegenüber einem anderen Privaten, sondern gegenüber dem Staat geltend. Trotz der damit eventuell verbundenen Nachteile für einen Dritten ist hier eher die Konstellation der vertikalen Wirkung einschlägig[808]. Die belastende Doppelwirkung einer Richtlinie beruht auf einer lediglich faktischen Nebenwirkung der begünstigenden Entscheidung des dazwischen geschalteten Staates[809]. Im Unterschied zu Fällen der unmittelbaren horizontalen Wirkung werden private Dritte nicht gezielt mit Pflichten belegt. Bei genauer Betrachtung ist der estoppel-Gedanke des venire contra factum proprium also nicht völlig zu vernachlässigen. Denn der Staat wird tatsächlich wegen seines Umsetzungsdefizits unmittelbar aus der Richtlinie verpflichtet, so dass er keinen Nutzen aus der Nichtbeachtung seiner gemeinschaftsrechtlichen Verpflichtungen zieht[810]. Diese Konstellation ist schon eher mit dem Wortlaut des Art. 249 Abs. 3 EG in Einklang zu bringen,

---

805 Rengeling/Middekke/Gellermann, Rechtsschutz, R. 908 ; Pernice, a.a.O., S. 425

806 So für das Umweltrecht Krämer, Innerstaatlichen Wirkung, WiVerw 1990, S. 138ff, S. 152f

807 Haneklaus, a.a.O., S. 133; Papier, a.a.O., S. 810f

808 Langenfeld, Direkte Wirkung, DÖV 1992, S. 955ff, S. 961

809 So auch Frenz, Subjektiv-öffentliche Rechte, DVBl. 1995, S. 408ff, S. 414.

weil die Richtlinienbestimmung sich allein gegen den Staat richtet. Lediglich als Nebenfolge seiner Verpflichtung werden gleichsam reflexartig Dritte betroffen.

An dieser Stelle setzen Kompromissvorschläge an. Einerseits soll zwischen begünstigenden Richtlinien mit belastenden Nebenwirkungen und belastenden Richtlinien mit begünstigenden Nebenwirkungen zu unterscheiden sein[811]. Die Ansicht führt allerdings gerade im Bereich von Diskriminierungsverboten nicht weiter und ist aus diesem Grunde nicht verallgemeinerungsfähig. Ob nämlich das Diskriminierungsverbot aus einer Richtlinie begünstigende oder belastende (Haupt-) Wirkung entfaltet und belastende oder begünstigende Nebenfolgen nach sich zieht, ist diesem selbst nicht zu entnehmen. Der Gerichtshof stellt jedenfalls im Bereich ungleicher Begünstigungen lediglich den Verstoß gegen ein Diskriminierungsverbot fest, überlässt es allerdings den Mitgliedstaaten, den Ausgleich durch eine Begünstigung der Diskriminierungsopfers oder eine Benachteiligung der Vergleichspersonen herzustellen[812]. Folglich kann der Gerichtshof in dem Zeitpunkt, in dem er auch über die mittelbare horizontale Wirkung entscheiden müsste, nicht vorher sehen, ob ein Diskriminierungsverbot benachteiligend oder begünstigend wirkt - mit einer jeweils entgegengesetzten Nebenfolge für Dritte.

Ruffert will die unmittelbar belastende Wirkung nur dann zulassen, wenn eine Pflicht der Mitgliedstaaten zur Umsetzung einer Richtlinie in nationales Recht besteht, wenn also bereits die Richtlinie subjektive Rechte enthält[813]. Diese Ansicht führt jedoch zu einem Bruch mit der von ihr vorausgesetzten und auch hier befürworteten Unterscheidung zwischen subjektiven Rechten, die auf Grund der unmittelbaren Wirkung einer Richtlinie gewonnen werden und solchen, die erst durch die Umsetzung in nationales Recht entstehen. Die Bestimmung der unmittelbaren Wirkung erfolgt nach obigen Feststellungen ohne Rücksicht auf den materiellen Inhalt der Richtlinie allein anhand formaler Kriterien. Das muss auch hier gelten. Es kann nicht auf eine sich aus dem Richtlinieninhalt ergebende Verpflichtung abgestellt werden.

Weiter führen kann nur ein Ansatz, der die Einbettung der mittelbaren horizontalen Wirkung zwischen der vertikalen und unmittelbaren horizontalen Wirkung berücksichtigt. Entscheidend ist die Einsicht, dass die Belastung Privater nur dann problematisch ist, wenn sie unmittelbar durch die Richtlinie herbeigeführt wird, nicht aber, wenn der Mitgliedstaat als zwischengeschaltete Hoheitsgewalt eine solche in einer Durchführungsmaßnahme vorsieht. Ist eine Richtlinienbestimmung inhaltlich so determiniert, dass sie den Mitgliedstaaten kei-

---

810 Ebenso Epiney, Unmittelbare Wirkung, DVBl. 1996, S. 409ff, S. 413

811 Jarass, „Grundfragen", S. 83ff; Langenfeld, a.a.O., S. 961

812 Vgl. nur Kischel, Dogmatik des Gleichheitssatzes, EuGRZ 1997, S. 1ff, S. 9 und oben; aus demselben Grund kann auch eine Differenzierung nach Duldungs- und Handlungspflichten nicht weiter führen, vgl. auch Langenfeld, a.a.O., S. 961.

813 Ruffert, „Subjektive Rechte", S. 233

nerlei Spielraum bei der Ausgestaltung überlässt, ist auch die nationale Durchführungsmaßnahme unmittelbar auf die Richtlinie zurückzuführen. Der Mitgliedstaat wird lediglich formell und feststellend beim Vollzug der Richtlinie tätig. Diese Konstellation entspricht derjenigen bei der unmittelbaren horizontalen Wirkung. In diesem Fall kann auch die bloß faktisch eintretende Benachteiligung des Dritten keine Rolle spielen, sie ist schon gemeinschaftsrechtlich untersagt, da sich eine Richtlinie nicht zu Lasten Privater auswirken darf. Eine Doppelwirkung ist nicht möglich. Anders ist die Situation, wenn eine Richtlinie den Mitgliedstaaten eigene Entscheidungsbefugnisse in Form eines Ermessenspielraums überlässt. Eine Benachteiligung Dritter kann dann gerade nicht unmittelbar auf die Richtlinie zurückgeführt werden. Folglich steht dieser Konstellation weniger der Grundsatz im Wege, dass Einzelne durch Richtlinienbestimmungen nicht benachteiligt werden dürfen. Eine Doppelwirkung ist also möglich[814].

Dieser Lösung kann nicht entgegengehalten werden, dass ein Rückgriff auf das Kriterium des Ermessensspielraums eines Mitgliedstaats in die Irre führt, da die Ablehnung einer solchen Voraussetzung jeder unmittelbaren Wirkung im Rahmen der inhaltlichen Unbedingtheit ist[815]. Eine solche Argumentation würde übersehen, dass die unmittelbare Anwendbarkeit einer Richtlinienbestimmung nicht zwangsläufig von einem derart quasi auf Null reduzierten Gestaltungs- und Beurteilungsspielraum der Mitgliedstaaten bei der Umsetzung der Richtlinie abhängt. Ebenso kann eine Vorschrift dann unmittelbar anwendbar sein, wenn der Staat hinsichtlich der Umsetzung freie Hand hat, dabei aber ein ausreichend klar fixiertes Ziel gebunden ist[816].

Überträgt man diese abstrakt gewonnen Ergebnisse auf die Richtlinien zu Art. 13 EG, ergibt sich, dass die darin enthaltenen Diskriminierungsverbote keine Doppelwirkungen entfalten können. Die Richtlinien enthalten Definitionen von Diskriminierungen und Erläuterungen, welche Verhaltensweisen die Richtlinie konkret erfassen will[817]. Sie regeln den jeweiligen sachlichen Anwendungsbereichs sehr detailliert und geben einen Mindeststandard vor[818]. Im Ergebnis verbleibt den Mitgliedstaaten kaum ein Spielraum bei der Verwirklichung der Richtlinien. Entscheidungen staatlicher Stellen müssten folglich weiterhin als unmittelbar aus der Richtlinie hervorgehend angesehen werden, so dass eine Doppelwirkung nach der hier vertretenen Ansicht nicht in Frage kommt.

---

814 Heim, a.a.O., S. 180

815 Vgl. G. Schmidt, GTE, Kommentar, Art. 189 EGV, R. 41

816 Vgl. gerade bezüglich der unmittelbaren Wirkung von Art. 4 der RL 79/7/EWG im Bereich der Geschlechtergleichbehandlung die Rs. 71/85, Slg. 1986, S. 3855ff, S. 3876, Niederlande/Federatie Nederlandse Vakbeweging

817 Vgl. Art. 2 der Richtlinienvorschläge Rasse und Beruf.

818 Vgl. nur Art. 3 des Richtlinienvorschlags Rasse

c. Die richtlinienkonforme Auslegung

Es besteht eine weitere Möglichkeit, richtlinienimmanenten Diskriminierungsverboten innerstaatlich Geltung zu verschaffen. Nach der Rechtsprechung des Gerichtshofs folgt aus Art. 249 Abs. 3 EG i.V.m. Art. 10 EG die Verpflichtung aller Träger hoheitlicher Gewalt, alle geeigneten Maßnahmen zu treffen, um die in den Richtlinien formulierten Ziele zu erreichen[819]. Deshalb haben alle mitgliedstaatlichen Stellen bei der Interpretation des nationalen Rechts stets einschlägige und nicht umgesetzte Richtlinienbestimmungen zu beachten. Dabei gewinnt die gemeinschaftsrechtlich gebotene richtlinienkonforme Auslegung[820] erst dann an Bedeutung, wenn die betreffende Richtlinienbestimmung gerade keinerlei unmittelbare Wirkung entfaltet[821].

Eine richtlinienkonforme Auslegung speziell unter der Berücksichtigung der Diskriminierungsverbote nach Art. 13 EG bietet sich vor allem bei der Interpretation mitgliedstaatlicher Sanktionsregelungen im Falle des Verstoßes gegen die Unterscheidungsverbote an[822]. Der Gerichtshof hat solche Konstellationen für den Gleichbehandlungsgrundsatz zwischen Männern und Frauen im Hinblick auf Art. 6 der Richtlinie 76/207/EWG bereits entschieden. Ausgangspunkt ist die Erkenntnis, „dass wirkliche Chancengleichheit nicht ohne eine geeignete Sanktionsregelung erreicht werden kann "[823]. Die Richtlinie überlässt den Mitgliedstaaten dabei die Wahl, welche Sanktion für einen Verstoß gegen ein Diskriminierungsverbot geeignet ist, gibt den nationalen Regelungen aber sich an der Richtlinie orientierende Mindestanforderungen vor. „Entscheidet sich ein Mitgliedstaat jedoch dafür, als Sanktionen für einen Verstoß gegen dieses Verbot eine Entschädigung zu gewähren, so muss diese jedenfalls, damit ihre Wirksamkeit und ihre praktische Wirkung gewährleistet sind, in einem angemessenen Verhältnis zu dem erlittenen Schaden stehen und somit über einen rein symbolischen Schadensersatz wie etwa die bloße Erstattung der Bewerbungskosten hinausgehen"[824].

Auch in der Richtlinie 2000/43/EG zu Art. 13 EG bezüglich Rassendiskriminierungen sind Sanktionsvorschriften enthalten, die einer richtlinienkonformen Auslegung in diesem Sinne zu Grunde gelegt werden können. So schreibt Art. 15 vor, dass die Mitgliedstaaten die Sank-

---

819 Grundlegend EuGH Rs. 14/83, Slg. 1984, S. 1891ff; S. 1909, von Colson und Kamann; außerdem nur exemplarisch Rs. 73/83, Slg. 1984, S. 1921ff, S. 1942, Harz/Deutsche Tradax; Rs. 125/88, Slg. 1989, S. 3533ff, S. 3546, Strafverfahren gegen Nijman.

820 Zur Existenz einer entsprechenden Verpflichtung aus nationalem Recht. Jarass, Grundfragen, S. 89f.

821 EuGH Rs. 14/83, a.a.O., S. 1909 und Jarass, a.a.O., S. 91; anders Scherzberg, Innerstaatliche Wirkung, Jura 1993, S. 225ff, S. 232; gegen ihn zutreffend Leonard, Rechtsfolgen, S. 117

822 Dies setzt die gemeinschaftsrechtskonforme Umsetzung des Diskriminierungsverbots selbst und dessen Verletzung voraus.

823 EuGH Rs. 14/83, Slg. 1984, S. 1891ff; S.1908, von Colson und Kamann; vgl. die Besprechung bei Nicolaysen, „Richtlinienwirkung", EuR 1984, S. 380ff

tionen festlegen, „die bei einem Verstoß gegen die einzelstaatlichen Vorschriften zur Anwendung dieser Richtlinie zu verhängen sind, und treffen alle geeigneten Maßnahmen, um deren Durchsetzung zu gewährleisten". Satz 2 des Art. 14 der Richtlinie 2000/78/EG sieht zudem vor, dass die Sanktionen „wirksam, verhältnismäßig und abschreckend sein müssen". Nicht ausreichende staatliche Sanktionsvorschriften können im Wege einer mit dieser Regelung konformen Auslegung interpretiert werden. Sie müssen im Rahmen des Übermaßverbots Strafen bei einem Verstoß öffentlicher und privater Stellen gegen ein Diskriminierungsverbot enthalten, die eine erhebliche finanzielle Belastung auferlegen, um auch Dritte von Diskriminierungen abzuhalten. Gerade in Hinblick auf neue Richtlinien ist umstritten, ob die Verpflichtung zur richtlinienkonformen Auslegung mit deren Erlass oder zeitlich später erst mit Ablauf der Umsetzungsfrist einsetzt. Äußerungen des EuGH scheinen einen Ablauf der Umsetzungsfrist in dieser Hinsicht eher nicht erfordern, ohne dass dem eine eindeutige Aussage zu entnehmen wäre[825]. Die überwiegende Meinung in der Literatur vertritt zu Recht, dass es eines Ablaufs der Umsetzungsfrist zur richtlinienkonformen Auslegung bedarf[826]. Denn eine mitgliedstaatliche Pflicht aus Art. 10 EG zur Umsetzung einer Richtlinie kann erst in diesem Zeitpunkt verletzt sein.

Der EuGH verlangt die Interpretation nationalen Rechts auch dann, wenn dies zu Belastungen Einzelner führt[827]. So kann auch ein privater Arbeitgeber, der gegen ein Diskriminierungsverbot verstoßen hat, in gemeinschaftsrechtskonformer Auslegung zu einer höheren Sanktion verurteilt werden als es das nationale Recht vorsieht. Auf den ersten Blick steht eine solche Auslegung in Widerspruch zur Rechtsprechung des Gerichthofs, wonach die unmittelbare Wirkung von Richtlinien in Horizontalverhältnissen verneint. Dort hat der Gerichtshof noch das Prinzip aufgestellt, dass sich aus einer nicht umgesetzten Richtlinie keine Verpflichtungen gegenüber Einzelpersonen ergeben könnten[828]. Im Schrifttum findet sich deshalb vereinzelt Kritik an einer solchen horizontale Rechtsverhältnisse mit einbeziehenden Auslegung, da auf diese Weise eine Umgehung der Begrenzungen der unmittelbaren Richtlinienwirkungen drohe[829].

Dennoch ist im Ergebnis dem EuGH beizupflichten. Eine andere Ansicht ließe die strukturelle Verschiedenheit der richtlinienkonformen Auslegung und der unmittelbaren Anwend-

---

824 EuGH Rs. 14/83, Slg. 1984, S. 1891ff; S. 1909, von Colson und Kamann; bestätigt in EuGH Rs. C-180/95, Slg. 1997, I-S. 2195ff, S. 2221, Draehmpaehl

825 EuGH Rs. 80/86, Slg. 1987, S.3969ff, S.3987, Kolpinghuis Nijmwegen; ausdrücklich Lutter, „Auslegung" in JZ 1992, S. 593ff, S. 605

826 Gellermann, Beeinflussung, S.109f; Ress, Richtlinienkonforme 'Interpretation', DÖV 1994, S. 489ff, S. 492; Jarass, Auslegung, EuR 1991 S. 211ff, S. 220f jeweils m.w.N.

827 EuGH Rs. C-106/89, Slg. 1990, I-S. 4135ff, S. 4159; vgl. auch EuGH Rs.80/86, Slg. 1987, S. 3969ff, S. 3986, Kolpinghuis Nijmwegen

828 EuGH Rs .14/86, Slg. 1987, S. 2545ff, S. 2570, Pretore di Salò

barkeit außer Acht. Denn Erstere setzt Letztere nicht voraus, sondern entfaltet erst dann ihre Wirkung, wenn die unmittelbare Anwendbarkeit nicht bejaht wird. Beide Komplexe sind strikt zu trennen, da die sich aus einer richtliniengemäßen Auslegung ergebende Belastung Einzelner nicht auf die Richtlinie selbst zurückzuführen ist, sondern sich stattdessen aus der nationalen Rechtsvorschrift ergibt, die lediglich in Übereinstimmung mit der Richtlinie ausgelegt wird[830]. Das nationale Recht muss ausreichende rechtliche Vorgaben für eine gemeinschaftsrechtkonforme Auslegung liefern. Ein Anspruch auf Entschädigung kommt im Wege der richtlinienkonformen Auslegung nur in Betracht, wenn das nationale Recht einen solchen vorsieht, während durch die unmittelbare Anwendbarkeit einer Richtlinienbestimmung eine eigene Anspruchsgrundlage gewonnen werden kann. Ohne solche Vorgaben ist auch eine richtlinienkonforme Auslegung nicht möglich. Grenzen werden durch die allgemeinen Rechtsgrundsätzen und insbesondere durch das Rückwirkungsverbot gesteckt. Die Interpretation einer Richtlinie kann nicht soweit führen, dass diese „für sich allein und unabhängig von zu ihrer Durchführung erlassenen innerstaatlichen Rechtsvorschriften eines Mitgliedstaats [...] die Wirkung haben kann, die strafrechtliche Verantwortlichkeit derjenigen, die gegen die Vorschriften der Richtlinie verstoßen, festzulegen oder zu verschärfen"[831].

6. Subjektive Rechte

Die Frage, ob mit der Anerkennung einer Drittwirkung von Grundfreiheiten und Grundrechten ein entsprechendes subjektives Recht des Einzelnen verbunden ist, das dieser gerichtlich geltend machen kann, muss bejaht werden. Dies wird vor allem hinsichtlich der Grundfreiheiten deutlich, bei denen eine unmittelbare Drittwirkung der Grundfreiheiten nur im Bereich sog. „intermediärer Gewalten" in Betracht kommt, durch die das innerhalb der Privatrechtsordnung grundsätzlich bestehende Gleichgewicht der Vertragspartner ähnlich dem Staat-Bürger-Verhältnis einseitig zu Gunsten einer Partei verschoben ist. Bedenkt man vor diesem Hintergrund, dass sich die Frage der unmittelbaren Drittwirkung von der klassische Funktion der Grundfreiheiten als negatorische Ansprüche gegen die Mitgliedstaaten nur dadurch unterscheidet, dass einmal ein Mitgliedstaat, einmal ein - über hoheitsähnliche Macht verfügender Dritter - als Verpflichteter der Marktfreiheiten fungiert, kommt man nicht umhin, den Grundfreiheiten auch in besagten Horizontalverhältnissen individualrechtlichen Charakter beizumessen. Ähnlich selbstverständlich wie bei der klassischen Abwehrfunktion muss auch hier ein Individualrecht zwangsläufig aus der Existenz der unmittelbaren Drittwirkung

---

[829] Götz, Europäische Gesetzgebung, NJW 1992, S. 1849ff, S. 1854; Hilf, Die Richtlinie der EG, EuR 1993, S. 1ff, S. 10f

[830] Gellermann, a.a.O., S. 111; Jarass, Grundfragen, S. 97; Leonard, Rechtsfolgen, S. 122f

[831] EuGH Rs. 80/86, Slg. 1987, S. 3969ff, S. 3986, Kolpinghuis Nijmwegen

der Grundfreiheiten folgen. Beide Konzeptionen schöpfen ihre Daseinsberechtigung gerade aus der Möglichkeit des Einzelnen, sich darauf berufen zu können. Jede andere Auffassung liefe dem Verständnis der Drittwirkung zuwider, da ansonsten bei Verneinung eines Individualrechts die unmittelbare Wirkung gänzlich in der objektiven Schutzpflicht der Mitgliedstaaten zum Schutz der Grundfreiheiten aufginge. Bejaht man einmal die Vergleichbarkeit der klassischen Abwehrfunktion gegenüber den Mitgliedstaaten mit der Beteiligung „intermediärer Gewalten" im Privatrechtsverkehr, muss damit also auch ein vergleichbares subjektives Recht des Einzelnen einhergehen. Dabei wurde die Schutzwürdigkeit des strukturell überlegenen Teilnehmers am Privatrechtsverkehr bereits berücksichtigt. Sie tritt gerade wegen seiner besonderen Machtfülle zurück und kann an dieser Stelle nicht mehr argumentativ gegen die Annahme eines Individualrechts herangezogen werden.

Hinsichtlich einer vermeintlichen unmittelbaren Drittwirkung der gemeinschaftsgrundrechtlichen Diskriminierungsverbote kann zur Begründung eines subjektiven Rechts nicht anders entschieden werden. Die Anerkennung einer unmittelbaren Drittwirkung geht zwangsläufig mit einem entsprechenden Individualrecht einher, durch das der Betroffene überhaupt erst gerichtlichen Rechtsschutz erlangen kann.

II. Schutzpflichten und Förderungsgebote

1. Die Rechtslage im der Bundesrepublik Deutschland nach der Rechtsprechung des Bundesverfassungsgerichts

Das Bundesverfassungsgericht folgert aus dem Charakter der Grundrechte als objektivrechtliche Grundsatznormen auch sog. Schutzpflichten und Handlungsaufträge. Diese objektiv-rechtliche Grundrechtsfunktion wurde in erster Linie am Recht auf Leben und körperliche Unversehrtheit entwickelt, Art. 2 Abs. 2 S. 1 GG[832]. Die Schutzpflicht thematisiert die Pflicht des Staates, sich schützend vor die in den Grundrechten zum Ausdruck kommenden Werte und Rechtsgüter zu stellen und tätig zu werden, wenn ein privater Dritter durch sein Verhalten das Grundrecht eines anderen gefährdet oder verletzt. Während die Abwehrfunktion der Grundrechte Eingriffe des Staates in ein Rechtsgut verbietet („Freiheit vom Staat"[833]), gebietet die Schutzfunktion dem Staat, sich schützend vor das betroffene Rechtsgut zu stellen („Freiheit nicht ohne Staat"[834]). Kennzeichnend für derartige Konstellationen ist ein Dreiecksverhältnis, in dem sich ein grundrechtsgefährdender Störer, ein gefährdeter Grundrechtsträger und ein zum Handeln verpflichteter Staat gegenüberstehen[835]. Adressat der Schutzpflicht ist nicht der störende Dritte, sondern ausschließlich der Staat, der sich schützend zwischen Angreifer und Angegriffenem stellen muss. Im Verhältnis der einzelnen Bürger untereinander beansprucht vielmehr das Gebot des „neminem laedere" Geltung. Die Verletzung fremder Rechtsgüter kann im Rechtsstaat grundsätzlich nicht erlaubt sein und wird verfassungsrechtlich nicht von den Freiheiten der Grundrechte getragen. Die Einräumung eines grundrechtlichen Freiheitsraumes für den einen geht mit der Verpflichtung der anderen einher, diesen und die daraus gewonnenen Rechte zu achten[836]. Da die Grundrechte sich aber nur an den Staat richten[837], kann aus dem Gebot des „neminem laedere" kein unmittelbarer Anspruch auf Unterlassung gegen den Störer gefolgert werden. In Wahrnehmung seiner „gesetzesmediatisierten Schutzpflicht"[838] obliegt es vielmehr dem Staat, die gefährdeten Rechte gegen-

---

832 BVerfGE 39, S. 1ff, S. 42; E 46, S. 160ff, S. 164; E 55, S. 249ff, S. 364; E 84, S. 212ff, S. 226f; vgl. insgesamt zu den Schutzpflichten: Dietlein, Grundrechtliche Schutzpflichten, passim. An dieser Stelle können nicht alle Stimmen in der Literatur Berücksichtigung finden, die folgende Darstellung muss ich auf Grundlagen beschränken; weiterführend: Böckenförde, a.a.O., S. 1ff; Alexy, Grundrechte als subjektive Rechte, Der Staat 29 (1990), S. 47ff

833 Pieroth/Schlink, Grundrechte, R. 58

834 Pieroth/Schlink, a.a.O., R. 60

835 Isensee,„Grundrecht auf Sicherheit, S. 34; ders. in Handbuch des Staatsrechts, Bd. V, § 111, R. 5

836 H. H. Klein, Schutzpflicht", DVBl. 1994, S. 489ff, S .491; Isensee in a.a.O., Bd. V, § 111, R. 103ff

837 Das wird nicht einmal von den Vertretern der Lehre der unmittelbaren Drittwirkung der Grundrechte bestritten, vgl. E. Klein, Grundrechtliche Schutzpflichten, NJW 1989, S. 1633ff, S. 1639

838 Isensee, a.a.O., Bd. V, § 111, R. 8

über Eingriffen von Dritten im Rahmen der nationalen Rechtsordnung zu sichern. Hieraus ergibt sich zugleich der ambivalente Charakter der Schutzpflicht: Sie kollidiert mit der abwehrrechtlichen Funktion der Grundrechte des Angreifers. Denn im Dreieck Staat - Angreifer - Opfer kann der Staat seiner Schutzpflicht in der Regel nur genügen, wenn er gleichzeitig in die Rechte des Störers eingreift („Schutz durch Eingriff"[839]). Die einem Grundrecht entspringende Schutzpflicht impliziert somit die Beschränkung eines Grundrechts eines anderen[840].

Die Erfüllung der Schutzpflicht unterfällt im Wesentlichen dem einfachen Recht. Bei dessen Ausgestaltung eröffnet sich dem kollisionslösenden Gesetzgeber ein weiter Gestaltungsspielraum. Die Legislative ist aber zugleich zur Zurückhaltung verpflichtet. Denn im Gegensatz zur Abwehrdimension der Grundrechte stehen sich die Rechtssubjekte im Privatrechtsverkehr grundsätzlich nicht in einem Subordinationsverhältnis gegenüber, sondern sind gleichberechtigte Inhaber der identischen Grundrechte. Ihr Verhältnis wird von der Privatautonomie geprägt, ein Eingriff kann nur erfolgen, wenn die grundrechtlich garantierte Freiheit durch eine erhebliche Verschiebung der prinzipiellen Gleichrangigkeit in Gefahr gerät[841].

2. Die Grundfreiheiten

a. Die Entscheidung des EuGH in der Rs. C-265/95, Kommission/Frankreich (Französische Bauernproteste[842])

Hinsichtlich der Reichweite der Grundfreiheiten des Gemeinsamen Marktes setzt das Urteil des EuGH vom 9.12.1997 in der Rs. C-265/95 neue Maßstäbe[843]. Inhaltlich dreht sich die Entscheidung um Protestaktionen französischer Bauern gegenüber der Einfuhr landwirtschaftlicher Erzeugnisse aus anderen Mitgliedstaaten. Diese äußerten sich in gewalttätigen Plünderungen und Zerstörungen von ausländischem Transportgut sowie in Drohungen und Einschüchterungsaktionen gegenüber Groß- und Einzelhändlern, die zur ausschließlichen

839 Vgl. Wahl/ Masing, Schutz durch Eingriff, JZ 1990, S. 553ff

840 Hierzu und zu dem Vorwurf im abweichenden Sondervotum der Richter Rupp v. Brünneck und Simon im ersten Schwangerschaftsabbruchsurteil (BVerfGE 39, S. 1ff, S. 73ff), dass dadurch die Grundrechte in ihr Gegenteil verkehrt und Grundpflichten konstituieren würden: Dietlein, a.a.O., S. 67ff

841 Nach BVerfGE 92, S. 26ff, S. 46 ist die Verletzung einer Schutzpflicht erst gegeben, „wenn die öffentliche Gewalt Schutzvorkehrungen entweder überhaupt nicht getroffen hat oder die getroffenen Regelungen und Maßnahmen gänzlich ungeeignet oder völlig unzulänglich sind, das gebotene Schutzziel zu erreichen, oder erheblich dahinter zurückbleiben".

842 EuGH Slg. 1997, I-S. 6959ff; vgl. auch EuZW 1998, S. 84ff mit Anmerkung G. Meier und EuR 1998, S. 47ff mit Anmerkung Schwarze.

843 Die Entscheidung wird von Szczekalla, „Grundfreiheitliche Schutzpflichten", in DVBl. 1998, S. 219ff als „im wahrsten Sinne des Wortes bahn(-)brechend" bezeichnet.

Deckung ihres Bedarfs mit französischen Erzeugnissen veranlasst werden sollten. Durch die Maßnahmen wurde der innergemeinschaftliche Warenverkehr zwischen den beteiligten Mitgliedstaaten beeinträchtigt. Trotz mehrmaliger Aufforderungen der Kommission, diesen Zuständen entgegen zu treten und Gegenmaßnahmen zu ergreifen, ist die Republik Frankreich bis zur Erhebung eines Vertragsverletzungsverfahrens seitens der Kommission weit gehend untätig geblieben und nicht gegen die Verletzung der Warenverkehrsfreiheit eingeschritten.

In dieser Konstellation leitet der EuGH zum ersten Mal aus den Grundfreiheiten des EG-Vertrags Schutzpflichten der Mitgliedstaaten ab. Zwar wird dieser Begriff nicht ausdrücklich verwendet, dennoch sind die Aussagen des Gerichtshofs klar und eindeutig. Unter Betonung der besonderen Bedeutung der Warenverkehrsfreiheit als tragender Grundsatz für die Verwirklichung des Binnenmarktes verbietet Art. 28 EG „nicht nur Maßnahmen, die auf den Staat zurückzuführen sind und selbst Beschränkungen für den Handel zwischen den Mitgliedstaaten schaffen, sondern kann auch dann Anwendung finden, wenn ein Mitgliedstaat keine Maßnahmen ergriffen hat, um gegen Beeinträchtigungen des freien Warenverkehrs einzuschreiten, deren Ursachen nicht auf den Staat zurückzuführen sind. Der innergemeinschaftliche Handelsverkehr kann nämlich ebenso wie durch eine Handlung dadurch beeinträchtigt werden, dass ein Mitgliedstaat untätig bleibt oder es versäumt, ausreichende Maßnahmen zur Beseitigung von Hemmnissen für den freien Warenverkehr zu treffen, die insbesondere von Privatpersonen in seinem Gebiet geschaffen wurden, die sich gegen Erzeugnisse aus anderen Mitgliedstaaten richten. Artikel 28 [...] verpflichtet sie [die Mitgliedstaaten] in Verbindung mit Artikel 10 [...] , alle erforderlichen und geeigneten Maßnahmen zu ergreifen, um in ihrem Gebiet die Beachtung dieser Grundfreiheit sicherzustellen"[844]. Im Weiteren räumt der EuGH den für die Aufrechterhaltung der öffentlichen Sicherheit und Ordnung allein zuständigen Mitgliedstaaten ein Ermessen bei der Erfüllung dieser Pflicht ein, das allerdings zur Sicherstellung des freien Warenverkehrs der Kontrolle der Gerichtshofs unterliegt[845].

Mit dieser Rechtsprechung erstreckt der EuGH den Schutz der Warenverkehrsfreiheit über das Verbot mitgliedstaatlicher Maßnahmen hinaus, die die Warenverkehrsfreiheit beeinträchtigen, auf Fälle der staatlichen Untätigkeit, wenn dadurch der Binnenmarkt in gleicher Weise beeinträchtigt wird. Der eigentlich neue Aspekt des Falles liegt in der für die Schutzpflichtlehre typischen Dreiecksbeziehung. Der Staat beeinträchtigt nicht wie in den bisher bekannten Konstellationen durch aktives Handeln die Warenverkehrsfreiheit. Stattdessen treten private Dritte als Störer der Grundfreiheit auf, indem sie Obst- und Gemüsetransporteure daran hindern, diese auszuüben. Die Französische Republik verletzt ihre Pflichten aus den Verträgen nicht auf Grund eines verbotenen Tuns, sondern wegen ihrer Untätigkeit gegenüber den Handlungen der Störer. Das Urteil des EuGH trifft keinerlei ausdrückliche Aus-

---

[844] EuGH Rs. C-265/95, I-Slg. 1997, S. 6959ff, S. 6998f

[845] EuGH Rs. C-265/95, a.a.O., S. 6999

sage über das Bestehen einer Drittwirkung der Grundfreiheiten[846] und beschränkt sich ausschließlich auf die Frage der Schutzpflichten[847].

Bei der Einordnung des Falles in grundrechtliche Kategorien ist zu beachten, dass es hierbei nicht um die Zurechnung der Handlungen Privater an den Staat geht[848]. Indem man das Handeln der die Warenverkehrsfreiheit beeinträchtigenden Landwirte zu einem solchen des Staates machen würde, wäre nämlich das Dreieck Störer-Schutzbedürftiger-Schutzverpflichteter zerstört, der vorliegende Fall könnte dogmatisch kaum den Schutzpflichten zugeordnet werden und verlöre demnach erheblich an Bedeutung.

Soweit ersichtlich stößt die Rechtsprechung des EuGH in Bezug auf der Warenverkehrsfreiheit innewohnende Schutzpflichten in der Literatur weitgehend auf Zustimmung[849]. Schon früher kam Bleckmann zu dem Schluss, dass „die Grundprinzipien des Europäischen Gemeinschaftsrechts 'Werte' darstellen, die nach allen Richtungen gegen Eingriffe geschützt sind und auf der anderen Seite positiv gefördert werden müssen", und dass „die Europäischen Gemeinschaften und die Mitgliedstaaten die Interessen, die die Freiheiten schützen, positiv zu fördern haben"[850].

Argumentativ werden wenige über die Aussagen des EuGH hinausgehende Ansatzpunkte geboten. Meist erfolgt dabei eine enge Anlehnung an die Problematik im deutschen Verfassungsrecht. Mit dem EuGH wird wegen der besonderen Bedeutung der Warenverkehrsfreiheit[851] als Wertentscheidung des Gemeinschaftsrechts und der rechtlichen Gleichstellung von Unterlassen und positiven Tun bei der Existenz einer Garantenstellung die Schutzpflicht begründet. Dahinter steht das altbekannte Argument des effet utile; nur mit Anerkennung einer Schutzpflicht kann die freie Zirkulation von Waren in der Gemeinschaft sichergestellt werden. Szczekalla weist darüber hinaus darauf hin, dass „die Grundfreiheiten [...] durch den EuGH ohnehin erst allmählich zu subjektiven Rechten des einzelnen erstarkt sind, die objektivrechtliche Schicht also die ursprünglichere ist"[852]. Tatsächlich waren die Mit-

---

[846] Meurer, „Verpflichtung der Mitgliedstaaten", EWS 1998, S. 196ff, S. 197; a.A. Epiney in C/R, Kommentar, Art. 28 EG, R. 48: „Dieses Urteil des Gerichtshofs [...] stellt [...] einen (weiteren) Anhaltspunkt dafür dar, dass Art. 28 gerade keine Drittwirkung entfaltet".; in diese Richtung auch Burgi, Mitgliedstaatliche Garantenpflicht, EWS 1999, S. 327ff, passim und Streinz/Leible, Unmittelbare Drittwirkung, EuZW 2000, S. 459ff, S. 464ff.

[847] Dazu siehe EuGH Rs. C-281/98, EuZW 2000, S. 468ff, Angonese

[848] So Meurer, a.a.O., S. 196 mit Hinweis auf den in der Tat nicht immer eindeutigen Schlussantrag des GA Lenz (Slg. 1997, S. 6959ff, S. 6969: „wenn es der Französischen Republik zugerechnet werden könnte").

[849] Vgl. nur Szczekalla, a.a.O., S. 222; Schwarze, a.a.O., S. 54ff; Epiney in C/R, Kommentar, Art. 28 EG, R. 47ff

[850] Bleckmann, Europarecht, R. 761, R. 767

[851] „Essentialie des europäischen Binnenmarktes", Schwarze, a.a.O. S. 54; „konstitutive Wirkung [...] für den Binnenmarkt", Meurer, a.a.O. S. 197

[852] A.a.O., S. 220, Fn. 8 a.E.

gliedstaaten zunächst (nur) objektiv verpflichtet, zur Gewährleistung der Grundfreiheiten Handels- und Freizügigkeitsbeschränkungen abzubauen, ohne dass der Einzelne subjektive Rechte hieraus ableiten konnte. Ursprünglich lag den Grundfreiheiten also eine objektive Konzeption zu Grunde.

Ein sicherheitsrechtlicher Ansatz geht von der alleinigen Zuständigkeit der Mitgliedstaaten im Bereich der Gefahrenabwehr zur Aufrechterhaltung der öffentlichen Sicherheit und Ordnung aus. Die Gemeinschaft wiederum ist bei der Verwirklichung ihrer Ziele auf die Mitgliedstaaten angewiesen. Die Gefahrenabwehr gewinnt daher bei Störungen der Ziele der Gemeinschaft, zu der nach Art. 2 EG auch die Errichtung eines Gemeinsamen Marktes gehört, eine europarechtliche Dimension. Da die Ziele der Gemeinschaft, in concreto also die Garantie der Warenverkehrsfreiheit, für die Einzelstaaten verbindliche Vorgaben darstellen, haben sie auch für deren effektive Gewährleistung, notfalls durch Ergreifen aktiver Maßnahmen, Sorge zu tragen. Diese Argumentation ist gerade wegen des in den letzten Jahren betonten Gleichlaufs der Grundfreiheiten auch auf die Niederlassungs- und Dienstleistungsfreiheit, sowie auf die Arbeitnehmerfreizügigkeit übertragbar[853].

Im Ergebnis ist damit festzustellen, dass die Existenz grundfreiheitlicher Schutzpflichten in der Literatur weitgehend anerkannt werden. Es fällt allerdings auf, dass Art. 10 EG zur Begründung einer Garantenstellung vor dem Urteil des EuGH nicht herangezogen wurde.

b. Stellungnahme

Dem EuGH und der Literatur kann uneingeschränkt zugestimmt werden. Die Besonderheit des Falles liegt nur darin, dass nicht die klassische Funktion der Grundfreiheiten als kontrollierende Diskriminierungs- und Beschränkungsverbote berührt ist. Der Unterschied ist lediglich im Verhalten der Mitgliedstaaten zu sehen. Dabei wird die Begründung des EuGH, über Art. 10 EG die mitgliedstaatlichen Pflicht, auch aktiv zum Schutze der Grundfreiheiten beitragen zu müssen, dogmatisch herzuleiten, in der Literatur unterschiedlich beurteilt. Insoweit werden die Mitgliedstaaten einerseits als Garanten der Warenverkehrsfreiheit bezeichnet, die Garantenstellung wird Art. 10 EG entnommen[854]. Andererseits wird Art. 10 EG nur unterstützende Funktion zugesprochen[855] oder gar als verzichtbar angesehen[856]. Im Ergeb-

[853] Meurer, Verpflichtung der Mitgliedstaate, EWS 1998 S. 196f., S. 202 : „Zu denken ist [...] an Besetzungen von Niederlassungen ausländischer Unternehmen oder gewalttätige Ausschreitungen gegen Arbeitnehmer und Dienstleister aus anderen Mitgliedstaaten".

[854] G. Meier in Anmerkung zu Rs. C-265/95 in EuZW 1998, S. 87

[855] Szczekalla, a.a.O., S. 220

[856] Kingreen, Struktur der Grundfreiheiten, S. 198; differenzierend und konkret Art. 10 Abs. 1 EG heranziehend Meurer, a.a.O., S. 198

nis kann die Rolle des Art. 10 EG dahinstehen, da sich die Notwendigkeit staatlicher Schutzpflichten im Grundsatz auch auf den effet utile stützen lässt.

Die Gemeinsamkeit mit den klassische Fällen besteht darin, dass sich die aus dem jeweiligen Verhalten (Tun oder Unterlassen) ergebenden, die Grundfreiheiten beschränkenden Konsequenzen sich ihrer Art nach nicht ändern. Faktisch haben sie die gleichen Folgen wie mengenmäßige Einfuhrbeschränkungen oder Maßnahmen gleicher Wirkung. So stellt auch der EuGH in der Rs. C-265/95 hinsichtlich des Vorwurfs staatlicher Untätigkeit bei der Art der Beeinträchtigung der Warenverkehrsfreiheit auf die in Art. 28 EG genannten mengenmäßigen Einfuhrbeschränkungen und Maßnahmen gleicher Wirkung ab und zeigt durch die Verwendung der Dassonville-Formel[857], dass die Verletzung der Schutzpflicht aus Art. 28 EG als Maßnahme gleicher Wirkung anzusehen ist[858].

Dass die Voraussetzungen, welche die Anwendbarkeit der Warenverkehrsfreiheit als Verbotsnorm begründen, aber nicht spiegelbildlich auf die Entstehung einer diesbezüglichen Schutzpflicht übertragbar sind, zeigt der Gerichtshof, indem er nicht die zwischen Verkaufsmodalitäten und produktbezogenen Maßnahmen unterscheidende Keck-Rechtsprechung heranzieht[859]. Dennoch kann nicht die sehr weite Dassonville-Formel, wonach jede Regelung als Maßnahme gleicher Wirkung anzusehen ist, „die geeignet ist, den innergemeinschaftlichen Handel unmittelbar oder mittelbar, tatsächlich oder potentiell zu behindern“[860], bereits die Pflicht eines Mitgliedsstaates begründen, gegen diese private Maßnahme vorzugehen. Es bedarf anderer Grenzen. In dieser Hinsicht muss bedacht werden, dass sich im Rahmen der Schutzpflichten mit dem Störer und dem Schutzbedürftiger zwei Privatpersonen als Konkurrenten im freien Wettbewerb gegenüberstehen. Es ist aber nicht die Aufgabe eines Staates vor zulässiger Konkurrenz zu schützen, jeder Wettbewerber kann alle zulässigen Mittel ausschöpfen, um sich dem anderen gegenüber Vorteile zu verschaffen, auch wenn dadurch der innergemeinschaftliche Handel behindert wird. Der Schutz der Privatautonomie muss auch dann gewährleistet sein, wenn ausländische Produkte im Rahmen der Warenverkehrsfreiheit in den freien Wettbewerb treten. Insoweit kann die Schutzpflicht der Mitgliedstaaten nur unter erschwerten Voraussetzungen entstehen verglichen mit der abwehrrechtlichen Konstellation des Art. 28 EG, da in diesem Fall (klassisch) Hoheitsgewalt und Bürger in einen Konflikt geraten. Der Ansatz Meurers, der hierfür eine „verbotene Beeinträchtigung“ bzw. ein „verbotenes Handelshemmnis“ als entscheidende Kriterien verwenden will[861], kann nicht

---

[857] EuGH Rs. C-265/95, Slg. 1997, I-S. 6959ff, S. 6998

[858] Schorkopf, Interventionsmechanismus,EuZW 1998, S. 237ff, S. 238; Meurer, a.a.O., S. 198.

[859] EuGH verb. Rs. C-267 und C-268/91, EuZW 1993, S. 770, Keck/Mithouard

[860] EuGH Rs. 8/74, Slg. 1974, S. 837ff, S. 852

[861] A.a.O., S. 198f

weiterführen, da es insgesamt ja gerade um die Frage geht, welches private Handeln missbilligt wird[862].

Richtig kann nur ein Ansatz sein, der die auf beiden Seiten zu schützende Privatautonomie berücksichtigt. Ein privatautonomes Handeln löst erst dann die Schutzpflicht eines Staates aus, wenn es die Privatautonomie der anderen Seite faktisch beseitigt. Erst, wenn die benachteiligte Seite ihre Privatautonomie, verkörpert durch die Warenverkehrsfreiheit, nicht mehr ausüben kann, wird eine entsprechende staatliche Handlungspflicht begründet[863]. Entscheidend ist also, ob einem Verbraucher die grundsätzliche Möglichkeit, ein bestimmtes Produkt zu wählen, unmöglich gemacht wird.

Damit nicht genug: Die Mitgliedstaaten können ihre Untätigkeit auch rechtfertigen. Zu Recht hat dabei der Gerichtshof den Versuch Frankreichs abgelehnt, seine Untätigkeit mit wirtschaftlichen und sozialen Problemen zu begründen[864], da nach ständiger Rechtsprechung die Grundfreiheiten zur Verwirklichung des Gemeinsamen Marktes nicht aus wirtschaftlichen Motivationsgründen und inneren Schwierigkeiten heraus eingeschränkt werden dürfen[865]. Zuzustimmen ist dem EuGH auch insoweit, als er finanzielle Ausgleichszahlungen Frankreichs für die entstandenen Schäden als nicht rechtfertigend anerkennt, da er die Vertragsverletzung nicht beseitigen kann[866]. Der Grundsatz des „dulde und liquidiere" findet also auch im Gemeinschaftsrecht keine Anwendung.

Bleibt man innerhalb der grundfreiheitlichen Systematik, können auch die allgemeinen Rechtfertigungsgründe der Art. 30, 39 Abs. 3, 46 Abs. 1, 56, 58 EG herangezogen werden. So hat auch der EuGH festgestellt, dass im Falle einer Gefahr schwerer Störungen für die öffentliche Ordnung eine mitgliedstaatliche Untätigkeit nicht gegen das Gemeinschaftsrecht verstoßen muss[867]. Da allerdings, wie gerade ausgeführt, innere Schwierigkeiten generell unbeachtlich sind, kann dies nur im Falle konkreter schwerer sozialer Unruhen in Einzelfällen gelten. Solche Konstellationen sind denkbar, wenn durch staatliche Eingriffe die Situation eskalieren und die Ausübung der Grundfreiheiten dadurch noch weiter eingeschränkt würde. Eine solche Konstellation konnte Frankreich nicht nachweisen.

Letztlich werden die Mitgliedstaaten auf die Gemeinschaftsgrundrechte als zusätzliche Begrenzungen ihrer grundfreiheitlichen Schutzpflichten abstellen können. Nur auf diese Weise kann ein Gleichlauf mit der abwehrrechtlichen Seite der Grundfreiheiten erreicht werden. Konkret ist hier an das Grundrecht der Berufsfreiheit zu denken. Wenn die Mitgliedstaaten im Falle ihres Tätigwerdens ein Grundrecht verletzen würden, kann auch eine eigentlich beste-

---

[862] Ebenso Kainer, Grundfreiheiten, uS 2000, S. 431ff, S. 434

[863] Ähnlich Kainer, a.a.O., S. 434

[864] EuGH Rs.C-265/95, a.a.O., S. 7704

[865] EuGH Rs. 288(83, Slg. 1985, S.1701ff, S. 1776, Kommission/Irland

[866] EuGH Rs.C-265/95, a.a.O., S. 7704

hende Schutzpflicht nichts am grundsätzlichen Handlungsverbot ändern. An dieser Stelle werden inzidente Abwägungen zwischen einer grundfreiheitlichen und einer grundrechtlichen Rechtsgewährleistung nötig.

Nichts mit diesen die Entstehung einer Schutzpflicht betreffenden Einschränkungen zu tun hat der vom EuGH den Mitgliedstaaten eingeräumte Ermessensspielraum.

Bei der Kontrolle der Einhaltung der Schutzpflichten betont der EuGH, dass es „nicht Sache der Gemeinschaftsorgane [sei] sich an die Stelle der Mitgliedstaaten zu setzen und ihnen vorzuschreiben, welche Maßnahmen sie zu erlassen und tatsächlich anwenden müssen, um den freien Warenverkehr in ihrem Gebiet zu gewährleisten“[868]. Hier geht es um die Anerkennung der generellen Zuständigkeit der Mitgliedstaaten für die Aufrechterhaltung der öffentlichen Sicherheit und Ordnung auch im Geltungsbereich der Warenverkehrsfreiheit, wenn deren Garantie durch Verhalten Dritter in Gefahr gerät; es bleibt zunächst allein den Mitgliedstaaten überlassen, welche Schutzmaßnahmen sie treffen wollen. Ähnlich wie im Bereich der Verteidigungs- und Sozialpolitik müssen die Mitgliedstaaten aber bei der Ausübung ihrer Kompetenzen die punktuell einbrechenden Gemeinschaftszuständigkeiten beachten. Der Gerichtshof behält sich aber die Kontrolle dieses Ermessen vor[869]. „[A]ngesichts der Häufigkeit und der Schwere der [...] Vorfälle [reicht] offenkundig nicht“[870] jede seitens der Mitgliedstaaten ergriffene Maßnahme aus. Auf Grund der Aussage des Gerichtshofs, dass „sich die französische Regierung im vorliegenden Fall offenkundig und beharrlich“ geweigert habe, „ausreichende und geeignete Maßnahmen zu ergreifen“[871], begnügt er sich aber augenscheinlich mit einer Evidenzkontrolle im Sinne des aus dem deutschen Öffentlichen Recht bekannten Untermaßverbots[872]. Im Ergebnis geht es damit um die Sicherung eines Mindeststandards der Grundfreiheiten. Den Mitgliedstaaten verbleibt, verglichen mit der Situation bei sich überschneidenden Verteidigungs- und Sozialkompetenzen, ein größerer Spielraum. Erklären lässt sich dieser mit der hier zusätzlich betroffenen Privatautonomie der Mitgliedstaaten, die nur zivilrechtlichen und damit rein mitgliedstaatlichen Regelungen unterliegt. Wie dargestellt kann allein ein solches Vorgehen des Gerichtshofs der Rolle des Staates gegenüber privaten Dritten gerecht werden.

---

[867] EuGH Rs.C-265/95, a.a.O., S. 7703
[868] EuGH Rs. C-265/95, a.a.O., S. 6999
[869] EuGH Rs. C-265/95, a.a.O., S. 6999
[870] EuGH Rs. C-265/95, a.a.O., S. 7002f
[871] EuGH Rs. C-265/95, a.a.O., S. 7005
[872] Szczekalla, Grundfreiheitliche Schutzpflichten, DVBl. 1998, S. 219ff, S. 223; Schwarze, Anspruch der Gemeinschaft, EuR 1998, S. 47ff, S. 57 als Anmerkung zu EuGH Rs. C-265/95; Meurer, a.a.O., S. 200ff.

3. Die Vertragsgrundrechte

Die Vertragsgrundrechte der Art. 141 Abs. 1, 12 Abs. 1 EG begründen Schutzpflichten und Handlungsgebote der Mitgliedstaaten. Diese sind angehalten, alle erforderlichen Maßnahmen zu ergreifen, um den Grundsatz der Entgeltgleichheit zwischen den Geschlechtern und das Verbot der Diskriminierung auf Grund der Staatsangehörigkeit sicherzustellen, falls deren Verwirklichung erkennbare Hindernisse im Wege stehen. Ein solches Ergebnis ergibt sich aus entsprechenden Überlegungen wie bei den Grundfreiheiten. Zum einen sei auf Art. 10 Abs. 1 EG hingewiesen, der Handlungsgebote hinsichtlich der Erfüllung aller sich aus dem EG-Vertrag ergebenden Verpflichtungen begründet. Aus dem insoweit klaren Wortlauten des Art. 12 EG („ist ... verboten") und des Art. 141 Abs. 1 EG („stellt ... sicher") ergeben sich unzweifelhaft solche Schutzpflichten und Förderungsgebote. Für die inhaltliche Garantie der Vertragsgrundrechte kann es nämlich keinen Unterschied machen, ob ein Mitgliedstaat direkt in dessen Schutzbereich eingreift oder einen solchen Eingriff durch Dritte zulässt. Zum anderen kann ob der überragenden Bedeutung der beiden Vorschriften für das Gemeinschaftsrecht das Argument des effet utile substanzielle Bedeutung erlangen.

Welche konkreten Maßnahmen Gegenstand einer derart begründeten Handlungspflicht sind, legt das Gemeinschaftsrecht nicht fest. Es regelt lediglich das „ob", überlässt den Mitgliedstaaten aber Spielraum hinsichtlich des „wie". So unterliegt beispielsweise die Art der Beseitigung geschlechts- oder staatsangehörigkeitsspezifischer Diskriminierungen in Tarifverträgen nicht der Kontrolle des Gemeinschaftsrechts. Entsprechend der Rechtslage bei den Grundfreiheiten ist einziges Korrektiv die effektive Beseitigung einer drohenden oder eingetretenen Beeinträchtigung des Diskriminierungsverbots.

4. Die Grundrechte, insbesondere die Rs. Gouda und Familiapress

Da die Gemeinschaftsgrundrechte (noch) keine Kodifikation erfahren haben, können Schutzpflichten und Förderungsgebote auch nicht explizit im Gemeinschaftsrecht formuliert sein. Die Analyse der Grundfreiheiten und Vertragsgrundrechte hat aber ergeben, dass objektiv-rechtliche Gehalte von Diskriminierungsverboten im Gemeinschaftsrecht jedenfalls grundsätzlich möglich sind. Da auch Art. 1 der Grundrechtecharta die Würde des Menschen entsprechend Art. 1 Abs. 1 GG in den verfassungsrechtlichen Mittelpunkt rückt, kann zumindest im Grundsatz an eine Übertragung der deutschen Schutznormlehre gedacht werden[873]. Für die Frage, ob objektive Gehalte auch den ungeschriebenen Grundrechten zukommen, bedarf es einer genaueren Untersuchung der Judikatur des EuGH. Soweit ersichtlich, lässt

---

[873] So auch Schmitz, Grundrechtecharta, JZ 01, S. 833ff, S. 840

sich eine ausdrückliche Stellungnahme des Gerichtshofs zu der Frage, ob die Grundrechte als allgemeine Rechtsgrundsätze des Gemeinschaftsrechts Handlungspflichten beinhalten, nicht entdecken. Dennoch sind in der Rechtsprechung des EuGH Äußerungen vorhanden, die Stimmen in der Literatur[874] auf die Existenz etwaiger Schutzpflichten der Gemeinschaftsgrundrechte schließen lassen. Allerdings verwendet der Gerichtshof auch in den angeführten Entscheidungen den Begriff der grundrechtlichen Schutzpflichten nicht explizit. Dieser Sinn wird den Entscheidungen des EuGH durch die Literatur beigemessen.

Im Mittelpunkt dieser Diskussion stehen zwei Entscheidungen des Gerichtshofs im Zusammenhang mit mitgliedstaatlichen Maßnahmen, die einerseits die Freiheit des Dienstleistungsverkehrs[875] andererseits die Warenverkehrsfreiheit[876] einschränken. Ihre Gemeinsamkeit besteht darin, dass der EuGH im Rahmen der Rechtfertigung eines Eingriffs in die Grundfreiheiten ein entgegenstehendes Allgemeininteresse in der „Aufrechterhaltung eines pluralistischen Rundfunkwesens"[877] oder in der „Aufrechterhaltung der Medienvielfalt"[878] sah. Diese stünden wiederum in einem Zusammenhang mit der in Art. 10 EMRK verbürgten Meinungsfreiheit. Die Wahrung der Meinungsäußerungsfreiheit umfasse demnach auch erforderliche (positive) Maßnahmen zur Pluralismussicherung, die wiederum Eingriffe in die Grundfreiheiten rechtfertigen könnten.

Den Ausführungen des Gerichtshofs fehlt an dieser Stelle jegliche Begründung. Insbesondere bleibt offen, ob der Gerichtshof die Meinungsäußerungsfreiheit tatsächlich auch um den Aspekt einer objektiv-rechtlichen Pflicht zur Sicherung des Pluralismus erweitern wollte. Bei genauer Betrachtung der Konstellationen beider Sachverhalte ergibt sich jedenfalls, dass Art. 10 EMRK in diesen Fällen in der Tat nicht deshalb erwähnt wird, weil er einen Einzelnen vor einem obrigkeitlichen Eingriff schützen soll. Die Besonderheit[879] besteht darin, dass eine staatliche Regelung nicht daran gemessen wird, ob sie in ein Gemeinschaftsgrundrecht als Abwehrrecht eingreift oder quasi präventiv so ausgestaltet wird, dass sie gar nicht in ein solches eingreifen kann, sondern dass ein staatlicher Eingriff in eine Grundfreiheit durch einen (neuen) objektiven Wert gerechtfertigt sein kann, der einem Grundrecht entnommen wird. Art. 10 EMRK verbürgt also nicht nur das Recht des Individuums, sich eine eigene Meinung zu bilden und diese frei zu verbreiten, ohne hoheitlichen Beschränkungen zu unterliegen,

[874] Gersdorf, Funktionen, AöR 119 (1994), S. 400ff; Kokott, Grundrechtsschutz, AöR 121 (1996), S. 599ff, S. 611; Kühling, Grundrechtskontrolle, EuGRZ 1997, S. 296ff, S. 301

[875] EuGH Rs. C-288/89, EuGRZ 1992, S. 64ff, „Gouda" = Slg. 1991, I-S. 4035ff

[876] EuGH Rs. C-368/95, EuGRZ 1997, S. 344ff, „Familiapress"

[877] EuGH Rs. C-288/89, a.a.O., S. 66

[878] EuGH Rs. C-368/95, a.a.O., S. 345

[879] Auch im Vergleich zu den bei Gersdorf, a.a.O., S. 407ff vorgetragenen Fällen.

sondern garantiert der Öffentlichkeit zugleich Informationsvielfalt[880]. Insofern ist nicht nur die Abwehr von Kommunikationsverboten zu gewährleisten, sondern auch der objektive Überbau, die freie und plurale Kommunikationsordnung, die den freien Austausch der unterschiedlichen Meinungen und Fakten überhaupt erst ermöglicht, unterliegt dem Schutz des Art. 10 EMRK. Die objektiv-rechtliche Wirkungsdimension wird somit erst zur unerlässlichen Grundlage für die Aufrechterhaltung der offenen und damit notwendig auch pluralen Kommunikationsordnung. Als Begründung für einen solchen Bedeutungszuwachs nennt Gersdorf die Unvereinbarkeit der demokratischen Gesellschaftsordnung mit der Steuerung des öffentlichen Kommunikationsprozesses durch einzelne gesellschaftliche Gruppen. Dies sei unvereinbar mit den Wesenselementen einer demokratischen Gesellschaftsordnung, die eine Vielfalt von Meinungen voraussetzt. Aus dem Bestehen des Pluralismusprinzips als objektiven Komponente des Art. 10 EMRK folgt zwangsläufig auch eine diesbezügliche Schutzpflicht. Denn die Gemeinschaftsgrundrechte stellten für ihre Adressaten verbindliche Vorgaben dar. Für alle an die Gemeinschaftsgrundrechte gebundenen Organe besteht also zur Herstellung einer gleichgewichtigen Vielfalt in den europäischen Kommunikationsräumen die Verpflichtung, „sich schützend und fördernd vor das Schutzgut der Medienvielfalt zu stellen"[881].

Diese zielgerichtete, an deutschem Verfassungsrecht orientierte Interpretation der Rechtsprechung des Gerichtshofs ist nicht völlig problemlos. So wird gegen sie vorgebracht, ohne aber die prinzipielle Möglichkeit gemeinschaftsgrundrechtlicher Schutzpflichten zu verneinen, dass der EuGH in den angesprochenen Entscheidungen nicht geprüft hat, ob eine Schutzpflicht bestand, sondern nur, ob ein Mitgliedstaat schützend tätig geworden ist. Es sei nicht ausgeschlossen, dass der Gerichtshof Art. 10 EMRK nur ergänzend zur normativen Legitimierung der ungeschriebenen Allgemeininteressen, die eine Beeinträchtigung der Grundfreiheiten rechtfertigen, herangezogen hat [882].

Im Einklang mit dieser Kritik sollte in der Tat vorsichtig mit der Anerkennung gemeinschaftsrechtlicher Grundrechtsfunktionen verfahren werden, die der EuGH ausdrücklich so nicht feststellt. Zum einen betraf die angesprochene Rechtsprechung lediglich die Mitgliedstaaten. Deren Bindung an die Gemeinschaftsgrundrechte ist aber strittig[883]. Über mögliche Schutzpflichten der Gemeinschaftsorgane als uneingeschränkt verpflichtete Adressaten hat sich der EuGH nicht geäußert. Wie bereits festgestellt, hat der EuGH zum anderen nicht konkret nach dem Bestehen gemeinschaftsgrundrechtlicher Schutzpflichten gefragt. Es ging

---

880 Gersdorf, a.a.O., S. 412

881 Gersdorf, a.a.O., S. 414

882 Kingreen in C/R, Kommentar, Art. 6 EU, R. 48

883 Siehe dazu oben

vielmehr um das Recht der Mitgliedstaaten, ihr Handeln mit einem Grundrecht zu rechtfertigen. Es ist deshalb zweifelhaft, ob das Gericht seinen Aussagen so weit reichende Konsequenzen beigemessen hat und ob es sich deren Tragweite bewusst war. Die beiden entscheidenden Passagen aus den Urteilen des Gerichtshofs („Die Aufrechterhaltung eines pluralistischen Rundfunkwesens [...] steht nämlich in einem Zusammenhang mit der durch Artikel 10 [...] garantierten Meinungsfreiheit"[884]; „Artikel 10 [...] lässt jedoch Ausnahmen von dieser [885] Freiheit zum Zweck der Aufrechterhaltung der Medienvielfalt zu"[886]) weisen im Ergebnis eher auf das Gegenteil hin, beschäftigen sie sich doch ausschließlich mit der konkreten Situation, wonach Art. 10 EMRK der Aufrechterhaltung des Pluralismus dient und in dieser Funktion im Rahmen der Ausnahmetatbestände zu den Grundfreiheiten herangezogen werden darf. Zwar ist richtig, dass das Pluralismusprinzip als Art „institutionelle Garantie" tatsächlich objektiver Natur ist, andererseits stellt es auch einen unverzichtbaren Bestandteil einer rechtsstaatlichen demokratischen Verfassung dar. Dass der EuGH Art. 10 EMRK auf Grund seines inhaltlichen Zusammenhangs lediglich zur dogmatischen Begründung für das selbstverständliche Pluralismusprinzip auf Gemeinschaftsebene herangezogen hat, ist nicht völlig auszuschließen.

In dieser Hinsicht bleibt fraglich, in den beiden oben zitierten Passagen den Durchbruch hinsichtlich der Anerkennung aller objektiv-rechtlichen Funktionen der Gemeinschaftsgrundrechte durch den EuGH zu sehen. Aus diesem Grund ist wohl die Ansicht Gersdorfs verfrüht, der dem „Gouda"-Urteil „wirklich bahnbrechende und zugleich wegweisende Bedeutung für die weitere Entwicklung der gemeinschaftsrechtlichen Grundrechtsdogmatik"[887] entnimmt. Dennoch ist gerade auf Grund dieser Urteile des EuGH die Diskussion um objektiv-rechtliche Gehalte der Gemeinschaftsgrundrechte entfacht worden. Von einer „Anerkennung" durch den Gerichtshof kann man dennoch nicht sprechen. Dafür sind seine Äußerungen einerseits zu wenig eindeutig, andererseits sollte dem Gerichtshof keine vom ihm nicht gewollte Aussage mit so weitreichender Bedeutung untergeschoben werden.

Daraus folgt jedoch nicht, das die Gemeinschaftsgrundrechte keine objektiv-rechtliche Handlungspflicht beinhalten können. Im Gegenteil sind solche entsprechend der obigen Argumentation im Rahmen der Grundsatznormen generell zu bejahen, da die dort verwendeten Argumente sich ebenso auf die Existenz von Handlungs- und Schutzpflichten übertragen lassen. Insofern ergibt sich kein anderes Ergebnis als bei der Frage nach der Drittwirkung

---

884 EuGH Rs. C-288/89, a.a.O., S. 66

885 Meinungs-

886 EuGH Rs. C-368/95, a.a.O., S. 345

887 Gersdorf, a.a.O., S. 411

der Grundrechte. Lediglich den Aussagen des EuGH in den Rs. Gouda und Familiapress können solche Inhalte nicht beigemessen werden.

Speziell im Hinblick auf den allgemeinen Gleichheitssatz des Gemeinschaftsrechts muss letztendlich wegen der entgegenstehenden Privatautonomie und mangels hinreichender Kodifizierung eine objektive Komponente dahingehend, dass die Mitgliedstaaten zu dessen Einhaltung auch zu Schutzmaßnahmen zu Lasten Dritter angehalten sind, verneint werden. Wie bereits angedeutet kann sich diese Rechtslage aber im Falle einer Europäischen Grundrechte-Charta verändern, da dadurch der Wille der Mitgliedstaaten zum Schutze bestimmter Minderheiten zum Ausdruck kommen kann.

Probleme ergeben sich aber hinsichtlich der Erfüllung von derart begründeten Schutz- und Handlungspflichten aus den Gemeinschaftsgrundrechten. Denn aus ihrer bloßen Existenz wird noch kein Kompetenztitel geschaffen[888]. Adressaten der Gemeinschaftsgrundrechte sind die Europäische Union und die Mitgliedstaaten, folglich ist es die Aufgabe beider Hoheitsgewalten, zur Einhaltung der Grundrechte schützend tätig zu werden.

Auf Grund des Subsidiaritätsprinzips des Art. 5 EG sind dazu in erster Linie die Mitgliedstaaten und deren Organe angehalten. Wie gezeigt ist aber deren Bindung an die Gemeinschaftsgrundrechte, gerade im Bereich der Einschränkung der Grundfreiheiten, äußerst problematisch und überhaupt nur in zwei Fallkonstellationen anerkannt. Entsprechend der hier vertretenen Auffassung zur Grundrechtsbindung der Mitgliedstaaten im Rahmen der abwehrrechtlichen Grundrechtsdimension wären die Mitgliedstaaten einerseits bei der Einschränkung von Grundfreiheiten zur Ergreifung positiver Schutzmaßnahmen bei Verletzung der Grundrechte verpflichtet[889], andererseits müssten sie bei der Ausführung von Sekundärrecht grundrechtliche Schutzpflichten erfüllen. Über diese Bereiche hinaus sind die Mitgliedstaaten nicht an die Grundrechte gebunden.

Den Gemeinschaftsorganen wiederum wird eine Art Reservefunktion eingeräumt, da sie nur dann eingreifen dürfen, „wenn die Mitgliedstaaten die ihnen obliegende Kontrolle nicht in befriedigender Weise vornähmen"[890]. Ein solches Verständnis darf aber nicht zu der Annahme führen, dass die Schutzpflichten der Gemeinschaftsgrundrechte immer dann von den Gemeinschaftsorganen garantiert werden, wenn die Mitgliedstaaten nicht dazu berufen sind. Denn diese unterliegen mangels Kompetenz-Kompetenz dem Prinzip der beschränkten Einzelermächtigung. Sie können ihre Schutzpflichten nur dann erfüllen, wenn ihnen von den

888 Kingreen in C/R, Kommentar, Art. 6 EU, R. 48

889 Diese Konsequenz ist auf den ersten Blick etwas absurd, letztlich aber nur die konsequente Folgerung aus der Adressatenstellung der Mitgliedstaaten bezüglich der Gemeinschaftsgrundrechte in ihrer abwehrrechtlichen Funktion.

890 Szczekalla, Grundfreiheitliche Schutzpflichten, DVBl. 1998, S. 219ff, S. 222

Mitgliedstaaten ein entsprechender Kompetenztitel verschaffen wurde. Auch die Gemeinschaft kann einer Schutzpflicht somit nicht umfassend nachkommen und ist an die Zuständigkeiten des EG-Vertrag gebunden. Damit ergibt sich aber die Situation, dass man die Existenz gemeinschaftsgrundrechtlicher Schutzpflichten zwar bejaht, dass die zu ihrer Wahrung berufenen Adressaten aber nicht umfassend, sondern nur, soweit sie gebunden oder ermächtigt sind, tätig werden müssen (Mitgliedstaaten) bzw. dürfen (EU-Organe). Ist keine der beiden Konstellationen einschlägig, erweitert sich die Bejahung grundrechtlicher Schutzpflichten im Gemeinschaftsrecht als Leerformel.

Abhilfe leisten kann an dieser Stelle nur eine neue Kompetenzverteilung im Gemeinschaftsrecht. Am besten kann dies in einer Grundrechte-Charta für die Gemeinschaft bewerkstelligt werden. „Ohne eine klare und leistungsfähige Kompetenzverteilung werden sich weitere Integrationsfortschritte nur schwer erzielen lassen“[891]. Will man die Zuständigkeiten zum Schutz der Grundrechte in der Gemeinschaft in einem Katalog festhalten, wird man kaum streng zwischen einem Gemeinschaftsbereich und einem mitgliedstaatlichen Bereich unterscheiden können. Falls nämlich ein mitgliedstaatlicher Schutzmechanismus versagt, muss zumindest die Gemeinschaft, nimmt sie die Vorgaben aus Art. 6 EU ernst, einen Ordnungsrahmen für den Schutz der EU-Grundrechte bereit halten. Damit wäre ein supranationaler Kompetenztitel begründet[892]. Man wird sehen, ob die Mitgliedstaaten zu einem solchen Eingeständnis bereit sind.

Es noch darauf hinzuweisen, dass die genannten kompetenzrechtlichen Bedenken als bloße Folge einer Anerkennung gemeinschaftsgrundrechtlicher Schutzpflichten keinen Einfluss auf deren dogmatische Herleitung haben können.

5. Die Richtlinien

Richtlinien begründen definitionsgemäß Handlungspflichten der Mitgliedstaaten. Als Instrument zweistufiger Rechtssetzung geben sie lediglich ein Ziel vor, das die Mitgliedstaaten durch entsprechende Regelungen in ihren nationalen Rechtsordnungen zu verwirklichen haben. So sehen einzelne Richtlinienbestimmungen beispielsweise vor, „dass die Anwendung des Grundsatzes der Gleichbehandlung beinhaltet, dass [...] keine Diskriminierung erfolgt“[893], oder „dass die Mitgliedstaaten die notwendigen Maßnahmen treffen“[894]. Solche all-

---

891 Jarass, Kompetenzverteilung, AöR 121 (1996), S. 173ff, S. 199

892 König, EU-Grundrechtscharta, EuZW 2000, S. 417

893 Art. 3 Abs. 1 der Richtlinie 76/207/EWG

894 Art. 4 Abs. 1 der Richtlinie 76/207/EWG

gemein gehaltenen Formulierungen sind typisch für das Richtlinienrecht[895]. Ihnen ist zu entnehmen, dass die Mitgliedstaaten sowohl bestehende eigene diskriminierende Regelungen zu beseitigen haben, als auch bei Ungleichbehandlungen Dritter schützend eingreifen müssen, um die Vorgaben der Richtlinie zu verwirklichen, soweit sich diese auch auf private Rechtsverhältnisse erstreckt. Insoweit kann sekundäres Gemeinschaftsrecht weit reichende Schutz- und Handlungspflichten begründen.

Zur Begründung kann einerseits auf die Verpflichtung der Mitgliedstaaten zur effektiven Umsetzung von Richtlinien verwiesen werden[896]. Richtlinien belassen den Mitgliedstaaten demnach zwar die Wahl der Mittel, verpflichten sie aber zu hinreichenden Maßnahmen, „um die vollständige Wirksamkeit der Richtlinie entsprechend ihrer Zielsetzung zu gewährleisten"[897]. Andererseits kann auch bei Richtlinien auf Art. 10 Abs. 1 EG verwiesen werden[898]. Den es ist macht im Hinblick auf Art. 10 Abs. 1 EG keinen Unterschied, ob ein Ziel einer Richtlinie durch aktives staatlichen Handeln oder dessen Untätigkeit gefährdet wird.

6. Subjektive Rechte

Die Herleitung subjektiver Rechte aus den objektiven Rechtsgewährleistungen der Schutzpflichten und Förderungsgebote ist keine Selbstverständlichkeit und bedarf sowohl bei den Grundfreiheiten, als auch bei den Grundrechten einer eigenen Analyse.

Anders als bei den beiden bisher diskutierten Konstellationen folgt aus der Annahme einer staatlichen Handlungspflicht zur Gewährleistung der Grundfreiheiten nicht zwangsläufig auch das entsprechende individuelle Recht der betroffenen Marktbürger. Der Gerichtshof hat sich zu dieser Frage in der Rs. C-265/95 nicht äußern müssen, handelte es sich doch um ein Vertragsverletzungsverfahren ohne Beteiligung einzelner Unionsbürger.

Schwierigkeiten ergeben sich zum einen daraus, dass es sich hierbei nicht um ein von vornherein auf den Einzelnen zugeschnittenes Recht, sondern ausdrücklich um eine Pflicht von Staaten handelt. Damit rückt das Problem in die Nähe der ursprünglichen völkerrechtlichen und allein objektiv-rechtlichen Qualität des Gemeinschaftsrechts. Zum anderen leitet

---

895 Vgl. auch Art. 5 der Richtlinie 86/378/EWG oder Art. 6 der Richtlinie 75/117/EWG.

896 Vgl. nur EuGH Rs. 79/83, Slg. 1984, S. 1921ff, Dorit Harz; EuGH Rs. 14/83, Slg. 1984, S. 1891ff, Colson und Kamann

897 EuGH Rs. 79/83, a.a.O., S. 1906; EuGH Rs. 14/83, a.a.O., S. 1939

898 So die Generalanwältin Rozès in der Rs. 14/83, a.a.O., S. 1917.

der EuGH die betreffende Schutzpflicht explizit aus dem objektiven Grundsatz der Gemeinschaftstreue aus Art. 10 EG her[899].

Auf der anderen Seite liegt es nahe angesichts der Notwendigkeit der effektiven Durchsetzung des Gemeinschaftsrechts und der im Anwendungsbereich ohnehin bestehenden subjektiv-rechtlichen Komponente der Marktfreiheiten, auch den staatlichen Handlungspflichten Individualrechte folgen zu lassen[900]. Art. 10 EG jedenfalls kann gegen ein solches Verständnis nicht angeführt werden, da der EuGH im Rahmen des abwehrrechtlichen Charakters der Niederlassungsfreiheit diese Bestimmung als zusätzliche Argumentationsstütze zur Herleitung von Individualrechten herangezogen hat[901]. Im Gegenteil vermag gerade die Anwendung des Art. 10 EG zur Begründung eines subjektiven Rechts aus der objektivrechtlichen Schutzpflicht der Mitgliedstaaten angeführt werden. Wenn der EuGH unter Bezug auf diese Norm der Verletzung der Warenverkehrsfreiheit durch positives Tun und durch Unterlassen den gleichen Handlungsunwert bescheinigt und beide Verhalten insoweit gleichsetzt, besteht unter wertenden Gesichtspunkten inhaltlich kein Unterschied zwischen den beiden Verhaltensweisen. Ein solcher findet sich nur noch bei formaler Betrachtung im Bestehen einer Handlungs- bzw. Unterlassenspflicht. Diese kann aber keinen Einfluss auf die Rechte des Einzelnen haben. Wenn zudem die Grundfreiheiten als Unterlassenspflichten in ihrer abwehrrechtlichen Funktion unstreitig unmittelbar anwendbar sind, Schutzpflichten dem aber gleichstehen, ist schon im Grundsatz davon auszugehen, dass nur die Anerkennung eines subjektiven Rechts dem individualistischen Charakter der Grundfreiheiten gerecht wird.

Inhaltlich hängt die Gewährleistung eines Individualrechts stets vom Umfang der objektiv bestehenden Staatspflicht ab und kann keinesfalls weitergehende Rechte als diese begründen. Nach dem EuGH „steht es [...] im Ermessen der Mitgliedstaaten, die für die Aufrechterhaltung der öffentlichen Sicherheit und Ordnung allein zuständig bleiben, zu entscheiden, welche Maßnahmen in einer bestimmte Situation am geeignetsten sind, um Beeinträchtigungen der Einfuhr zu beseitigen"[902]. Zwar wird durch diesen Gestaltungsspielraum der nationalen Verwaltung die Entstehung eines subjektiven Rechts nicht gänzlich gehindert[903]. Es existiert aber keine Verpflichtung des Staates, eine bestimmte Handlung zum Schutze der Grundfreiheiten vorzunehmen, so dass es prinzipiell auch keinen Individualanspruch auf eine

899 Vgl. dazu Kahl in C/R, Kommentar, Art. 10 EG, R. 13f: Soweit hier von einem „subjektiven Anwendungsbereich" die Rede ist, bedeutet dies keinesfalls, dass der Einzelne Individualrechte aus Art. 10 EG herleiten kann.

900 Kühling, Staatliche Handlungspflichten, NJW 1999, S. 403f, S. 404.

901 EuGH Rs. C-104/91, Slg. 1992, I-S. 3003ff, S. 3027, Aguirre Borrel u.a.; EuGH Rs. C-340/89, Slg. 1991, I-S. 2357ff, S. 2383, Vlassopoulou; vgl. Kainer, Grundfreiheiten, JuS 2000, S. 431ff, S. 436.

902 EuGH Rs. C-265/95, Slg.1997, I-S. 6959ff, S. 6999, Kommission/Rat

903 Nur eine gesetzgeberisches Ermessen kann die unmittelbare Anwendbarkeit der Grundfreiheiten beeinträchtigen, vgl. Kainer, a.a.O., S. 435.

konkrete Maßnahme geben kann. Insofern reduziert sich das subjektive Recht des Einzelnen auf die Ausübung sachgerechten Ermessens. Ein Anspruch auf ein konkretes staatliches Handeln entsteht nur im Falle der „Ermessensreduzierung auf Null", also dann, wenn sich der Ermessensspielraum auf eine einzige geeignete Maßnahme verengt. Der staatliche Ermessensspielraum wirkt sich aber nicht nur auf den Anspruch auf eine bestimmte staatliche Maßnahme, sondern generell auf das Entstehen der objektiven Schutzpflicht aus. Nach dem Gerichtshof wurde im konkreten Fall die staatliche Handlungspflicht unter Berücksichtigung des staatlichen Ermessensspielraums erst angesichts der Häufigkeit und Schwere der die Marktfreiheiten beeinträchtigenden Aktionen Privater und wegen der offenkundigen und beharrlichen Weigerung Frankreichs, ausreichende und geeignete Maßnahmen zu ergreifen, ausgelöst[904]. Hält man beide Punkte auseinander, kristallisiert sich ein zweistufiges Anspruchssystem heraus: Bei offenkundiger und erheblicher Verletzung des staatlichen Ermessensspielraums durch beharrliches Unterlassen geeigneter Vorkehrungen entsteht zunächst ein Individualanspruch auf (erneute) ermessensfehlerfreie Entscheidung der Mitgliedstaaten. Dieser verdichtet sich erst auf zweiter Ebene auf einen Anspruch auf ein bestimmtes Vorgehen, falls nur eine geeignete Maßnahme zur Gewährleistung der Grundfreiheiten in Frage kommt[905].

Wie bei den Grundfreiheiten bedarf auch bei den Grundrechten die Herleitung eines subjektiven Rechts aus der objektiven Schutzpflicht der Mitgliedstaaten eines größeren Argumentationsaufwandes. Für den Bereich der Grundrechte des Grundgesetzes hat das Bundesverfassungsgericht aus der objektiv-rechtlichen Verletzung einer staatlichen Schutzpflicht zugleich eine Beeinträchtigung subjektiver Rechte gefolgert[906]. In der Literatur findet dieses Ergebnis überwiegend Zustimmung[907]. Es wird auf den Zweck der Schutzpflicht verwiesen, die freie Entfaltung des Individuums sicherzustellen; wie sich aus der Verankerung der Schutzpflicht im Bereich der Grundrechte ergibt, besteht sie gerade im Interesse des Einzelnen[908]. Die Subjektivierung der Schutzpflicht folgt aus dem Prinzipiencharakter der Grundrechte; allein sie wird dem individualistischen Charakter der Grundrechte gerecht[909]. Entscheidend ist, dass die objektiv-rechtliche Schutzpflicht der Mitgliedstaaten nicht in einem Gegensatz zur Funktion der Grundrechte als Abwehrrechte steht, sondern ergänzend der Gewährleistung der individuellen Grundrechtsausübung dient, es folgt also der Schutzpflicht

---

904 EuGH Rs. C-265/95, a.a.O., S. 7002, 7005

905 Vgl. auch E. Klein, Grundrechtliche Schutzpflichten, NJW 1989, S. 1633ff, S. 1638

906 BVerfGE 77, S. 170ff, S. 214

907 Vgl. ausführlich Dietlein, Grundrechtliche Schutzpflichten, S. 145ff m.w.N.; Alexy, Theorie der Grundrechte, S. 411ff; E. Klein, a.a.O., S. 1636f; Isensee, Handbuch des Staatsrechts, Bd. V, § 111, R. 183ff m.w.N.

908 E. Klein, a.a.O., S. 1637

ein Anspruch auf Schutz. Das subjektive Recht des Einzelnen wird insofern jedoch durch die objektive Reichweite der Grundrechte begrenzt. Wenn demnach dem Staat zur Erfüllung der Schutzpflichten auf Grund der konkurrierenden Grundrechtsinteressen ein weites Ermessen zugestanden wird, kann sich der Anspruch auch nur auf die formelle Gewährleistung einer alle Gesichtspunkte berücksichtigenden Ermessensausübung erstrecken. Ein materieller Anspruch auf eine bestimmte konkrete staatliche Maßnahme steht dem sich auf die Schutzpflicht Berufenden grundsätzlich nicht zu[910].

Bisweilen wird gegen diese Annahme geltend gemacht, dass sie nicht vereinbar sei mit der politischen Verantwortung des Gesetzgebers[911]. Diese Auffassung vermischt allerdings die Frage nach der Existenz eines Individualrechts mit derjenigen nach dessen Inhalt. Es ist zwar richtig, dass auch im grundrechtlichen Bereich dem Staat ein Ermessensspielraum bei der Wahrnehmung seiner Verpflichtung zugestanden wird[912], der letztlich politischen Entscheidungserwägungen unterliegt. Dies wirkt sich aber nur auf den Inhalt eines möglichen Anspruchs aus, so dass statt eines Anspruchs auf ein konkretes Handeln ein Anspruch auf ermessensfehlerfreie Entscheidung in Betracht kommt. Die Frage, ob mit Verletzung der objektiven staatlichen Schutzpflicht ein - inhaltlich noch auszufüllender -Individualanspruch des Bürgers einhergeht, bleibt davon unberührt.

Auch soweit vorgebracht wird, dass die Idee, die Grundrechte auch als objektive Wertentscheidungen anzusehen, durch die Gleichbehandlung von staatlichem Nichthandeln und staatlichem Grundrechtseingriff überdehnt werde[913], kann dem jedenfalls für den hier interessierenden Bereich des Gemeinschaftsrechts Art. 10 EG entgegengehalten werden. Daraus ergibt sich nämlich gerade die Gleichstellung von positiven Tun und Unterlassen, soweit es um die Erfüllung gemeinschaftsrechtlicher Aufgaben geht. Entgegen seinem Wortlaut ist Art. 10 EG auch nicht auf Verpflichtungen aus dem EG-Vertrag beschränkt[914], sondern kann auch bei den ungeschriebenen Gemeinschaftsgrundrechten Anwendung finden, da er für den Bereich des gesamten Gemeinschaftsrechts gilt[915].

Ansonsten lässt sich die bei den Grundrechten des Grundgesetzes angewandte Argumentation auf die Gemeinschaftsgrundrechte übertragen. Diese weisen im Vergleich zu den Grundrechten des Grundgesetzes keinen generellen qualitativen Unterschied auf, der eine andere Auffassung unterstützen könnte, sondern treten an deren Stelle im Anwendungsbereich des Gemeinschaftsrechts. Für den Einzelnen macht die Verpflichtung eines Staates

---

909 Alexy, a.a.O., S. 414

910 Isensee, a.a.O., Bd. V, § 111, R. 184

911 Nachweise bei Isensee, a.a.O., Bd. V, § 111, R. 183

912 Vgl. Isensee, a.a.O., Bd. V, § 111, R. 184

913 Di Fabio, Risikoentscheidungen, S. 45

914 Vgl. Bleckmann, Europarecht, R. 702f

aus Gemeinschafts- oder nationalem Recht keinen Unterschied. Der Übergang zu einer supranationalen Gewalt wie der Europäischen Union darf für ihn nicht mit einer grundsätzlichen Rechtseinbuße verbunden sein. Anderenfalls müsste das Bundesverfassungsgericht das in der Maastricht-Entscheidung aufgestellte Kooperationsverhältnis zum EuGH mangels genereller effektiver Verbürgung grundlegender Grundrechtsfunktionen wieder aufgeben.

Auch wenn damit im Ergebnis dem Einzelnen ein Individualanspruch aus der Verletzung einer gemeinschaftsgrundrechtlichen Schutzpflicht zugestanden wird, unterliegt dieser inhaltlich wie die Grundfreiheiten einem Ermessen der jeweiligen Mitgliedstaaten. Ein Individualanspruch besteht lediglich auf ermessensfehlerfreie Entscheidung, der sich im Falle einer einzigen geeigneten Lösung auf einen Anspruch auf ein konkretes mitgliedstaatliches Verhalten verdichten kann.

Die dargestellten Argumentationsmuster müssen auch gelten, soweit Schutzpflichten und Förderungsgebote aus den Vertragsgrundrechten und Richtlinien bejaht werden. Insoweit ergeben sich letztlich keine durchgreifenden strukturellen Unterschiede.

---

[915] Vgl. in diesem Sinn Kahl in C/R, Kommentar, Art. 10 EG, R. 13

III. Gleichheitsrechte

1. Der abwehrrechtliche Charakter der Diskriminierungsverbote des Gemeinschaftsrechts

Diskriminierungsverbote dienen, unabhängig davon, ob sie gemeinschaftsrechtlich oder in nationalen Rechtsordnungen vorgesehen sind, in erster Linie der Abwehr von diskriminierenden Hoheitsakten. In dieser Funktion verwirklichen sie ihre ursprüngliche Zielbestimmung. Denn nur durch das Recht auf Abwehr einer Ungleichbehandlung kann das hinter einem Diskriminierungsverbot stehende Gleichheitsprinzip durchgesetzt werden. Im Folgenden ist das primäre und sekundäre Gemeinschaftsrecht auf diesen gleichheitsrechtlichen Aspekt der jeweiligen Diskriminierungsverbote zu untersuchen.

a. Primärrecht

Primärrechtliche Diskriminierungsverbote kennt das Gemeinschaftsrecht in den so genannten Vertragsgrundrechten der Art. 12 Abs. 1 EG und Art. 141 Abs. 1 EG, sowie im allgemeinen Gleichheitssatz. Der EuGH hat den Vertragsgrundrechten unmittelbare Wirkung zuerkannt[916]. Der Einzelne kann sich damit vor nationalen Gerichten auf diese Vorschriften berufen und sich in Form eines Abwehranspruchs gegen hoheitliche Diskriminierungen zur Wehr setzen.

Auch die Gemeinschaftsgrundrechte wurden vom EuGH bislang als Maßstab für die Kontrolle von hoheitlichen Eingriffen im Anwendungsbereich des Gemeinschaftsrechts herangezogen. Insoweit hat er deren Hauptfunktion in der Abwehr von belastenden Maßnahmen für die Gemeinschaftsbürger gesehen[917]. Dies gilt insbesondere auch für den allgemeinen Gleichheitssatz. Zwar findet sich wie bei allen anderen Grundrechten keine ausdrückliche Aussage des EuGH in dieser Richtung. Allerdings musste sich der Gerichtshof anders als das Bundesverfassungsgericht noch nicht ausdrücklich mit der Existenz anderer Grundrechtsfunktionen als der Abwehrfunktion auseinander setzen, mit der Folge, dass die Hervorhebung der Grundrechte in ihrer Funktion als Abwehrrechte nicht nötig war. Vielmehr ging der EuGH wie selbstverständlich davon aus, dass stets ein grundrechtlicher Gleichbehandlungsgrundsatz als Abwehrrecht betroffen war. An dieser Funktion der grundrechtlichen Dis-

---

916 Zu Art. 141 Abs. 1 EG: EuGH Rs. 43/75, Slg. 1976, S. 455ff, S. 476, Defrenne II; zu Art. 12 Abs. 1 EG: EuGH Rs. 293/83, Slg. 1985, S. 593ff, Gravier

917 Vgl. nur Ruffert, Subjektive Rechte, S. 58; Rengeling, Grundrechtsschutz, S. 15, S. 203; Storr, Bonität, Der Staat 1998, S. 547ff, S. 558

kriminierungsverbote (vgl. jetzt auch Art. 21 bis 23 der Grundrechte-Charta) bestehen auch im Gemeinschaftsrecht keine Zweifel.

Sowohl den Vertrags-, als auch den ungeschriebenen Grundrechten der Europäischen Union wird damit eine klassische Dimension als individuelles Abwehrrecht zugesprochen. Dies erscheint so selbstverständlich, dass Ruffert „hinsichtlich dieser Grundrechtsdimension keinerlei Begründungsschwierigkeiten"[918] sieht. In der Tat ist in der Abwehr obrigkeitlicher Eingriffe die Grundfunktion der Grundrechte überhaupt zu sehen. Sie definieren gleichsam den Kern einer freiheitlich-demokratischen Grundordnung, indem sie den auch in einem rechtstaatlich ausgebildeten Gemeinwesen der Gefahr des Machtmissbrauchs ausgesetzten hoheitlichen Gewalten bürger- und menschenrechtliche Grenzen setzen. Nicht nur auf nationaler Ebene existiert zwischen dem Einzelnen und der hoheitlichen Gewalt ein Subordinationsverhältnis. Die mit der Übertragung von Hoheitsrechten verbundene Möglichkeit der Europäischen Union, rechtsetzend in Rechte ihrer Bürger einzugreifen (vgl. Art. 249 EG), geht einher mit einem Schutzbedürfnis auf Gemeinschaftsebene zur Abwehr solcher Einwirkungen.

Diese Klassifizierung entspricht einem ursprünglichen staatlichen Grundrechtsverständnis. Entsprechend deutscher Grundrechtsdogmatik stellt die Abwehrfunktion als status negativus[919] die „allen Geltungszweifeln entrückte Dimension der Grundrechte"[920] dar. Ihr kommt der Vorrang zu[921], alle weiteren Funktionen sind allenfalls ergänzender Natur und müssen sich an ihr messen lassen. Der Schwerpunkt der grundrechtlichen Wirkungsweise ist dabei in der Freiheit von bzw. gegenüber der Ausübung von hoheitlicher Gewalt zu sehen: dem Individuum stehen die Grundrechte zur Seite, um nicht gerechtfertigte hoheitliche Eingriffe zu verhindern oder zu beseitigen.

Parallel zur Systematik der Grundrechte des Grundgesetzes gründet das Verständnis der Grundrechte als Abwehrrechte daher auch unter der Geltung des Europarechts auf der grundsätzlichen Freiheit des Unionsbürgers von hoheitlichen Eingriffen. Damit wird ein „EU-freier" Bereich geschaffen, in den Eingriffe von außen vom Einzelnen nicht geduldet werden müssen. Unabhängig von ihrer rechtlichen Ausgestaltung im Einzelnen entsteht zugleich eine gemeinsame rechtliche Struktur aller Gemeinschaftsgrundrechte: Sie richten sich in ihrer Gesamtheit gegen die Ausübung von Hoheitsgewalt durch den jeweiligen Hoheitsträger auf der Ebene des Gemeinschaftsrechts.

---

918 Ruffert, a.a.O., S. 58

919 G. Jellinek, System der subjektiv öffentlichen Rechte, S. 84ff., S. 94ff; vgl. Starck in v. Mangoldt/Klein/Starck, Bonner Grundgesetz, Art. 3 Abs.1 GG, R. 147

920 Isensee in Handbuch des Staatsrechts Bd.V, § 111, R. 21

921 Für die Grundrechte des Grundgesetzes: Isensee, a.a.O., § 111, R. 11

Mit der Abwehrfunktion korrespondiert automatisch ein entsprechendes Individualrecht. Grundrechtsschutz verwirklicht sich in der Garantie individueller Rechte gegenüber der Obrigkeit. Es ist gerade Sinn und Zweck der (Vertrags-) Grundrechte in ihrer abwehrrechtlichen Dimension, dem Einzelnen einen individuellen Anspruch auf einen Freiraum gegenüber der Hoheitsgewalt zu gewähren. Sie stellen die „subjektive öffentliche Rechte par excellence“[922] dar. Die grundrechtlichen Diskriminierungsverbote bilden insofern keine Ausnahme. So kann an der subjektiv rechtlichen Qualität des Gleichheitssatzes schon wegen seiner Gewährleistung als Grundrecht kein Zweifel bestehen. „Die Qualität des Gleichheitssatzes als eines subjektiven Rechtes kann mithin als gesichert zu Grunde gelegt werden“[923]. Insofern ergibt sich zwischen den Grundrechten des Grundgesetzes und den Gemeinschaftsgrundrechten kein Unterschied[924].

Die sich von den Freiheitsrechten unterscheidende Struktur der Gleichheitsrechte führt im Ergebnis aber zu einer unterschiedlichen Ausrichtung der abwehrrechtlichen Seite der Diskriminierungsverbote. Freiheitsrechte verbieten ein bestimmtes, konkretes Verhalten eines Hoheitsträgers. Sie sind insofern ausschließlich auf ein Unterlassen ausgerichtet[925]. Wie sich aus den bereits dargestellten unterschiedlichen Möglichkeiten zur Beseitigung einer Ungleichbehandlung ergibt, untersagen Gleichheitsrechte nicht zwingend ein bestimmtes Verhalten, sondern verlangen „nur“, dass eine Hoheitsgewalt bei gleich gelagerten Sachverhalten gleich verfährt. Der Anspruch auf Gleichbehandlung kann grundsätzlich also auch durch ein positives Tun im Sinne der Erteilung einer Vergünstigung verwirklicht werden. Dass Gleichheitsrechten aus diesem Grund keine Abwehr-, sondern stattdessen eine eigenständige „Nichtdiskriminierungsfunktion“ zukommt, stellt keinen zwingenden Schluss dar[926] und kann insofern dahinstehen, als damit außer eines terminologischen Unterschieds keine neuen Erkenntnisse verbunden sind. Auch wenn der Lösungsweg über die Zuteilung einer Begünstigung an den Benachteiligten auf den ersten Blick inhaltlich eher einem Recht auf Teil-

---

922 Schmitt-Glaeser, Verwaltungsprozessrecht, R. 157; die Qualität der Gemeinschaftsgrundrechte als subjektive Rechte setzen Kingreen/Störmer, a.a.O., S. 271ff stillschweigend voraus.

923 So zu Art. 3 GG Sachs, Dogmatischen Struktur, DÖV 1984, S. 411ff, S. 41f m.w.N. und dem Hinweis, dass „der Gleichheitssatz [ursprünglich] in besonderem Maße um die Anerkennung seiner subjektiv-rechtlichen Dimension zu ringen“ hatte, was heute nicht mehr vertreten wird; vgl. auch BVerfGE 23, S. 353ff, S. 373; E 35, S. 263ff, S. 271f: „als Grundrecht des Einzelnen garantiert“; vgl. speziell zu den Gemeinschaftsgrundrechten Schilling, „Allgemeine Rechtsgrundsätze“ in EuGRZ 2000, S. 1ff, S. 24f m.w.N.

924 Vgl. Chwolik-Lanfermann, Grundrechtsschutz, S.69; Bauer/Kahl, Unionsbürger, JZ 1995, S. 1077ff, S. 1079; für den allgemeinen Gleichheitssatz zweifelnd: Nowak, Konkurrentenschutz, S. 490ff

925 Instruktiv Sachs, Dogmatische Struktur, DÖV 1984, S. 411ff

926 So aber Jarass, Bausteine, AöR 120 (1995), S. 345ff, S. 348f

habe an der günstigeren Situation ähnelt[927], offenbart sich die gemeinsame abwehrrechtliche Dimension in der Beseitigung einer gleichheitswidrigen Lage. In dem hier relevanten Maße garantiert ein Gleichheitssatz nicht mehr und nicht weniger als die Gleichbehandlung oder das Unterlassen einer ungleichen Behandlung bei vergleichbaren Sachverhalten. Dieses Ziel wird durch alle drei zur Verfügung stehenden Lösungswege erreicht. So stehen sich die verschiedenen Möglichkeiten, einer bestehenden Diskriminierung zu begegnen, nicht gegensätzlich gegenüber. Vielmehr bilden sie gemeinsam Anwendungsfälle eines gleichheitsrechtlichen Abwehranspruchs, da jede Lösung unabhängig davon in Betracht kommt, ob der Beschwerdeführer eine ungleiche Belastung angreift oder eine Begünstigung erstrebt[928].

b. Sekundärrecht

Wegen der Kompetenzvorschriften der Art. 13 EG und Art. 141 Abs. 3 EG werden eine Vielzahl praktisch relevanter Diskriminierungsverbote im Gemeinschaftsrecht sekundärrechtlicher Natur sein. Ob und inwiefern dadurch subjektive Individualrechte entstehen können, ist Gegenstand der folgenden Überlegungen.

(1) Verordnungen

Werden Diskriminierungsverbote in einer Verordnung formuliert, erwächst dem Einzelnen daraus automatisch ein individuelles Recht auf Abwehr einer Ungleichbehandlung. „Schon nach ihrer Rechtsnatur und ihrer Funktion [...] erzeugt sie [...] unmittelbare Wirkungen und ist als solche geeignet, für die Einzelnen Rechte zu begründen [...]"[929]. Allerdings entsteht ein solcher Anspruch nicht per se mit Inkrafttreten einer Verordnung. Soll eine Bestimmung einer Verordnung unmittelbare Rechte erzeugen, ist nötig, dass auch sie die Kriterien der unmittelbaren Anwendbarkeit erfüllt. Das stellt keinen Widerspruch zur vertraglich angeordneten Verbindlichkeit einer Verordnung dar, da allein im Falle einer klaren und eindeutigen Vorschrift der persönliche und sachliche Anwendungsbereich eines Diskriminierungsverbots bestimmt werden kann. Verordnungen erfüllen insoweit keinen Selbstzweck, so dass der bloßen Tatsache der unmittelbaren Geltung einer Verordnung für sich genommen noch keine Aussage über die unmittelbare Wirkung entnommen werden kann[930]. Konsequent

---

927 Der dritte Lösungsweg wiederum, der die Schaffung einer völligen Neuregelung vorsieht, steht den beiden anderen zunächst indifferent gegenüber und kann grundsätzlich beide Wirkungen entfalten.

928 Vgl. Sachs, a.a.O., S. 29; Pieroth/Schlink, Grundrechte, R. 530

929 EuGH Rs. 43/71, Slg. 1971, S. 1039ff, S. 1049, Politi

930 Wie hier: Wegener, Rechte des Einzelnen, S. 126ff, auch zur Unterscheidung von unmittelbarer Geltung und unmittelbarer Anwendbarkeit in diesem Sinne; dazu auch Emmert, Horizontale Wirkung,

prüft auch der Gerichtshof die Kriterien der unmittelbaren Anwendbarkeit im Rahmen einzelner Verordnungsbestimmungen[931]. Selbst wenn diese Prüfung zumeist weniger ausführlich als bei Richtlinien ausfällt[932], wird man von einer einheitlichen Anwendung der Kriterien der unmittelbaren Wirkung im geschriebenen Gemeinschaftsrecht ausgehen können[933]. Für Diskriminierungsverbote in Verordnungen wird aber kaum jemals anzunehmen sein, dass diese nicht klar und eindeutig formuliert sind und keine unbedingte, von weiteren Maßnahmen abhängige Verpflichtung zu einem Tun oder einem Unterlassen begründen. Insofern ist es berechtigt, wie eingangs geschehen, von einer „automatischen" Begründung eines subjektiven Rechts in diesem Bereich zu sprechen.

(2) Richtlinien

Hauptanwendungsfall sekundärrechtlicher Diskriminierungsverbote ist das Richtlinienrecht. Richtlinien wurden insbesondere zur Verwirklichung der Geschlechtergleichbehandlung gewählt. Auch die Rechtsakte zu Art. 13 EG beschränken sich auf diese Maßnahme. Richtlinien sind Instrumente einer indirekten, kooperativen zweistufigen Rechtsetzung[934]. Nach dem Wortlaut des Art. 249 Abs. 3 EG können sie sich nur an Mitgliedstaaten richten und entfalten deshalb verbindliche Wirkungen grundsätzlich nur diesen gegenüber. Diese sind nach dem Grundsatz der Gemeinschaftstreue aus Art. 10 EG zur fehlerlosen Umsetzung verpflichtet. Erst dann können Richtlinienbestimmungen über nationales Recht auch Rechte und Pflichten des Einzelnen begründen. Im Weiteren ist das Verhältnis der zwischen dem objektiven Norminhalt und einem daraus folgenden Individualrecht nicht endgültig geklärt. Einvernehmen besteht im Grunde nur insoweit, als jedenfalls die bereits bekannten Kriterien der unmittelbaren Wirkung entsprechend ihrer gerade festgestellten einheitlichen Anwendung auch hier eine Rolle spielen[935].

EWS 1992, S. 56ff, S. 57 und Langenfeld, Direktwirkung, DÖV 1992, S. 955ff, S. 956f: „Die unmittelbare Geltung einer Norm ist lediglich die unabdingbare Voraussetzung für ihre Anwendbarkeit"; vgl. auch Classen, Der einzelne als Instrument, Verw Arch 88 (1997), S. 645ff, S. 650

931 EuGH Rs. 9/73, Slg. 1973, S. 1135, S. 1158, Schlüter

932 So Wegener, a.a.O., S. 128; erklären lässt sich dieser Umstand wohl dadurch, dass bei Verordnungen die Nichtbegründung individueller Rechte eher die Ausnahme darstellt.

933 Ausdrücklich Emmert, a.a.O., S. 57; für die Grundrechte gilt dies gerade nicht, s.o.

934 Statt aller Oppermann, Europarecht, R. 555; Hilf, Richtlinie, EuR 1993, S. 1ff, S. 4f; Heim, Unmittelbare Wirkung, S. 25

935 Vgl. statt aller Classen, a.a.O., S .651; Hailbronner, Vergabe öffentlicher Aufträge, WiVerw 1994, S. 173ff, S. 211f; Wegener, Rechte des Einzelnen, S. 125ff, S. 201ff; von Danwitz, Grundlegung, DÖV 1996, S. 481ff, S. 482; Langenfeld, a.a.O., S. 956f; Fischer, Unmittelbare Anwendung, NVwZ 1992, S. 935ff, S. 936f

Die Schwierigkeiten beginnen schon damit, dass wegen des Charakters der Richtlinie als Instrument zweistufiger Rechtssetzung[936] aus einzelnen Richtlinienbestimmungen grundsätzlich auf zweierlei Weise Individualrechte begründet werden können. Einzelne haben einerseits die Möglichkeit, Rechte aus der unmittelbaren Wirkung einer (nicht oder fehlerhaft umgesetzten) Richtlinie herzuleiten, andererseits haben individuelle Rechte ihren Ursprung auch dann in der Richtlinie, falls diese regulär in nationales Recht umgesetzt wurde. Im ersten Fall geht es um die Frage, wann Individualrechte direkt aus einer Richtlinienbestimmung entstehen, im zweiten, wann solche über den Umweg der Transformation im innerstaatlichen Recht begründet werden[937]. Fraglich ist allerdings, ob das jeweilige Individualrecht auch unter identischen Voraussetzungen entstehen kann, insbesondere, ob die Kriterien der unmittelbaren Wirkung beiderseits angewandt werden können.

(a) Die richtlinienimmanente Verpflichtung der Mitgliedstaaten zur Schaffung von Individualrechten

Während in überwiegendem Maße die dargestellte Differenzierung richtlinienimmanenter subjektiver Rechte nicht berücksichtigt wird und folglich auch keine Konsequenzen an sie geknüpft werden[938], wird diese streng isolierte Behandlung der beiden Möglichkeiten, subjektive Rechte durch Richtlinien zu begründen, von Wegener ausdrücklich kritisiert[939]. Sie beruhe letztlich auf einem unzulässig verkürzten Verständnis der unmittelbaren Wirkung des Gemeinschaftsrechts und wecke Zweifel hinsichtlich ihres Ertrags und ihrer inneren Berechtigung. Ihr liege ein Verständnis zu Grunde, nach dem die Erfüllung der Umsetzungsverpflichtung die rechtsbegründende Funktion der Richtlinie entfallen lässt[940]. Dies sei aber keinesfalls richtig, da die unmittelbare Wirkung einer Richtlinie nicht auf den Fall der Nichtumsetzung beschränkt sei. Denn auch nach erfolgter Umsetzung bleibe die Richtlinie unmittelbar geltendes Recht in den Mitgliedstaaten. So komme ihr in diesem Fall eine Sperrwirkung zu, die es den Mitgliedstaaten verwehre, richtlinienkonform ausgestaltetes nationales Recht in einer Weise abzuändern, die nicht den Vorgaben der Richtlinie entspricht[941]. Genauso

936 Hailbronner, a.a.O., S. 211; Hilf, Die Richtlinie der EG in EuR 1993, S. 1ff, S. 4f

937 Ruffert, Dogmatik und Praxis, DVBl. 1998, S. 69ff, S. 72 und ihm folgend Schoch, Individualrechtsschutz, NVwZ 1999, S. 457ff, S. 463; außerdem Classen, a.a.O., S. 651; ausdrücklich differenzierend auch Hailbronner, Europarechtliche Aspekte, RIW 1992, S. 553ff, S. 557ff; Triantafyllou, Europäisierung, DÖV 1997, S. 192ff, S. 195

938 Fischer, a.a.O., in NVwZ 1992, S. 935ff, S. 937f; von Danwitz, a.a.O., DÖV 1996, S. 481ff; Stern, Einwirkung, JuS 1999, S. 769ff, S. 771; Kokott, Europäisierung, DV 1998, S. 335ff, S. 352ff; unklar Ruthig, Transformiertes Gemeinschaftsrecht, BayVBl. 1997, S. 289ff, S. 290ff

939 Zum Folgenden Wegener, a.a.O., S. 138ff

940 Wegener, a.a.O., S. 139

941 Vgl. Klein, Objektive Wirkung, Festschrift Everling Bd. I, S. 641ff, S .650; Gellermann, Beeinflussung, S. 89ff

ändere auch für den Rechtsanwender die Umsetzung nichts an der Verpflichtung zur richtlinienkonformen Auslegung[942]. In Zweifelsfällen habe sich die nationale Vorschrift an der Richtlinie zu orientieren. Auf diese Weise entstehe eine zweifach gestufte Rechtsgrundlage[943].

Die Richtigkeit der von Wegener vorgebrachten Argumente ist kaum zu bezweifeln. Sie gehen aber an der Sache vorbei, da Wegener seinerseits von einer falschen Prämisse ausgeht, wenn er der Auffassung von Ruffert bescheinigt, dass sie die rechtsbegründende Funktion der Richtlinie im Zeitpunkt ihrer Umsetzung entfallen lässt. Kommen nämlich – wie in der ursprünglichen Konzeption des Gemeinschaftsrechts vorgesehen – die Mitgliedstaaten ihrer Pflicht zur Umsetzung einer Richtlinie in ein Individualrecht der innerstaatlichen Rechtsordnung nach, sind sie nicht von den inhaltlichen Vorgaben der Richtlinie entbunden. Sie haben nicht nur generell nationales Recht zu schaffen, sondern müssen dieses auch am Inhalt der Richtlinie ausrichten. Fehlt der Transformationsmaßnahme der nötige inhaltliche Bezug, kann die Richtlinie innerstaatlich unter Umständen auch unmittelbar wirken. Unberührt davon bleibt die Tatsache, dass der Mitgliedstaat seine Umsetzungsmaßnahme entsprechend der Richtlinie korrigieren muss. Beide Möglichkeiten der Begründung individueller Rechte schließen sich also nicht aus, sondern ergänzen sich. Von einem Entfallen der rechtsbegründenden Funktion der Richtlinie im Falle ihrer Umsetzung kann keine Rede sein.

Man läuft vielmehr Gefahr, sich in Widerspruch zu den Grundsätzen des Richtlinienrechts zu setzen, wenn man beide Bereiche nicht exakt voneinander unterscheidet. Dass sich die unmittelbare Wirkung einer Richtlinie und die Frage, wann eine Richtlinienbestimmung in ein subjektives Recht der jeweiligen nationalen Rechtsordnung umgesetzt werden soll, nicht den gleichen Voraussetzungen unterliegen, zeigt folgende Überlegung: Das Bestehen einer Pflicht zur Schaffung eines Individualrechts macht in erster Linie Sinn, wenn nicht bereits auf Grund der Kriterien der unmittelbaren Wirkung ein subjektives Recht begründet werden konnte. Die grundsätzliche Pflicht zur Richtlinienumsetzung aus Art. 10 EG kann solche Fälle nur unzureichend erfassen. Ein Individualrecht kann auch so in einer Richtlinie angelegt sein, dass es mangels Unbedingtheit und Genauigkeit nicht unmittelbar anwendbar ist, dem Einzelnen nach Sinn und Zweck der Vorschrift aber jedenfalls ein im nationalen Recht verankertes subjektives Recht gewähren soll. Eine solche Vorgehensweise bietet sich an, wenn den Mitgliedstaaten bei der konkreten Ausgestaltung eines Individualrechtes ein Ermessensspielraum verbleiben soll. Die Möglichkeit der Begründung eines subjektiven Rechts nach diesen Grundsätzen wäre vereitelt, wollte man nicht zwischen den Voraussetzungen der Begründung einer Pflicht zur Schaffung eines Individualrechts in den

---

942 Vgl. Gellermann, a.a.O., S. 103ff

943 So Wegener, a.a.O., S. 139

nationalen Rechtsordnungen und denen der unmittelbaren Wirkung unterscheiden und, wenn auch ungewollt, im Ergebnis beide Fälle gleichsetzen[944].

Für die Ansicht, die zwischen beiden Bereichen trennt, spricht zudem, dass nach ständiger Rechtsprechung des EuGH nicht umgesetzte Richtlinien keine Wirkung unter Privaten entfalten können[945]. Eine nicht ordnungsgemäß umgesetzte Richtlinie wirkt nur zu Gunsten des Einzelnen und entfaltet keine „unmittelbare horizontale Wirkung", da einem Privaten nicht die staatliche Umsetzungssäumnis entgegengehalten werden kann. Dieser Sanktionsgedanke trägt nicht bei der Umsetzung einer Richtlinienbestimmung in innerstaatliches Recht. Hier sind die Mitgliedstaaten gemeinschaftsrechtlich sogar verpflichtet, Einzelnen zu Gunsten anderer Pflichten aufzuerlegen, wenn die Richtlinie dies vorsieht. Überträgt man diese Situation auf sekundärrechtliche Diskriminierungsverbote, ergibt sich, dass in horizontalen Rechtsverhältnissen Private zur Einhaltung eines Differenzierungsverbots nur durch korrekte staatliche Umsetzung verpflichtet werden können. In solchen Fällen kommt es aber verglichen mit sonstigen Richtlinienbestimmungen zu einem größeren Eingriff in die Rechte des durch das Diskriminierungsverbot verpflichteten privaten Dritten. Den durch ein Diskriminierungsverbot Begünstigten wird ein Recht zu Lasten anderer gewährt. Zumindest für diesen Bereich wäre es dann gerechtfertigt, zwischen der Umsetzung einer Richtlinie in ein subjektives nationales Recht und der unmittelbaren Anwendbarkeit einer Bestimmung zu differenzieren und an beide gerade nicht die gleichen Voraussetzungen zu stellen. Vor diesem Hintergrund kann jedenfalls im Bereich horizontal wirkender Bestimmungen nicht auf die „verwunderliche" Konsequenz verwiesen werden, dass dem Einzelnen vor Umsetzung einer Richtlinie eine leichter durchsetzbare Rechtsposition gewährt werden als nach der Umsetzung in nationales Recht[946].

Steht damit fest, dass an der fraglichen Differenzierung festzuhalten ist, stellt sich zunächst die Frage, wie im vorgesehenen Regelfall der korrekten Richtlinienumsetzung Individualrechte in den Mitgliedstaaten geschaffen werden. Hier kann man die Besonderheiten der jeweiligen nationalen Rechtsordnungen berücksichtigen. Müssen nämlich gemeinschaftsrechtlich begründete Individualrechte in mitgliedstaatliches Recht transformiert werden, kann dies nur auf dem Weg, den das nationale Recht geht, erfolgen. Der Einzelne muss die Möglichkeit haben, sich auf zwingende innerstaatliche Vorschriften zu berufen, um seine Rechte

---

944 Implizit Wegener, a.a.O., S. 139 und alle, die von vorn herein nicht zwischen den beiden Kategorien unterscheiden: vgl. die in Fn. 65 Genannten.

945 EuGH Rs. 14/86, Slg. 1987, S. 2545ff, S. 2570, Pretore di Salò; EuGH Rs. C-97/96, Slg. 1997, S. 6843ff, S. 6865f, Daihatsu Deutschland m.w.N.

946 Classen in JZ 1997, S. 351f, S. 352; vgl. aber auch ders., Der einzelne als Instrument, VerwArch 88 (1997), S. 645ff, S. 653; ähnlich Wegener, a.a.O., S. 139; für alle anderen Fälle vermag das Prozessrecht ausreichend Ausgleich zu gewähren, siehe später.

effektiv geltend machen zu können[947]. Für die Bundesrepublik Deutschland bedeutet dies die Einräumung materieller subjektiv-öffentlicher Rechte im engen Sinne des deutschen Verwaltungsrechts[948]. Diese dienen gerade der Rechtsdurchsetzung des Einzelnen. Es wird klar, dass diese Kategorie richtlinienimmanenter Individualrechte sich über den oben skizzierten materiell-rechtlichen Lösungsweg im deutschen Recht niederschlägt. Werden Richtlinien korrekt umgesetzt, muss der durch sie vermittelte Schutz über die Schaffung subjektiv-öffentlicher Rechte erreicht werden. Dieser Weg passt sich nahtlos in das deutsche Verwaltungsrecht ein, da insoweit subjektive Rechte in seinem Sinn geschaffen werden[949].

Fraglich kann nur noch sein, wann die Mitgliedstaaten in diesem Fall gemeinschaftsrechtlich zur Begründung subjektiv-öffentlicher Rechte verpflichtet sind. Der EuGH selbst gibt vor, welche Kriterien hierfür von Bedeutung sind. Er stellt dabei ausdrücklich auf den Inhalt der jeweiligen Richtlinie ab, indem er deren Zweck hinterfragt[950]. Daraus folgt, dass dem Gemeinschaftsrecht Schutzzwecküberlegungen nach deutschem Verständnis auch im Rahmen des Primärrechtsschutzes nicht fremd sind[951]. Als ausreichend hat der Gerichtshof insbesondere Richtlinien angesehen, die den Schutz der Volksgesundheit als zunächst rein objektiven Wert bezwecken, falls die Nichtbefolgung der Richtlinie, vor allem durch Überschreitung von Grenzwerten, zu einer Gefährdung der Gesundheit des Einzelnen führen könnte[952]. Der Gerichtshof stellt dabei explizit auf die Betroffenheit Einzelner ab. Im Ergebnis ist entscheidend, ob der Einzelne durch den objektiv zu ermittelnden Regelungszweck einer Richtlinie erfasst wird und individualisiert und tatsächlich von ihr betroffen ist[953]. Wenigstens im Bereich der richtlinienimmanenten Verpflichtung der Mitgliedstaaten zur Schaffung von Individualrechten im nationalen Recht müssen subjektive Elemente berücksichtigt werden. Damit kann bereits an dieser Stelle festgehalten werden, dass das Gemeinschaftsrecht, un-

---

947 EuGH Rs. C-58/89, Slg. 1991, I-S. 4983ff, S. 5023, Kommission/Deutschland; EuGH Rs. C-298/95, Slg. 1996, I-S. 6747ff, S. 6760, Kommission/Deutschland; vgl. auch EuGH Rs. C-361/88, Slg. 1991, I-S. 2567ff, S. 2601, Kommission/Deutschland; EuGH Rs. C-59/89, Slg. 1991, I-S. 2607ff, S. 2361, Kommission/Deutschland

948 Ruffert, Dogmatik und Praxis, DVBl. 1998, S. 69ff, S. 74; wohl auch Schoch, Individualrechtsschutz, NVwZ 1999, S. 457ff, S. 463;

949 Classen, Europäisierung, S. 81

950 EuGH Rs. C-58/89, a.a.O.,S.5023; EuGH Rs. C-298/95, a.a.O., S. 6760; vgl. auch EuGH Rs. C-361/88, a.a.O., S. 2601; EuGH Rs. C-59/89, a.a.O., S. 2361.

951 Im Bereich des Sekundärrechtsschutzes stellt der EuGH bei Schadensersatzansprüchen ohnehin auf Schutzzwecküberlegungen ab, vgl. nur Ruffert in C/R, Kommentar, Art. 288 EG, R. 13. Eine a.A., die Individualrechte im Gemeinschaftsrecht ohne jeglichen subjektiven Bezug nach Art des französischen Verwaltungsrechts bestimmen will, wird insbesondere vertreten von: Schilling, Allgemeine Rechtsgrundsätze, EuGRZ 2000, S. 1ff, S. 24ff; von Danwitz, Zur Grundlegung einer Theorie der subjektiv-öffentlichern Gemeinschaftsrechte, DÖV 1996, S. 481ff; Everling, Durchführung und Umsetzung in NVwZ 1993, S. 209ff, S. 214f.

952 EuGH Rs. C-58/89, a.a.O., S. 5023; EuGH Rs. C-298/95, a.a.O., S. 6760; EuGH Rs. C-361/88, a.a.O., S. 2601; EuGH Rs. C-59/89, a.a.O., S. 2361.

953 Ruffert, Dogmatik und Praxis, DVBl. 1998, S. 69ff, S. 72; ders., Subjektive Rechte, S. 157f; ders. C/R, Kommentar, Art. 249 EG, R. 64ff

abhängig davon, welche Rechtsschutzkonzeption ein Mitgliedstaat verfolgt, bei der Frage der Anerkennung subjektiver Rechte selbst auf subjektive Elemente zurückgreift und sich somit zumindest nicht ausschließlich am rein objektiven System des französischen Verwaltungsrechts orientiert, da es den Mitgliedstaaten genügend Spielraum zur Berücksichtigung innerstaatlicher Besonderheiten lässt.

Für sekundärrechtliche Diskriminierungsverbote werden Schutzzwecküberlegungen selten Schwierigkeiten bereiten. Es ist nämlich gerade Sinn und Zweck der Diskriminierungsverbote, die Gleichbehandlung Einzelner zu gewährleisten. Der Schutz vor Willkür kann nicht ausreichend gewährleistet werden, wenn er lediglich objektiv garantiert wird und der jeweils Betroffene daraus kein eigenes, vor den nationalen Gerichten durchsetzbares Individualrecht ableiten kann[954]. Der Grundsatz der Gleichbehandlung ist bereits seinem Wesen nach geeignet, unmittelbare subjektive Rechte der benachteiligten Personen zu begründen[955].

(b) Die unmittelbare vertikale Wirkung[956] einer Richtlinienbestimmung

In der Rechtsprechung des EuGH und in der Literatur ist seit langem anerkannt, dass Richtlinien nicht erst durch den Umweg der Umsetzung individuelle Rechte Einzelner begründen, sondern ausnahmsweise diese Wirkung aus sich selbst heraus entfalten können[957]. Eine unmittelbare Wirkung entspricht zwar nicht der ursprünglichen Konzeption einer Richtlinie als Instrument zweistufiger Rechtssetzung und ist damit grundsätzlich zu verneinen. Da die Gemeinschaftsorgane auf die verzögerte Umsetzung einer Richtlinie oder gar deren Unterlassen lediglich mit dem schwerfälligen und oftmals für den Einzelnen ineffizienten Vertragsverletzungsverfahren[958] reagieren können, ist ganz herrschende Meinung, dass einzel-

---

954 Vgl. EuGH Rs. EuGH Rs. C-58/89, a.a.O., S. 5023

955 Classen, a.a.O., S. 657: „Personen [...], die als (angebliche) Opfer einer Diskriminierung [...] unproblematisch in wie auch immer definierten eigenen Rechten verletzt wurden"; EuGH Rs. 2/74, Slg. 1974, S.631ff, S.652, Reyners; EuGH Rs. 57/65, Slg. 966, S. 257ff, S. 266, Lütticke

956 Terminologisch soll nicht zwischen den Begriffen „unmittelbarer Anwendbarkeit" und „unmittelbarer Wirkung" unterschieden werden. Diese terminologischen Feinheiten spiegeln sich nicht in der Rechtsprechung des EuGH wieder, so dass auf sie verzichtet werden kann, zumal sie zur Sache kaum Neues beitragen; wie hier Ruffert in C/R, Kommentar, Art. 249 EG, R. 18 m.w.N.; beachte aber zur unterschiedlichen Bedeutung der „unmittelbaren Geltung" Langenfeld, Gleichbehandlung, S. 180

957 Statt aller: EuGH Rs. 41/74, Slg. 1974, S. 1337ff, S. 1348f, van Duyn/Home Office; EuGH Rs. 148/78, Slg.1979, S. 1629ff, S. 1642, Ratti; EuGH Rs. 8/81, Slg. 1982, S. 53ff, S. 70f, Becker; aus der Literatur: Bleckmann, Europarecht, R. 431ff; Schweitzer, Europarecht, R. 394ff; soweit Bloch, Gleichbehandlung, S. 52ff, S. 54 auf die mit der unmittelbaren Wirkung verbundene Rechtsunsicherheit verweist, hat Langenfeld, Gleichbehandlung, S. 195f, überzeugend nachgewiesen, dass es für die öffentliche Hand keine Rechtssicherheit geben kann, wenn es um Rechte des Bürgers geht und sie ihren Umsetzungsverpflichtungen nicht ausreichend nachgekommen ist.

958 Man denke nur an die beschränkte Kapazität der Gemeinschaftsorgane oder an das Fehlen effektiver Vollstreckungsmöglichkeiten, vgl. Jarass, Grundfragen, S. 112.

ne Richtlinienbestimmungen in Annäherung an den Rechtscharakter einer Verordnung durchaus zu Gunsten Einzelner unmittelbar anwendbar sein können.

Dies führt dazu, dass sich diese entgegen den Wortlaut von Art. 249 Abs. 3 EG nicht nur an die Mitgliedstaaten richten, sondern im Falle ihrer fehlerhaften oder verspäteten Umsetzung auch auf Rechtsverhältnisse im innerstaatlichen Bereich einwirken können[959]. Die Gerichte der Mitgliedstaaten haben ihren anfänglichen Widerstand gegen diese Rechtsfortbildung durch den Gerichtshof größtenteils aufgegeben[960].

Damit kann er Einzelne gegenüber einem Mitgliedstaat, der eine Richtlinienvorschrift nicht rechtzeitig oder fehlerhaft umgesetzt hat, sich zur Begründung seiner Rechte auf die betroffene Richtliniennorm berufen. Zur Rechtfertigung dieser Annäherung einzelner Richtlinienbestimmungen an den Rechtscharakter einer Verordnung zieht der EuGH argumentativ vor allem[961] die Notwendigkeit der praktischen Wirksamkeit (effet utile) des Gemeinschaftsrechts und den völkerrechtlichen estoppel-Grundsatz[962] heran. So sei einerseits die praktische Wirksamkeit einer Richtlinienbestimmung „abgeschwächt, wenn die einzelnen vor Gericht sich nicht auf sie berufen und die staatlichen Gerichte sie nicht als Bestandteil des Gemeinschaftsrechts berücksichtigen könnten"[963]. Andererseits soll sich ein Mitgliedstaat nicht seiner Verpflichtung aus den Richtlinien durch bloße Nichtumsetzung entziehen können. Insoweit steht ein Sanktionsgedanke im Vordergrund, der es einem Mitgliedstaat verwehrt, sich gegenüber seinen Bürgern auf die eigene Umsetzungssäumnis zu berufen[964]. Deshalb können unmittelbar anwendbare Richtlinienvorschriften auch nur solche Bestimmungen sein, die dem Bürger Rechte einräumen, nicht aber solche, die für ihn Verpflichtungen begründen. Wegen ihres eigenen rechtswidrigen Verhaltens darf sich eine „innerstaatliche Behörde [...] nicht zu Lasten des Einzelnen auf eine Bestimmung einer Richtlinie berufen, deren erforderliche Umsetzung in innerstaatliches Recht noch nicht erfolgt ist"[965]. Die umgekehrte Konstellation ist im Bereich von Diskriminierungsverboten auf Grund der Kriterien der Art. 13 EG und

---

959 Terminologisch soll nicht zwischen den Begriffen „unmittelbarer Anwendbarkeit" und „unmittelbarer Wirkung" unterschieden werden. Diese terminologischen Feinheiten spiegeln sich nicht in der Rechtsprechung des EuGH wieder, so dass auf sie verzichtet werden soll, zumal sie zur Sache kaum Neues beitragen; wie hier Ruffert in C/R, Kommentar, Art. 249 EG, R. 18 m.w.N.

960 Vgl. hierzu vor allem die ausführliche Darstellung der Rechtsprechung des deutschen Bundesfinanzhofs und des immer noch reservierten französischen Conseil d'État bei Heim, Unmittelbare Wirkung, S. 76ff, S. 117ff

961 Ausführlich zu allen grundlegenden Argumenten des EuGH Heim, Unmittelbare Wirkung, S. 34ff

962 Der EuGH verwendet diesen Ausdruck selbst nicht. Gemeint ist das Verbot des venire contra factum proprium oder ein Verstoß gegen Treu und Glauben.

963 EuGH Rs.41/74, Slg. 1974, S. 1337ff, S. 1348, Van Duyn

964 EuGH Rs. 80/86, Slg. 1987; S. 3969ff, S. 3985, Kolpinghuis Nijmwegen; Wegener, a.a.O., S. 241ff m.w.N.

965 EuGH Rs. 80/86, Slg. 1987; S. 3969ff, S. 3988, Kolpinghuis Nijmwegen

141 EG auch kaum denkbar. Diese sind ausschließlich individualbezogen und nicht auf Staaten übertragbar.

Der EuGH hat die Voraussetzungen der unmittelbaren Anwendbarkeit für den Gleichbehandlungsgrundsatz zwischen Mann und Frau in Art. 2 Abs. 1 RL 76/207/EWG hinsichtlich der in Art. 3, 4 und 5 der Richtlinie geregelten Bereiche des Zugangs zu Beschäftigungen und zur beruflichen Weiterbildung[966] sowie der Entlassungsbedingungen[967] bejaht. Dabei ist der Wortlaut des Diskriminierungsverbots des Art. 2 Abs. 1 RL 76/207/EWG[968] beinahe identisch mit Art. 2 der Richtlinie 2000/43/EG zu Art. 13 EG. Auch soweit die Art. 3 Abs. 1, Art. 4 , Art. 5 Abs. 1 der Richtlinie zur Gleichbehandlung zwischen Mann und Frau die einschlägigen Sachbereiche des Diskriminierungsverbots weiter umschreiben, sind sie hinsichtlich der inhaltlichen Klarheit und Bestimmtheit ihrer Formulierungen mit den Art. 3 der neuen Richtlinie vergleichbar. Der Schluss liegt nahe, dass das auf Art. 13 EG gestützte Diskriminierungsverbot parallel zur Gleichbehandlungsrichtlinie hinsichtlich des Geschlechts unmittelbare Wirkung entfalten und diese somit umfassend ergänzen soll.

Zwar steht die Existenz einer vertikalen unmittelbaren Wirkung von Richtlinien an sich fest. Nicht endgültig beantwortet ist jedoch die Frage, unter welchen Voraussetzungen eine Richtliniennorm unmittelbare Wirkung entfalten kann. Nicht zuletzt wegen einiger wenig eindeutiger Urteile des EuGH ist dabei Streit entstanden, ob eine unmittelbar aus einer Richtlinie begründbare Rechtsposition des Einzelnen von subjektiven Elementen abhängt:

Unstrittig ist die Notwendigkeit objektiver, sich an der formalen Struktur einer Richtlinienbestimmung ausrichtender Kriterien zur Bestimmung der unmittelbaren Wirkung. Nach diesen vom Gerichtshof aufgestellten Voraussetzungen können einzelne Vorschriften einer Richtlinie wie ein Diskriminierungsverbot unmittelbare Wirkung entfalten, wenn die Richtlinie von einem Mitgliedstaat nicht fristgemäß oder unzureichend umgesetzt worden, die Regelung hinreichend klar, bestimmt und unbedingt ist und dem einzelnen Rechte verleihen will[969]. Den Fristablauf vorausgesetzt, ist entscheidend, ob eine Richtlinienbestimmung eine unzweideutige Verpflichtung begründet, die von jedem Gericht vorbehaltlos und ohne Bedingung angewendet werden kann, ohne dass es einer weiteren gemeinschaftlichen oder mitgliedstaatlichen Maßnahme bedarf.

---

966 EuGH Rs. 222/84, Slg. 1986, S. 1663ff, S. 1691, Johnston/Chief Constable of the Royal Ulster Constabulary

967 EuGH Rs. 152/84, Slg. 1986, S. 723ff, S. 749f, Marshall

968 „Der Grundsatz der Gleichbehandlung im Sinne der nachstehenden Bestimmungen beinhaltet, dass keine unmittelbare oder mittelbare Diskriminierung auf Grund des Geschlecht [...] erfolgen darf".

969 Ausführlich zu den einzelnen Merkmalen Ruffert in C/R, Kommentar, Art. 249 EG, R.73 mit zahlreichen Rechtsprechungsnachweisen.

Probleme ergeben sich aber hinsichtlich der Frage, ob die Begründung eines individuellen Rechts über diese objektiven Kriterien hinaus subjektive Merkmale erfordert.

Der wohl größere Teil der Literatur bejaht dies. Die unmittelbare Wirkung einer Richtlinienbestimmung setze voraus, dass die in ihr enthaltene Regelung eine Begründung subjektiver Rechte vorsieht. Eine Richtlinie könne nur im Falle ihres individualschützenden Charakters unmittelbare Wirkung entfalten[970]. Konsequenz dieser Auffassung ist eine Trennung zwischen objektiver und subjektiver unmittelbaren Wirkung. Erstere besteht bereits bei Erfüllung der objektiven Voraussetzungen der unmittelbaren Wirkung und verpflichtet den mitgliedstaatlichen Gesetzgeber, seine Verwaltungsbehörden und Gerichte zur Beachtung der Richtlinie als Maßstab- und Auslegungsnorm, ohne dass dadurch Individualrechte begründet werden[971]; letzteres könne nur durch die subjektive unmittelbare Wirkung bewirkt werden, wenn die fragliche Norm eine Individualberechtigung zum Ausdruck brächte. Deutlich relativiert werden die erhöhten Voraussetzungen an die subjektive unmittelbare Anwendbarkeit letztendlich aber dadurch, dass eine hinreichende Individualberechtigung nicht nach den strengen Grundsätze der deutschen Schutznormtheorie zu beurteilen sei, sondern dass für die Bejahung subjektiver Rechte aus dem Gemeinschaftsrecht großzügigere Kriterien genügten: so sollen die faktische Betroffenheit[972] oder die Berührung der Interessensphäre der Marktbürger[973] ausreichen.

Diese Ansicht stützt sich in erster Linie auf eine Passage im Urteil Becker, in der der EuGH in einer Art „Doppelformel"[974] feststellte, dass sich Einzelne „auf Bestimmungen einer Richtlinie, die inhaltlich als unbedingt und hinreichend genau erscheinen, gegenüber allen innerstaatlichen [...] Vorschriften berufen [können]; einzelne können sich auf die diese Bestimmungen auch [Hervorhebung durch Verfasser] berufen, soweit diese Rechte festlegen, die dem Staat gegenüber geltend gemacht werden können"[975]. Selbst wenn der EuGH der

---

970 Haneklaus, Direktwirkung, DVBl. 1993, S. 129ff, S. 132; Calliess, Unmittelbare Wirkung, NVwZ 1996, S.339ff, S.340f; Pernice, Gestaltung und Vollzug, NVwZ 1990, S. 414ff, S. 424f; Wegener, a.a.O., S. 130f; Erbguth/Stollmann, Bindung der Verwaltung, DVBl. 1997, S. 453ff, S. 454f; weitere Nachweise bei Ruffert in C/R, Art. 249 EG, R. 88, Fn. 270; auch die Regierung der Bundesrepublik Deutschlands vertrat diese Auffassung in der Entscheidung Großkrotzenburg: EuGH Rs. C-431/92, Slg. 1995, I-S. 2189ff, S. 2220f; vgl. auch Schoch, Individualrechtsschutz, NVwZ 1999, S. 457ff, S. 463, der die Aussage, dass die Möglichkeit, sich auf genaue und bestimmte Richtlinien zu berufen, nicht Voraussetzung, sondern Folge der unmittelbaren Wirkung ist, fälschlicherweise als „gesichert" bezeichnet; vgl. auch BVerwGE 100, S. 238ff, S. 242.

971 Klein, Objektive Wirkung, Festschrift Everling Bd. I, S. 641ff, S. 42; Erbguth/Stollmann, a.a.O., S.455f; Pechstein, Anerkennung, EWS 1996, S. 261ff; Fischer, Unmittelbaren Anwendung, NVwZ 1992, S. 635ff, S. 636f

972 Calliess, a.a.O., S. 340f

973 Gellermann, Beeinflussung, S. 51; vgl. auch Classen, Europäisierung, S. 77

974 So Classen, Der einzelne als Instrument, VerwArch 88 (1997), S. 645ff, S. 654

975 EuGH Rs. 8/81, Slg. 1982, S. 53ff, S. 71; vgl. zu einer anderen Interpretation dieses Urteils Jarass, Folgen der innerstaatlichen Wirkung", NJW 1991, S. 2665ff, S. 2667 und ihm folgend Classen, Der einzelne als Instrument, VerwArch 88 (1997), S. 645ff, S. 654

Frage im Urteil Großkrotzenburg auswich, sieht sich diese Meinung in der Vorgehensweise des Gerichtshofs bestätigt[976]. Argumentativ wird die Stellung des einzelnen Unionsbürgers innerhalb der Europäischen Union angeführt[977]. Das Grundverständnis des EuGH von der Rechtstellung des Einzelnen im Gemeinschaftsrecht verbiete es, ihn zum bloßen Objekt der Gemeinschaftsrechtsordnung zu degradieren. Er dürfe nicht lediglich reflexartig von den in Richtlinien und anderen Gemeinschaftsrechtsnormen geregelten Rechten betroffen sein, sondern müsse sich als eigenständiges Subjekt der Gemeinschaftsrechtsordnung selbst auf die darin angelegten Rechtspositionen berufen können[978]. Wegen des immer weiter gediehenen Ausbaus der Rechtstellung des Individuums könne daran insbesondere die ursprünglich rein objektive Ausrichtung des Gemeinschaftsrechts nichts ändern.

Neben diesen systematischen Bedenken sprechen auch faktische und rechtliche Gesichtspunkte gegen das Erfordernis subjektiver Elements zur Begründung der unmittelbaren Anwendbarkeit. Probleme bereitet diese herrschende Auffassung schon insoweit, als sie nicht zwischen dem Konzept der unmittelbaren Wirkung und dem des subjektiv-öffentlichen Rechts trennt. Dabei bedeutet unmittelbare Wirkung nur, dass eine Norm im innerstaatlichen Raum auch ohne Umsetzung Geltung beansprucht, trifft aber noch keine Aussage über das berechtigte Subjekt[979]. Dies ist allein eine Frage der Klagebefugnis, für die im deutschen Recht die Berücksichtigung eines subjektiv-öffentlichen Rechts eine Rolle spielt. Demnach muss eigentlich zwischen beiden Bereichen unterschieden werden. So geht auch der ehemalige Richter am EuGH Hirsch davon aus, dass der Ansatz des Gerichtshofs ein anderer als der der deutschen Schutznormtheorie ist. „Er [der EuGH] stellt als erstes darauf ab, ob eine Gemeinschaftsnorm unmittelbare Wirkung hat. Dies ist der Fall, wenn sie ausreichend konkret gefasst und nicht an weitere Bedingungen geknüpft ist [...] [M]it der Feststellung einer unmittelbaren Wirkung [ist] noch nicht gesagt [...], dass der Einzelne sich auf diese Vorschrift berufen kann. Dies ist nur dann der Fall, wenn die Norm ihm ein ‚individuelles Recht' verleihen will. Ein solches Individualrecht, aus dem der Einzelne ein materielles Recht ableiten kann, stellt etwa der Anspruch auf Nichtdiskriminierung wegen des Geschlechts dar"[980]. Im Einzelnen ist es nicht frei von Widerspruch, wenn man die gemeinschaftsrechtlich gestiegene Bedeutung der Person des Einzelnen zur Begründung einer zusätzlichen (subjektiven) Voraussetzung hinsichtlich der Entstehung eines materiellrechtlichen Individualrechts heranzieht. Der Versuch, dem Unionsbürger eigene Rechte unter Aberkennung seiner Betroffen-

---

976 EuGH Rs. C-431/92, Slg. 1995, I-S. 2189ff, S. 2220f; vgl. Calliess, a.a.O., S. 340

977 Vgl. zum Folgenden Wegener, a.a.O., S. 245ff m.w.N.

978 Ausdrücklich zu sekundärrechtlichen Ansprüchen auch EuGH verb. Rs. C-6/90 und 9/90, Francovich in EuGRZ 1992, S. 60ff, S. 62, R. 31

979 Kokott, „Europäisierung", DV 1998, S. 335ff, S. 353f

980 Hirsch, Der EuGH im Spannungsverhältnis, NJW 2000, S. 1817ff, S. 1821

heit im Sinne eines bloßen Rechtsreflexes zu vermitteln, verkehrt sich so in sein Gegenteil. Allgemein kann die Einordnung des Einzelnen als Rechtssubjekt des Gemeinschaftsrechts an dieser Stelle nicht weiterhelfen, da mit der gegenteiligen Annahme kein Nachteil verbunden ist. So führt das an der Verletzung objektiven Rechts ausgerichtete französische Verwaltungsrecht gerade nicht zwangsläufig zu einer Rechtseinbuße, sondern gewährt dem Einzelnen großzügiger Rechtsschutz[981]. Zu Recht wird darüber hinaus darauf hingewiesen, dass die Forderung nach einem zusätzlichen subjektiven Element ausschließlich von deutschen Autoren vertreten wird[982]. Selbst wenn man geringere Anforderungen an die subjektiven Voraussetzungen stellt als dies die deutsche Schutznormtheorie vorgibt, läuft man Gefahr, dem Gemeinschaftsrecht ein deutsches Systemverständnis überzustülpen. Soweit der Gerichtshof im Rahmen seiner Rechtsprechung zu sekundären Schadensersatzansprüchen auf Grund der Verletzung von Gemeinschaftsrecht subjektive Rechte auch im Sinne der deutschen Schutznormtheorie anerkennt, kann dies nicht ohne weiteres auf Primäransprüche übertragen werden. Zum einen sind Schadensersatzansprüche auch nach französischem Recht immer mit der Verletzung einer individuellen Rechtsposition verbunden[983], zum anderen sieht der Gerichtshof auch in diesen Fällen die Durchsetzung objektiven Gemeinschaftsrechts als mitbestimmend an[984]. In tatsächlicher Hinsicht hat der EuGH die strittige Doppelformel der Rs. Becker im Bereich der Primäransprüche lediglich zweimal wiederholt[985], es aber stets, wenn er sich mit der Frage der unmittelbaren Wirkung von Richtlinien auseinanderzusetzen hatte, bei der Prüfung der objektiven Kriterien der Unbedingtheit, Bedingtheit und Genauigkeit belassen[986]. Dies gilt insbesondere auch für den Bereich richtlinienimmanenter Diskriminierungsverbote[987].

---

[981] Schilling, Allgemeine Rechtsgrundsätze, EuGRZ 2000, S. 1ff, S. 25

[982] Ruffert, Dogmatik und Praxis, DVBl. 1998, S. 69ff, S. 71; zur Rechtslage in den einzelnen Mitgliedstaaten aus prozessualer Sicht Wegener, a.a.O., S. 141ff, mit dem Ergebnis, dass die Dogmatik des deutschen subjektiv-öffentlichen Rechts gemeinschaftsweit Ausnahmecharakter besitzt, S. 157.

[983] Schilling, a.a.O., S. 27

[984] EuGH verb. Rs. C-6/90 und 9/90, Francovich in EuGRZ 1992, S. 60ff, S. 63, R. 36

[985] EuGH verb. Rs. 231/87 und 129/88, Slg. 1989, S.3233ff, S.3279, Ufficio distrettuale delle imposte diritte fiorenzuola d'Arda u.a.; EuGH Rs. 71/85, Slg. 1986, S. 3855ff, S. 3874f, Niederlande/Federatie Nederlandse Vakbeweging

[986] EuGH Rs. 8/81, Slg. 1982, S. 53ff, S. 71ff, Becker

[987] Für das Diskriminierungsverbot des Art. 4 Abs. 1 der Richtlinie 79/7/EWG: EuGH Rs. 71/85, a.a.O., S. 3874f; allgemein: EuGH Rs. 80/86, Slg. 1987, S. 3969ff, S. 3985, Kolpinghuis Nijmwegen; EuGH Rs. 190/87, Slg. 1988, S.5689ff, S.4722, Oberkreisdirektor des Kreises Borken u.a./Moormann; EuGH Rs. 31/87, Slg. 1988, S. 4635ff, S. 4662, Beentjes; EuGH Rs. 103/88, Slg. 1989, S. 1861ff, S. 1870f, Fratelli Costanzo; EuGH Rs. 50/88, Slg. 1989, S. 1925ff, S. 1955, Kühne; zeitlich vor der Rs. Becker: EuGH Rs. 88/79, Slg. 1980, S. 1827ff, S. 1837, Staatsanwaltschaft/Grunert.

Demnach werden individuelle Rechte durch eine unmittelbar anwendbare Richtlinie begründet, ohne dass hierfür subjektive Elemente zu berücksichtigen sind[988]. Die Folge ist, dass Richtlinienbestimmungen auch keine subjektiv-öffentlichen Rechte im engen Sinne des deutschen Verwaltungsrechts begründen können. Dennoch geht das Gemeinschaftsrecht in diesem Fall nicht den Weg einer materiell-rechtlichen Transformation der in ihm angelegten Individualrechte in nationales Recht. Inwiefern es einer prozessualen Lösung folgt, wird noch zu sehen sein.

Die Problematik verliert aber gerade im Bereich sekundärrechtlicher Diskriminierungsverbote an Bedeutung. Sie wird letztlich nur in solchen Rechtsgebieten wie dem Umweltrecht entscheidend, in denen Richtlinienbestimmungen weniger dem Einzelnen als der Allgemeinheit zugute kommen sollen. Bei Diskriminierungsverboten ist das nicht der Fall. Das liegt zum einen daran, dass deren unmittelbare Wirkung durch die Entscheidung in der Rs. Niederlande /Federatie Nederlandse Vakbeweging[989] gleichsam präjudiziell entschieden wurde. Entsprechende neue Richtlinien müssen sich demnach nur an der Formulierung des Art. 4 Abs. 1 der Richtlinie 76/7/EWG orientieren, um innerstaatlich anwendbar sein zu können. Zum anderen ist auf obige Ausführungen zu verweisen. Wie festgestellt dienen Diskriminierungsverbote typischerweise dem Schutz des Einzelnen gegen Ungleichbehandlungen. Auch wenn man folglich strenge subjektive Voraussetzungen an die unmittelbare Wirkung eines sekundärrechtlichen Diskriminierungsverbots knüpft, muss Einzelnen immer Schutz vor Willkür auch auf Grund einer bloßen Richtlinienvorschrift gewährt werden. Nach seinem Sinn und Zweck kann das Verbot der Ungleichbehandlung lediglich mit Anerkennung eines Individualrechts verwirklicht werden.

Zusammenfassend lässt sich hinsichtlich der Begründung subjektiver Rechte aus Richtlinien festhalten, dass zunächst danach unterschieden werden muss, ob eine Richtlinienbestimmung aus sich heraus die Umsetzung in ein Individualrecht in den nationalen Rechtsordnungen vorschreibt, oder ob sich solche unmittelbar aus der nicht korrekt umgesetzten Richtlinie ergeben können. Während das Gemeinschaftsrecht im zweiten Fall nur von objektiven Voraussetzungen ausgeht, können subjektive Überlegungen im ersten Fall durchaus eine Rolle spielen. Damit folgt das Gemeinschaftsrecht weder ausschließlich einer Konzeption zum Schutze objektiv-rechtlicher Normen nach französischem Vorbild, noch rückt es durchgehend subjektiv-öffentliche Rechte nach deutschem Rechtsverständnis in den Mittelpunkt. Entsprechend werden gemeinschaftsrechtlich begründete Individualrechte nicht einheitlich im deutschen Recht rezipiert, sondern müssen einmal materiell-rechtlich, einmal pro-

988 Im Ergebnis ebenso Ruffert, Subjektive Rechte, S. 166ff; ders. Dogmatik und Praxis, DVBl. 1998, S. 69ff, S. 71; Triantafyllou, Europäisierungsprobleme, NVwZ 1994, S .943ff, S .944; für primärrechtliche Individualrechte Schilling, a.a.O., S. 27

989 EuGH Rs. 71/85, a.a.O., S. 3874

zessrechtlich berücksichtigt werden. Für sekundärrechtliche Diskriminierungsverbote ist eine genaue Analyse im Ergebnis nicht notwendig, da sie alle in Frage stehenden objektiven und subjektiven Kriterien grundsätzlich erfüllen.

c. Entscheidungen

Entscheidungen nach Art. 249 Abs. 4 EG sind verbindliche Rechtsakte in Einzelfällen. Es ist kaum anzunehmen, dass sie zur sekundärrechtlichen Normierung von Diskriminierungsverboten dienen werden. Entscheidungen können sich sowohl an Mitgliedstaaten, als auch an Einzelne richten. Die Begründung von Individualrechten ist im letzteren Fall unzweifelhaft. Bei staatengerichteten Entscheidungen hat der EuGH nach ähnlichen Grundsätzen wie im Falle von Richtlinien eine unmittelbare Wirkung wegen des effet utile und auf Grund der verbindlichen Wirkung von Entscheidungen bejaht[990]. Zur Begründung von Individualrechten muss entscheidend auf Rechtsnatur, Systematik und Wortlaut abgestellt werden[991]. Insgesamt ergeben sich für Entscheidungen keine anderen Ergebnisse als bei Richtlinien[992].

2. Leistungs- und Teilhaberechte

a. Die Rechtslage in der Bundesrepublik Deutschland nach der Rechtsprechung des Bundesverfassungsgerichts

Neben dem Verständnis der Grundrechte des Grundgesetzes als Abwehrrechte und als objektiv-rechtliche Verbürgungen wird diskutiert, inwiefern sich Leistungsansprüche des Einzelnen gegen den Staat direkt auf Grundrechte stützen lassen. Insofern steht die Diskussion um die Existenz sozialer Grundrechte oder Teilhaberechte im Mittelpunkt[993]. Das Bundes-

---

990 EuGH Rs. 9/70, Slg. 1970, S. 825ff, S. 838, Grad/Finanzamt Traunstein; EuGH Rs. 20/70, Slg. 1970, S. 861ff, S. 874, Lesage/Hauptzollamt Freiburg

991 EuGH Rs. 9/70, a.a.O., S. 838f; EuGH Rs. 20/70, a.a.O., S. 875

992 Vgl. Classen, „Der einzelne als Instrument" in VerwArch 88 (1997), S. 645ff, S. 651 Insbesondere können staatengerichtete Entscheidungen nicht zu Lasten Privater wirken, siehe dazu später.

993 In diesem Bereich findet sich, auch seitens des Bundesverfassungsgerichts, eine Vielzahl unterschiedlicher Begrifflichkeiten: Leistungsrechte, Teilhaberechte, sozialer Leistungsanspruch etc., vgl. Murswiek in „Handbuch des Staatsrechts" Bd.V, § 112 R. 5ff. Im folgenden werden in Anlehnung an Alexy, Theorie der Grundrechte, S. 454 „Leistungsrechte" im engeren Sinne mit sozialen Grundrechten gleichbedeutend sein, wobei diese dem Grunde nach auf zwei Arten gewährt werden können, nämlich als originäre oder derivative Teilhaberechte. Leistungsrechte im weiteren Sinne umfassen nach dieser Einteilung neben den Leistungsrechte im engeren Sinn grundrechtliche Schutzgewährleistungen und Rechte auf Organisation und Verfahren. Beachte insbesondere, dass nach dieser Kategorisierung die oben dargestellte grundrechtliche Schutzpflicht des Staates auf Grund ihrer subjektiv-

verfassungsgericht stellt einen inneren Zusammenhang der Leistungsrechte mit den objektivrechtlichen Grundrechtsgewährleistungen her, indem es die Frage aufwirft, „ob aus den grundrechtlichen Wertentscheidungen [...] ein objektiver sozialstaatlicher Verfassungsauftrag [...] folgt"[994].

Das Grundgesetz formuliert die Grundrechte überwiegend als Abwehrrechte und hat bis auf wenige Ausnahmen (z.B. Art. 6 Abs. 4 GG - Mutterschutz; Art. 6 Abs. 5 GG - Gleichstellung unehelicher Kinder) von der Aufnahme sozialer Grundrechte abgesehen[995]. Stattdessen bekennt es sich zum „sozialen Rechtsstaat" (Art. 20, 28 GG) und schafft damit einen allgemeinen Verfassungsauftrag, der verbindlich die Pflicht der staatlichen Organe zur Sorge für eine gerechte Sozialordnung begründet. Im Unterschied zur ausdrücklichen Gewährleistung sozialer Grundrechte werden die konkreten sozialen Zielsetzungen und deren Realisierung nicht vorgegeben, sondern dem demokratischen Prozess überlassen. Aus dem Sozialstaatsprinzip können prinzipiell keine subjektiv-öffentlichen Rechte abgeleitet werden[996]. Seine Bedeutung erlangt es vielmehr im Rahmen der Auslegung einzelner Grundrechte oder Gesetze oder bei der Ermessensausübung durch die Verwaltung, so beispielsweise bei der Frage, ob sich aus der Garantie der Menschenwürde aus Art. 1 Abs. 1 GG ein Anspruch auf Sicherung des Existenzminimums ableiten lässt[997].

So steht auch das Bundesverfassungsgericht einer Deutung der Grundrechte als Leistungsrechte eher zurückhaltend gegenüber, da nach seiner Ansicht „grundsätzlich daran festzuhalten ist, dass es auch im modernen Sozialstaat der nicht einklagbaren Entscheidung des Gesetzgebers überlassen bleibt, ob und inwieweit er im Rahmen der darreichenden Verwaltung Teilhaberechte gewähren will"[998]. Im Rahmen des Gleichheitssatzes in Verbindung mit dem Sozialstaatsprinzip will es aber Ausnahmen zulassen.

Im Bereich der sog. derivativen Teilhaberechte bereitet dieser Weg keine Schwierigkeiten. Wird eine bestimmte Personengruppe oder eine Einzelperson von einem bereits bestehenden staatlichen Leistungssystem ausgenommen und ist diese Differenzierung nicht mit dem Gleichheitssatz aus Art. 3 GG vereinbar, so kann sich daraus in Verbindung mit dem einschlägigen Freiheitsrecht[999] ein Anspruch auf Teilhabe ergeben[1000]. Im Falle spezieller

---

rechtlichen Komponente auch einen Leistungsanspruch i.w.S. zu begründen vermag und deshalb ebenso an dieser Stelle hätte berücksichtigt werden können.

994 BVerfGE 33, S. 301ff, S. 333

995 Ausführlich: Weber, Verfassungsrechtliche Grenze, Der Staat 4 (1965), S. 409ff, S. 412ff

996 Vgl. nur Badura, Prinzip der sozialen Grundrechte, Der Staat 14 (1975), S. 17ff, S. 27

997 Bejahend BVerwGE 52, R. 346ff

998 BVerfGE 33, S. 301ff, S. 331

999 Als Beispiel sei Art. 12 Abs. 1 GG im Zusammenhang mit dem Zugang zu Universitäten genannt; siehe auch BVerfG, a.a.O., „numerus-clausus-Urteil".

Diskriminierungsverbote aus Art. 3 Abs. 2 und 3 GG ist der derivative Teilhabeanspruch durchsetzungsstärker als im Rahmen des allgemeinen Gleichheitssatzes aus Art. 3 Abs. 1 GG, da der Gestaltungsspielraum des Gesetzgebers sich bei besonderen Differenzierungsverboten verengt[1001]. Der Sache nach handelt es sich bei diesem Grundrechtsanspruch um die übliche Abwehr einer Ungleichbehandlung auf dem Wege der Besserstellung des ungleich Benachteiligten. An dieser Stelle nehmen die grundrechtlichen Diskriminierungsverbote eine Sonderstellung im Vergleich zu den Freiheitsrechten ein, da sie im Bereich der derivativen Teilhaberechte mit der Ausübung jedes einzelnen Freiheitsrechts als unverzichtbares Pendant verknüpft sind. Da sich Teilhabeansprüche dieser Art auf Gleichheitsrechte zurückführen lassen, sind sie weit gehend uneingeschränkt anerkannt.

Problematischer gestaltet sich die Situation bei originären Teilhaberechten. Hierbei geht es um die Frage, ob Grundrechte unmittelbar über die gleiche Zuteilung in bestehenden Leistungssystemen hinaus Leistungsansprüche begründen, wobei die Voraussetzungen für deren Erfüllung erst wieder neu geschaffen werden müssen[1002]. Während die herrschende Ansicht eine generelle Umdeutung der Grundrechte in Leistungsrechte ablehnt[1003], machen deren Befürworter geltend, dass die Freiheit nicht nur negativ eingriffsabwehrend wirke, sondern auch die positive, reale Freiheit bedeute. So sei die Gewährung eines Grundrechts in Form einer Leistung Voraussetzung für das abwehrende Gebrauchmachen; rechtliche Freiheit sei ohne faktische Freiheit wertlos[1004]. Darüber hinaus sei die Umdeutung der Abwehrrechte in Leistungsrechte keine unzulässige Abweichung vom Inhalt der Grundrechtsnormen, sondern dienen lediglich einer grundrechtssichernden Geltungsfortbildung[1005]. Dennoch begegnet eine generelle Umdeutung der Grundrechte in Leistungsrechte erheblichen Bedenken. Aus historischer Sicht sei zum einen die eindeutige Entscheidung des Parlamentarischen Rats genannt, auf die Aufnahme sozialer Grundrechte in das Grundgesetz grundsätzlich zu verzichten, so dass aus den wenigen Ausnahmen der Umkehrschluss gezogen werden kann, dass Freiheitsrechte prinzipiell nicht als Teilhaberechte verstanden werden können. Zum anderen wird auf einen nicht lösbaren Kompetenzkonflikt zwischen Bundesverfassungsgericht und Bundestag verwiesen. Sollten die Grundrechte originäre Leistungsansprüche des Einzelnen beinhalten, fiele es in den Aufgabenbereich der Gerichte, den genauen

---

1000 Von Münch in ders./Kunig, Kommentar, Bd. I, Vorb. Art. 1-19 GG, R. 20; Murswiek in Handbuch des Staatsrechts, Bd.V, § 112 R. 85 sieht demnach sowohl das jeweilige Freiheitsgrundrecht, als auch den Gleichheitssatz als Teilhabebasis.

1001 Heintschel v. Heinegg/Haltern, Grundrechte als Leistungsansprüche, JA 1995, S. 333ff, S. 339 unter Hinweis auf Jarass/Pieroth, Grundgesetz, Art. 3 GG, R. 20

1002 Hesse, Bestand und Bedeutung, EuGRZ 1978, S. 427ff, S. 434

1003 Statt aller Starck in v. Mangoldt/Klein/Starck, Bonner Grundgesetz, Bd. I, Art. 3 Abs. 1 GG, R. 138 m.w.N.

1004 Vgl. hierzu die Darstellung bei Murswiek, a.a.O., Bd. V, § 112 R. 87ff m.w.N.

1005 Dazu ausführlich Häberle, Grundrechte im Leistungsstaat, VVDStRL 30 (1972) S. 43ff, S. 90ff

Inhalt dieser Rechte zu bestimmen. Damit hätten sie aber auch die Kompetenz für Entscheidungen mit einschneidender Wirkung für den Staatshaushalt, die Haushaltspolitik wäre grundrechtlich festgelegt. Dieses Ergebnis ist aber nicht mit der Kompetenzverteilung des Grundgesetzes vereinbar[1006]. In diesem Zusammenhang steht auch das, was der Einzelne an Teilhabe beanspruchen kann, unter dem „Vorbehalt des Möglichen". Damit ist aber wiederum eine politische Verteilungsfrage angesprochen, die der parlamentarischen Willensbildung unterliegt[1007]. Somit ergibt sich systematischer Widerspruch zwischen Grundrechten als originären Teilhaberechten und Demokratieprinzip und Gewaltenteilung, der zumindest einer derartigen generellen Umdeutung der Grundrechte Grenzen setzt.

b. Die Grundfreiheiten

Teilhaberechte sind Gleichheitsrechte[1008]. Charakteristisch für die Grundfreiheiten ist das Verbot der Diskriminierung auf Grund der Staatsangehörigkeit. Demnach stellen die Marktfreiheiten Gleichheitsrechte dar. Somit liegt der Schluss nahe, die Grundfreiheiten auch als Teilhaberechte anzusehen[1009]. Bei einem Versuch, die Grundfreiheiten in die deutsche Grundrechtsterminologie einzuordnen, dürften sie als derivative Teilhaberechten zu bezeichnen sein, sind sie doch auf Teilhabe an bestehenden Märkten anderer Mitgliedstaaten ausgerichtet.

Dies wäre allerdings eine verkürzte Sichtweise. Will man die Marktfreiheiten als Teilhaberechte ansehen, muss man sich zunächst über die Voraussetzungen eines Teilhaberechts klar werden. Gersdorf weist in diesem Zusammenhang darauf hin, dass Teilhaberechte im Gegensatz zu Schutzpflichten, die wie Abwehrrechte die Wahrung eines bestehenden Rechtsbestandes verfolgen[1010], auf eine Erweiterung des Rechtskreises des Einzelnen gerichtet sind[1011]. Diese Erweiterung findet durch die Bereitstellung staatlicher Mittel statt. Wie das Beispiel der Ausbildungsfreiheit zeigt, können Teilhaberechte erst wahrgenommen werden, wenn der Staat die Möglichkeiten dazu schafft. Diese Situation ist nicht mit derjenigen bei den Grundfreiheiten vergleichbar. Denn insbesondere die Freizügigkeiten sind natürliche

---

1006 Heintschel v. Heinegg/Haltern, Grundrechte als Leistungsansprüche, JA 1995, S. 333ff, S. 340

1007 So auch BVerfGE 33, S. 303ff, S. 333: „Dies [was der einzelne vernünftigerweise von der Gesellschaft beanspruchen kann] hat in erster Linie der Gesetzgeber in eigener Verantwortung zu beurteilen, der bei seiner Haushaltswirtschaft auch andere Gemeinschaftsbelange zu berücksichtigen und nach der ausdrücklichen Vorschrift des Art. 109 Abs. 2 GG den Erfordernissen des gesamtwirtschaftlichen Gleichgewichts Rechnung zu tragen hat."

1008 Kingreen, a.a.O., S. 191; Gersdorf, Funktionen , AöR 119 (1994), S. 400ff, S. 424

1009 So kommen auch Kingreen, a.a.O., S. 191f und Rengeling, Grundrechtsschutz, S. 203ff zur Annahme grundfreiheitlicher Teilhaberechte.

1010 Unter Umständen auch durch positive Maßnahmen.

1011 A.a.O., S. 422ff

Freiheiten, die keine Bereitstellung staatlicher Mittel erfordern, um in Anspruch genommen werden zu können[1012]. Da es keiner Eingliederung in ein bestehendes staatliches Leistungssystem bedarf, kann auch kaum von derivativen Leistungsansprüchen gesprochen werden.

Dagegen wird eingewandt, dass der „durch den Staat geschaffene Rahmen für das Funktionieren des Marktes [...] das System" sei, „an dem jeder einzelne Unionsbürger auf Grund der Grundfreiheiten teilnehmen können muss"[1013]. Teilhaberechte bestünden demnach an den rechtlichen Rahmenbedingungen des Marktes.

Dem kann aber nicht in aller Konsequenz gefolgt werden. Die Öffnung eines nationalen Marktes für EU-Ausländer ist nämlich nicht gleichzusetzen mit der Teilhabe an staatlichen Förderungssystemen oder Leistungseinrichtungen. Die Freizügigkeit kann hergestellt werden, ohne dass der Staat hierfür ein eigenes Leistungssystem errichten muss. Auch wenn der Staat den rechtlichen Rahmen der marktwirtschaftlichen Spielregeln bestimmt, bleibt der Markt an sich eine rein privatwirtschaftliche Einrichtung. Über eine Leistungszuteilung entscheidet im einzelnen keine öffentliche Einrichtung, sondern die Teilnehmer am Markt. Der Staat hat lediglich für die Möglichkeit der Wahrnehmung der Freizügigkeiten einzustehen. So dienen alle positiven Integrationsmaßnahmen dem Zweck der Verwirklichung der Freizügigkeit als „höheres Gebot". Insofern geht es um die Sicherung eines gemeinschaftlichen Rechtsbestands, nämlich der Freizügigkeit als eine Art „institutionelle Garantie", deren Schutz staatliche Maßnahmen erfordert. Diese Funktion ist aber der Sache nach eine schutzrechtliche[1014]. Wenn man sich also streng an der Begrifflichkeit des deutschen Verfassungsrechts orientiert, ergeben sich demnach erhebliche Zweifel an der Existenz grundfreiheitlicher Teilhaberechte.

Die Teilhabe von EU-Bürgern an nationalen Einrichtungen werden primärrechtlich in erster Linie durch das allgemeine Diskriminierungsverbot des Art. 12 EG und nicht durch die Grundfreiheiten sichergestellt. Dennoch sind Teilhabeansprüche in Zusammenhang mit den Grundfreiheiten nicht völlig ausgeschlossen. Beispielsweise sieht Art. 12 VO 1612/68, der auf der Rechtsgrundlage des Art. 40 EG zur Herstellung der Freizügigkeit der Arbeitnehmer ergangen ist, vor, dass Kinder von Wanderarbeitnehmern wie die Staatsangehörigen des gastgebenden Mitgliedstaats am allgemeinen Unterricht sowie an der Lehrlings- und Berufsausbildung teilnehmen können. Hier wird die gleiche Teilhabe im Schulwesen als staatlicher Einrichtung garantiert. Danach besteht ein auch nach deutschem Verständnis „echtes" derivatives Teilhaberecht zu Gunsten aller EU-Bürger, das sich auf die Grundfreiheiten zurückführen lässt. Es ist also zusammenfassend festzuhalten, dass die Grundfreiheiten Teilhaberechten zwar prinzipiell zugänglich sind, die Begründung solcher aber der Vermittlung über

---

1012 Gersdorf, a.a.O., S. 424

1013 Kingreen, a.a.O., S. 191

1014 So auch Gersdorf, a.a.O., S. 423f

Sekundärrecht bedarf. Direkt aus den primärrechtlichen Vorschriften lassen sich nach der hier vertretenen Ansicht schwerlich Teilhaberechte ableiten.

c. Die Vertragsgrundrechte

Das Gebot der Entgeltgleichheit zwischen den Geschlechtern aus Art. 141 Abs. 1 EG wirkt beschränkt als Leistungsrecht[1015]. Dies ergibt sich aus der bereits angesprochenen Rechtsprechung des EuGH hinsichtlich der Beseitigung von Diskriminierungen. Zwar steht es den Mitgliedstaaten frei, welche konkrete Handlung sie zur Herstellung der Geschlechtergleichheit wählen. Bis zu diesem Zeitpunkt kommt gemeinschaftsrechtlich aber mangels eines anderen bestehenden Bezugssystems ausschließlich die Einbeziehung des Diskriminierungsopfers in das bestehende staatliche Leistungssystem in Frage[1016]. Art. 141 Abs. 1 EG stellt insoweit ein derivatives Teilhaberecht dar. Aus der angeführten Rechtsprechung kann der Umkehrschluss gezogen werden, dass ein originäres Leistungsrecht im Gegenzug nicht besteht. Wenn die Mitgliedstaaten die bestehende Diskriminierung durch die Abschaffung einer ungleichen Begünstigung auch für die Begünstigten beseitigen können, kann kein Anspruch auf Gleichbehandlung außerhalb existierender staatlicher Leistungssysteme bestehen. Art. 141 Abs. 1 EG schützt insoweit die Gleichbehandlung der Geschlechter nur im Falle staatlichen Tätigwerdens, verpflichtet aber aus sich heraus die Mitgliedstaaten nicht zur Schaffung diskriminierungsfreier Regelungen im Sinne eines einklagbaren sozialen Grundrechts.

d. Die Grundrechte – Soziale Grundrechte im Gemeinschaftsrecht

Die Europäische Gemeinschaft wird auch als Sozialgemeinschaft bezeichnet, neben die Wirtschafts- und Währungsunion soll eine Sozialunion treten[1017]. Bereits in der Entscheidung Defrenne III ist der EuGH unter Hinweis auf die Europäische Sozialcharta von 1961 von der Geltung sozialer Grundrechte im Bereich des Gemeinschaftsrechts ausgegangen[1018]. Der Rückschluss auf die Existenz sozialer Grundrechte allein auf Grund dieser Entscheidung verbietet sich aber. Schließlich betrifft er den speziellen Fall eines Vertragsgrundrechts (Art.

1015 Die folgenden Ausführungen gelten auch für Art. 12 Abs. 1 EG. Für eine unterschiedliche Behandlung besteht kein Anlass.

1016 EuGH Rs. C-184/89, Slg. 1991, I-S. 297ff, Nimz; EuGH Rs. C-33/89, Slg. 1990, I-S. 2591ff, S. 2612, Kowalska; EuGH Rs. C- 343/92, Slg. 1994, I- S. 571ff, Roks; EuGH Rs. C-377/89, Slg. 1991, I-S. 1155ff, S. 1185f, Cotter und Dermott II

1017 Beutler in GTE, Kommentar, Art. F EUV, R. 103; dazu insgesamt Ringler, Europäische Sozialunion.

1018 EuGH Rs. 149/77, Slg. 1978, S. 1365ff, S. 1379, Defrenne III

141 Abs. 1 EG). Die Frage der Aufnahme sozialer Grundrechte spielte im Rahmen der Verhandlungen zur Grundrechtecharta eine gewichtige Rolle[1019]. Die Streitfrage wurde letztlich zu Gunsten einer großzügigen Eingliederung von sozialen Grundrechten gelöst. So wird beispielsweise im Wege eines subjektiven Rechts[1020] der Zugang zu sozialen Diensten (Art. 34 Abs. 1), zur Gesundheitsvorsorge (Art. 35 S. 1) gewährleistet. Insbesondere in Kapitel IV sind einige Vorschriften übernommen worden, die zuvor lediglich in den Bereich der Europäischen Sozialcharta fielen.

Im Weiteren hat sich der EuGH bislang noch nicht ausdrücklich zu Gunsten bestimmter sozialer Grundrechte ausgesprochen. Beispielsweise lässt er dahin gestellt, ob „der Anspruch auf die [...] Leistungen der sozialen Sicherheit vom Schutz des Eigentums erfasst wird"[1021]. Zur Stärkung einer Geltung sozialer Grundrechte auch im Europäischen Gemeinschaftsrecht haben die Mitgliedstaaten „in Bestätigung der Bedeutung, die sie den sozialen Grundrechten beimessen, wie sie in der [...] Europäischen Sozialcharta und in der Gemeinschaftscharta der sozialen Grundrechte der Arbeitnehmer von 1989 festgelegt sind", mit dem Amsterdamer Vertrag einen neuen Absatz 4 in die Präambel zum EU-Vertrag eingefügt. Auch der neue, die sozialen Ziele der Gemeinschaft formulierende Art. 136 EG nimmt Bezug auf die sozialen Grundrechte, wie sie in den beiden Chartas verbürgt werden. Angesichts der dortigen Formulierung („eingedenk") kann eine unmittelbare Geltung dieser sozialen Grundrechte ausgeschlossen werden: sie können aber als Auslegungshilfen im sonstigen Gemeinschaftsrecht herangezogen werden[1022]. Somit wird sich der Gerichtshof auch angesichts der Grundrechtecharta zukünftig häufiger mit der Bestimmung sozialer Grundrechte des Gemeinschaftsrechts zu befassen haben.

Soweit es um die Begründung originärer sozialer Grundrechte geht, stellt sich im Gemeinschaftsrecht ein Parallelproblem zur Rechtslage des Grundgesetzes. Durch die richterliche Tätigkeit kann in dieser Hinsicht nur schwerlich eine gerechte Verteilung von Leistungen und Vergünstigungen erreicht werden. Allein ein Legislativhandeln kann eine dauerhafte Lösung unter Beachtung aller zur Verfügung stehenden Ressourcen (Vorbehalt des Möglichen) und einer Abstimmung der unterschiedlichen Regelungen herbeiführen. Insofern wird auch für das Europarecht die Annahme originärer sozialer Grundrechte ohne vertragliche Regelung oder ausdrückliche Regelung in einem Grundrechtskatalog nur im Ausnahmefall zu begründen sein.

Für den Bereich der derivativen Teilhaberechte bedarf es dabei stets eines Rückgriffs auf Gleichheitsrechte. Soweit der Gerichtshof in seiner Rechtsprechung zu Art. 12, 141 Abs.

1019 Vgl. dazu umfassend J. Meyer/Engels, Soziale Grundrechte, ZRP 2000, S. 368ff

1020 Schmitz, Grundrechtecharta, JZ 01, S. 833ff, S. 841

1021 EuGH verb. Rs. 41, 121 und 796/79, Slg. 1980, S. 1979ff, S. 1998, Testa

1022 Krebber in C/R, Art. 136 EG, R. 34f

1 EG unzulässige Diskriminierungen beanstandet und die Benachteiligten in ein Leistungssystem einbezogen hat[1023], hat er bereits die Existenz von Teilhaberechten für die Vertragsgrundrechte anerkannt. Aber auch die an andere unzulässige Differenzierungskriterien anknüpfenden Entscheidungen statuieren Teilhaberechte, soweit den Benachteiligten Rechte zugesprochen werden[1024] und nicht eine für alle Fälle nach unten korrigierende Anpassung stattfindet. Voraussetzung für einen derivativen Teilhabeanspruch ist also, dass die Leistungsgewährung die einzige Möglichkeit darstellt, den Gleichheitsverstoß zu umgehen. Dagegen besteht nur eine Chance auf Teilhabe, wenn auch der Wegfall der Begünstigung gleiche Verhältnisse herstellen kann[1025]. Unter dieser Prämisse ist den grundrechtlichen Diskriminierungsverboten des Gemeinschaftsrechts die Teilhabefunktion ebenso wie ihren grundgesetzlichen Pendants immanent.

3. Die prozessuale Durchsetzung gemeinschaftsrechtlicher Diskriminierungsverbote

Bislang wurde nur die Frage beantwortet, unter welchen Umständen dem Einzelnen ein materielles Individualrecht aus den gemeinschaftsrechtlichen Diskriminierungsverboten erwächst. Nun gilt es zu klären, an welche Bedingungen die prozessuale Geltendmachung dieser Recht geknüpft ist. Wie gehabt ist dabei zwischen den primärrechtlichen Unterscheidungsverboten, namentlich den Grundrechten des Gemeinschaftsrechts und Art. 141 Abs. 1 EG, und zwischen sekundärrechtlichen Gleichbehandlungsvorschriften zu differenzieren.

a. Die primärrechtlichen Diskriminierungsverbote

(1) Der grundrechtliche Gleichbehandlungsgrundsatz im Gemeinschaftsrecht

Die Gemeinschaftsgrundrechte binden die Organe der Gemeinschaft und, auf bestimmte Situationen beschränkt, auch die einzelnen Mitgliedstaaten[1026]. Dementsprechend kann sowohl ein gemeinschaftsrechtlicher, als auch ein nationaler Verstoß gegen die Gemein-

---

1023 Vgl. nur zur Geschlechterdiskriminierung EuGH Rs. C-377/89, Slg. 1991, I-S. 1155ff, S. 1185f, Cotter und Dermott II; Rs. 33/89, Slg. 1990, I-S. 2591ff, S. 2612, Kowalska; zum allgemeinen Gleichheitssatz in Bezug auf die Gleichstellung von Maisstärke und Maisgritz EuGH verb. Rs. 126/76 und 20/77, Slg. 1977, S. 1795ff, Moulins Pont-à-Mousson

1024 Vgl. nur Rs. 130/75, Slg. 1976, S. 1589ff, Prais

1025 Vgl. für die Grundrechte des Grundgesetztes Murswiek in Handbuch des Staatsrechts, Bd. V, § 112, R. 69

1026 Siehe obige Darstellung.

schaftsgrundrechte in ihren jeweiligen Funktionen vor den EuGH gebracht werden. Nationalen Gerichten ist wegen des Auslegungsmonopols des EuGH die rechtliche Überprüfung einer staatlichen Maßnahme anhand der Gemeinschaftsgrundrechte von vornherein untersagt. Die Feststellung, ob ein gemeinschaftsgrundrechtliches Diskriminierungsverbot verletzt wurde, steht folglich nur dem EuGH, nicht aber nationalen Gerichten zu.

(a) Abwehrrechtliche Funktion

Ein Verstoß gegen ein grundrechtliches Diskriminierungsverbot als Abwehrrecht kann im Gemeinschaftsprozessrecht über das Vertragsverletzungsverfahren nach Art. 226, 227 EG und die Nichtigkeitsklage nach Art. 230 EG angegriffen werden[1027].

Das Vertragsverletzungsverfahren richtet sich ausschließlich gegen die Mitgliedstaaten. Grundrechtsverletzungen können prinzipiell nur dann geltend gemacht werden, wenn diese an die Gemeinschaftsgrundrechte gebunden sind. Dies kann nach obigen Ausführungen überhaupt nur dann der Fall sein, wenn die Mitgliedstaaten im Vollzug des Gemeinschaftsrechts oder bei der zulässigen Einschränkung der Grundfreiheiten nicht eigenverantwortlich tätig werden.

Für die Durchsetzung von grundrechtlichen Diskriminierungsverboten ist das Vertragsverletzungsverfahren von untergeordneter Bedeutung. Zwar können nach Art. 226, 227 EG entgegen ihrem Wortlaut nicht nur Verstöße gegen „eine Verpflichtung aus diesem Vertrag", sondern jegliche Verletzung von geschriebenem und ungeschriebenem primären und sekundären Gemeinschaftsrecht geltend gemacht werden[1028], so dass sie Rüge der Verletzung von Grundrechten des Gemeinschaftsrechts nicht von vornherein ausgeschlossen ist. Allerdings stellt das Vertragsverletzungsverfahren ein Instrument (lediglich) objektiver Rechtskontrolle dar, indem es ausschließlich von der Kommission nach Art. 226 EG oder einem Mitgliedstaat nach Art. 227 EG angestrengt werden kann, ohne dass es für dessen Erfolgsaussichten auf die Verletzung einer individuellen Rechtsposition ankäme. Die Geltendmachung eines grundrechtlichen Individualrechts durch den betroffenen Unionsbürger ist dagegen ausgeschlossen. Dieser kann allenfalls seinen Herkunftsstaat oder die Kommission auf einen Grundrechtsverstoß durch einen anderen Mitgliedstaat hinweisen. Ein Anspruch auf

---

1027 Der EuGH kann mit der Frage eines Grundrechtsverstoßes auf indirektem Wege stets auch durch die Vorlage in einem Vorabentscheidungsverfahren nach Art. 234 EG oder über die inzidente Normenkontrolle nach Art. 241 EG beschäftigt werden kann. Dieser Weg ist immer dann einzuschlagen, wenn ein innerstaatliches Gericht ein mitgliedstaatliches Verhalten anhand der Gemeinschaftsgrundrechte überprüfen will.

1028 Bleckmann, Europarecht, R. 816; Cremer in C/R, Kommentar, Art. 226 EG, R. 33; Krück in GTE, Kommentar, Art. 169 EGV, R. 54

Durchführung eines Vertragsverletzungsverfahrens besteht nicht[1029]. Sollten die Kommission oder ein Mitgliedstaat dennoch jemals ein solches Verfahren vor dem EuGH einleiten, ist es begründet, wenn der beklagte Mitgliedstaat tatsächlich gegen ein gemeinschaftsgrundrechtliches Diskriminierungsverbot verstoßen hat, der ihm zuzurechnen ist. Nach völkerrechtlichen Grundsätzen hat ein Mitgliedstaat dabei für die Handlungen aller nationaler Stellen einzustehen. Wegen des objektiven Charakters des Vertragsverletzungsverfahrens kommt es dabei nicht auf ein Verschulden an[1030].

Will dagegen ein Gemeinschaftsbürger selbst die Verletzung eines gemeinschaftsgrundrechtlichen Diskriminierungsverbots vor dem EuGH geltend machen, ist die Nichtigkeitsklage nach Art. 230 EG die richtige Klageart. Dies gilt auch für Angehörige von Drittstaaten, da weder Staatsangehörigkeit, noch Wohnsitz insoweit von Bedeutung sind[1031]. Anders als beim Vertragsverletzungsverfahren können mit der Nichtigkeitsklage ausschließlich Rechtsakte der Gemeinschaftsorgane angegriffen werden.

Damit besteht für den Einzelnen keine direkte prozessuale Möglichkeit, eine etwaige Verletzung gemeinschaftsrechtlicher Grundrechte durch die Mitgliedstaaten vor dem EuGH einzuklagen. Er muss sich zunächst gegen die einfachgesetzliche Ausführungsnorm der innerstaatlichen Rechtsordnung vor den nationalen Gerichten zur Wehr setzen. Um den EuGH mit der möglichen Grundrechtsverletzung zu beschäftigen, bleibt ihm die Anregung eines Vorabentscheidungsverfahrens nach Art. 234 EG. Nach der hier vertretenen Ansicht kommt alternativ auch eine Konkrete Normenkontrolle nach Art. 100 Abs. 1 GG und eine Überprüfung der Grundrechte des Grundgesetzes vor dem BVerfG in Frage, wenn die Bundesrepublik Deutschland im Anwendungsbereich des Gemeinschaftsrechts über einen eigenen Ermessensspielraum verfügt hat, da es in diesem Fall bei der Bindung an die Grundrechte des Grundgesetzes bleibt. In beiden Fällen bedarf es zunächst einer verwaltungsgerichtlichen Klage. Insofern kommt es entscheidend auf die Klagebefugnis nach § 42 Abs. 2 VwGO an. Diese Problematik wird später behandelt werden.

Hier verbleiben diejenigen Fälle, in denen sich der Bürger gegen die Verletzung eines gemeinschaftsgrundrechtlichen Diskriminierungsverbots durch die Organe der Europäischen Union im Wege der Nichtigkeitsklage zur Wehr setzen will. Der Einzelne kann sich hierbei grundsätzlich auf die Verletzung der allgemeinen Rechtsgrundsätze und seiner Grundrechte berufen. Diese unterfallen dem dritten Anfechtungsgrund des Art. 230 Abs. 2 EG und ist der „Verletzung des Vertrages oder einer bei seiner Durchführung anzuwendenden Rechtsnorm"

1029 Vgl. Rengeling/Middeke/Gellermann, Rechtsschutz, R. 88; Cremer, a.a.O., R. 43

1030 Krück, a.a.O., R. 53, 60

1031 Lengauer, Nichtigkeitsklage, S. 45; Rengeling/Middeke/Gellermann, a.a.O., S. 70

zuzuordnen[1032]. Wie im Falle des Vertragsverletzungsverfahrens ist dies nicht wörtlich zu nehmen, sondern auch auf ungeschriebenes Primärrecht anzuwenden. Bei Erfolg der Klage wird gemäß Art. 231 EG der gleichheitswidrige Rechtsakt ex tunc und erga omnes für nichtig erklärt.

Die Schwierigkeit bei der Durchsetzung seiner Rechte liegt für den Unionsbürger im Erfordernis der Klagebefugnis nach Art. 230 Abs. 4 EG. Das Klagesystem des EG-Vertrags beruht auf der prinzipiellen Unterscheidung zwischen privilegierten und nicht privilegierten Klägern. Während Mitgliedstaaten, der Rat und die Kommission zu den privilegierten Klageberechtigten zählen und sich in dieser Eigenschaft gegen alle Rechtsakte der Gemeinschaft wehren können, ist die Klagebefugnis der natürlichen und juristischen Personen des Privatrechts als nichtprivilegierte Kläger an engere Voraussetzungen geknüpft[1033]. Jede natürliche oder juristische Person kann „gegen die an sie ergangenen Entscheidungen sowie gegen die Entscheidungen [nur] Klage erheben, die, obwohl sie als Verordnung oder als eine an eine andere Person gerichtete Entscheidung ergangen sind, sie unmittelbar und individuell betreffen". Damit steht zunächst fest, dass der Unionsbürger als nichtprivilegierter Kläger nicht jedes rechtsverbindliche Handeln der Gemeinschaft anfechten kann, sondern vielmehr auf Entscheidungen[1034] beschränkt ist. Wenn sich die gleichheitsbeeinträchtigende Entscheidung gegen den Kläger selbst richtet, ist dieser allein wegen seiner Adressatenstellung klagebefugt[1035]. Richtet sie sich aber gegen einen Dritten oder ergeht sie nicht in Form einer Entscheidung, bedarf es zusätzlich einer unmittelbaren und individuellen Betroffenheit des Klägers.

In der Praxis des EuGH spielte Erstere selten eine Rolle und wurde bereits bejaht, wenn der Einzelne durch angefochtene Maßnahme ipso facto in seinen Rechten beeinträchtigt wird, ohne dass es eines weiteren im Ermessen eines Mitgliedstaats stehenden Rechtsakts bedarf[1036].

Schwierigkeiten bereitet dagegen die individuelle Betroffenheit. Nach der sog. Plaumann-Formel[1037] ist individuell betroffen, wen die „Entscheidung [...] wegen bestimmter persönlicher Eigenschaften oder besonderer, [...] aus dem Kreis aller übrigen Personen heraushebender Umstände berührt und [...] daher in ähnlicher Weise individualisiert wie einen

---

1032 Krück, a.a.O., Art. 173 EGV, R. 88

1033 Vgl. Streinz, Europarecht, R. 512ff

1034 Entscheidend ist hierbei nicht die äußere Form der Maßnahme (Art. 249 Abs. 4 EG), sondern lediglich ihr Inhalt, vgl. EuGH Rs. 60/81, Slg. 1981, S. 2639ff, S. 2651, IBM. Zur genauen Differenzierung zwischen Verordnungen und Entscheidungen Rengeling/Middeke/Gellermann, a.a.O., S. 151.

1035 Statt vieler Nicolaysen, Europarecht, S. 183

1036 Krück in GTE, Kommentar, Art. 173 EGV, R. 46ff m.w.N.

1037 EuGH Rs. 25/62, Slg. 1963, S. 21ff, S. 238ff, Plaumann

Adressaten". Dadurch soll im Ergebnis eine Popularklage vermieden werden[1038]. In der älteren Rechtsprechung des EuGH wurde gerade bei der Auslegung der individuellen Betroffenheit grundsätzlich restriktiv verfahren und somit der Rechtschutz des Einzelnen erschwert. So hat er verlangt, dass der betroffene Personenkreis bei Erlass der Maßnahme abgeschlossen und bestimmbar ist[1039] und dass der Betroffene nicht lediglich auf Grund der Zugehörigkeit zu einer Gattung, sondern durch bestimmte persönliche Eigenschaften und Umstände individualisiert ist[1040]. Es genügt demnach nicht die bloße Behauptung, dass ein Gemeinschaftsrechtsakt die Grundrechte des Klägers verletze, sondern diese Verletzung muss ihn in besonders qualifizierter Weise betreffen. Unter Berücksichtigung dieser Vorgaben, ist zumindest problematisch, ob den gemeinschaftsrechtlichen Diskriminierungsverboten eine angemessene prozessuale Durchsetzungsmöglichkeit zur Verfügung steht.

Allerdings ist gerade im Hinblick auf die Grundrechtsrechtsprechung des EuGH eine Ausweitung der Klagebefugnis des Einzelnen erkennbar[1041]. Zwar hatte das EuG in der Rs. T-13/94 noch entschieden, dass ein Verstoß gegen das Grundrecht der Eigentumsfreiheit keine Auswirkung auf die Beurteilung der Zulässigkeit habe[1042]. Bei zusammenhängender Betrachtung der sehr ähnliche Sachverhalte betreffenden Rs. Codemin und SMW Winzersekt ergibt sich aber, dass der Eingriff in das gemeinschaftsrechtliche Grundrecht der Berufsausübung als entscheidender Umstand bei der Bejahung der individuellen Betroffenheit im Sinne des Art. 230 Abs. 4 EG herangezogen wurde[1043]. Während der EuGH im ersten Fall die individuelle Betroffenheit des Klägers gegen die Verordnung 2045/89 des Rates vom 19.6.1989 darauf stützte, dass die Verordnung den Kläger daran hindert, sein eingetragenes Markenzeichen weiterhin zu benutzen, stellt der Gerichtshof im zweiten Urteil fest, dass die untersagte Verwendung eines herkömmlich benutzten Markenzeichens in das gemeinschaftsrechtliche Grundrecht auf freie Berufsausübung eingreift. Nimmt man beide Urteile zusammen, ist der Einzelne bereits bei Geltendmachung einer Grundrechtsverletzung individuell betroffen und kann folglich die Nichtigkeitsklage anstrengen.

Für eine erleichterte Klagemöglichkeit bei Grundrechtsverletzungen des Einzelnen vor dem EuGH spricht sich eine mittlerweile weit verbreitete Ansicht in der Literatur aus[1044].

1038 Von Danwitz, Garantie des effektiven Rechtsschutzes, NJW 1993, S. 1108ff, S. 1115

1039 EuGH Rs. 44/70, Slg. 1971, S. 412ff, S. 422, Fruit Company

1040 EuG Rs. C-286/93, EuZW 1993, S. 486f; vertiefend Allkemper, Rechtsschutz, S. 76ff

1041 Nowak, Konkurrentenschutz, S. 470ff

1042 Slg. 1994, II-S. 431ff, S. 438f, Century Oils Hellas

1043 Einerseits Rs. C-309/89, Slg. 1994, I-S. 1853ff, S. 1886; andererseits Rs. C-306/93, Slg. 1994, I-S. 5555ff, S. 5582f; dieses Urteil erfolgte zeitlich nach Century Oils Hellas.

1044 Allkemper, a.a.O., S. 91f; Löw, Rechtsschutz, S. 155; von Danwitz, a.a.O., S. 1115; Neuwahl, Article 173, EL Rev. 1996, S. 17ff, S. 30; Ehlers, Klagebefugnis, Verw Arch 84 (1993), S. 139ff, S. 153

Jedenfalls die mögliche[1045] oder schlüssig vorgetragene[1046] Beeinträchtigung von Gemeinschaftsgrundrechten müsse zur Begründung der Klagebefugnis führen.

Eine solche Ansicht würde auch die Möglichkeit, gegen Diskriminierungen vorzugehen, erheblich erleichtern. Ihr ist im Ergebnis zuzustimmen. Das gerichtliche Rechtsschutzsystem dient immer nur der Durchsetzung materieller Rechte. Gerade im Bereich möglicher Grundrechtsverletzungen dürfen deshalb an formelle Voraussetzungen wie die Klagebefugnis nicht zu hohe Ansprüche geknüpft werden. Entscheidend dürfte in dieser Hinsicht die Verpflichtung zur Gewährung effektiven Rechtsschutzes auch auf Gemeinschaftsebene sein. Nicht nur die Mitgliedstaaten unterliegen einer solchen Verpflichtung[1047], sondern auch die Gemeinschaft hat dort, wo sie dem Einzelnen materielle Rechtspositionen einräumt, für einen ausreichenden Schutz dieser Rechte zu sorgen und die Möglichkeit einer wirksamen Anfechtung von grundrechtsrelevanten Gemeinschaftshandlungen zu garantieren[1048]. Insofern dürfen, jedenfalls wenn es um Eingriffe in Grundrechte geht, auch keine überspannten Anforderungen an die formalen Voraussetzungen der Nichtigkeitsklage gestellt werden. Auch soweit das Gemeinschaftsrecht den nationalen Rechtsordnungen vorschreibt, dass deren Voraussetzungen an die Klagebefugnis die Durchsetzung des Gemeinschaftsrecht nicht praktisch unmöglich machen dürfe[1049], ist es nicht völlig unproblematisch, wenn es für sich selbst deutlich strengere Kriterien aufstellt. Es erscheint daher sinnvoll, die Zulässigkeitsvoraussetzungen der Nichtigkeitsklage an den materiellen Nichtigkeitsvorwurf zu knüpfen und die schlüssige Behauptung einer (eigenen) Grundrechtsverletzung grundsätzlich für die Begründung der Klagebefugnis nach Art. 230 Abs. 4 EG genügen zu lassen.

Aus dieser Auffassung darf nicht geschlossen werden, dass das Gemeinschaftsprozessrecht der deutschen Konzeption eines subjektiven Rechtsschutzsystems folgt und in materieller Hinsicht stets die Verletzung einer individualschützenden Norm erfordert. Zwar stellt auch Art. 230 Abs. 4 EG auf eine „individuelle Betroffenheit" ab. Allerdings haben diese Überlegungen nur Auswirkungen auf die Zulässigkeit. Im Rahmen der Begründetheit spielen sie keine Rolle, das der EuGH nur die Verletzung objektiven Rechts feststellt[1050]. Folglich dient die Nichtigkeitsklage der Einhaltung der objektiven Rechtmäßigkeit[1051].

1045 Allkemper, a.a.O., S. 92

1046 Löw, a.a.O., S. 156

1047 EuGH Rs. 22/86, Slg. 1987, S. 4097ff, S. 4117f, Unectef

1048 Löw, a.a.O., S. 155f; Rengeling, Verfassungsbeschwerde, Festschrift Everling, S. 1187ff, S.1202; bzgl. des Anspruchs auf einen fairen Prozess EuGH Rs. 257/85, Slg. 1987, S. 1561ff, S. 1574

1049 Dazu sogleich.

1050 Cremer in C/R, Kommentar, Art. 230 EG, R. 1; Krück, a.a.O., R. 1

1051 Die Nichtigkeitsklage orientiert sich damit an der Konzeption des französischen Verwaltungsrechts, das ebenfalls nicht auf die Verletzung individueller Rechtpositionen abstellt. So diente beispielsweise der französische recours pour excès de pouvoir als Vorbild für die Klagegründe in Art. 230 EG, vgl. von Danwitz, Grundlegung, DVBl. 1996, S. 481ff, S. 484 m.w.N.

(b) Schutz- und Handlungspflichten

Nach der hier vertretenen Ansicht folgen aus den gemeinschaftsgrundrechtlichen Diskriminierungsverboten in objektiver Hinsicht grundsätzlich keine Schutzpflichten der Gemeinschaft oder ihrer Mitgliedstaaten. Insofern ist auch die Möglichkeit einer prozessualen Geltendmachung nicht entscheidend. An dieser Stelle soll dennoch darauf eingegangen werden. Für die Zukunft ist es durchaus denkbar, dass gerade im Falle der Schaffung eines gemeinschaftlichen Grundrechtskatalogs doch Verpflichtungen entstehen, Diskriminierungen wegen bestimmter Diskriminierungskriterien zu verhindern. Eine Besonderheit der Gemeinschaftsgrundrechte liegt darin, dass sie sowohl die Gemeinschaftsorgane, als auch diejenigen der Mitgliedstaaten verpflichten. Im Folgenden muss demnach je nach Beklagten zwischen dem Vertragsverletzungsverfahren nach Art. 226, 227 EG und der Untätigkeitsklage nach Art. 232 EG unterschieden werden.

Kommt ein Mitgliedstaat einer objektiven Schutzpflicht nicht nach, besteht die Möglichkeit der Durchführung eines Vertragsverletzungsverfahrens. Als objektive Klageart ist dieses nicht auf die Begründung einer individuellen Rechtsposition angewiesen. Dementsprechend musste der EuGH in der Rs. C-265/95 zu dieser Frage bezüglich der Warenverkehrsfreiheit auch keine Stellung nehmen. Insoweit ist für die Begründetheitsprüfung die Verletzung der objektiv-rechtlichen Pflicht ausreichend.

Einzige Hürde ist das Ermessen eines jeden Mitgliedstaates bei der Ausübung seiner Schutzpflichten. Eine solche Verpflichtung kann sich auch aus den allgemeinen Rechtsgrundsätzen ergeben[1052]. Da zu diesen auch die Grundrechte des Gemeinschaftsrechts zählen, können Schutzgebote auf Grund der grundrechtlichen Diskriminierungsverbote prinzipiell auch zum Erfolg der Untätigkeitsklage führen. Wie der EuGH entschieden hat, liegt eine Verletzung des mitgliedstaatlichen Ermessens aber erst im Falle der offenkundigen und beharrlichen Weigerung, entsprechende Maßnahmen durchzuführen, vor. Für den Bereich von Schutzpflichten setzt dies eine hinreichende Konkretisierung der unterlassenen Maßnahme voraus.

Speziell bei Gleichheitsverstößen kann die Schutzpflicht grundsätzlich auf mehreren Wegen realisiert werden, so dass das Unterlassen einer bestimmten Maßnahme nur schwer darzulegen sein wird. Lediglich wenn sich aus der Art des Gleichheitsverstoßes eine eindeutige Handlungsverpflichtung ergibt, ist auch das Schutzgebot hinreichend konkretisiert. So hat auch der zunächst bestehende Anspruch auf ermessensfehlerfreie Entscheidung gemeinschaftsrechtlich noch keine Bedeutung erlangt. Ein Vertragsverletzungsverfahren hat

---

[1052] Rengeling/Middekke/Gellermann, Rechtsschutz, R. 236

vielmehr nur dann Erfolg, wenn das mitgliedstaatliche Ermessen auf Null reduziert ist[1053]. Die Verletzung einer Schutzpflicht an sich muss also noch nicht notwendig eine inhaltlich hinreichende Untätigkeit darstellen, um gemeinschaftsrechtlich justiziabel zu sein[1054]. Die Folge ist, dass ein Vertragsverletzungsverfahren bezüglich einer mitgliedstaatlichen Handlungspflicht angesichts des Spielraums der Mitgliedstaaten bei der Beseitigung von Ungleichbehandlungen nur im Einzelfall erfolgreich sein wird.

Schwierigkeiten könnten sich insoweit ergeben, als es in Einzelfällen schwer sein wird, festzustellen, ob ein Mitgliedstaat im Anwendungsbereich der Gemeinschaftsgrundrechte untätig geblieben ist. Nur in diesem Fall ist der Gerichtshof überhaupt zuständig. Verletzt ein Mitgliedstaat dagegen innerstaatliche grundrechtliche Handlungspflichten, darf der Gerichtshof nicht entscheiden. Wie oben gezeigt ist die genaue Abgrenzung dieser beiden „Verfassungsbereiche" aber nicht endgültig geklärt. Betrachtet man konkret die Bereiche, in denen die Mitgliedstaaten den Gemeinschaftsgrundrechten unterliegen, ergibt sich, dass gemeinschaftsgrundrechtliche Handlungspflichten nur bei der Schaffung einer Ausnahmeregelung von den Grundfreiheiten, sowie beim Vollzug von Gemeinschaftsrecht möglich sind. Es bleibt der weiteren Entwicklung überlassen, wann solche Fallgestaltungen in concreto angenommen werden können. Der Gerichtshof müsste dann entsprechend der hier vertretenen Ansicht prüfen, ob den Mitgliedstaaten ein Ermessensspielraum bei der Umsetzung von Sekundärrecht zusteht. In diesem Fall wäre ein Mitgliedstaat wieder an die innerstaatlichen Grundrechte gebunden, so dass ein entsprechendes Vertragsverletzungsverfahren bereits mangels Unzuständigkeit des EuGH abgewiesen werden müsste. Ein ähnliches, nicht weniger komplexes Problem ergibt sich daraus, dass die sich auf die Grundrechte des Gemeinschaftsrechts stützenden objektiven Schutzpflichten im Gegensatz zu ihren Pendants bei den Grundfreiheiten und nationalen Grundrechten ihren Kompetenztitel nicht in sich tragen[1055]. Gemeinschaftsgrundrechtliche Schutzpflichten können sich ebenso für die Organe der Mitgliedstaaten ergeben. In einem solchen Fall wäre das entsprechende Organ, meist wohl die Kommission wegen einer unterlassenen Rechtsetzungsinitiative, zu verklagen.

Nach alledem bleibt festzuhalten, dass sich die Geltendmachung gemeinschaftsrechtlich begründeter Schutzpflichten mit einer Reihe von ungelösten Problemen konfrontiert sieht und wohl nur im Einzelfall erfolgreich sein kann.

Schließlich ist noch auf die Verordnung des Rates 2679/98/EG hinzuweisen. Beschränkt auf die Verletzung der Warenverkehrsfreiheit durch ein Handeln oder Nichteinschreiten der Mitgliedstaaten sieht diese neue Vorschrift eine Verkürzung der Fristen im Rahmen des Vertragsverletzungsverfahrens auf insgesamt höchstens 21 Tage vor. Damit soll zur Effektivie-

---

1053 Rengeling/Middekke/Gellermann, a.a.O., R. 236

1054 Schilling, Allgemeine Rechtsgrundsätze, EuGRZ 2000, S.1ff, S. 32 unter Bezugnahme auf EuGH Rs. 13/83, Slg. 1985, S. 1513ff, Parlament/Rat

rung der Warenverkehrsfreiheit durch die Möglichkeit einer beschleunigten Einklagbarkeit beigetragen werden, ohne dass dadurch eine neue Klageart in das Gemeinschaftsrecht aufgenommen wird[1056].

Die Untätigkeitsklage ist dagegen anzustrengen, wenn das Europäische Parlament, der Rat oder die Kommission es unter Verletzung des EG-Vertrags unterlassen haben, einen Beschluss zu fassen. Gegen einzelne Mitgliedstaaten ist die Untätigkeitsklage dagegen nicht zulässig. Folglich kann sich der einzelne Bürger bei Verletzung einer grundrechtlichen oder grundfreiheitlichen Pflicht der Mitgliedstaaten nicht direkt an den EuGH wenden. Entsprechend der Lage bei der Abwehrfunktion der Grundrechte muss er den Umweg über die nationalen Gerichte und das Vorabentscheidungsverfahren nach Art. 234 EG nehmen. Auch insofern kommt der Auslegung der Klagebefugnis nach § 42 Abs. 2 VwGO entscheidende Bedeutung zu[1057]. Im Gegensatz zu der als Gestaltungsklage konzipierten Nichtigkeitsklage handelt es sich bei der Untätigkeitsklage um eine bloße Feststellungsklage, die allein auf die Feststellung einer Vertragsverletzung auf Grund Unterlassens gerichtet ist. Mit der Untätigkeitsklage kann kein gemeinschaftsrechtswidriger Zustand beseitigt werden, sondern dem unterliegenden Gemeinschaftsorgan nur die Pflicht aus Art. 233 EG auferlegt werden[1058].

Ähnlich wie im Rahmen der Nichtigkeitsklage muss zwischen privilegiert und nichtprivilegiert Klagebefugten unterschieden werden. Privilegiert klageberechtigt sind nach Art. 232 Abs. 1 EG die Mitgliedstaaten und die Organe der Gemeinschaft, während natürliche und juristische Personen nach Abs. 3 geltend machen müssen, dass ein Organ der Gemeinschaft es unterlassen hat, einen anderen Akt als eine Empfehlung oder Stellungnahme an sie zu richten. Damit erfasst der Klagegegenstand für natürliche und juristische Personen ausschließlich verbindliche Rechtsakte[1059]. Zudem unterfällt das Unterlassen von Verordnungen und Richtlinien nicht dem Art. 232 Abs. 3 EG, da sich diese nie individuell an private Kläger richten können[1060]. Obwohl vom Wortlaut des Art. 232 Abs. 3 EG nicht vorgesehen, beinhaltet das Klagerecht nach Teilen der Literatur in Analogie zu Art. 230 Abs. 4 EG auch drittgerichtete Rechtsakte, solange der Kläger im Falle des Erlasses unmittelbar und indivi-

---

1055 Gersdorf, Funktionen, AöR 119 (1994), S. 400ff, S. 418

1056 Vgl. insgesamt zu der Verordnung und instruktiv zur prozessualen Lage die Besprechung von Schorkopf, Interventionsmechanismus, EuZW 1998, S. 237ff.

1057 Eine völlige Parallele zu der Situation bei den grundrechtliche Abwehrrechten besteht aber nicht. Dem angerufenen deutschen Gericht ist nämlich im Falle der Untätigkeit die Anstrengung einer Konkreten Normenkontrolle vor dem BVerfG versagt, da diese ein formelles Gesetz und damit ein positives Handeln voraussetzt.

1058 Vgl. statt aller nur Cremer in C/R, Kommentar, Art. 232 EG, R. 1

1059 Rengeling/Middekke/Gellermann, Rechtsschutz, R. 358

1060 Zu alledem Krück in GTE, Kommentar, Art. 175 EGV, R.14; ausführlich Rengeling/Middekke/Gellermann, a.a.O., R.219; für Verordnungen EuGH Rs. 90/78, Slg. 1979; S. 1081ff, S. 1092f, Granaria

duell betroffen wäre[1061]. Die Rechtsprechung tendiert bei dieser Frage zu einer engeren Auslegung[1062]. Berücksichtigt man jedoch, dass materiell Unterlassen und positives Tun gemeinschaftsrechtlich über Art. 10 EG gleichgestellt sind, sollte sich dies auch prozessual zumindest in der grundsätzlichen Möglichkeit, Rechtsschutz zu erlangen, niederschlagen. Nur durch die Anerkennung einer zur Nichtigkeitsklage parallel verlaufenden Rechtslage können Rechtsschutzlücken vermieden werden[1063]. Nach dieser Auffassung könnte wie im Rahmen der Nichtigkeitsklage bereits die schlüssige Darlegung einer möglichen Grundrechtsverletzung durch ein Unterlassen der Organe der EU zur Zulässigkeit der Untätigkeitsklage ausreichen.

Doch unabhängig, wie man sich letztlich entscheidet, wird eine solche Klage im Ergebnis kaum Erfolg haben können. Die Untätigkeitsklage ist nämlich nur begründet, wenn das beklagte Gemeinschaftsorgan unter Verletzung seines ihm auch im Bereich grundrechtlicher Schutzpflichten zustehenden legislativen Ermessens eine bestimmte Handlung unterlassen hat. Insofern gelten die gleichen strengen Maßstäbe und ungelösten kompetenziellen Probleme wie im Rahmen eines Vertragsverletzungsverfahrens. Es bedarf einer hinreichend bestimmten Konkretisierung der unterlassenen Tätigkeit, was gerade für Diskriminierungsverbote erhebliche Probleme bereitet.

Diese Schwierigkeiten stellen im Vergleich zur Rechtslage der Bundesrepublik Deutschland abgesehen von den kompetenzrechtlichen Fragen allerdings keine entscheidende Rechtsverkürzung dar. Denn auch im deutschen Verfassungs- und Verwaltungsrecht kann ein grundrechtlicher Anspruch auf ein bestimmtes Handeln der Behörden auf Grund eines weiten Gestaltungsspielraums nur ausnahmsweise entstehen und eine Klagebefugnis begründen[1064]. Gerade für das Gleichheitsgebot des Art. 3 GG bedarf es einer Beeinträchtigung einer materiellen Rechtsposition des Klägers[1065].

(2) Art. 141 Abs. 1 EG

Die prozessuale Durchsetzung des Anspruchs auf Lohngleichheit wirft keine besonderen rechtlichen Schwierigkeiten auf. Da sich Art. 141 Abs. 1 EG nur an die Mitgliedstaaten richtet, kann er nur vor nationalen Gerichten eingeklagt werden. Dabei vermittelt die Vorschrift unstrittig ein subjektives Recht gerade zu Gunsten des Einzelnen, das jedenfalls für die Be-

---

1061 Koenig/Sander, EG-Prozeßrecht, R. 344; Allkemper, Rechtsschutz, S. 116; Krück in GTE, Kommentar, Art.175 EGV, R. 16f; Rengeling/Middekke/Gellermann, a.a.O., R. 221

1062 EuGH Rs. 246/81, Slg. 1982, S. 2277ff, S. 2291, Lord Bethell; m.w.N. auch zu unklaren Aussagen des EuGH Cremer in C/R, Kommentar, Art. 232 EG, R. 7, insbes. Fn. 15 und 17

1063 Allkemper, a.a.O., S. 116

1064 Kopp/Schenke, VwGO, § 42 VwGO, R. 121ff

1065 Kopp/Schenke, a.a.O., § 42 VwGO, R. 129

jahung des § 42 Abs. 2 VwGO ausreicht. Verstoßen die Gemeinschaftsorgane gegen das Gebot der Lohngleichheit, kann sich der einzelne Unionsbürger nicht auf Art. 141 Abs. 1 EG berufen, sondern ist vor dem EuG auf den allgemeinen grundrechtlichen Gleichheitssatz angewiesen[1066].

b. Sekundärrechtliche Diskriminierungsverbote

Sekundärrechtliche Diskriminierungsverbote können grundsätzlich die Mitgliedstaaten oder im Falle ihrer angeordneten horizontalen Wirkung auch Einzelne verpflichten. Wie die Praxis zeigt, ist insoweit das Richtlinienrecht von größter Bedeutung. Innerhalb rein privater Rechtsverhältnisse besteht dabei lediglich die Möglichkeit, sich auf bereits umgesetzte Richtlinien zu berufen. Denn auch wenn eine Richtlinie nach ihrem Wortlaut privatrechtliche Wirkungen entfalten soll, ist sie nach oben vertretener Ansicht wegen ihrer nachteiligen Folgen für einen privaten Dritten nicht unmittelbar anwendbar. Im Falle seiner korrekten Umsetzung in anwendbares nationales Recht bereitet ein zwischen Privaten wirksames Diskriminierungsverbot keine Schwierigkeiten und kann vor den Zivilgerichten eingeklagt werden.

Hinsichtlich der Einpassung individueller Rechtspositionen in die nationalen Rechtsordnungen muss man sich zunächst klarmachen, dass mangels eines eigenständigen EU-Verwaltungs(prozess-)rechts die Verwirklichung von Individualrechten, die ihren Ursprung im Gemeinschaftsrecht haben, im Rahmen des indirekten Vollzugs des Gemeinschaftsrechts auf die nationalen Rechtsordnungen angewiesen bleibt. Die gerichtliche Durchsetzung solcher Rechte ist wegen des Grundsatzes der institutionellen und Verfahrensautonomie der Mitgliedstaaten[1067] deren Sache[1068]. Das Gemeinschaftsrecht entfaltet aber „intensivste Auswirkung[en] [...] auf die Verfahrensautonomie der Mitgliedstaaten"[1069], um den aus Art. 6, 13 EMRK entwickelten allgemeinen Rechtsgrundsatz deseffektiven gerichtlichen Rechtsschutzes Geltung zu verschaffen[1070]. Das Gemeinschaftsrecht steht dabei vor dem grundsätzlichen Problem, dass die Rechtsschutzsysteme in den einzelnen Mitgliedstaaten unterschiedlich ausgestaltet sind. So hängen im deutschen Verwaltungsrecht materielles Individualrecht und Prozessrecht über § 42 Abs. 2 VwGO eng zusammen. Nach diesem Modell wird dem Einzelnen nur dann ein Klagerecht eingeräumt, wenn es ihm gelingt, die Möglichkeit der

---

[1066] Vgl. Mohn, Gleichheitssatz, S. 24ff

[1067] So der Präsident des EuGH Rodríguez Iglesias, Grenzen, EuGRZ 1997, S.289ff, S. 289

[1068] EuGH Rs. 33/76, Slg. 1976, S. 1989ff, S. 1998, Rewe; EuGH Rs. C-208/90, Slg. 1991, I-S. 4269ff, S.4298, Emmot; aus der Literatur nur Classen, Europäisierung, S.78; Stern, Einwirkung, JuS 1998, S. 769ff, S. 769

[1069] Rodríguez Iglesias, a.a.O., S. 294

[1070] Ausführlich Tonne, Effektiver Rechtsschutz, S. 191ff

Verletzung eines materiellrechtlichen Anspruchs darzulegen[1071]. Letzterer besteht nur dann, wenn die einzuklagende Norm zumindest auch dem Interesse des Klägers dient, was sich wiederum nach der Schutznormtheorie bestimmt. Das Klagerecht setzt das mögliche Bestehen eines subjektiv-öffentlichen Rechts in Abgrenzung von einem bloßen, sich aus der Verletzung einer objektiven Rechtsnorm ergebenden, Rechtsreflex ab. Folgert das deutsche Recht also aus einem materiellen subjektiven Recht die Klagebefugnis des Bürgers, kommt ihm ein materiellrechtlicher Schwerpunkt zu.

Eher vom umgekehrten Ansatz geht das Common Law aus, das zwischen Recht („right") und Rechtsbehelf („remedy") trennt und Erstere an Letzteren ausrichtet[1072]. Im das Gemeinschaftsrecht in besonderem Maße beeinflussenden französischen Verwaltungsrecht[1073] wiederum steht das Legalitätsprinzip im Vordergrund. Die wichtigste Klageart, der recours pour excès de pouvoir, ist ein objektiv-rechtlich ausgerichtetes Verfahren und verlangt weder im Rahmen der Zulässigkeit, noch bei der Prüfung der Begründetheit einen Verstoß gegen ein subjektiv-öffentliches Recht des Einzelnen im Sinne des deutschen Verwaltungsrechts[1074]. Großzügiger als in Deutschland wird das Klagerecht schon bei der Beeinträchtigung qualifizierter Interessen des Bürgers (intérêt pour agir) gewährt[1075].

Das Gemeinschaftsrecht selbst macht keine verbindliche Vorgaben, welcher Konzeption es folgt, und auf welche Weise in ihm begründete Individualrechte ins nationale Recht zu transformieren sind[1076]. Es respektiert die prozessuale Autonomie der Mitgliedstaaten, indem es den nationalen Prozessordnungen keine neuen Rechtsbehelfe und Klagemöglichkeiten hinzufügt[1077]. Dadurch kommt es zu einer Entkopplung der (innerstaatlichen) Einklagbarkeit vom (gemeinschaftsrechtlich begründeten) subjektiven materiellen Recht[1078]. Während das „ob" des Rechtsschutzes gemeinschaftsrechtlich vorgegeben ist, obliegt das „wie" der Rechtsdurchsetzung, und damit auch die rechtliche Qualifikation der gemeinschaftsrechtlich begründeten Individualrechte, den nationalen Rechtsordnungen[1079]. Generell kommen hierfür

---

1071 Kopp/Schenke, a.a.O., § 42 VwGO, R. 66

1072 Vgl. dazu allgemein, gerade unter Berücksichtigung der deutschen Schutznormtheorie Matthias Ruffert, Rights and Remedies, CML Rev. 1997, S. 307ff

1073 Rengeling, Deutsches und Europäisches Verwaltungsrecht, VVDStRL 53, S. 202ff, S. 215; Schmidt-Aßmann, Deutsches und Europäisches Verwaltungsrecht, DVBl. 1993, S. 924ff, S. 929

1074 Classen, Europäisierung, S. 57f m.w.N.; ders., Der einzelne als Instrument?, VerwArch 88 (1997), S. 645ff, S. 647

1075 Classen, Europäisierung, S. 59; siehe auch Schilling, Allgemeine Rechtsgrundsätze, EuRZ 2000, S. 1ff, S. 25

1076 Insgesamt kritisch Triantafyllou, Europäisierungsprobleme, NVwZ 1994, S. 943ff, S. 944, der fragt, welchen Ertrag die Trennung zwischen „echten" subjektiv-öffentlichen Rechten im Sinne der deutschen Dogmatik und „sonstigen" prozessualen subjektiven Rechtspositionen bringt.

1077 EuGH Rs. 158/80, Slg. 1981, S. 1805ff, S. 1838, Rewe

1078 So Schoch, Individualrechtsschutz, NVwZ 1999, S. 457ff, S. 462

1079 Classen, Europäisierung, S. 79

zwei Möglichkeiten in Betracht[1080]: Im Wege einer prozessualen Lösung können im Gemeinschaftsrecht angelegte Individualrechte bei der Interpretation der nationalen Klagebefugnis (§ 42 Abs. 2 VwGO) berücksichtigt werden, ohne dass dadurch subjektiv-öffentliche Rechte nach deutschem Verständnis geschaffen werden; bei der materiell-rechtlichen Lösung werden gemeinschaftsrechtlich begründete Rechtspositionen in das deutsche Recht als einklagbare subjektiv-öffentlichen Rechte eingepasst.

Eine zusätzliche Bedeutung gewinnt die Frage nach dem § 42 Abs. 2 VwGO an dieser Stelle dadurch, dass nach obigen Feststellungen die Unionsbürger im Falle eines Verstoßes der Mitgliedstaaten gegen ein Grundrecht des Gemeinschaftsrechts nicht vor dem EuGH direkt klagen können, sondern den Umweg über die nationalen Gerichte einschlagen müssen. Diese wiederum können nicht über Gemeinschaftsrecht entscheiden und müssen Zweifelsfragen dem EuGH vorlegen. Der Vorschrift kommt damit auch für die Diskriminierungsverbote der Gemeinschaftsgrundrechte eine zentrale Funktion zu.

(1) Richtlinienimmanente Rechtsschutzregelungen

Fragt man nach der prozessualen Durchsetzung von Individualrechten, die auf Richtlinien zurückgehen, sind die ausdrücklich in den Richtlinien vorgegebenen Rechtsschutzregelungen vorrangig zu berücksichtigen. So sehen Art. 2 der Richtlinie 75/117/EWG, Art. 6 der Richtlinie 76/207/EWG, Art. 6 der Richtlinie 79/7/EWG und Art. 10 der Richtlinie 86/378/EWG im Hinblick auf die Gleichbehandlung der Geschlechter die Pflicht der Mitgliedstaaten vor, innerstaatliche Vorschriften zu erlassen, die zur Durchsetzung des Gleichbehandlungsgrundsatzes notwendig sind. Der EuGH folgert aus der bloßen Anordnung zur Einräumung eines Klagerechts die Anerkennung eines entsprechenden Individualrechts auf Gleichbehandlung[1081]. Er sieht solche Vorschriften als Ausdruck des in allen Verfassungstraditionen der Mitgliedstaaten überlieferten und in Art. 6 EMRK und Art. 13 EMRK verankerten Effektivitätsgrundsatzes[1082]. Da sie zudem unmittelbar anwendbar sind[1083], hat dieses Prinzip im Bereich der Geschlechterdiskriminierung Eingang in die nationalen Rechtsordnungen gefunden. Insoweit bedarf es zur Begründung eines Klagerechts keines Rückgriffs auf § 42 Abs. 2 VwGO, das Gemeinschaftsrecht selbst gibt im Falle einer Diskriminierung die Klagebefugnis

---

1080 Schoch, a.a.O., S. 462; Classen, Der einzelne als Instrument, VerwArch 88 (1997), S. 645ff, S.678; ders., Europäisierung, S. 79; Kokott, Europäisierung, DV 98, S. 335ff, S. 349ff

1081 EuGH Rs. 14/83, Slg. 1984, S. 1891ff, S. 1908, von Colson und Kamann; EuGH Rs. 79/83, Slg. 1984, S. 1921ff, S. 1941, Harz/Deutsche Tradax

1082 EuGH Rs. 222/84, Slg. 1986, S. 1651ff, S. 1682, Johnston

1083 Curall in GTE, Kommentar, Art. 119 EGV, R.153, Fn. 488; implizit EuGH Rs. 14/83, Slg. 1984, S. 1891ff, S. 1908f, von Colson und Kamann; EuGH Rs. 79/83, Slg. 1984, S. 1921ff, S. 1941, Harz/Deutsche Tradax

vor. Sekundärrechtliche Rechtsschutzregelungen reichen also sehr weit in das nationale Recht hinein. Sie durchbrechen sogar den Grundsatz, dass es Sache des nationalen Prozessrechts ist, die Durchsetzung gemeinschaftsrechtlich begründeter Individualrechte zu verwirklichen. Allerdings relativiert sich diese Aussage in Hinblick auf § 42 Abs. 2 Hs. 1 VwGO. Einer Klagebefugnis nach deutschen Recht bedarf es danach nur, „[s]oweit gesetzlich nichts anderes bestimmt ist". Notwendig sind hierfür zwar formelle Gesetze[1084]. Im Falle einer ordnungsgemäßen Richtlinienumsetzung dürfte diese Hürde allerdings keine Probleme bereiten. Wird eine solche Bestimmung nicht transformiert, passt sich die Richtlinie weniger gut ins nationale Recht ein. Es bleibt nur die Lösung, § 42 Abs. 2 VwGO wegen des Anwendungsvorrangs des Gemeinschaftsrechts unberücksichtigt zu lassen.

Noch weiter reichenden Rechtsschutz verbürgt Art. 7 der zu Art. 13 EG erlassenen Richtlinie 2000/43/EG und der entsprechende Art. 9 der Richtlinie 2000/78/EG.. Nach dessen ersten Absatz haben die Mitgliedstaaten Rechtsschutzregelungen sogar für den Fall der Klageerhebung nach Beendigung eines Arbeitsverhältnisses zu erlassen. Unter fast völliger Aufhebung der Schutznormtheorie kommt in Absatz 2 hinzu, dass die Mitgliedstaaten ein entsprechendes Klagerecht auch für Verbände, Organisationen oder andere juristische Personen schaffen müssen, die gemäß den in ihrem einzelstaatlichen Recht festgelegten Kriterien ein rechtmäßiges Interesse an der Einhaltung der Richtlinie haben, und im Namen der durch eine Diskriminierung beschwerten Person mit deren Einwilligung eine Klage einleiten wollen. Hier nehmen die gemeinschaftsrechtliche Diskriminierungsverbote explizit Abschied von einer subjektiv-rechtlichen Rechtsschutzkonzeption. Interessenverbände können, ohne dass sie betroffen wären oder in den Schutzbereich eines Diskriminierungsverbots fallen, zur objektiven Durchsetzung eines in diesen Richtlinien enthaltenen Verbots der Ungleichbehandlung schon bei Zustimmung des Betroffenen Klage erheben. Einen Bruch mit dem deutschen Verwaltungsrecht stellt dies dennoch nicht dar, kann eine entsprechende transformierte Regelung doch auch hier über § 42 Abs. 2 Hs. 1 VwGO berücksichtigt werden.

(2) Kriterien für eine gemeinschaftsrechtlich überformte Ausgestaltung des § 42 Abs. 2 VwGO

Sind in den Richtlinien selbst keine Rechtsschutzbestimmungen vorgesehen, bleibt das nationale Prozessrecht auf sich angewiesen. Es besteht Einigkeit darüber, dass die Kriterien, nach denen sich die Durchsetzung gemeinschaftsrechtlich verliehener Rechte vor den natio-

---

[1084] Kopp/Schenke, VwGO, § 42 VwGO, R. 180

nalen Gerichten bemisst, auch gemeinschaftsrechtlich zu bestimmen sind[1085]. Dies stellt angesichts der in den mitgliedstaatlichen Rechtsordnungen unterschiedlichen Konzeptionen des verwaltungsgerichtlichen Rechtsschutzes den einzig gangbaren Weg dar, um den Grundsatz der einheitlichen Geltung des Gemeinschaftsrechts zu gewährleisten.

Eine generelle Kompetenz des EuGH zur Einflussnahme auf nationales Prozessrecht und damit auch auf § 42 Abs. 2 VwGO kann nicht mehr bestritten werden, da es ansonsten zu einer uneinheitlichen Verwirklichung der gleichen materiell-rechtlich auf Gemeinschaftsrecht basierenden Individualrechte in den einzelnen Mitgliedstaaten käme. Das nationale Prozessrecht ist nur das Vehikel des Gemeinschaftsrechts, so dass dem EuGH auch immer, wenn es um die primäre oder sekundäre Durchsetzung eines in ihm angelegten Individualrechts geht, die Kompetenz zur Einflussnahme nach Art einer Annexkompetenz[1086] zugesprochen werden muss. So hat der EuGH erst kürzlich im Rahmen einer Vorlagefrage, die ihm in Anschluss an die Feststellung der Gemeinschaftsrechtswidrigkeit einer nationalen Vorschrift gestellt wurde, entschieden, dass selbst dann, wenn es nicht seine Aufgabe ist, an innerstaatlichen Zuständigkeitsfragen mitzuwirken, er jedenfalls dem nationalen Gericht die Kriterien aufzeigen kann, die zur Lösung der Zuständigkeitsfrage beitragen können, wenn diese im Zusammenhang mit der für gemeinschaftsrechtswidrig erklärten Norm steht[1087].

Welche Maßstäbe unter dem Einfluss des Gemeinschaftsrechts an § 42 Abs. 2 VwGO gelegt werden, ist nicht eindeutig geklärt. Der EuGH hat im Bereich des Diskriminierungsverbots auf Grund des Geschlechts hat er unter ausdrücklicher Bezugnahme auf die Einschränkbarkeit der nationalen Klagebefugnis aus Gründen des effet utile entschieden, dass sich auch ein Ehemann gegenüber einer Frauen diskriminierenden Vorschrift des Rentenrechts auf eine Richtlinienbestimmung berufen kann, wenn „nicht ausgeschlossen werden kann, dass andere Personen [der Ehemann] ein unmittelbares Interesse daran haben, dass das Diskriminierungsverbot beachtet wird"[1088]. Vorliegend war das Interesse gegeben, da nach nationalem Recht die Rente der Frau an den Mann ausbezahlt wurde. In einem weiteren Urteil mit vergleichbarem Sachverhalt stellte der Gerichtshof entscheidend auf die Betroffenheit des Einzelnen in Bezug auf die Auswirkungen einer diskriminierenden Vor-

---

1085 Langenfeld, Direktwirkung, in DÖV 1992, S. 955ff, S. 962; Rengeling/Middeke/Gellermann, Rechtsschutz, R. 1083; Gellermann, Beeinflussung, S. 45ff; Frenz, Subjektiv-öffentliche Rechte, DVBl. 1995, S. 408, S. 411

1086 Ruffert in C/R, Kommentar, Art. 249 EG, R. 36, der zusätzlich auf Art. 10 EG verweist, vgl. dazu auch Tonne, Effektiver Rechtsschutz, S. 248ff.

1087 EuGH verb. Rs. C-10/97 bis C-22/97, Slg. 1998, I-S. 6307ff, S. 6331, IN. CO. GE.'90 u.a.

1088 EuGH verb. Rs. C-87 bis 89/90, Slg. 1991, I-S. 3757f, S. 3790, Verholen

schrift ab[1089]. Genauere Ausführungen, was unter den Begriffen „unmittelbares Interesse" und „Betroffenheit" zu verstehen ist, fehlen[1090]. Zudem sind die beiden Urteile des EuGH Einzelfälle geblieben. Mangels entgegengesetzter Entscheidungen wird man aus ihnen aber schließen können, dass jedenfalls derjenige, der faktische Nachteile durch eine nicht umgesetzte Richtlinienbestimmung erleidet, klagebefugt ist[1091].

In der Literatur wird versucht, die Begrifflichkeiten „unmittelbaren Interesse" und „Betroffenheit" durch die funktionale Subjektivierung des Einzelnen innerhalb des Gemeinschaftsrechts inhaltlich auszufüllen[1092]. Dahinter steht ein historisches Verständnis des Einzelnen zur Gemeinschaftsgewalt, das vom ursprünglichen Charakter des Gemeinschaftsrechts als (lediglich zwischenstaatliches) Völkerrecht geprägt wird[1093], so dass der EuGH die Rechtssubjektivität des Einzelnen in der Gemeinschaftsrechtsordnung erst ausdrücklich anerkennen musste[1094]. In dieser Funktion wurde der Einzelne ausschließlich zur objektiven Vollzugskontrolle des Gemeinschaftsrechts im öffentlichen Interesse instrumentalisiert. Spätestens seit Anerkennung europäischer Grundrechte, jedenfalls aber seit Einführung der Unionsbürgerschaft lässt sich eine einseitige Betrachtung des Einzelnen als Instrument des Gemeinschaftsrechts nicht mehr aufrecht erhalten. Die Rechtsstellung des Einzelnen dient nicht mehr ausschließlich der Verwirklichung objektive Rechts, sondern soll auch ihm selbst zu Gute kommen.

Es ist im Ergebnis aber nicht möglich, aus der sich hieraus abzeichnenden Aufgabe der reinen funktionalen Subjektivierung des Einzelnen sichere Schlüsse auf die Ausgestaltung des § 42 Abs. 2 VwGO zu ziehen. Europäische Individualrechtspositionen dienen nämlich auch weiterhin keinem Selbstzweck, sondern werden zumindest auch als Mittel zur allgemeinen Legalitätskontrolle betrachtet[1095]. Nach dem gegenwärtigen Stand des Gemeinschaftsrechts wird sich folglich kaum bestimmen lassen, ob einer objektiven oder subjektiven

---

1089 EuGH Rs. C-343/92, Slg. 1994, I-S. 571ff, S. 602, Roks

1090 Keinesfalls weiterführen würde dagegen eine ergänzende[1090] Verwendung der Kriterien der unmittelbaren und individuellen Betroffenheit im Sinne des Art. 230 Abs. 4 EG. Denn entweder man knüpft an die tendenziell strenge Rechtsprechung des EuGH an und fällt damit noch hinter die Schutznormtheorie zurück, oder man weicht die Kriterien auf, bis sie hinsichtlich ihrer inhaltlichen Aussagekraft nicht über ein „unmittelbares Interesse" oder die „Betroffenheit" hinaus gehen.

1091 Steinberg, Probleme, AöR 120 (1995), S. 549ff, S. 586; Ruffert, Dogmatik und Praxis, DVBl. 1998, S. 69ff, S. 72

1092 Ruffert, Subjektive Rechte, S. 222f; ders., Dogmatik und Praxis, DVBl. 1998, S. 69ff, S. 71; ihm folgend Schoch, Individualrechtsschutz NVwZ 1999, S. 457ff, S. 461; Pernice, Gestaltung, NVwZ 1990, S. 414ff, S. 424 spricht in diesem Zusammenhang von einem status activus processualis.

1093 Kingreen/Störmer, Subjektive Rechte, EuR 1998, S. 263ff, S. 264

1094 EuGH Rs. 26/62, Slg. 1963, S. 1ff, S. 25, Van Gend & Loos

1095 So Kokott, Europäisierung, DV 1998, S. 335ff, S. 363 und Schoch, a.a.O., S.461; vgl. auch von Danwitz, Grundlegung, DÖV 1996, S. 481ff, S. 484; Remmert, Nationale Ausgestaltung, DV 1996, S. 465ff, S. 485; Schmidt-Aßmann, Verwaltungsrecht, DVBl. 1993, S. 924ff, S. 934; Hansmann, Schwierigkeiten, NVwZ 1995, S. 320ff, S. 321

Ausrichtung von gemeinschaftsrechtlich begründeten Individualrechtspositionen der Vorrang einzuräumen ist.

Die in der Literatur weiterhin vertretenen Ansichten reichen von einer ausschließlichen Beibehaltung der deutschen Schutznormtheorie auch im Falle gemeinschaftsrechtlich begründeter Individualrechte[1096] bis hin zu einem allgemeinen Normvollziehungsanspruch[1097]. Diesen beiden extremen Lösungen lässt sich entgegenhalten, dass sie den Konflikt zwischen der Verfahrensautonomie der Mitgliedstaaten und dem Geltungsanspruch des Gemeinschaftsrechts jeweils einseitig lösen, ohne einen Ausgleich zu suchen. Einerseits erfordert nämlich das erreichte Maß an Europäisierung eine Anpassung der Rechtsstrukturen der Mitgliedstaaten. Das europäische Recht ist geprägt von einem Prozess des „Gebens und Nehmens"[1098], der mit zwangsläufigen Änderungen der Rechtsordnungen verbunden ist. Folglich kann an einer „reinen" Schutzzwecklehre ohne Rücksicht auf gemeinschaftsrechtliche Vorgaben nicht festgehalten werden. Das gleiche gilt andererseits für einen allgemeinen Normvollziehungsanspruch. Dieser rückt nämlich in die Nähe einer Popularklage, die im Gemeinschaftsrecht mangels einer notwendigen hinreichenden Grundlage in den Rechtsordnungen der Mitgliedstaaten entbehrt[1099]. Zudem ist ein solcher kaum mit den vom EuGH in den Rs. Verholen und Roks aufgestellten Voraussetzungen eines „unmittelbaren Interesses" oder einer „Betroffenheit" in Einklang zu bringen.

Im Ergebnis bleibt es damit bei einer durch diese Vorgaben begrenzten Klagebefugnis Einzelner zur Durchsetzung gemeinschaftsrechtlicher Individualrechtspositionen.

Diese Vorgaben werden für Adressaten eines Diskriminierungsverbots jedenfalls keine Schwierigkeiten bereiten, da dieser stets hiervon betroffen ist und ein unmittelbares Interesse an einer Gleichbehandlung hat. Wie die Urteile Verholen und Roks gezeigt haben, lassen sich aber anhand der besagten Kriterien auch über den Kreis der Adressaten hinaus Personen bestimmen, die in den personellen Anwendungsbereich eines Diskriminierungsverbots fallen. Insofern wird eine Bewertung der Einzelfallrechtsprechung des EuGH überlassen bleiben.

1096 Triantafyllou, Europäisierung, DVBl. 1997, S. 192ff; Stern, Einwirkung, JuS 1998, S. 769ff, S. 771.

1097 Von Danwitz, Grundlegung, DÖV 1996, S. 481ff, S. 489

1098 Steinberg, Probleme, AöR 120 (1995), S. 549ff, S. 589

1099 Vgl. Ehlers, Klagebefugnis, VerwArch 84 (1993), S. 139ff, S.171; Wegener, Rechte des einzelnen, S. 163ff; Stern, Einwirkung, JuS 1998, S. 769ff, S. 771; Kokott, Europäisierung, DV 1998, S. 335ff, S. 357; Ruthig, Transformiertes Gemeinschaftsrecht, BayVBl. 1997, S. 289ff, S.295; Ruffert, Dogmatik und Praxis, DVBl. 1998, 69ff, S. 73.

Eine systematische Einordnung dieser Grundsätze kann durch § 42 Abs. 2 VwGO erfolgen und muss nicht auf das Gemeinschaftsrecht zurückgreifen[1100]. Wie gezeigt, gestattet § 42 Abs. 2 Hs. 1 VwGO vom Grundsatz der „reinen" Schutznormtheorie abweichende Lösungen im Falle formell gesetzlicher Bestimmungen. Ein solches Gesetz kann im Zustimmungsgesetz zum EG-Vertrag gesehen werden. Dieses sieht natürlich keine ausdrücklich abweichende Regelung vor. Allerdings lassen sich alle Rechtsakte der Gemeinschaft unmittelbar auf die Kompetenzvorschriften des EG-Vertrags und damit auch auf das Umsetzungsgesetz zurückführen. Wenn man so will, ist eine abweichende Klagebefugnis also bereits im EG-Vertrag angelegt. Die gemeinschaftsrechtliche Überformung der deutschen Klagebefugnis fügt sich dann ohne Bruch in die bestehende gesetzliche Regelung ein. Es ist nicht nötig, § 42 Abs. 2 VwGO erweiternd auszulegen[1101].

1100 Unklar Schilling, Allgemeine Rechtsgrundsätze, EuGRZ 2000, S. 1ff, S. 27

1101 So aber Ruffert, Dogmatik und Praxis, DVBl. 1998, S. 69ff, S. 74

Abschließende Zusammenfassung

1. Das Gemeinschaftsrecht kennt Diskriminierungsverbote sowohl auf Primärrechts- (Art. 3 Abs. 2, 12, 13, 141 EG, Allgemeiner Gleichbehandlungsgrundsatz, Grundfreiheiten), als auch auf Sekundärrechtsebene (v.a. Richtlinien). Das unmittelbar anwendbare Diskriminierungsverbot auf Grund der Staatsangehörigkeit nach Art. 12 EG nimmt dabei eine zentrale Stellung ein und erfährt durch die Grundfreiheiten eine wirtschaftsrechtliche Konkretisierung.

2. Die Querschnittsklausel des Art. 3 Abs. 2 EG formuliert einen allgemeinen Handlungsauftrag an die Organe der Europäischen Gemeinschaft zur Bekämpfung von Diskriminierungen auf Grund des Geschlechts, ohne diesen konkrete Kompetenzen zu verleihen. Querschnittsklauseln liegt der Gedanke des Mainstreaming zu Grunde, wonach legislative Antidiskriminierungsmaßnahmen zur ihrer effektiven Verwirklichung einer breiten Unterstützung in allen gesellschaftlichen Bereichen benötigen. Eine Realisierung dieses Ansatzes hat in prozeduraler Hinsicht durch eine frühzeitige Einbeziehung diskriminierter Gruppen in das Normgebungsverfahren im Sinne eines echten Mitwirkungsrechts zu erfolgen; in materieller Hinsicht konstituiert Art. 3 Abs. 2 EG lediglich eine Berücksichtigungspflicht, ist aber nicht unmittelbar anwendbar und lässt das „wie" seiner Umsetzung offen.

3. Im Verhältnis der gemeinschaftsrechtlichen Diskriminierungsverbote zueinander stehen die primärrechtlichen Regelungen normenhierarchisch höher als die sekundärrechtlichen.

   Innerhalb des Primärrechts hat der EuGH eine Stufenfolge bislang nicht herausarbeiten können. Unter Berücksichtigung des Grundsatzes, dass spezielle Diskriminierungsverbote leges speciales zum allgemeinen Gleichbehandlungsgrundsatz sind, und dass von einer erhöhten Regelungsdichte auf einen verstärkten Willen der Mitgliedstaaten zur Bekämpfung von Diskriminierungen zu schließen ist, ergibt sich folgende Normenhierarchie, die sich materiell durch sinkende Anforderungen an die jeweiligen Rechtfertigungsmöglichkeiten vollzieht:

   Art. 12, 141 Abs. 1 EG
   Art. 141 Abs. 3, 4 EG
   Art. 3 Abs. 2 EG

Allgemeiner grundrechtlicher Gleichbehandlungsgrundsatz
Art. 13 EG und die Antidiskriminierungsrichtlinien.

4. Im Rahmen des Art. 13 EG gilt ein eindimensionaler Diskriminierungsbegriff, der lediglich die Ungleichbehandlung von nach der Vorschrift Gleichgestelltem verbietet

5. Für mittelbare Diskriminierungen ist die Abwesenheit einer Rechtfertigungsmöglichkeit bereits Tatbestandsmerkmal.

6. Den Mitgliedstaaten steht bei der Beseitigung nationaler Vorschriften, die gegen gemeinschaftsrechtliche Diskriminierungsverbote verstoßen, ein Ermessensspielraum zu. Bis zur diskriminierungsfreien Neuregelung hat der Einzelne unmittelbar aus dem Gemeinschaftsrecht Anspruch auf Gewährung einer Begünstigung.

7. Die Einführung des Art. 13 EG beruht auf dem Gedanken, dass jegliche Art von Diskriminierungen dem von der Gemeinschaft verfolgten Integrationsprozess entgegensteht. Die Vorschrift enthält eine Kompetenzzuweisung, ist aber nicht unmittelbar anwendbar. Art. 13 EG erfordert wegen seiner nicht näher umrissenen Reichweite und vielfältigen Auswirkungen Einstimmigkeit bei Beschlussfassungen im Rat. Angesichts der menschenrechtlichen Bedeutung der Antidiskriminierungspolitik spiegelt das bloße Anhörungsrecht des Europäischen Parlaments das Demokratiedefizit in der gemeinschaftsrechtlichen institutionellen Ordnung wieder.

8. Der Katalog des Art. 13 EG ist abschließend. Die einzelnen verbotenen Differenzierungskriterien sind tendenziell weit auszulegen und gelten auch für Angehörige von Drittstaaten.

9. Art. 13 EG ist subsidiär zu speziellen Regelungskompetenzen. Dies gilt nicht für Art. 308 EG.

10. Art. 13 EG schafft keine umfassenden Kompetenz der Gemeinschaft zur Bekämpfung von Diskriminierungen in allen Gesellschaftsbereichen, sondern ist stets an anderweitige gemeinschaftsrechtliche Zuständigkeiten gebunden. Der Katalog der Gemeinschaftsziele in Art. 3 Abs. 1 EG ist hierfür nicht ausreichend. Die eigenständige Bedeutung des Art. 13 EG neben einer ebenfalls möglichen Antidiskriminierungskompetenz der Gemeinschaft aus Art. 308 i.V.m. Art. 3 Abs. 2, Art. 3 Abs. 1 EG folgt daraus, dass nach Art. 13 EG Maßnahmen auch dann erlassen werden können,

wenn die Gemeinschaft auf einem bestimmten, ihr zugewiesenen Kompetenzbereich noch nicht tätig geworden ist, während Art. 308 i.V.m. Art. 3 Abs. 2, Art. 3 Abs. 1 EG insoweit nur begleitende Funktion zukommt.

11. Für die Verwirklichung des Gemeinsamen Marktes sind die Differenzierungskriterien des Art. 13 EG von unterschiedlicher Bedeutung. Der gemeinschaftsweit größte Konsens besteht hinsichtlich der Kriterien des Geschlechts und der Rasse bzw. ethnischen Herkunft. Diskriminierungen auf Grund der sexuellen Orientierung sind nicht dem Diskriminierungsverbot auf Grund des Geschlechts zuzuordnen, sondern unterfallen lediglich dem sekundärrechtlichen Schutz nach Art. 13 EG („sexuelle Ausrichtung"). Diesem sind auch Diskriminierungen wegen sexuellen Verhaltens zuzuordnen.

12. Die Gemeinschaft ist auf Grund der neuen Kompetenz des Art. 13 EG bereits umfangreich tätig geworden und hat zwei Richtlinien, sowie zwei Aktionsprogramme erlassen.

13. Das Gemeinschaftsrecht verbürgt als Grundrecht den Allgemeinen Gleichheitssatz, vgl. auch Art. 20 der Grundrechtecharta. Dieser schützt natürliche und juristische Personen sowie Drittstaatenangehörige gleichermaßen, nicht aber die Mitgliedstaaten gegenüber Hoheitsakten der Gemeinschaft. Letztere unterliegen dem Gebot der Gleichbehandlung als Ausdruck eines objektiven Prinzips.

14. Adressaten des gemeinschaftsgrundrechtlichen Gleichbehandlungsgebots sind in erster Linie die Organe der Gemeinschaft. De lege lata unterliegen die Mitgliedstaaten nicht unbegrenzt den Grundrechte der Gemeinschaft, sondern sind lediglich im Anwendungsbereich des Gemeinschaftsrechts an diese gebunden, sofern seitens der Organe der Gemeinschaft bestehende Kompetenzen wahrgenommen wurden.

Im Fall des mitgliedstaatlichen Vollzugs von Gemeinschaftsrecht gilt dies nur, wenn den Mitgliedstaaten keine eigene Entscheidungsbefugnis verbleibt und sie ohne eigene Gestaltungsmöglichkeiten tätig werden. Verfügen die Mitgliedstaaten über einen eigenen Spielraum, kommt es zu einem abgestuften Grundrechtsschutz, der sich spiegelbildlich zur Maastricht-Rechtsprechung des Bundesverfassungsgerichts verhält („ungekehrtes Kooperationsverhältnis"): Im Einzelfall werden nationale Vollzugsmaßnahmen an den nationalen Grundrechten überprüft, während der EuGH auf die Gewährleistung des gemeinschaftsrechtlich gebotenen Mindeststandards beschränkt ist. Dieses Stufenverhältnis gilt auch für die grundrechtliche Bindung der Mitgliedstaaten bei der Schaffung von Ausnahmeregelungen zu den Grundfreiheiten.

15. Das arbeitsrechtliche Gleichbehandlungsgebot der Geschlechter im Arbeitsrecht nach Art. 141 EG stellt ein Leitprinzip der Gemeinschaft dar, das von zahlreichen Gleichbehandlungsrichtlinien flankiert wird. Nur das Gebot der Entgeltgleichheit nach Art. 141 Abs. 1 EG ist unmittelbar (vertikal und horizontal) anwendbar. Der EuGH behandelt die Frage der Rechtfertigung einer mittelbaren Diskriminierung nach Art. 141 Abs. 1 EG im Rahmen des Tatbestands. Auch unmittelbare Diskriminierungen im Sinne des Art. 141 Abs. 1 EG sind grundsätzlich einer Rechtfertigung zugänglich.

16. Für geschlechtsspezifische Diskriminierungen trifft Art. 4 Abs. 1 der Richtlinie 97/80/EG eine zweistufige Beweiserleichterung für das vermeintliche Diskriminierungsopfer. Eine Beweislastumkehr zu Lasten des Arbeitgebers findet statt, wenn eine überwiegende Wahrscheinlichkeit für eine typischerweise vorkommende Diskriminierung geltend gemacht werden kann.

17. Das Gemeinschaftsrecht verbürgt gewohnheitsrechtlich einen ungeschriebenen allgemeinen Grundsatz der Geschlechtergleichbehandlung im Arbeitsrecht. Dieser ist allerdings nur objektiver Natur und wird subjektiv-rechtlich über das insoweit inhaltlich angepasste grundrechtliche Gleichbehandlungsgebot garantiert.

18. Der Rechtsprechung des EuGH (Rs. C-273/97, Sirdar; Rs. C-285/98, Kreil) hinsichtlich der gemeinschaftsrechtlichen Unzulässigkeit von nationalen Regelungen, die Frauen den freiwilligen Zugang zu bewaffneten Einheiten der Streitkräfte untersagen, ist nur teilweise zuzustimmen.

    Entsprechende Vorschriften unterfallen dem Anwendungsbereich der Richtlinie 76/207/EWG. Über die nicht ausreichenden Begründungsansätze des EuGH hinaus folgt dies aus der Unterscheidung zwischen speziellen Fach- und allgemeinen Querschnittskompetenzen. Die Zuständigkeit der Gemeinschaft kann sich hier nicht auf eine Kompetenz im Bereich der Verteidigungspolitik, aber auf eine sozialrechtliche Querschnittskompetenz hinsichtlich der Gleichbehandlung der Geschlechter stützen, die insbesondere auf den Neuregelungen des Amsterdamer Vertrages (Art. 2, 3 Abs. 2, 141 Abs. 3 EG) beruht. Eine solche Querschnittszuständigkeit besteht nicht für die weiteren Differenzierungskriterien des Art. 13 EG.

Die in Art. 2 Abs. 2 bis 4 der Richtlinie 76/207/EWG normierten Ausnahmen vom Diskriminierungsverbot auf Grund des Geschlechts sind eng auszulegen und unterliegen dem Grundsatz der Verhältnismäßigkeit. Bei der Überprüfung des den Mitgliedstaaten insoweit überlassenen Ermessensspielraums geht der EuGH nicht immer systematisch vor. Entgegen der Ansicht des Gerichtshofs ist nicht nur der generelle Ausschluss von Frauen vom freiwilligen Dienst in nationalen Streitkräften, sondern auch die lediglich an das formelle Kriterium des Geschlechts anknüpfende Verweigerung der Aufnahme in eine Spezialeinheit ohne die Festlegung materieller Eignungskriterien als Verstoß gegen den Verhältnismäßigkeitsgrundsatz zu werten. Der Entscheidung in der Rs. Sirdar kann demnach nicht gefolgt werden.

19. Durch die Neuerungen des Amsterdamer Vertrages wurde die Gleichstellung von Mann und Frau zum Gemeinschaftsziel (Art. 2 EG), das durch die Querschnittsklausel des Art. 3 Abs. 2 EG in den Rang eines Teilhaberechts gehoben wurde, welches objektive Förderpflichten begründen kann.

20. Bei der Frage der Einbeziehung Trans- und Homosexueller unter das Diskriminierungsverbot auf Grund des Geschlechts (Rs. C-13/94, P./S.; Rs. 249/96, Grant) verfährt der EuGH hinsichtlich seiner eigenen Argumentation widersprüchlich, indem er einmal besondere Betonung auf die Würde und Freiheit des Einzelnen legt, einmal hierauf gar nicht eingeht. Zudem zieht der Gerichtshof ergebnisorientiert systematisch nicht korrespondierende Vergleichsgruppen heran. Mit den Feststellungen des Generalanwalts Elmer war schon vor In-Kraft-Treten des Amsterdamer Vertrages von einem gemeinschaftsrechtlichen Verbot der Diskriminierungen Homosexueller auszugehen, das dem Diskriminierungsverbot wegen des Geschlechts zuzuordnen gewesen wäre.

21. Bei der Feststellung einer gleichwertigen Arbeit im Sinne des Art. 141 Abs. 1 EG kommt es auf die Kriterien der Art der Arbeit, der Ausbildungsanforderungen und der Arbeitsbedingungen an, wobei dem Kriterium der Berufsausbildung die größte Bedeutung zukommt, solange dadurch der Umfang der Berufszugangsberechtigung beeinflusst wird. Auf Grund der horizontalen Wirkungen des Art. 141 Abs. 1 EG verbietet sich eine ausufernde Auslegung des Begriffs der Gleichwertigkeit.

22. Die Rechtssetzungskompetenz der Gemeinschaft nach Art. 141 Abs. 3 EG geht im Bereich der Gleichberechtigung der Geschlechter in Arbeits- und Beschäftigungsfragen dem Art. 13 EG als lex specialis vor.

23. Die Zuständigkeiten aus Art. 141 Abs. 3 EG und aus Art. 137 Abs. 1 5. Spstr. i.V.m. Abs. 2 EG sind nicht inhaltsgleich. Eine Abgrenzung hat nach dem eher diskriminierungs- oder beschäftigungspolitischen Inhalt der beabsichtigten Regelung zu erfolgen.

24. Art. 141 Abs. 3 EG enthält weder eine Rechtsgrundlage für den Erlass positiv diskriminierender Maßnahmen, noch können konkrete Schutzpflichten aus der Vorschrift gefolgert werden.

25. Die Frage der Zulässigkeit positiver Diskriminierungen betrifft die Rechtfertigung von Ungleichbehandlungen.

26. Art. 141 Abs. 4 EG lässt positive Diskriminierungen in größerem Maße zu als Art. 2 Abs. 4 der Richtlinie 76/207/EWG. Auch der EuGH stellt zunehmend weniger strenge Anforderungen an die Zulässigkeit positiv diskriminierender Regelungen. Dabei zieht er systematisch nicht überzeugend neben Art. 141 Abs. 4 EG weiterhin Art. 2 Abs. 4 der Richtlinie 76/207/EWG heran.

27. Bei der Überprüfung positiv diskriminierender Regelungen anhand Art. 2 Abs. 4 der Richtlinie 76/207/EWG stellt der EuGH anhand Art. 2 Abs. 4 der Richtlinie 76/207/EWG stellt der EuGH mittlerweile nur noch darauf ab, dass die Gleichbehandlungsrichtlinie die absolute und unbedingte Bevorzugung des benachteiligten Geschlechts verbietet. Er geht dabei in zwei Schritten vor: Positiv diskriminierende Regelungen sind überhaupt nur im Falle eines Qualifikationspatts zulässig, solange auf transparente und nachvollziehbare Weise bei der Bestimmung der jeweiligen Qualifikationen auch andere Kriterien als das Geschlecht berücksichtigt werden, mögen diese auch ihrerseits dem überrepräsentierten Geschlecht gegenüber mittelbar diskriminierend sein. Ist diese Hürde genommen, darf eine Quotenregelung nicht absolut und unbedingt ausgestaltet sein. Sie muss in jedem Einzelfall weitere Umstände, die in der Person der Bewerber liegen, berücksichtigen, wobei diese keine Kriterien umfassen dürfen, die das unterrepräsentierte Geschlecht mittelbar diskriminieren. Alternativ sind Öffnungsklauseln zulässig, die zwar nach unten starr sind, nach oben sich aber tatsächlichen Vorgaben anpassen.

28. Die Bevorzugung des unterrepräsentierten Geschlechts bei zwar ausreichender, aber geringerer Qualifikation als das andere Geschlecht läuft dem Grundsatz der Bestenauslese zuwider.

28. Die Bevorzugung des unterrepräsentierten Geschlechts bei zwar ausreichender, aber geringerer Qualifikation als das andere Geschlecht läuft dem Grundsatz der Bestenauslese zuwider.

29. Entgegen der momentanen Auffassung des Gerichtshofs können Maßnahmen, die auf Herstellung der Ergebnisgleichheit gerichtet sind (z.B. Quotenregelungen), nur durch Art. 141 Abs. 4 EG, nicht aber nach der eng auszulegenden Ausnahmevorschrift des Art. 2 Abs. 4 der Richtlinie 76/207/EWG gerechtfertigt sein. Art. 141 Abs. 4 EG steht im Kontext mit Art. 2, 3 Abs. 2 EG und fordert nicht nur die Gleichbehandlung, sondern die Gleichstellung der Geschlechter.

30. Die Frage nach der „Absolutheit" und „Unbedingtheit" von Öffnungsklauseln sollte zu Gunsten des flexibleren und sachnäheren Gebots der Verhältnismäßigkeit aufgegeben werden.

31. Art. 141 Abs. 4 EG ist nicht unmittelbar anwendbar und legt den Mitgliedstaaten keine Verpflichtungen zur Tätigkeit auf. Die Mitgliedstaaten können auf dessen Grundlage auch Vorschriften hinsichtlich der Zulässigkeit positiv diskriminierender Handlungen im Privatrechtsverkehr erlassen.

32. Art. 13 EG ist keine ausreichende Rechtsgrundlage für die Zulässigkeit positiv diskriminierender Regelungen nach Art. 5 der Richtlinie 2000/43/EG bzw. nach Art. 7 der Richtlinie 2000/78/EG.

33. Die Grundrechte des Grundgesetzes sind nach dem Bundesverfassungsgericht nicht nur subjektive Abwehrrechte, sondern auch Ausdruck einer objektiven Wertentscheidung. Sie entfalten als Grundsatznormen mittelbare Wirkung im Privatrechtsverkehr und beinhalten staatliche Schutzpflichten.

    Soziale Grundrechte sind im Grundgesetz weitgehend nicht aufgenommen worden. Im Bereich derivativer Teilhaberechte ist die deutsche öffentliche Gewalt an den Gleichbehandlungsgrundsatz gebunden, während die Garantie originärer Teilhaberechte kompetenzrechtlichen Bedenken ausgesetzt ist und dem Vorbehalt des Möglichen unterliegt.

34. Die unmittelbare Drittwirkung der Grundfreiheiten des Gemeinschaftsrechts ist durch den EuGH noch nicht abschließend geklärt. Während der Gerichtshof eine solche im

Rahmen der Arbeitnehmerfreizügigkeit bejaht, hat er sie für Dienstleistungsfreiheit auf Rechtsverhältnisse beschränkt, in denen der einen Seite quasihoheitliche Befugnisse zukommen. Hinsichtlich der Niederlassungsfreiheit fehlt es bislang an einer Entscheidung des EuGH, hinsichtlich der Warenverkehrsfreiheit tendiert er zu einer ablehnenden Haltung.

35. Richtigerweise kann den Grundfreiheiten als Diskriminierungsverboten insgesamt nur insoweit eine Drittwirkung zugemessen werden, als die prinzipielle Gleichheit im Bereich der Privatautonomie durch faktische Machverhältnisse („intermediäre Gewalten") nicht mehr aufrecht erhalten werden kann. Nur im Falle derartiger quasistaatlicher Machtbefugnisse kann ein Eingriff in die Privatautonomie zu Gunsten des Gemeinschaftsrechts gerechtfertigt sein. Kompetenzrechtliche Bedenken bestehen in diesem Zusammenhang nicht, da auch den Mitgliedstaaten verbleibende Zuständigkeiten nicht von den gemeinschaftsrechtlichen Vorgaben entbunden sind. Dieses Ergebnis lässt sich wegen der strukturellen Unterschiede zwischen den Grundfreiheiten und den Grundrechten des Gemeinschaftsrechts nicht auf den allgemeinen Gleichbehandlungsgrundsatz übertragen.

36. Die Vertragsgrundrechte der Art. 12, 141 Abs. 1 EG entfalten unmittelbare Wirkung unter Privaten. Ein zwingender Rückschluss hieraus auf die Gemeinschaftsgrundrechte kommt nicht in Betracht, da die Vertragsgrundrechte hierzu leges speciales darstellen.

37. Objektive Wirkungen kommt den Gemeinschaftsgrundrechten nicht explizit zu. Auch den Rs. Gouda (C-288/89) und Familiapress (C-368/95) lässt sich eine Anerkennung solcher Funktionen nicht entnehmen.

Die im allgemeinen Gleichheitssatz als ungeschriebenes Grundrecht der Europäischen Gemeinschaft enthaltenen Diskriminierungsverbote können de lege lata keine Drittwirkung entfalten oder Schutzpflichten der Mitgliedstaaten begründen. Lediglich dort, wo das Gemeinschaftsrecht ausdrücklich der besonderen Bedeutung von Differenzierungskriterien Ausdruck verleiht, kann die Privatautonomie zurückgedrängt werden. Dies kann de lege ferenda nur die Grundrechte-Charta bewerkstelligen. Eine pauschale Gleichstellung mit den Freiheitsgrundrechten kommt wegen des Eingriffs in die Privatautonomie bei den Gleichheitsgrundrechten und wegen der nach dem momentanen Stand des Gemeinschaftsrechts bestehenden Hierarchie unter den einzelnen Differenzierungskriterien nicht in Betracht.

rechtswirkung demjenigen gegenüber, gegen den die Drittwirkung geltend gemacht wird, keine Nachteile hieraus erwachsen.

39. Mittelbar horizontale Wirkungen kommen Richtlinien nur zu, wenn eine hieraus folgende Benachteiligung nicht unmittelbar auf die Richtlinie selbst, sondern auf eine mitgliedstaatliche Umsetzungsmaßnahme zurückzuführen ist. Dies ist nur dann der Fall, wenn die Richtlinie inhaltlich nicht determiniert ist und des Mitgliedstaaten einen Umsetzungsspielraum belässt. Die Richtlinien 2000/43/EG und 2000/78/EG regeln strikte Verbote und entfalten demnach keine mittelbare horizontale Wirkung.

40. Eine richtlinienkonforme Auslegung ist auch zu Lasten Privater möglich, da eine hieraus folgende Belastung nicht auf die Richtlinie, sondern auf das nationale Recht zurückzuführen ist.

41. Richtlinien können mitgliedstaatliche Schutzpflichten beinhalten.

42. Mit der Anerkennung einer Drittwirkung von Grundfreiheiten und Gemeinschaftsgrundrechten korrespondiert ein entsprechendes subjektives Recht des Einzelnen.

43. Der EuGH entnimmt der Warenverkehrsfreiheit eine staatliche Schutzpflicht, wonach die Mitgliedstaaten zum Schutze des freien Warenverkehrs durch aktives Tätigwerden angehalten sind, falls dieser von dritter Seite beeinträchtigt wird. Diese Rechtsprechung lässt sich auf alle Grundfreiheiten übertragen. Demnach bestehen staatliche Schutzpflichten, wenn ein privates Handeln die Ausübung der Grundfreiheiten faktisch unmöglich macht. Die Mitgliedstaaten können ihre Untätigkeit im Einzelfall nach den Vorschriften des EG-Vertrags oder mit entgegenstehenden grundrechtlichen Überlegungen rechtfertigen, wobei innere Schwierigkeiten und wirtschaftliche Erwägungen nicht heran gezogen werden dürfen. Dabei steht den Mitgliedstaaten ein Ermessensspielraum zu; der EuGH sichert nur den Mindeststandard der Grundfreiheiten.

44. Die Vertragsgrundrechte der Art. 12 , 141 Abs. 1 EG begründen staatliche Schutzpflichten. Das Gemeinschaftsrecht regelt insoweit nur das „ob“, überlässt das „wie“ aber den Mitgliedstaaten.

45. Aus der Verletzung der mitgliedstaatlichen Schutzpflichten hinsichtlich der Grundfreiheiten und der Grundrechte besteht ein subjektiver Anspruch des Einzelnen auf ermessensfehlerfreie Beseitigung des Verstoßes. Ein Individualanspruch auf ein be-

stimmtes Verhalten kommt nur im Falle einer Ermessensreduzierung auf Null in Betracht.

46. Die primärrechtlichen Diskriminierungsverbote des Gemeinschaftsrechts sind in erster Linie Abwehrrechte. Damit korrespondiert die Anerkennung eines Individualrechts. Die Art und Weise der Beseitigung der Ungleichbehandlung ist hiervon nicht erfasst.

47. Diskriminierungsverbote in Verordnungen begründen subjektive Abwehrrechte. Für Richtlinien gilt dies nur insoweit, als eine einzelne Richtlinienbestimmung unmittelbar vertikal anwendbar ist. Dies setzt nur objektive Kriterien (Fristablauf bezüglich der Umsetzung, hinreichend klarer, bestimmter und unbedingter Inhalt) voraus, nicht aber subjektive Elemente. Es ist für die Anerkennung der unmittelbaren Wirkung unerheblich, ob einzelne Richtlinienbestimmungen dem Betroffenen Rechte verleihen soll. Die damit angesprochenen Frage der Verleihung eines subjektiv-öffentlichen Rechts ist ausschließlich eine Frage der Klagebefugnis, lässt aber die unmittelbare Anwendbarkeit der Richtlinie unberührt. Ansonsten würde das Gemeinschaftsrecht durch alleine für das deutsche Verwaltungsrecht spezifische Überlegungen überformt.

48. Von der unmittelbaren horizontalen Wirkung von Richtlinien ist die Frage zu trennen, wann eine Verpflichtung der Mitgliedstaaten besteht, Richtlinien in subjektive Individualrechte umzusetzen. Dies ist dann der Fall, wenn Einzelne von dem objektiv zu ermittelnden Regelungszweck einer Richtlinie erfasst, individualisiert und auch tatsächlich betroffen werden.

49. Den Grundfreiheiten sind keine Teilhaberechte im Sinne des deutschen Verfassungsrechts immanent.

50. Den Vertragsgrundrechten der Art. 12, 141 Abs. 1 EG kommt bis zur Beseitigung einer bestehenden Diskriminierung der Charakter eines derivativen Teilhaberechts zu. Dasselbe gilt für die gemeinschaftsgrundrechtlichen Diskriminierungsverbote.

51. Primärrechtliche Diskriminierungsverbote werden bei Verstößen der Gemeinschaftsorgane prozessual durch das Vertragsverletzungsverfahren nach Art. 226, 227 EG und durch die Nichtigkeitsklage nach Art. 230 EG sichergestellt. Im Rahmen der Klagebefugnis genügt hierbei die mögliche oder schlüssig vorgetragene Beeinträchtigung eines gemeinschaftsgrundrechtlichen Diskriminierungsverbots. Bei Verletzun-

51. Primärrechtliche Diskriminierungsverbote werden bei Verstößen der Gemeinschaftsorgane prozessual durch das Vertragsverletzungsverfahren nach Art. 226, 227 EG und durch die Nichtigkeitsklage nach Art. 230 EG sichergestellt. Im Rahmen der Klagebefugnis genügt hierbei die mögliche oder schlüssig vorgetragene Beeinträchtigung eines gemeinschaftsgrundrechtlichen Diskriminierungsverbots. Bei Verletzungen durch die Mitgliedstaaten ist der Einzelne auf die Anstrengung nationaler Rechtsbehelfe und die Anregung einer Vorabentscheidungsverfahrens nach Art. 234 EG angewiesen.

52. Die prozessuale Geltendmachung einer primärrechtlichen Schutzpflicht erfolgt gegenüber den untätigen Mitgliedstaaten im Wege des Vertragsverletzungsverfahrens, Art. 226, 227 EG. Eine Verletzung des den Mitgliedstaaten zustehenden Ermessensspielraums ist erst dann gegeben, wenn sich dieser offenkundig und beharrlich weigert, seiner Schutzpflicht nachzukommen. Ein Anspruch auf eine bestimmte Handlung besteht nur im Falle der Ermessensreduzierung auf Null. Praktische Schwierigkeiten ergeben sich dabei sowohl aus kompetenzrechtlicher Sicht, da Schutzpflichten ihren Kompetenztitel nicht in sich tragen, als auch hinsichtlich der Abgrenzung der parallelen Verfassungsbereiche der Mitgliedstaaten und der Europäischen Union. Dem Einzelnen steht keine Möglichkeit offen, eine Untätigkeit der Mitgliedstaaten vor dem EuGH direkt einzuklagen.

    Gegenüber der Untätigkeit der Organe der Gemeinschaft ist die Untätigkeitsklage einschlägig, Art. 232 EG. Auch hier genügt die mögliche oder schlüssig vorgetragene Beeinträchtigung eines gemeinschaftsgrundrechtlichen Diskriminierungsverbots. Allerdings treten dieselben kompetenzrechtlichen Bedenken wie im Rahmen des Vertragsverletzunsverfahrens auf.

53. Art. 141 Abs. 1 EG kann nur vor den nationalen Gerichten geltend gemacht werden.

54. Im Rahmen der Geltendmachung sekundärrechtlicher Diskriminierungsverbote vor den nationalen Gerichten respektiert das Gemeinschaftsrecht die Prozessautonomie der Mitgliedstaaten. Im deutschen Verwaltungsrecht erfolgt die Umsetzung über die Rechtsfigur des subjektiv-öffentlichen Rechts nach § 42 Abs. 2 VwGO.

55. Auf § 42 Abs. 2 VwGO kommt es im Falle unmittelbar anwendbarer Richtlinienbestimmungen nicht an, wenn diese wie Art. 7 der Richtlinie 2000/43/EG, Art. 9 der Richtlinie 2000/78/EG oder Art. 6 der Richtlinie 76/207/EWG eine Rechtsschutzga-

rantie bei Verletzungen des Gleichbehandlungsgrundsatzes fordern. Darüber hinaus räumen die jeweils zweiten Absätze der Art. 7 der Richtlinie 2000/43/EG, Art. 9 der Richtlinie 2000/78/EG ein mit an sich § 42 Abs. 2 VwGO nicht vereinbares Verbandsklagerecht ein.

56. Die Voraussetzungen des § 42 Abs. 2 VwGO sind im Anwendungsbereich des Gemeinschaftsrechts durch dieses überformt. Dabei sind die einzelnen anzuwendenden Kriterien noch nicht endgültig geklärt. Eine Übertragung der Schutznormlehre, sowie die Annahme eines allgemeinen Normvollziehungsanspruchs werden den Anforderungen des EuGH nicht gerecht.

Abkürzungsverzeichnis

a. A.	andere Ansicht
a. E.	am Ende
a. a. O.	am angegebenen Ort
Abs.	Absatz
AcP	Archiv für die civilistische Praxis
AöR.	Archiv des Öffentlichen Rechts
Art.	Artikel
BayVBl.	Bayerische Verwaltungsblätter
BB	Der Betriebsberater
BGB	Bürgerliches Gesetzbuch
BVerfG	Bundesverfassungsgericht
bzw.	beziehungsweise
CML Rev.	Common Market Law Review
C/R	Calliess/Ruffert (Kommentar, vgl. Literaturverzeichnis)
DB	Der Betrieb
DÖV	Die Öffentliche Verwaltung
DRdA	Das Recht der Arbeit
DV	Die Verwaltung
DVBl.	Deutsche Verwaltungsblätter
EG(V)	Vertrag zur Gründung der Europäischen Gemeinschaft
EL Rev.	European Law Review
EU(V)	Vertrag über die Europäische Union
EuGH	Europäischer Gerichtshof
EuGRZ	Europäische Grundrechte Zeitschrift
EP	Europäisches Parlament
EuR	Europarecht
EuZW	Europäische Zeitschrift für Wirtschaftsrecht
EWS	Europäisches Wirtschafts- und Steuerrecht

f(f).	folgende
Fn.	Fußnote
GG	Grundgesetz
G/H	Grabitz/Hilf (Kommentar, vgl. Literaturverzeichnis)
GO	Geschäftsordnung
GTE	Groeben/Thiesing/Ehlermann (Kommentar, vgl. Literaturverzeichnis)
Hs.	Halbsatz
IPbürgR	Internationaler Pakt über bürgerliche und politische Rechte
IPwskR	Internationaler Pakt über wirtschaftliche, soziale und kulturelle Rechte
i. V. m.	in Verbindung mit
JA	Juristische Arbeitsblätter
JuS	Juristische Schulung
JZ	Juristenzeitung
MJ	Maastricht Journal of European and International Law
m.w.N.	mit weiteren Nachweisen
NJW	Neue Juristische Wochenschrift
NVwZ	Neue Zeitschrift für Verwaltungsrecht
NZA	Neue Zeitschrift für Arbeitsrecht
R.	Randnummer
RdA	Recht der Arbeit
RIW	Recht der Internationalen Wirtschaft
RL	Richtlinie
Rs.	Rechtssache
S.	Seite, Satz (bei Rechtsnormen)
sog.	sogenannte (-r, -s)
StGH	Staatsgerichtshof
u.a.	und andere
UAbs.	Unterabsatz
usw.	und so weiter
v.a.	vor allem
verb.	verbundene
VerwArch	Verwaltungsarchiv

vgl.	vergleiche
VO	Verordnung
VVDStRL	Veröffentlichungen der Vereinigung Deutscher Staatsrechtslehrer
VwGO	Verwaltungsgerichtsordnung
WiVerw	Wirtschaft und Verwaltung
ZAS	Zeitschrift für Arbeits- und Sozialrecht
ZeuP	Zeitschrift für Europäisches Privatrecht
ZeuS	Zeitschrift für Europarechtliche Studien
ZPO	Zivilprozessordnung
ZRP	Zeitschrift für Rechtspolitik

Verwendete Richtlinien und Verordnungen

Richtlinie 68/380/EWG - ABl. 1968 L 257/13

Richtlinie 75/117/EWG - ABl. 1975 L 45/19

Richtlinie 76/207/EWG - ABl. 1976 L 39/40

Richtlinie 79/7/EWG - ABl. 1979 L 6/29

Richtlinie 86/378/EWG - ABl. 1986 L 225/48

Richtlinie 86/613/EWG – ABl. 1986 L 359/56

Verordnung 2045/89/EWG - ABl. 1989 L 202/12

Richtlinie 92/85/EWG - ABl. 1992 L 384/1

Richtlinie 95/46/EG - ABl. 1995 L 281/31

Richtlinie 96/97/EG - ABl. 1997 L 46/20

Richtlinie 97/80/EG - ABl. 1997 L 14/6

Verordnung 2679/89/EG - ABl. 1998 L 337/8

Literaturverzeichnis

Abele, Roland, Anmerkung zur Rs. C-405/95, Marschall, EuZW 1997, S. 758f

Ahlt, Michael, Europarecht – Examenskurs für Rechtsreferendare, 2. Auflage, 1996

Alexy, Robert, Theorie der Grundrechte, Frankfurt am Main 1986

Ders., Grundrechte als subjektive Rechte und objektive Normen, Der Staat 29 (1990), S. 49ff

Allen, Robin, Artikel 13 und die Suche nach Gleichheit in Europa: ein Überblick, Artikel 13 Konferenzdokumentation vom 3. und 4. Dezember 1998: Bekämpfungen der Diskriminierungen: Orientierung für die Zukunft, Wien 1999, S. 77ff

Allkemper, Ludwig, Der Rechtsschutz des einzelnen nach dem EG-Vertrag, 1995

Bachof, Otto, Reflexwirkungen und subjektive Rechte im Öffentlichen Recht, Gedächtnisschrift Walter Jellinek, Forschungen und Berichte aus dem Öffentlichen Recht, 1955, S. 287ff

Badura, Peter, Das Prinzip der sozialen Grundrechte und ihre Verwirklichung im Recht der Bundesrepublik Deutschland, Der Staat 14 (1975), S. 17ff

Ders., Persönlichkeitsrechtliche Schutzpflichten des Staates im Arbeitsrecht, Festschrift für Karl Molitor, Sozialpartnerschaft in der Bewährung, 1988, S. 1ff

Ders., Staatsrecht, 2. Auflage, 1996

Bahlmann, Kai, Der Grundrechtschutz in der Europäischen Gemeinschaft – Wege der Verwirklichung, EuR 1982, S. 1ff

Bauer, Hartmut/Kahl, Wolfgang, Unionsbürger als Träger von Deutschen-Grundrechten?, JZ 1995, S. 1077ff

Bell, Mark, The New Article 13 EC Treaty: A Sound Basis for European Anti-Discrimination Law?, MJ 1999, S. 5ff

Ders., Mainstreaming equality norms into European Union asylum law, EL Rev. 2001, S. 20ff

Benda, Ernst, Notwendigkeit und Möglichkeit positiver Aktionen zugunsten von Frauen im öffentlichen Dienst, 1986

Bergmann, Jan/Lenz, Christopher, Der Amsterdamer Vertrag. Eine Kommentierung der Neuerungen des EU-Vertrags und EG-Vertrags, 1998

Bleckmann, Albert , Die Grundrechte im Europäischen Gemeinschaftsrecht, EuGRZ 1981, S. 257ff

Ders., Die Freiheiten des Gemeinsamen Marktes als Grundrechte, Gedenkschrift für Sasse Band II, 1991, S. 665ff

Ders., Die Rechtsquellen des Europäischen Gemeinschaftsrechts, NVwZ 1993, S. 824ff

Ders., Die Entwicklung staatlicher Schutzpflichten aus den Freiheiten der Europäischen

Menschenrechtskonvention, Festschrift für Rudolf Bernhardt, Recht zwischen Umbruch und Bewahrung, 1995, S. 309ff

Bloch, Eckart, Die Gleichbehandlung von Männern und Frauen im Verhältnis des europäischen Gemeinschaftsrechts zum deutschen Arbeitsrecht, 1988

Blomeyer, Wolfgang, Neue Entscheidungsserie des EuGH zum Europäischen Arbeits- und Betriebsrentenrecht, NZA 1995, S. 49ff

Böckenförde, Ernst-Wolfgang, Grundrechte als Grundsatznormen, Der Staat 29 (1990), S. 1ff

Borchardt, Klaus-Dieter, Vertrauensschutz im europäischen Gemeinschaftsrecht, EuGRZ 1988, S. 309ff

Buchner, Herbert, Die sozialpolitische Entwicklung der Europäischen Gemeinschaft im Spannungsfeld von hoheitlicher Regelung und tarifautonomer Gestaltung, RdA 1993, S. 193ff

Bühler, Ottmar, Altes und Neues über Begriff und Bedeutung der subjektiv-öffentlichen Rechte, Gedenkschrift Walter Jellinek, Forschungen und Berichte aus dem Öffentlichen Recht, 1955, S. 269ff

Burgi, Martin, Mitgliedstaatliche Garantenpflicht statt unmittelbarer Drittwirkung der Grundfreiheiten, EWS 1999, S. 327ff

Calliess, Christian, Zur unmittelbaren Wirkung der EG-Richtlinie über die Umweltverträglichkeitsprüfung und ihrer Umsetzung im deutschen Immissionsschutzrecht, NVwZ 1996, S. 339ff

Calliess, Christian/Ruffert, Matthias (Hrsg.), Kommentar des Vertrages über die Europäische Union und des Vertrages zur Gründung der Europäischen Gemeinschaft – EUV/EGV, 1999

Campbell, Angus/Lardy, Heather, Discrimination against Transsexuals in Employment, EL Rev. 1996, S. 412ff

Canaris, Claus-Wilhelm, Grundrechte und Privatrecht, AcP 184 (1984), S. 201ff

Caranta, Roberto, Judicial Protection Against Member States: A new jus commune takes shape, CML Rev. 1995, S. 703ff

Caspar, Johannes, Das Diskriminierungsverbot behinderter Personen nach Art. 3 Abs. 3 S. 2 GG und seine Bedeutung in der aktuellen Rechtsprechung, EuGRZ 2000, S. 135ff

Chwolik-Lanfermann, Ellen, Grundrechtsschutz in der Europäischen Union, 1994

Cirkel, Johannes, Gleichheitsrechte im Gemeinschaftsrecht, NJW 1998, S.3332f

Classen, Claus Dieter, Zur Bedeutung von EWG-Richtlinien für Privatpersonen, EuZW 1993, S. 83ff

Ders., Wie viele Wege führen zur Gleichbehandlung von Männern und Frauen?, JZ 1996, S. 921ff

Ders., Die Europäisierung der Verwaltungsgerichtsbarkeit, 1996

Ders., Der einzelne als Instrument der Durchsetzung des Gemeinschaftsrechts, VerwArch 88 (1997), S. 645ff

Ders., Besprechung von Ruffert, „Subjektive Rechte", JZ 1997, S. 351ff

Compensis, Ulrike, Marschall – (k)eine Überraschung unserer Zeit?, BB 1998, S. 2470ff

Coppel, Jason/O'Neill, Aidan, The ECJ: Taking Rights Seriously?, CML Rev. 1992, S. 669ff

Craig, Paul/de Bárca, Gráinne, EU LAW : Texts, Cases, Materials, 2. Auflage, Oxford 1998

Curtin, Deirde, Scalping the Community Legislator: Occupational Pensions and "Barber", CML Rev. 1990, S. 475ff

Dauses, Manfred, Handbuch des EU-Wirtschaftsrechts Band I, 2. Auflage, 1993

Di Fabio, Udo, Risikoentscheidungen im Rechtsstaat, 1994

Ders., Die Gleichberechtigung von Mann und Frau, AöR 122 (1997), S. 404ff

Dietlein, Johannes, Die Lehre von den grundrechtlichen Schutzpflichten, Berlin 1992

Dürig, Günter, Der Grundrechtssatz von der Menschwenwürde, AöR 81 (1956), S. 117ff

Ders, Zum Lüth-Urteil des Bundesverfassungsgerichtrs vom 15. 1. 1958, DÖV 1958, S. 194ff

Ehlers, Dirk, Die Klagebefugnis nach deutschem, europäischem Gemeinschafts- und U.S.-amerikanischen Recht, VerwArch 84 (1993), S. 139ff

Ellis, Evelyn, The Definition of Discrimination in European Community Sex Equality Law, EL Rev. 1995, S. 563ff

Dies., Recent Developments in European Community Sex Equality Law, CML Rev. 1998, S. 379ff

Emmert, Frank, Horizontale Drittwirkung von Richtlinien?, EWS 1992, S. 56ff

Epiney, Astrid Umgekehrte Diskriminierungen. Zulässigkeit und Grenzen der discrimination à rebours nach europäischem Gemeinschaftsrecht und nationalem Verfassungsrecht, 1995

Dies., Unmittelbare Anwendbarkeit und objektive Wirkung von Richtlinien, DVBl. 1996, S. 409ff

Erbguth, Wifried/Stollmann, Frank, Die Bindung der Verwaltung an die FFH-Richtlinie, DVBl. 1997, S. 453ff

Erichsen, Hans Uwe, Art. 3 I GG als Grundlage für Ansprüche des Bürgers gegen die Verwaltung, VerwArch 71 (1980), S. 289ff

Everling, Ulrich, Durchführung und Umsetzung des Europäischen Gemeinschaftsrechts im Bereich des Umweltschutzes unter Berücksichtigung der Rechtsprechung des EuGH, NVwZ 1993, S. 209ff

Feger, Dieter, Die Grundrechte im Recht der Europäischen Gemeinschaften – Bestand und Entwicklung, 1984

Feige, Konrad, Der Gleichheitssatz im Recht der EWG, 1973

Fischer, Hans Georg, Zur unmittelbaren Anwendung von EG-Richtlinien in der öffentlichen Verwaltung, NVwZ 1992, S. 935ff

Flynn, Leo, Besprechung der Rs. C-13/94, P./S., CML Rev. 1997, S. 367ff

Ders., The Implications of article 13 – after Amsterdam, will some forms of discrimination be more equal than others?., CMLRev. 1999, S. 1127ff

Flynn, Padraig, Wien – ein Neubeginn im Kampf gegen Diskriminierungen, Artikel 13 Konferenzdokumentation vom 3. und 4. Dezember 1998: Bekämpfungen der Diskriminierungen: Orientierung für die Zukunft, Wien 1999, S. 126ff

Frenz, Walter, Subjektiv-öffentliche Rechte aus Gemeinschaftsrecht vor deutschen Verwaltungsgerichten, DVBl. 1995, S. 408ff

*Frowein, Abraham/Peukert, Wolfgang,*Europäische Menschenrechtskonvention EMRK-Kommentar, 2. Auflage, 1996

Fuchs, Maximilian (Hrsg.), Nomos-Kommentar zum Europäischen Sozialrecht, Grundwerk 1994, Stand März 1999

Gamillschegg, Franz, Die Grundrechte im Arbeitsrecht, AcP 164 (1964), S. 386ff

Gellermann, Martin, Beeinflussung des bundesdeutschen Rechts durch die Richtlinien der EG, 1994

Gersdorf, Hubertus, Funktionen der Gemeinschaftsgrundrechte im Lichte des Solange II-Beschlusses des Bundesverfassungsgerichts, AöR 119 (1994), S. 400ff

Giegerich, Thomas, Anmerkung zur Rs. C-249/96, Grant, JZ 1998, S. 726ff

Gornig, Gilbert, Probleme der Niederlassungsfreiheit für Rechtsanwälte in der Europäischen Gemeinschaft, NJW 1989, S. 1120ff

Götz, Volkmar, Europäische Gesetzgebung durch Richtlinien – Zusammenwirkung von Gemeinschaft und Staat, NJW 1992, S. 1849ff

Ders., Anmerkung zu EuGH Rs. C-285/98, Kreil, JZ 2000, S. 413ff

Gould, Mark, The European Social Charter and Community Law – A Comment, EL Rev. 1989, S. 223ff

Grabitz, Eberhard, Wirkungsweise von Richtlinien, Festschrift für Arved Deringer, Europarecht, Kartellrecht, Wirtschaftsrecht, 1993, S. 59ff

Grabitz, Eberhard/Hilf, Meinhard, Das Recht der Europäischen Union, Stand Oktober 1996

Häbele, Peter, Grundrechte im Leistungsstaat, VVDStRL 30 (1972), S. 43ff

Hailbronner, Kay, Europarechtliche Aspekte der Vergabe öffentlicher Aufträge, RIW 1992, S. 553ff

Ders., Die Vergabe öffentlicher Aufträge nach Europäischem Gemeinschaftsrecht, WiVerw 1994, S. 157ff

Haneklaus, Winfried, Direktwirkung von EG-Richtlinien zu Lasten einzelner?, DVBl. 1993, S. 129ff

Hansmann, Klaus, Schwierigkeiten bei der Durchführung und Umsetzung des europäischen Umweltrechts, NVwZ 1995, S. 320ff

Harrison, Virginia, Using ELC Law to challenge sexual orientation discrimination at work, Hervey, Tamara K./O'Keeffe, David (Hrsg.), Sex Equality Law in the European Union, S. 267ff, Chichester u.a. 1996

Heim, Susanne, Unmittelbare Wirkung von EG-Richtlinien im deutschen und französischen Recht am Beispiel des Umweltrechts, 1999

Heintschel von Heinegg, Wolff/Haltern, Ulrich R., Grundrechte als Leistungsansprüche des Bürgers gegenüber dem Staat, JA 1995, S. 333ff

Hesse, Konrad, Bestand und Bedeutung der Grundrechte in der Bundesrepublik Deutschland, EuGRZ 1978, S. 427ff

Ders., Grundzüge des Verfassungsrechts der Bundesrepublik Deutschland, 20. Auflage, 1999

Hilf, Meinhard, Die Richtlinie der EG - ohne Richtung, ohne Linie, EuR 1993, S. 1ff

Hirsch, Günther, Der EuGH im Spannungsverhältnis zwischen nationalem Recht und Gemeinschaftsrecht, NJW 2000, S. 1817ff

Huber, Peter-Michael, Gemeinschaftsrechtlicher Schutz vor einer Verteilungslenkung durch deutsche Behörden, EuR 1991, S. 31ff

Ders., Recht der Europäischen Integration, München 1996

Ders., Allgemeines Verwaltungsrecht, 2. Auflage, 1997

Isensee, Josef, Grundrecht auf Sicherheit, Berlin 1983

Isensee, Josef/Kirchhof, Handbuch des Staatsrechts der Bundesrepublik Deutschland, Band V Allgemeine Grundrechtslehren, 1992

*Isensee, Josef/Kirchhof,*Handbuch des Staatsrechts der Bundesrepublik Deutschland, Band VII Normativität und Schutz der Verfassung – Internationale Beziehungen, 1992

Jarass, Hans D., Grundrechte als Wertentscheidungen bzw. objektivrechtliche Prinzipien in der Rechtssprechung des Bundesverfassungsgerichts, AöR 110 (1985), S. 363ff

Ders., Richtlinienkonforme bzw. EG-rechtskonforme Auslegung nationalen Rechts, EuR 1991, S. 211ff

Ders., Folgen der innerstaatlichen Wirkung von EG-Richtlinien, NJW 1991, S. 2665ff

Ders., Grundfragen der innerstaatlichen Bedeutung des EG-Rechts – Die Vorgaben des Rechts der Europäischen Gemeinschaften für die nationale Rechtsanwendung und die nationale Rechtsetzung nach Maastricht, 1994

Ders., Bausteine einer umfassenden Grundrechtsdogmatik, AöR 120 (1995), S. 345ff

Ders., Die Kompetenzverteilung zwischen der Europäischen Gemeinschaft und den Mitgliedstaaten, AöR 121 (1996), S. 173ff

Jeand'Heur, Bernd, Grundrechte im Spannungsverhältnis zwischen subjektiven Freiheitsrechten und objektiven Grundsatznormen, JZ 1995, S. 161ff

Jellinek, Georg, System der subjektiv öffentlichen Rechte, Neudruck, 1965

Jochum, Georg, Der neue Art. 13 EGV oder „political correctness" auf europäisch ?, ZRP 1999, S. 279ff

Joerden, Jan C. (Hrsg.), Diskriminierung – Antidiskriminierung, 1996

Jürgensen, Thomas, Gemeinschaftsrechtlicher und nationaler Grundrechtsschutz bei der Realisierung transeuropäischer Verkehrsnetze, 1998

Kainer, Friedemann, Grundfreiheiten und staatliche Schutzpflichten, JuS 2000, S. 431ff

Kämmerer, Jörn Axel, Gleichberechtigung am Gewehr, EuR 2000, S. 102ff

Kewenig, Wilhelm, Der Grundsatz der Nichtdiskriminierung im Völkerrecht der internationalen Beziehungen, Band I, Begriff der Diskriminierungen, 1972

Kimmel, Adolf (Hrsg.), Die Verfassungen der EG-Mitgliedstaaten, Textausgabe, 1996

Kingreen, Thorsten, Die Struktur der Grundfreiheiten des Gemeinschaftsrechts, 1999

Kingreen/Störmer, Rainer, Die subjektiv-öffentlichen Rechte des primären Gemeinschaftsrechts, EuR 1998, S. 263ff

Kirschbaum, Rita-Maria, Neues zur Gleichbehandlung der Geschlechter bei Betriebspensionen, ZAS 1995, S. 37ff

Kischel, Uwe, Zur Dogmatik des Gleichheitssatzes in der Europäischen Union, EuGRZ 1997, S. 1ff

Klein, Eckar,t Neuere Entwicklungen des Rechts der europäischen Gemeinschaften, DÖV 1985, S. 900ff

Ders., Grundrechtliche Schutzpflichten des Staates, NJW 1989, S. 1633ff

Ders., Objektive Wirkung von Richtlinien, Festschrift Everling Band I, 1995, S. 641ff

Klein, Hans H., Die grundrechtliche Schutzpflicht, DVBl. 1994, S. 489ff

Kokott, Juliane, Der Grundrechtsschutz im Europäischen Gemeinschaftsrecht, AöR 121 (1996), S. 599ff

Dies., Europäisierung des Verwaltungsprozessrechts , DV 1998, S. 335ff

König, Christian, EU-Grundrechtscharta – ein neuer supranationaler Kompetenztitel, EuZW 2000, S. 417

Kopp, Ferdinand, Fiskalgeltung und Drittwirkung der Grund- und Freiheitsrechte im Bereich des Privatrechts, Festschrift für Walter Wilburg, Graz 1975, S. 141ff

Kopp, Ferdinand/Schenke, Wolf Rüdiger, Verwaltungsgerichtsordnung, 11. Auflage, 1998

Kort, Michael, Zur Gleichbehandluing im deutschen und europäischen Arbeitsrecht, insbesondere beim Arbeitsentgelt teilzeitbeschäftigter Betriebsratsmitglieder, RdA 1997, S. 277ff

Koukoulis-Spiliotopoulos, Sophia, Bericht über Workshop 1. Materieller Geltungsbereich von Art. 13 , Artikel 13 Konferenzdokumentation vom 3. und 4. Dezember 1998: Bekämpfungen der Diskriminierungen: Orientierung für die Zukunft, Wien 1999, S. 108ff

Krämer, Ludwig, Zur innerstaatlichen Wirkung von Umweltrichtlinien der EWG , WiVerw 1990, S. 138ff

Kreuzer, Karl/Scheuing, Dieter/Sieber, Ulrich (Hrsg.), Europäischer Grundrechtsschutz, 1998

Kühling, Jürgen, Grundrechtskontrolle durch den EuGH: Kommunikationsfreiheit und Pluralismussicherung im Gemeinschaftsrecht, EuGRZ 1997, S. 296ff

Ders., Staatliche Handlungspflichten zur Sicherung der Grundfreiheiten, NJW 1999, S. 403f

Kutsch, Stefan, Die Rechtsprechung des EuGH zur Gleichstellung von Mann und Frau, BB 1991, S. 2149ff

Kutscher, Hans, Der Grundsatz der Verhältnismäßigkeit in europäischen Rechtsordnungen, 1985

Kyriazis, Georgios, Die Sozialpolitik der Europäischen Wirtschaftsgemeinschaft in bezug auf die Gleichberechtigung männlicher und weiblicher Arbeitnehmer, 1990

Langenfeld, Christine, Die Gleichbehandlung von Mann und Frau im Europäischen Gemeinschaftsrecht, 1990

Dies, Zur Direktwirkung von EG-Richtlinien, DÖV 1992, S. 455ff

Langrish, Sally, The Treaty of Amterdam: Selected Highlights, EL Rev. 1998, S. 3ff

Laubinger, Hans-Werner/Repkewitz, Ulrich, Freiwilliger Waffendienst von Frauen in der Bundeswehr, VerwArch 2000, S. 297ff

Lengauer, Alina, Die Nichtigkeitsklage vor dem EuGH, Wien 1998

Lenz, Carl Otto, Entwicklung und unmittelbare Geltung des Gemeinschaftsrechts, DVBl. 1990, S. 903ff

Ders., Konsequent und auf der Linie der Mehrheit. Zum Urteil Marschall des EuGH, NJW 1998, S. 1619f

Ders. (Hrsg.), Kommentar zu dem vertrag zue Gründung der Europäischen Gemeinschaften, 2. Auflage, 1999

Leonhard, Axel, Die Rechtsfolgen der Nichtumsetzung von EG-Richtlinien, 1997

Loritz, Karl-Georg, Anmerkung zur Rs. C-450/93, Kalanke, EuZW 1995, S. 763ff

Löw, Norbert, Der Rechtsschutz des Einzelnen gegenüber Subventionen aus gemeinschaftsrechtlicher Sicht, 1992

Lutter, Marcus, Die Auslegung angeglichenen Rechts, JZ 1992, S. 593ff

Mancini, G. F./O'Leary, S., The new frontiers in sex equality law in the European Union, EL Rev. 1999, S. 331ff

Maunz, Theodor, Deutsches Staatsrecht , 5. Auflage, 1955

Maunz, Theodor/Dürig, Günter, Grundgesetz Kommentar, Band I, Stand Juni 1998

Maunz, Theodor/Dürig, Günter, Grundgesetz Kommentar, Band II, Stand Juni 1998

Maurer, Hartmut, Allgemeines Verwaltungsrecht, 12. Auflage, 1999

Meier, Gert, Anmerkung zu Rs. C-295/95, Kommission/Frankreich, EuZW 1998, S. 87f

Meurer, Thomas, Verpflichtung der Mitgliedstaaten zum Schutz des freien Warenverkehrs, EWS 1998, S.196ff

Meyer, Peter K., Auswirkungen des EG-Diskriminierungsverbots von Mann und Frau auf die private und betriebliche Krankheits- und Altersvorsorge in Europa, 1994

Mohn, Astrid Sybille, Der Gleichheitssatz im Gemeinschaftsrecht, 1990

Nettesheim, Martin, Grundrechtliche Prüfdichte durch den EuGH, EuZW 1995, S.106ff

Neuwahl, Nanette A. E. M., Article 173 Paragraph 4 EC: Past, Present and Possible Future, EL Rev. 1996, S. 17ff

Nicolaysen, Gert, Notiz zu verb. Rs. 117/76 und 16/77, Ruckdeschel, EuR 1978, S. 48ff,

Ders., Richtlinienwirkung und Gleichbehandlung von Männern und Frauen beim Zugang zum Beruf, EuR 1984, S. 380ff

Ders., Keine horizontale Drittwirkung von Richtlinienbestimmungen, EuR 1986, S. 370ff

Ders., Europarecht I, 1991

Nielsen, Ruth, Besprechung von verb. Rs. C-297/88 und C-197/89, Massam Dzodzi und Rs. C-231/89, Krystyna Gmurzyska, CML Rev. 1992, S. 152ff

Ninon, Colneric, Frauenquoten auf dem Prüfstand des EG-Rechts, BB 1996, S. 265ff

Nipperdey, H. C., Gleicher Lohn der Frau bei gleicher Leistung, RdA 1950, S. 121ff

Niven, Bob, Bekämpfung der Diskriminierungen – Wie soll die Gemeinschaft vorgehen?, Artikel 13 Konferenzdokumentation vom 3. und 4. Dezember 1998: Bekämpfungen der Diskriminierungen: Orientierung für die Zukunft, Wien 1999, S. 91ff

Nowak, Carsten, Konkurrentenschutz in der EG, 1997

Oppermann, Thomas, Europarecht, 2. Auflage, 1999

Papier, Hans-Jürgen, Direkte Wirkung von Richtlinien der EG im Umwelt- und Technikrecht, DVBl. 1993, S. 809ff

Pechstein, Matthias, Die Anerkennung der rein objektiven Richtlinienwirkung, EWS 1996, S. 261ff

Pernice, Ingolf, Religionsrechtliche Aspekte im Gemeinschaftsrecht, JZ 1977, S. 777ff

Ders., Grundrechtsgehalte im Europäischen Gemeinschaftsrecht, 1979

Ders., Gemeinschaftsverfassung und Grundrechtsschutz – Grundlagen, Bestand und Perspektiven, NJW 1990, S. 2409ff

Ders., Auswirkungen des europäischen Binnenmarktes auf das Umweltrecht – Gemeinschafts(verfassungs)rechtliche Grundlagen, NJW 1990, S. 414ff

Ders., Gestaltung und Vollzug des Umweltrechts im europäischen Binnenmarkt – Europäische Impulse und Zwänge für das deutsche Umweltrecht, NVwZ 1990, S. 414ff

Ders., Eine Grundrechte-Charta für die Europäische Union, DVBl. 2000, S. 847ff

Pieroth, Bodo/Schlink, Bernhard, Grundrechte Staatsrecht II, 11. Auflage, 1995

Pietzcker, Jost, Drittwirkung – Schutzpflicht – Eingriff, Festschrift für Günter Dürig, Das akzeptierte Grundgesetz, 1990, S. 345ff

Pirstner, Renate, Die Quote im Gemeinschaftsrecht, DRdA 1997, S. 461ff

Dies., Anmerkung zur Rs. C-158/97, Badeck, EuZW 2000, S. 479f

Prechal, Sacha, Anmerkung zur Rs. C-450/93, Kalanke, CML Rev. 1996, S.1245ff

Puissochet, Jean-Pierre, Die Rechtsprechung des Europäischen Gerichtshofs über die Anwendung des Grundsatzes der Gleichbehandlung von Männern und Frauen, in Liber amicorum Thomas Oppermann, S. 243ff, 2001

Rating, Stefan, Mittelbare Diskriminierung der Frau im Erwerbsleben nach Europäischem Gemeinschaftsrecht, 1994

Reichold, Hermann, Arbeitsrechtsstandards als Aufenthaltsmodalitäten, ZeuP 1998, S. 434ff

Reitmaier, Marion-Angela, Inländerdiskriminierungen nach dem EWG-Vertrag, 1984

Remmert, Barbara, Die nationale Ausgestaltung richtlinienrechtlich geforderter subjektiver Rechtsstellungen, DV 1996, S. 465ff

Rengeling, Hans-Werner, Anmerkung zu Rs. 130/75, Prais, DÖV 1977, S. 409ff

Ders., Grundrechtsschutz in der Europäischen Gemeinschaft, 1993

Ders ./Middeke, Andreas/Gellermann, Martin, Rechtsschutz in der Europäischen Union, 1994

Ders., Deutsches und europäisches Verwaltungsrecht: Wechselseitige Einwirkungen, VVDStRL 53, S. 202ff

*Ders ./Breier, Siegrfried,*Handbuch zum deutschen und europäischen Umweltrecht, Band I, 1998

Rengler, Jochen C. K., Die Europäische Sozialunion, 1997

Ress, Georg, Die richtlinienkonforme „Interpretation" innerstaatlichen Rechts, DÖV 1994, S.489ff

Rodriguez Iglesias, Gil Carlos, Zu den Grenzen der verfahrensrechtlichen Autonomie der Mitgliedstaaten bei der Anwendung des Gemeinschaftsrechts, EuGRZ 1997, S. 289ff

Roth, Wolf-Henning, Drittwirkung der Grundfreiheiten?, Festschrift für Ulrich Everling Band II, 1995, S. 123ff

Röthel, Anne, Anmerkung zur Rs. C-176/96, Lehtonen, EuZW 2000, S. 379f

Ruffert, Matthias, Subjektive Rechte im Umweltrecht der Europäischen Gemeinschaften, 1996

Ders., Rights and Remedies in European Community Law: A Comparative View, CML Rev. 1997, S. 307ff

*Ders.,*Dogmatik und Praxis des subjektiv-öffentlichen Rechts unter dem Einfluss des Gemeinschaftsrechts, DVBL. 1998, S.69ff

Ruthig, Josef, Transformiertes Gemeinschaftsrecht und die Klagebefugnis nach § 42 Abs. 2 VwGO, BayVBl. 1997, S. 289ff

Saalfrank, Valentin, Funktionen und Befugnisse des Europäischen Parlaments, 1995

Sachs, Michael,., Zur dogmatischen Struktur der Gleichheitsrechte als Abwehrrechte, DÖV 1984, S. 411ff

Ders., Die Grenzen des Diskriminierungsverbots, 1987

Ders., Frauenquoten wieder vor dem EuGH, RdA 1997, S. 129ff

Salzwedel, Jürgen, Gleichheitssatz und Drittwirkung, Festsschrift für Hermann Jahrreiß, 1964, S. 339ff

Schaefer, Detlef, Die unmittelbare Wirkung des Verbots der nichttarifären Handelshemmnisse (Art. 30 EWGV) in den Rechtsbeziehungen zwischen Privaten, 1987

Scherzberg, Arno, Die innerstaatliche Wirkung von EG-Richtlinien, Jura 1993, S. 225ff

Schilling, Theodor, Bestand und allgemeine Lehren der bürgerschützenden allgemeinen Rechtsgrundsätze des Gemeinschaftsrechts, EuGRZ 2000, S. 1ff

Schimmel, Roland, Eheschließungen gleichgeschlechtlicher Paare, 1996

Schlachter, Monika, Probleme der mittelbaren Benachteiligung im Anwendungsbereich des Art. 119 EGV, NZA 1995, S. 393ff

Dies., Richtlinie über die Beweislast bei Diskriminierung, RdA 1998, S. 321ff

Schmidt, Barbara, Die Kalanke-Entscheidung des EuGH – das Aus für die Quotenregelung?, NJW 1996, S. 1724ff

Schmidt-Aßman, Eberhard, Deutsches und europäisches Verwaltungsrecht: Wechselseitige Einwirkungen, DVBl. 1993, S. 924ff

Schmitt-Glaeser, Walter, Verwaltungsprozessrecht, 14. Auflage, 1997

Schnichels, Dominik, Reichweite der Niederlassungsfreiheit, 1995

Schoch, Friedrich, Individualrechtsschutz im deutschen Umweltrecht unter dem Einfluss des Gemeinschaftsrechts, NVwZ 1999, S. 457ff

Scholz, Rupert, Der Europäische Rechtsstaat, Festschrift für Ernst Steindorff, 1990, S. 1413ff

Ders., Das Verhältnis von europäischem Gemeinschaftsrecht und nationalem Verfassungsrecht, DÖV 1998, S. 261ff

Ders., Frauen an die Waffe kraft Europarechts, DÖV 2000, S. 417ff

Schorkopf, Frank, Neuer Interventionsmechanismus der Kommission zur Gewährleistung der Warenverkehrsfreiheit, EuZW 1998, S. 237ff

Schröder, Jan/Köster, Constantin, Nachhilfe von EuGH: Frauen an die Waffe, JuS 2000, S. 542ff

Schwarze, Jürgen, Schutz der Grundrechte in der Europäischen Gemeinschaft, EuGRZ 1986, S. 293ff

Ders., Europäisches Verwaltungsrecht, Band I, Entstehung und Entwicklung im Rahmen der Europäischen Gemeinschaft, 1988

Ders., Zum Anspruch der Gemeinschaft auf polizeiliches Einschreiten der Mitgliedstaaten bei Störungen des grenzüberschreitenden Warenverkehrs durch Private, EuR 1998, S. 50ff

Ders. (Herausgeber), EU-Kommentar, 2000,

Schweitzer, Michael, Europarecht, 4. Auflage, 1999

Seidel, Martin, Die Einstimmigkeit im EU-Rat – eine leidige, aber nicht dispensable Regel, EuZW 2000, S. 65

Senden, Linda, Positive Action in the EU Put to the Test. A Negative Score?, MJ 1996, S. 146ff

Shaw, Graham, Das Gleichgewicht zwischen Rechtsnormen und freiwilliger Aktion: Erfahrungen aus dem Geschäftssektor, Artikel 13 Konferenzdokumentation vom 3. und 4. Dezember 1998: Bekämpfungen der Diskriminierungen: Orientierung für die Zukunft, Wien 1999, S. 98ff

Stahn, Carsten, Streitkräfte im Wandel – Zu den Auswirkungen der EuGH-Urteile Sirdar und Kreil auf das deutsche Recht, EuGRZ 2000, S. 121ff

Starck, Christian, Die Grundrechte des Grundgesetzes - zugleich ein Beitrag zu den Grenzen der Verfassungsauslegung, JuS 1981, S. 239ff

Ders., Anmerkung zur Rs. C-450/93, Kalanke, JZ 1996, S. 197ff

Ders., Anmerkung zur Rs. C-158/97, Badeck, JZ 2000, S. 671ff

Stein, Thorsten, Anmerkung zu EuGH Rs. C-285/98, Kreil, EuZW 2000, S. 213f

Ders., Die Querschnittsklausel zwischen Maastricht und Karlsruhe, Frestschrift Everling Band II, S. 1439ff, 1996

Steinberg, Rudolf, Probleme der Europäisierung des deutschen Umweltrechts, AöR 120 (1995), S. 549ff

Steinberger, Helmut, Der Verfassungsstaat als Glied der Europäischen Gemeinschaften, VVDStRL 50 (1991), S. 9ff

Steindorff, Ernst, Persönlichkeitsschutz im Zivilrecht, 1983

Ders., Gleichbehandlung von Man und Frau nach dem EG-Recht, RdA 1988, S. 129ff

Ders., Drittwirkung der Grundfreiheiten im Europäischen Gemeinschaftsrecht, Festschrift für Peter Lerche, Wege und Verfahren des verfassungslebens, 1993, S. 575ff

Ders., EG-Vertrag und Privatrecht, Baden Baden 1995

Stern, Klaus, Das Staatsrecht der Bundesrepublik Deutschland Band III 1, 1988

Ders., Die Einwirkung des Europäischen Gemeinschaftsrechts auf die Verwaltungsgerichtsbarkeit, JuS 1999, S. 769ff

Storr, Stefan, Zur Bonität des Grundrechtsschutzes in der Europäischen Union, Der Staat 36 (1997), S. 547ff

Streinz, Rudolf, Europarecht, 4. Auflage, 1999

Ders., Frauen an die Front, DVBl. 2000, S. 585ff

Ders ./Leible, Stefan, Die unmittelbare Drittwirkung der Grundfreiheiten, EuZW 2000, S. 459ff

Suhr, Oliver, Grenzen der Gleichbehandlung: Zur Vereinbareit von Frauenquoten mit dem Gemeinschaftsrecht, EuGRZ 1998, S. 121ff

Szczekalla, Peter, Anmerkung zur Rs. C-249/96, Grant, EuZW 1998, S. 215f

Ders., Grundfreiheitliche Schutzpflichten – eine „neue" Funktion der Grundfreiheiten des Gemeinschaftsrechts, DVBl. 1998, S. 219ff

Taylor, Mervin, Bericht über Workshop 3. Politische Instrumente auf Gemeinschaftsebene, Artikel 13 Konferenzdokumentation vom 3. und 4. Dezember 1998: Bekämpfungen der Diskriminierungen: Orientierung für die Zukunft, Wien 1999, S. 117ff

Thomas, Heinz/Putzo, Hans, Zivilprozessordnung, 21. Auflage, 1998

Thun-Hohenstein, Christoph, Der Vertrag von Amsterdam, Wien 1997

Tonne, Michael, Effektiver Grundrechtsschutz durch staatliche Gerichte als Forderung des Europäischen Gemeinschaftsrechts, 1997

Triantafyllou, Dimitris, Europäisierungsprobleme des Verwaltungsrechts am Beispiel des öffentlichen Auftragsrechts, NVwZ 1994, S. 943ff

Ders., Zur Europäisierung des subjektiv-öffentlichen Rechts, DÖV 1997, S. 192ff

Ukrow, Jörg, Die Fortentwicklung des Gemeinschaftsrechts durch den Vertrag von Amsterdam, ZeuS 1998, S. 141ff

Von Bogdandy, Armin/Ehlermann, Claus-Dieter, Konsolidierung und Kohärenz des Primärrechts nach Amsterdam, EuR 1998, Beiheft 2

Von Danwitz, Thomas, Normenkonkretisierende Verwaltungsvorschriften und Gemeinschaftsrecht, VerwArch 94 (1993), S. 73ff

Ders., Zur Grundlegung einer Theorie der subjektiv-öffentlichen Gemeinschaftsrechte, DÖV 1996, S. 481ff

Ders., Die Eigenverantwortung der Mitgliedstaaten für die Durchführung des Gemeinschaftsrechts, DVBl. 1998, S. 421ff

Ders., Anmerkung zu verb. Rs. C-10/97 – 22/97, IN.CO.GE'90 Srl., JZ 1999, S. 198ff

Von der Groeben, Hans/Thiesing, Jochen/Ehlermann, Claus-Dieter, Kommentar zum EU-/EG-Vertrag Band 1, 1997

Von der Groeben, Hans/Thiesing, Jochen/Ehlermann, Claus-Dieter, Kommentar zum EU-/EG-Vertrag Band 3, 1999

Von der Groeben, Hans/Thiesing, Jochen/Ehlermann, Claus-Dieter, Kommentar zum EU-/EG-Vertrag Band 4, 1997

Von Mangoldt/Klein, Friedrich/Starck, Christian (Hrsg.), Das Bonner Grundgesetz Kommentar Band I, 4. Auflage, 1999

Von Münch, Ingo/Kunig, Philip, Grundgesetz-Kommentar Band I, München 1992

Waddington, Lisa, Throwing some Light on Article 13 EC Treaty, MJ 1999, S. 1ff

Wahl, Rainer/Masing, Johannes, Schutz durch Eingriff, JZ 1990, S. 553ff

Weber, Albrecht, Die Europäische Grundrechtecharta – auf dem Weg zu einer erropäischen Verfassung, NJW 2000, S. 537ff

Weber, Werner, Die verfassungsrechtlichen Grenzen sozialstaatlicher Forderungen, Der Staat 4 (1964), S. 409ff

Wegener, Bernhard, Rechte des einzelnen, 1998

Whittle, Richard, Disability Discrimination and the Amsterdam Treaty, EL Rev. 1998, S. 50ff

Wintrich, J. M., Die Bedeutung der „Menschenwürde" für die Anwendung der Rechts, BayVBl. 1957, S. 137ff

Wisskirchen, Gerlind, Mittelbare Diskriminierungen von Frauen im Erwerbsleben, 1994

Wißmann, Hellmut, Die tarifliche Bewertung unterschiedlicher Tätigkeiten und das gemeinschaftsrechtliche Verbot der mittelbaren Geschlechtsdiskriminierung, Festschrift für Günter Schaub, Tarifautonomie für ein neues Jahrhundert, 1998, S. 793ff

Zuck, Rüdiger, Frauen an die Front?, NJW 2000, S. 1701f

Zucker, Christian/Wernicke, Stephan, Examinatorium Europarecht, Köln u.a. 1998

Zuleeg, Manfred, Der Schutz sozialer Rechte in der Rechtsordnung der Europäischen Gemeinschaft, EuGRZ 1992, S. 329ff

Ders., Umweltschutz in der Rechtsprechung des Europäischen Gerichthofs, NJW 1993, S. 31ff

Ders., Die Verfassung der europäischen Gemeinschaften in der Rechtsprechung des Europäischen Gerichtshofs, BB 1994, S. 581ff

Ders., Frauen in die Bundeswehr, DÖV 1997, S. 1017ff

Ders., Der Inhalt des Art. 13 EGV in der Fassung der Vertrags von Amsterdam, Artikel 13 Konferenzdokumentation vom 3. und 4. Dezember 1998: Bekämpfungen der Diskriminierungen: Orientierung für die Zukunft, Wien 1999, S. 104ff

Zwanziger, Bertram, Die Neuregelung des Verbots der Geschlechterdiskriminierung im Arbeitsrecht, DB 1998, S. 1330ff

Kolibri 360 GmbH
Ferdinand-Jühlke-Straße 7
99095 Erfurt, Deutschland
produktsicherheit@kolibri360.de

Druck:
CPI Druckdienstleistungen GmbH
im Auftrag der
Kolibri 360 GmbH
Ferdinand-Jühlke-Str. 7
99095 Erfurt